NCS 의사소통능력의 기초부터 실전까지 완벽 대비
KB134819
NCS
고졸채용
의사소통능력
NCS 공기업연구소 편저
예문에듀
EDU

NCS(국가직무능력표준)

NCS(국가직무능력표준) 개념도

국가직무능력표준(NCS ; National Competency Standard)은 산업현장에서 직무를 수행하기 위해 요구되는 지식 · 기술 · 태도 등의 내용을 국가가 체계화한 것

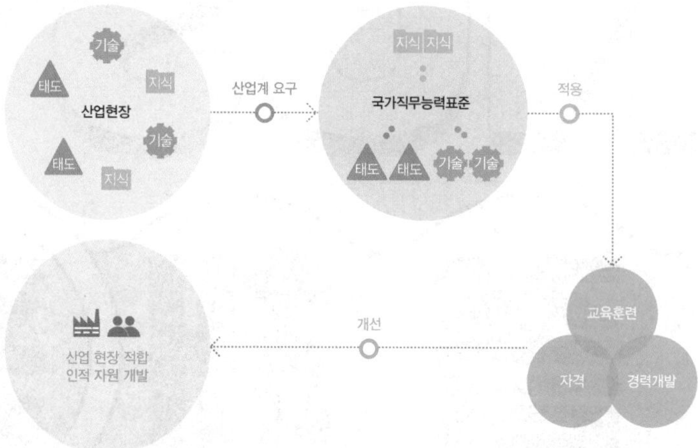

NCS(국가직무능력표준) 분류

- 국가직무능력표준의 분류는 직무의 유형(Type)을 중심으로 국가직무능력표준의 단계적 구성을 나타내는 것으로, 국가직무능력표준 개발의 전체적인 로드맵을 제시
- 한국고용직업분류(KECO ; Korean Employment Classification of Occupations)를 기본으로 하여 분류하였으며 '대분류(24개) → 중분류(81개) → 소분류(269개) → 세분류(NCS, 948개)'로 구성

분류	하위능력
대분류	주요 산업분야(Industry)을 기준으로 구분 예 정보통신 등
중분류	주요 산업분야를 구성하는 하위 산업(Sub-industry)을 기준으로 구분 예 정보기술, 통신기술, 방송기술 등
소분류	유사한 직업의 집합으로 직업군(Occupation cluster)을 기준으로 구분 예 정보기술개발, 정보기술관리 등
세분류	주어진 업무와 과업이 높은 유사성을 갖는 유사한 직무능력의 집합(Competency cluster)으로 직업(Occupation) 정도의 크기로 구분 예 SW아키텍쳐, 응용SW엔지니어링, DB엔지니어링 등

• NCS는 다음의 5가지 원칙을 적용하여 분류

① 포괄성(Inclusiveness) : NCS 활용도를 고려하여 개발 대상 분야의 직무는 가능한 NCS 분류에 모두 포함되어야 함

② 배타성(Exclusion) : 동일 수준의 분류 간에는 상호 차별성을 유지하여야 하며, 동일하거나 유사한 직무는 가능한 하나의 직무로 표현되어야 함

③ 위계성(Hierarchy) : 대-중-소-세분류의 수준 간 위계적 구조 및 포괄적 관계가 명확하여야 함

④ 계열성(Sequence) : 동일 분류의 직무는 상호 내용적 관련성이 있는 것들로 구성되어야 함

⑤ 보편성(Universality) : NCS 분류를 구성하는 직업 및 직무는 특수한 것이라기보다는 보편적인 것으로 구성되어야 함

직업기초능력

• 정의 : 직종이나 직위에 상관없이 모든 직업인들에게 공통적으로 요구되는 기본적인 능력 및 자질

• 구분

능력	하위영역
의사소통능력	문서이해능력, 문서작성능력, 경청능력, 의사표현능력, 기초외국어능력
자원관리능력	시간관리능력, 예산관리능력, 물적자원관리능력, 인적자원관리능력
문제해결능력	사고력, 문제처리능력
정보능력	컴퓨터 활용능력, 정보처리능력
조직이해능력	국제감각, 조직 체제 이해능력, 경영이해능력, 업무이해능력
수리능력	기초연산능력, 기초통계능력, 도표분석능력, 도표작성능력
자기개발능력	자아인식능력, 자기관리능력, 경력개발능력
대인관계능력	팀웍능력, 리더십능력, 갈등관리능력, 협상능력, 고객서비스능력
기술능력	기술이해능력, 기술선택능력, 기술적용능력
직업윤리	근로윤리, 공동체윤리

의사소통능력

의사소통능력 개념

- 의사소통 : 둘 또는 그 이상의 사람들 사이에서 일어나는 의사의 전달과 상호교류가 이루어진다는 뜻이며, 어떤 개인 또는 집단이 개인 또는 집단에 대해서 정보, 감정, 사상, 의견 등을 전달하고 그것들을 받아들이는 과정을 의미
- 의사소통능력 : 문서를 이해하는 능력과 타인과의 관계, 대화에 있어서 의미를 잘 파악하여 본인의 생각을 정확히 전달하는 능력

구분		내용
문서적 의사소통	문서이해능력	업무와 관련된 다양한 문서를 읽고, 문서의 핵심을 이해하며, 구체적인 정보를 획득하고, 수집 · 종합하는 능력
	문서작성능력	업무 관련 상황과 목적에 적합한 문서를 시각적이고 효과적으로 작성하는 능력
언어적 의사소통	경청능력	원활한 의사소통을 위해 상대방의 이야기를 주의를 기울여 집중하고 몰입하여 듣는 능력
	의사표현능력	자신의 의사를 목적과 상황에 맞게 설득력을 가지고 표현하는 능력
기초외국어능력		외국어로 된 간단한 자료를 이해하거나, 외국인의 간단한 의사표현을 이해하고, 자신의 의사를 기초외국어로 표현할 수 있는 능력

NCS 문제 유형

모듈형

- 모듈이론의 개념과 이를 응용한 문제로 구성되어 있는 문제 유형
- 이론과 암기가 필요한 문제 유형
- 모듈형 문제 유형 예시

01 다음 중 의사소통의 저해요인에 해당하지 않는 것은?

① 일방적으로 말하는 태도
② 선입견과 고정관념
③ 평가적이며 판단적인 태도
④ 이해 능력의 부족
⑤ 상대방의 의견을 존중하는 태도

PSAT형(피셋형)

- PSAT(Public Service Aptitude Test)형은 공공서비스 정성 검사의 형태로 공직에서의 업무 수행능력을 평가
- 암기보다는 이해가 더 필요한 문제 유형
- PSAT형 문제 유형 예시

01 다음 글의 제목으로 가장 적절한 것은?

1981년 제너럴일렉트릭(GE)의 최고경영자(CEO)로 부임했던 잭 웰치는 20세기 최고의 리더로 불린다. 그는 재임 당시 과감한 구조조정과 혁신을 꾀함으로써 회사의 관료주의를 청산하였고, 사업 다각화로 20년 동안 회사 가치를 4,000% 이상 성장시켰다.
2001년 은퇴한 그는 물러나기 5년 전부터 GE를 이끌어갈 후계자를 기르고자 승계 계획을 단행하였다. GE는 그의 공로에 보답하며 미국 역사상 가장 큰 금액인 4억 1,700만 달러의 은퇴패키지를 준비하였다.
세계적인 장수 기업들의 CEO는 가장 잘나갈 때 과감히 자리를 박차고 나가는 경우를 볼 수 있다. 그들은 모두 자신만의 방식으로 회사 혁신을 일구고, 최고의 자리에 올랐지만 과감히 물러났다.
정점에 위치할 때 물러나기란 쉽지 않은 일이다. 자신의 모든 것을 다 바쳐 이룬 결과와 자리를 뒤로하고 새로운 여정을 시작한다는 것이 억울하고 서운할 수도 있을 것이다. 그러나 자신이 몸담았던 곳이 오래도록 발전하는 회사로 남길 바란다면 아쉬울 때 물러나야 한다.
물러나야 할 때 결단을 내리지 못하는 리더는 그 조직뿐만 아니라 지역사회의 신뢰까지도 무너뜨린다. 리더십의 완성은 곧 잘 물러나는 데 있다.

① 리더십의 전형과 몰락
② 성공적인 리더의 조건
③ 잭 웰치의 혁신 전략
④ CEO가 되기 위한 자질
⑤ 세계적인 기업의 성공 사례

피듈형

- PSAT형과 모듈형이 결합되어 있는 유형
- 모듈이론을 기반으로 PSAT형의 논리적 사고력을 필요로 하는 문제 유형
- 최근 출제되는 유형
- 피듈형 문제 유형 예시

01 아래의 발언에서 알 수 있는 설득력이 있는 의사표현의 지침은 무엇인가?

사람들은 권위를 지니고 있는 사람의 말을 중요하게 여기고 쉽게 받아들인다. 권위자의 말에는 사람들을 설득하는 힘이 있으며, 이를 잘 알고 있는 마케팅 담당자들은 권위자를 자신들의 광고에 출연시키는 전략을 효과적으로 활용한다. 권위의 법칙은 의약품의 효과에서도 그대로 증명된다. 의사가 약성분이 없는 약을 겉모양만 똑같이 만들어 환자에게 주어도 병세가 호전되는 경우가 있는데, 이를 플라시보 효과라고 한다. 플라시보 효과가 나타나는 이유는 환자가 약을 처방해주는 의사의 권위에 대한 믿음을 갖고 있기 때문이다.

① 약점을 보여주며 상대방과의 심리적 거리를 좁힌다.
② 하던 말을 갑자기 멈춤으로써 상대방의 주의를 끈다.
③ 여운을 남기는 말로 상대방의 감정을 누그러뜨린다.
④ 권위 있는 사람의 말이나 작품을 인용한다.
⑤ 점차 도움의 내용을 늘려서 상대방의 허락을 유도한다.

이 책의 구성과 특징

NCS의 기초! 모듈형 익히기

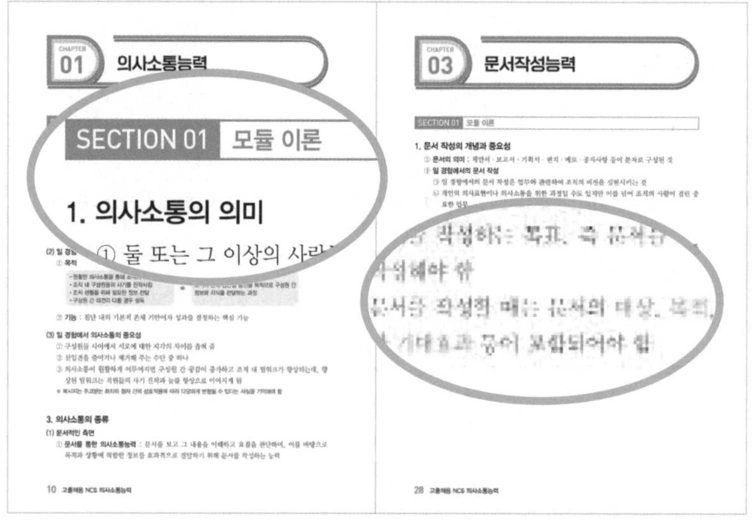

- NCS의 기초가 되는 모듈 이론과 모듈형 문제를 하위 능력별로 정리하였습니다.
- 중요한 부분은 '별색' 처리하여 한눈에 습득할 수 있도록 하였습니다.

유형별 학습으로 대비

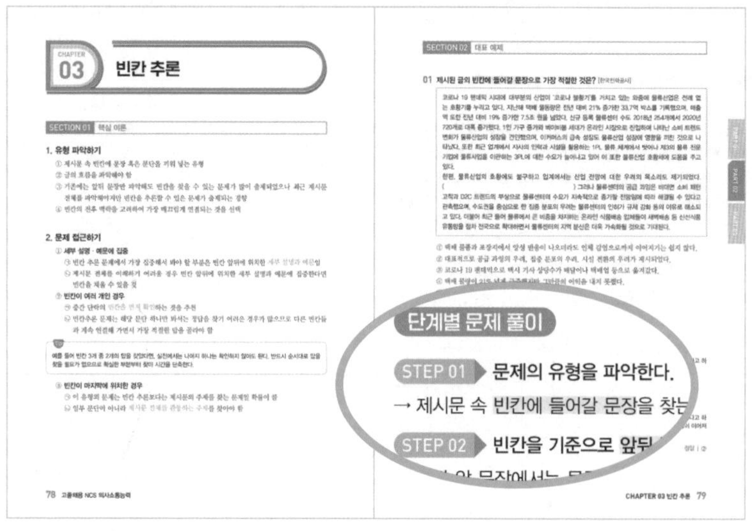

- 유형별로 핵심 이론+대표 예제+출제 예상 문제를 수록하여 모든 유형에 대비할 수 있도록 하였습니다.
- 최신 공기업 기출문제를 대표예제로 선택하였고 단계별 문제 풀이를 수록하여 문제에 더욱 쉽게 접근하고 빠르게 해결하는 방법을 파악할 수 있도록 하였습니다.

실전같이 풀어보는 모의고사

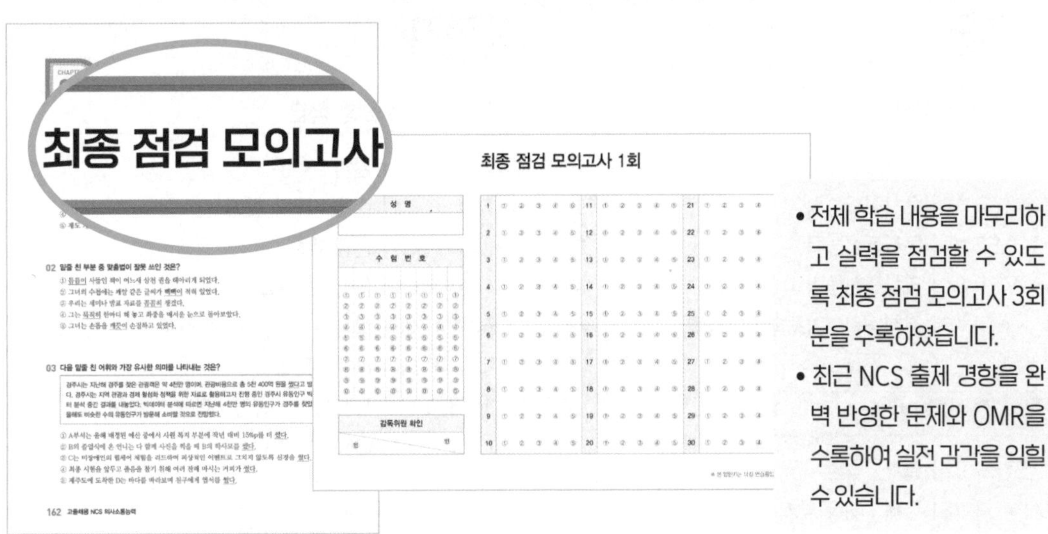

- 전체 학습 내용을 마무리하고 실력을 점검할 수 있도록 최종 점검 모의고사 3회분을 수록하였습니다.
- 최근 NCS 출제 경향을 완벽 반영한 문제와 OMR을 수록하여 실전 감각을 익힐 수 있습니다.

학습 효과 UP! 상세한 정답 및 해설

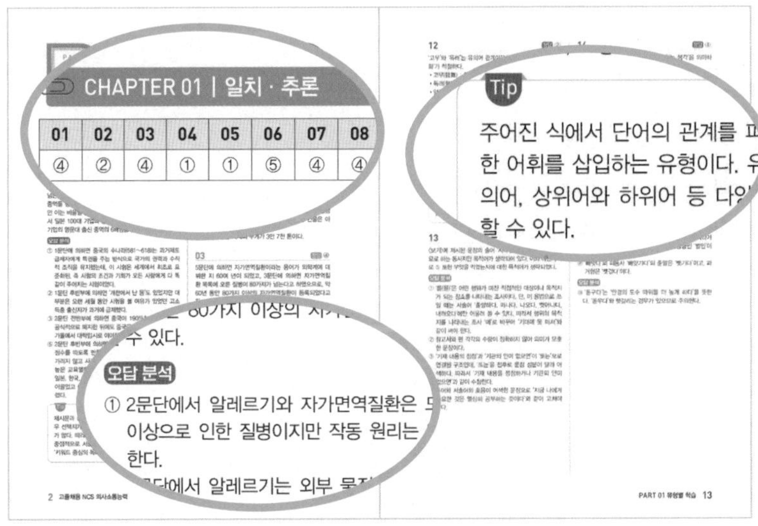

- 쉽고 빠른 정답 확인을 위해 정답 박스를 수록하였습니다.
- 학습에 도움이 되도록 상세한 해설과 오답 분석을 수록하였습니다.
- 해설의 이해를 돕는 Tip을 수록하였습니다.

목차

문제편

PART 01 모듈형

CHAPTER 01 | 의사소통능력 10
CHAPTER 02 | 문서이해능력 19
CHAPTER 03 | 문서작성능력 28
CHAPTER 04 | 의사표현능력 38
CHAPTER 05 | 경청능력 · 기초외국어능력 44

PART 02 유형별 학습

CHAPTER 01 | 일치 · 추론 54
CHAPTER 02 | 주제 · 제목 찾기 67
CHAPTER 03 | 빈칸 추론 78
CHAPTER 04 | 삽입 및 배열 90
CHAPTER 05 | 실용문 이해 · 도표 해석 102
CHAPTER 06 | 어휘 · 문법 122
CHAPTER 07 | 사자성어 · 속담 · 관용적 표현 134
CHAPTER 08 | 내용 및 개요 수정 148

PART 03 최종 점검 모의고사

CHAPTER 01 | 최종 점검 모의고사 1회 162
CHAPTER 02 | 최종 점검 모의고사 2회 182
CHAPTER 03 | 최종 점검 모의고사 3회 203

해설편

PART 01 유형별 학습

CHAPTER 01 | 일치 · 추론 2
CHAPTER 02 | 주제 · 제목 찾기 4
CHAPTER 03 | 빈칸 추론 6
CHAPTER 04 | 삽입 및 배열 7
CHAPTER 05 | 실용문 이해 · 도표 해석 9
CHAPTER 06 | 어휘 · 문법 11
CHAPTER 07 | 사자성어 · 속담 · 관용적 표현 14
CHAPTER 08 | 내용 및 개요 수정 16

PART 02 최종 점검 모의고사

CHAPTER 01 | 최종 점검 모의고사 1회 18
CHAPTER 02 | 최종 점검 모의고사 2회 24
CHAPTER 03 | 최종 점검 모의고사 3회 30

모듈형

PART 01

CHAPTER 01 의사소통능력

CHAPTER 02 문서이해능력

CHAPTER 03 문서작성능력

CHAPTER 04 의사표현능력

CHAPTER 05 경청능력 · 기초외국어능력

의사소통능력

SECTION 01 모듈 이론

1. 의사소통의 의미

① 둘 또는 그 이상의 사람들 사이에서 이루어지는 의사전달과 상호교류를 뜻함

② 어떤 개인 또는 집단이 개인 또는 집단에 대해서 정보, 감정, 사상, 의견 등을 전달하고 그것들을 받아들이는 과정을 의미

2. 일 경험에서 의사소통

(1) 일 경험에서 의사소통의 의미

공식적인 조직 내에서의 의사소통을 의미

(2) 일 경험에서 의사소통의 목적과 기능

① **목적**

- 원활한 의사소통을 통해 조직의 생산성 증진
- 조직 내 구성원들의 사기를 진작시킴
- 조직 생활을 위해 필요한 정보 전달
- 구성원 간 의견이 다를 경우 설득

➡ 조직과 팀의 생산성 증진을 목적으로 구성원 간 정보와 지식을 전달하는 과정

② **기능** : 집단 내의 기본적 존재 기반이자 성과를 결정하는 핵심 기능

(3) 일 경험에서 의사소통의 중요성

① 구성원들 사이에서 서로에 대한 지각의 차이를 좁혀 줌

② 선입견을 줄이거나 제거해 주는 수단 중 하나

③ 의사소통이 원활하게 이루어지면 구성원 간 공감이 증가하고 조직 내 팀워크가 향상되는데, 향상된 팀워크는 직원들의 사기 진작과 능률 향상으로 이어지게 됨

※ 메시지는 주고받는 화자와 청자 간의 상호작용에 따라 다양하게 변형될 수 있다는 사실을 기억해야 함

3. 의사소통의 종류

(1) 문서적인 측면

① **문서를 통한 의사소통능력** : 문서를 보고 그 내용을 이해하고 요점을 판단하며, 이를 바탕으로 목적과 상황에 적합한 정보를 효과적으로 전달하기 위해 문서를 작성하는 능력

② **문서적인 측면의 의사소통 구분**

㉠ 문서이해능력 : 업무와 관련된 다양한 문서를 읽고 문서의 핵심을 이해하며, 구체적인 정보를 획득하고 수집 · 종합하는 능력

㉡ 문서작성능력 : 업무 관련 상황과 목적에 적합한 문서를 시각적이고 효과적으로 작성하는 능력

③ **문서적인 측면으로서 의사소통의 특징**

㉠ 언어적인 의사소통에 비해 권위감이 있고 정확성을 기하기 쉬움

㉡ 전달성이 높고 보존성이 큼

(2) 언어적 측면 : 경청능력과 의사표현력

① **언어적 의사소통능력의 의미** : 언어를 통한 의사소통은 가장 오래된 의사소통 방법으로, 사람은 언어를 수단으로 하는 의사소통에 공식적 · 비공식적으로 자신의 일생에서 75%의 시간을 사용

② **언어적 의사소통능력의 구분**

㉠ 경청능력 : 원활한 의사소통을 위해 상대방의 이야기에 주의를 기울여 집중하고 몰입하여 듣는 능력

㉡ 의사표현력 : 자신의 의사를 목적과 상황에 맞게 설득력을 가지고 표현하는 능력

③ **언어적 측면으로서 의사소통의 특징**

㉠ 언어적인 의사소통은 상대적으로 정확성을 기하기 힘든 경우가 있음

㉡ 대화를 통해 상대방의 반응이나 감정을 살필 수 있음

㉢ 그때그때 상대방을 설득시킬 수 있으므로 유동성이 있음

(3) 일 경험에서 필요한 기초외국어능력의 의미

① **기초외국어능력** : 외국어로 된 간단한 자료를 이해하거나, 외국인의 간단한 의사표현을 이해하고, 자신의 의사를 기초외국어로 표현할 수 있는 능력

② **일 경험에서 요구되는 기초외국어능력**

㉠ 일 경험 중에 필요한 문서이해, 문서작성, 의사표현, 경청 등의 기초적인 의사소통을 기초적인 외국어로서 가능하게 하는 능력

㉡ 일 경험 중 관련된 컴퓨터 또는 공장의 기계에 적힌 간단한 외국어 표시 등을 이해하는 것을 포함

4. 의사소통을 저해하는 요소

① **'일방적으로 말하고', '일방적으로 듣는' 무책임한 마음(의사소통 과정에서의 상호작용 부족)**

㉠ 직업생활에서 누구나 '실수를 범하지 않도록' 주의하며 의사소통을 시도하는데 내 메시지가 '정확히 전달되었는지', 상대방이 '정확히 이해했는지'를 확인하지 않고 그 순간을 넘겨 버린다면 서로 '엇갈린 정보'를 가지게 됨

㉡ 이러한 '엇갈린 정보'에 대한 책임은 듣는 사람에게도 있음. 듣는 사람은 자신이 들은 정보에 대해 확인하는 책임을 가짐

② **'하고 싶은 말이 분명하지 않은' 메시지(복잡한 메시지, 경쟁적인 메시지)**

㉠ 업무를 위한 의사소통은 많은 정보를 담아야 하는 경우가 종종 있는데 말하는 사람은 지나치게 많은 정보를 한 번에 담거나, 서로 경쟁하는 메시지를 듣는 사람에게 전달하지 않도록 주의해야 함

㉡ 듣는 사람이 이해하기에 너무 복잡한 메시지, 서로 모순되는 내용을 가진 경쟁적인 메시지를 전달하는 것은 '잘못된' 의사소통으로 가는 지름길

③ **'말하지 않아도 아는 문화'에 안주하는 마음(의사소통에 대한 잘못된 선입견)**

㉠ '말하지 않아도 안다', '호흡이 척척 맞는다', '일은 눈치로 배워라' 등과 같이 직접적인 대화를 통해서 관계하는 것보다, 오히려 '눈치'를 중요시하는 의사소통을 미덕이라고 생각하는 경향이 있음

㉡ 말하지 않아도 마음이 통하는 관계는 '최고의 관계'이지만, 비즈니스 현장에서 필요한 것은 마음으로 아는 눈치의 미덕보다는 정확한 업무처리임을 명심해야 함

5. 의사소통능력 개발

(1) 사후검토와 피드백(feedback) 주고받기

① **피드백(feedback)** : 상대방에게 그의 행동 결과에 대한 정보를 제공해 주는 것. 즉, 그의 행동이 나의 행동에 어떤 영향을 미치고 있는가에 대하여 상대방에게 솔직하게 알려주는 것

② **사후검토와 피드백 활용** : 의사소통의 왜곡에서 오는 오해와 부정확성을 줄이기 위해 말하는 사람은 사후검토와 피드백을 이용하여 메시지의 내용이 실제로 어떻게 해석되고 있는가를 조사할 수 있음

③ **유의점** : 피드백은 상대방에게 행동을 개선할 기회를 제공해 줄 수 있지만 부정적인 피드백만을 계속해서 주면 오히려 역효과가 나타날 수 있으므로 피드백 시 상대방의 긍정적인 면과 부정적인 면을 균형 있게 전달하도록 주의하여야 함

(2) 언어의 단순화

의사소통에서는 듣는 사람을 고려하여 명확하고 이해 가능한 어휘를 주의 깊게 선택해 사용하여야 하며, 상황에 따라 용어의 선택이 달라질 수 있음

(3) 적극적인 경청

① 우리가 다른 사람과 대화를 할 때 상대의 이야기에 관심을 보이지 않는다면 더 이상 그 사람과 의미 있는 대화를 나누기 어렵기 때문에 단순하게 상대방의 이야기를 들어주는 것과 경청의 의미는 다름

② 듣는 것은 수동적인 의미라면 경청은 능동적인 의미의 탐색

(4) 감정의 억제

① 우리는 감정을 가진 존재이므로 언제나 이성적인 방법으로 의사소통을 하지는 않음

② 의사소통 과정에서 어떤 감정을 경험하는 것은 자연스러운 일이지만 자신의 감정에 지나치게 몰입하게 되면 의사소통 과정에서 상대방의 메시지를 오해하기 쉽고, 반대로 자신이 전달하고자 하는 의사를 명확하게 표현하지 못할 경우가 많음

③ 이러한 상황에서 가장 좋은 방법은 침착하게 마음을 비우고 평정을 어느 정도 찾을 때까지 의사소통을 연기하는 것

④ 다만, 조직 내에서 의사소통을 무한정 연기할 수는 없기 때문에 먼저 자신의 분위기와 조직의 분위기를 개선하도록 노력하는 등 적극적인 자세가 필요함

의사소통을 위한 노력

- 언제나 주위의 언어 정보에 민감하게 반응하고, 정보를 자신이 활용할 수 있도록 노력함
- 자신이 자주 사용하는 표현을 찾아 다른 표현으로 바꿔 봄
- 언제나 '다른 표현은 없을까?'하고 생각하고, 새로운 표현을 검토함

SECTION 02 모듈형 문제

01 다음 중 의사표현 시 주의해야 할 사항으로 옳지 않은 것은?

① 상대나 상황에 맞는 화제를 골라 말한다.
② 상대의 말에 공감해야 한다.
③ 항상 공손한 자세로 "죄송합니다", "미안합니다"라는 표현을 자주 써야 한다.
④ 자신의 대화 패턴을 주의 깊게 살펴본다.
⑤ 듣는 사람이 이해하기에 너무 복잡한 메시지를 전달하지 않는다.

정답 | ③
해설 | 의사표현을 할 때 자신을 너무 과소평가하는 것을 삼가야 한다. 즉, 낮은 자존감과 열등감으로 자기 자신을 대하는 것은 좋지 않다. 평소에 "죄송합니다", "미안합니다"를 자주 말하는 사람은 얼핏 보면 예의 바르게 보일지 모르나, 꼭 필요한 경우가 아니라면 그러한 표현을 사용함으로써 스스로를 낮출 필요는 없다.

02 다음은 직원 A~E가 일 생활에서 소통의 중요성에 관한 교육을 듣고 이해한 내용이다. 이 중 일 생활의 의사소통에 대해 잘못 이해한 직원은?

① 직원 A : 의사소통은 내가 상대방에게 메시지를 전달하는 과정이 아니라 상대방과의 상호작용을 통해 메시지를 다루는 과정이다.
② 직원 B : 의사소통은 정보 전달의 목적이 가장 크므로 개인의 이해관계나 가치판단을 배제하여 객관적 입장에서 메시지를 전달해야 한다.
③ 직원 C : 성공적인 의사소통을 위해서는 내가 가진 정보를 상대방이 이해하기 쉽게 표현하는 것도 중요하지만, 상대방이 어떻게 받아들일 것인가에 대한 고려가 바탕이 되어야 한다.
④ 직원 D : 조직의 구성원은 다양한 사회적 경험과 지위를 토대로 한 개인의 집단이기 때문에 동일한 내용을 각자에게 제시하면 각각 서로 다르게 받아들이고 반응한다.
⑤ 직원 E : 조직 내 구성원들은 원활한 의사소통을 통해 조직의 생산성을 높일 수 있다.

정답 | ②
해설 | 의사소통은 내가 상대방에게 메시지를 전달하는 과정이 아니라 상대방과의 상호작용을 통해 메시지를 다루는 과정이며, 정보 전달 이상의 것이다. 우리가 남들에게 일방적으로 언어 혹은 문서를 통해 의사를 전달하는 것은 의사소통이라고 할 수 없다. 성공적인 의사소통을 위해서는 내가 가진 정보를 상대방이 이해하기 쉽게 표현하는 것도 중요하지만, 상대방이 어떻게 받아들일 것인가에 대해서도 고려해야 한다.

03 다음 중 일 경험에서의 의사소통의 기능으로 옳지 않은 것은?

① 조직의 효율성과 효과성을 성취할 목적으로 이루어지는 구성원 간의 정보와 지식의 전달 과정이다.

② 제각기 다른 사람들이 서로에 대한 지각의 차이를 좁힐 수 있으며 선입견을 줄이거나 제거해 줄 수 있는 수단이다.

③ 어떠한 상황에서도 상대방에게 자신의 생각과 느낌을 일방적으로 표현하기 위한 수단이다.

④ 집단 내 성과를 결정하는 핵심 기능의 역할이다.

⑤ 조직 내 구성원들의 사기를 진작시키는 역할을 한다.

정답 | ③

해설 | 자신의 생각과 느낌을 효과적으로 표현하는 것과 더불어 타인의 생각과 느낌 및 사고를 이해하며 상대방을 배려하는 태도는 일 경험에서 필요한 의사소통의 기능 중 하나이다.

04 의사소통의 방해요인 중 '말'에서 고칠 수 없는 것은?

① 말의 장단 ② 말의 고저

③ 발음 ④ 목소리

⑤ 속도

정답 | ④

해설 | 목소리는 타고난 것으로 바꿀 수 없다. 그러나 목소리의 인격인 '음성', 즉 말투는 말하는 사람의 인격을 반영하는 것으로 예의 바른 말투를 구사하면 좋은 음성을 갖출 수 있게 된다.

05 다음 중 의사소통의 저해 요인에 해당하지 않는 것은?

① 일방적으로 말하는 태도 ② 선입견과 고정관념

③ 평가적이며 판단적인 태도 ④ 이해 능력의 부족

⑤ 상대방의 의견을 존중하는 태도

정답 | ⑤

해설 | 상대방의 의견을 존중하는 태도는 의사소통의 저해 요인에 해당하지 않는다.

06 다음 중 문서적인 의사소통에 해당하지 않는 것은?

① 고객사에서 보내온 수취확인서 ② 업무지시 메시지

③ 영문 운송장 작성 ④ 수취확인 문의전화

⑤ 주간업무보고서 작성

정답 | ④

해설 | 수취확인 문의전화는 언어적인 의사소통에 해당한다.

07 일 경험에서의 의사소통에 대한 설명으로 옳은 것을 〈보기〉에서 모두 고르면?

보기

㉠ 의사소통은 내가 상대방에게 메시지를 전달하는 과정이다.
㉡ 의사소통은 정보의 전달 이상은 아니다.
㉢ 의사소통에서 상대방이 어떻게 받아들일 것인가에 대한 고려가 바탕이 되어야 한다.

① ㉠
② ㉢
③ ㉠, ㉡
④ ㉠, ㉢
⑤ ㉠, ㉡, ㉢

정답 | ②

해설 | 의사소통은 내가 상대방에게 메시지를 전달하는 과정이 아니라 상대방과의 상호작용을 통해 메시지를 다루는 과정이며, 정보 전달 이상의 것이다. 우리가 남들에게 일방적으로 언어 혹은 문서를 통해 의사를 전달하는 것은 의사소통이라고 할 수 없다. 성공적인 의사소통을 위해서는 내가 가진 정보를 상대방이 이해하기 쉽게 표현하는 것도 중요하지만, 상대방이 어떻게 받아들일 것인가에 대해서도 고려해야 한다.

08 S팀장이 체크한 키슬러의 대인관계 의사소통 양식 검사 결과가 다음과 같았다. 이때 S팀장에게 필요한 조언으로 옳은 것은?

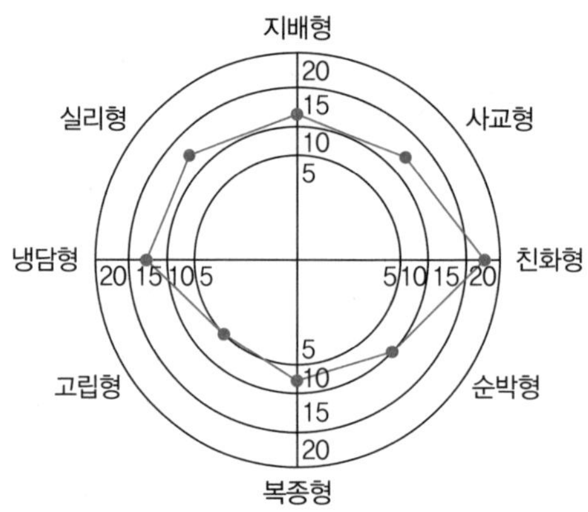

① 적극적인 자기표현과 주장을 하도록 노력한다.
② 타인과의 정서적인 거리를 유지하는 노력이 필요하다.
③ 타인의 감정 상태에 관심을 가지고 긍정적인 감정을 표현해야 한다.
④ 대인관계의 중요성을 인식하고 타인에 대한 비현실적인 두려움의 근원을 되돌아본다.
⑤ 타인의 입장을 배려하고 관심을 갖는 자세가 필요하다.

정답 | ②

해설 | 제시된 그림을 통해 S팀장의 의사소통 양식은 친화형으로 분류될 수 있다. 친화형은 따뜻하고 인정이 많으며 자기희생적이나, 타인의 요구를 거절하지 못하므로 타인과의 정서적인 거리를 유지하도록 노력해야 한다. ①은 복종형, ③은 냉담형, ④는 고립형, ⑤는 실리형과 관련된 조언이다.

Tip

키슬러 양식에 의한 대인관계 의사소통 유형별 특징

- 지배형 : 자신감이 있고 지도력이 있으나 논쟁적이고 독단이 강하여 대인 갈등을 겪을 수 있으므로 타인의 의견을 경청하고 수용하는 자세가 필요하다.
- 실리형 : 이해관계에 예민하고 성취지향적으로 경쟁적이며 자기중심적이므로 타인의 입장을 배려하고 관심을 갖는 자세가 필요하다.
- 냉담형 : 이성적인 의지력이 강하고 타인의 감정에 무관심하며 피상적인 대인관계를 유지하므로 타인의 감정 상태에 관심을 가지고 긍정적 감정을 표현하는 것이 필요하다.
- 고립형 : 혼자 있는 것을 선호하고 사회적 상황을 회피하며 지나치게 자신의 감정을 억제하므로 대인관계의 중요성을 인식하고 타인에 대한 비현실적인 두려움의 근원을 성찰해 볼 필요가 있다.
- 복종형 : 수동적이고 의존적이며 자신감이 없으므로 적극적인 자기표현과 주장이 필요하다.
- 순박형 : 단순하고 솔직하며 자기주관이 부족하므로 자기주장을 하는 노력이 필요하다.
- 사교형 : 외향적이고 인정받고자 하는 욕구가 강하며, 타인에 대한 관심이 많아서 간섭하는 경향이 있고 잘 흥분하므로 심리적으로 안정하고 지나친 인정욕구에 대한 성찰이 필요하다.

PART 01 PART 02 PART 03

09 다음 중 의사소통능력 개발에 관한 설명으로 옳은 것을 〈보기〉에서 모두 고르면?

보기

㉠ 피드백은 상대방이 원하는 경우 대인관계에 있어서 그의 행동을 개선할 기회를 제공해 줄 수 있다.
㉡ 전문용어는 그 언어를 사용하는 집단 구성원들 사이에 사용될 때에나 조직 밖에서 사용할 때나 똑같이 이해를 촉진시킨다.
㉢ 상대방의 이야기를 들어주는 것과 경청의 의미는 같다.

① ㉠
② ㉠, ㉡
③ ㉠, ㉢
④ ㉡, ㉢
⑤ ㉠, ㉡, ㉢

정답 | ①

해설 | ㉠ 피드백은 상대방이 원하면 대인관계에서의 그의 행동을 개선할 기회를 제공해 줄 수 있으며, 이때 긍정적인 면과 부정적인 면을 균형 있게 전달함에 유의해야 한다.

오답 분석

㉡ 전문용어는 그 언어를 사용하는 집단 구성원들 사이에서 사용될 때에는 이해를 촉진시키지만, 조직 밖의 사람들에게는 의외의 문제를 야기할 수 있으므로 주의해야 한다.
㉢ 단순히 상대방의 이야기를 들어주는 것과 경청은 다르다. 듣는 것은 수동적인 데 반해 경청은 능동적인 것으로 의사소통을 하는 양쪽 모두가 같은 주제에 관해 생각하는 것이다.

10 다음 중 일 경험에서의 의사소통에 대한 설명으로 옳지 않은 것은?

① 구성원들 사이에서 서로에 대한 지각의 차이를 좁혀 준다.

② 원활한 의사소통을 통해 조직의 생산성을 높인다.

③ 구성원들의 사기를 진작시킨다.

④ 집단 내의 기본적 존재 기반이자 성과를 결정하는 핵심 기능이다.

⑤ 일 경험에서 의사소통이란 비공식적인 조직 안에서의 의사소통을 의미한다.

정답 | ⑤

해설 | 일 경험에서 의사소통이란 공식적인 조직 안에서의 의사소통을 의미한다.

문서이해능력

SECTION 01 모듈 이론

1. 문서이해능력 개요

① 다양한 종류의 문서에서 전달하고자 하는 핵심 내용을 요약, 정리하여 이해하는 능력
② 문서에서 전달하는 정보의 출처를 파악하고, 옳고 그름까지 판단하는 능력

2. 일 경험에서 요구되는 문서이해능력

① 문서의 내용을 이해하고, 요점을 파악하며 통합할 수 있는 능력
② 문서에서 전달하는 정보를 바탕으로 업무와 관련하여 요구되는 행동이 무엇인지 적절하게 추론하는 능력
③ 생산성과 효율성을 높이기 위해 자신이 이해한 업무 지시의 적절성을 판단하는 능력

3. 문서의 종류와 용도

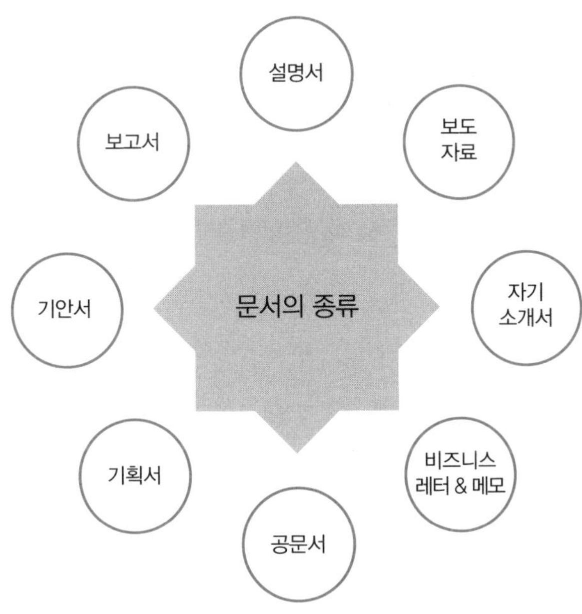

① **공문서**

㉠ 정부 혹은 행정기관에서 대내적, 혹은 대외적 공무를 집행하기 위해 작성하는 문서를 의미

㉡ 엄격한 규격과 양식에 따라 정당한 권리를 가진 사람이 작성해야 하며 최종 결재권자의 결재가 있어야 문서로서의 기능이 성립

② **기획서** : 적극적으로 아이디어를 내고 기획한 하나의 프로젝트를 문서 형태로 만들어 상대방에게 그 내용을 전달하여 기획을 시행하도록 설득하는 문서

③ **기안서**

㉠ 회사의 업무에 대한 협조를 구하거나 의견을 전달할 때 작성하는 문서

㉡ 흔히 사내 공문서로 불림

④ **보고서** : 특정한 일에 관한 현황이나 그 진행 상황 또는 연구 · 검토 결과 등을 보고하고자 할 때 작성하는 문서

㉠ 영업보고서 : 재무제표와 달리 영업상황을 문장 형식으로 기재해 보고하는 문서

㉡ 결산보고서 : 진행되었던 사안의 수입과 지출 결과를 보고하는 문서

㉢ 일일업무보고서 : 매일의 업무를 보고하는 문서

㉣ 주간업무보고서 : 한 주간에 진행된 업무를 보고하는 문서

㉤ 출장보고서 : 회사 업무로 출장을 다녀와 외부 업무나 그 결과를 보고하는 문서

㉥ 회의보고서 : 회의 결과를 정리해 보고하는 문서

⑤ **설명서** : 대개 상품의 특성이나 사물의 성질과 가치, 작동 방법이나 과정을 소비자에게 설명하는 것을 목적으로 작성한 문서

㉠ 상품소개서

- 일반인이 친근하게 읽고 내용을 쉽게 이해하도록 하는 문서
- 소비자에게 상품의 특징을 잘 전달해 상품을 구입하도록 유도하는 것이 궁극적인 목적

㉡ 제품설명서

- 제품의 특징과 활용도에 대해 세부적으로 언급하는 문서
- 제품 구입도 유도하지만 제품의 사용법에 대해 더 자세히 알려주는 것이 주목적

⑥ **보도자료** : 정부 기관이나 기업체, 각종 단체 등이 언론을 상대로 자신들의 정보가 기사로 보도되도록 하기 위해 보내는 자료

⑦ **자기소개서** : 개인의 가정 환경과 성장 과정, 입사 동기와 근무 자세 등을 구체적으로 기술하여 자신을 소개하는 문서

⑧ **비즈니스 레터(e-mail)**

㉠ 사업상의 이유로 고객이나 단체에 편지를 쓰는 것으로 직장업무나 개인 간의 연락, 직접 방문하기 어려운 고객관리 등을 위해 사용되는 비공식적 문서

㉡ 제안서나 보고서 등 공식 문서를 전달할 때에도 사용

⑨ **비즈니스 메모** : 업무상 필요한 중요한 일이나 앞으로 체크해야 할 일이 있을 때 필요한 내용을 메모 형식으로 작성하여 전달하는 글

㉠ 전화 메모

- 업무 내용부터 개인적인 전화의 전달사항 등을 간단히 작성하여 당사자에게 전달하는 메모
- 휴대폰의 발달로 현저히 줄어듦

㉡ 회의 메모

- 회의에 참석하지 못한 상사나 동료에게 전달 사항이나 회의 내용에 대해 간략하게 적어 전달하는 메모
- 회의 내용을 기록하여 기록이나 참고자료로 남기기 위해 작성한 메모로서 월말이나 연말에 업무 상황을 파악하거나 업무 추진에 대한 궁금증이 있을 때 핵심적인 자료 역할을 함

㉢ 업무 메모 : 개인이 추진하는 업무나 상대의 업무 추진 상황을 적은 메모

4. 문서의 이해를 위한 절차

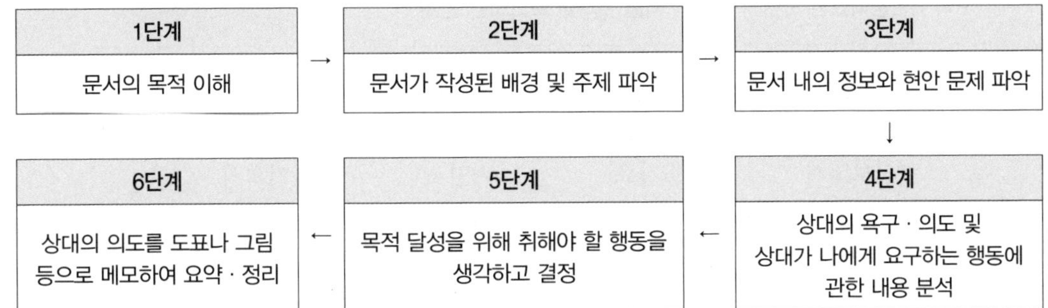

5. 문서의 이해를 위해 필요한 사항

① 문서에서 중요한 내용만을 골라 필요한 정보를 획득 · 수집하여 종합하는 능력

② 문서를 읽고 구체적인 절차에 따라 이해하여 정리하는 문서이해능력과 내용종합능력

③ 문서를 읽고 나만의 방식으로 소화하여 작성할 수 있는 능력

SECTION 02 모듈형 문제

01 아래의 자료는 '문서'의 여러 가지 종류를 설명한 글이다. (가), (나), (다), (라)에 들어갈 내용으로 가장 적절한 것은?

> (가) : 회사의 업무에 대한 협조를 구하거나 의견을 전달할 때 작성하는 문서
> (나) : 각종 조직 및 단체 등이 언론을 상대로 자신들의 정보가 기사로 보도되도록 하기 위해 보내는 자료
> (다) : 상대방에게 기획의 내용을 전달하여 기획을 시행하도록 설득하는 문서
> (라) : 진행되었던 사안의 수입과 지출 결과를 보고하는 문서

	(가)	(나)	(다)	(라)
①	보도자료	기안서	기획서	결산보고서
②	결산보고서	보도자료	기안서	기획서
③	기안서	보도자료	기획서	결산보고서
④	기안서	결산보고서	기획서	보도자료
⑤	기획서	기안서	보도자료	결산보고서

정답 | ③
해설 |
- 기안서 : 회사의 업무에 대한 협조를 구하거나 의견을 전달할 때 작성하는 문서
- 보도자료 : 각종 조직 및 단체 등이 언론을 상대로 자신들의 정보가 기사로 보도되도록 하기 위해 보내는 자료
- 기획서 : 상대방에게 기획의 내용을 전달하여 기획을 시행하도록 설득하는 문서
- 결산보고서 : 진행되었던 사안의 수입과 지출 결과를 보고하는 문서

02 다음 중 보고서의 종류에 대한 설명으로 옳지 않은 것은?

① 영업보고서 : 한 주간에 진행된 업무를 보고하는 문서
② 결산보고서 : 진행되었던 사안의 수입과 지출 결과를 보고하는 문서
③ 일일업무보고서 : 매일의 업무를 보고하는 문서
④ 출장보고서 : 회사 업무로 출장을 다녀와 외부 업무나 그 결과를 보고하는 문서
⑤ 회의보고서 : 회의 결과를 정리해 보고하는 문서

정답 | ①
해설 | 영업보고서는 재무제표와 달리 영업상황을 문장 형식으로 기재해 보고하는 문서이다. 한 주간에 진행된 업무를 보고하는 문서는 주간업무보고서이다.

03 다음 〈보기〉에서 설명하는 문서는?

보기

적극적으로 아이디어를 내고 기획한 하나의 프로젝트를 문서 형태로 만들어 상대방에게 그 내용을 전달하여 기획을 시행하도록 설득하는 문서이다.

① 기안서
② 보고서
③ 설명서
④ 보도자료
⑤ 기획서

정답 | ⑤
해설 | 기획서는 적극적으로 아이디어를 내고 기획한 하나의 프로젝트를 문서 형태로 만들어 상대방에게 그 내용을 전달하여 기획을 시행하도록 설득하는 문서이다.

오답 분석

① 기안서 : 회사의 업무에 대한 협조를 구하거나 의견을 전달할 때 작성하며 흔히 사내 공문서로 불린다.
② 보고서 : 특정한 일에 관한 현황이나 그 진행 상황 또는 연구 · 검토 결과 등을 보고하고자 할 때 작성하는 문서이다.
③ 설명서 : 대개 상품의 특성이나 사물의 성질과 가치, 작동 방법이나 과정을 소비자에게 설명하는 것을 목적으로 작성한 문서이다.
④ 보도자료 : 정부 기관이나 기업체, 각종 단체 등이 언론을 상대로 자신들의 정보가 기사로 보도되도록 하기 위해 보내는 자료이다.

PART 01 PART 02 PART 03

04 오늘날 직장 내에서 많은 문서를 보고 · 작성하며 수많은 정보 중에 알맞은 정보를 빨리 이해하고 찾아내는 능력이 개인의 업무 능력으로 중요하게 여겨지고 있다. 그렇다면 다음 중 문서 이해를 위한 구체적인 절차 중 가장 먼저 행해져야 할 사항은?

① 현안 파악하기
② 문서가 작성된 배경과 주제를 파악하기
③ 문서의 목적을 이해하기
④ 내용을 요약하고 정리하기
⑤ 문서의 목적 달성을 위해 취해야 할 행동 결정하기

정답 | ③
해설 | 문서를 이해하기 위해 가장 먼저 행해져야 할 것은 문서의 목적을 이해하는 것이다. 문서의 목적을 명확히 이해한 후에 문서의 작성 배경과 주제, 현안을 파악할 수 있다.

문서 이해의 구체적인 절차

문서의 목적을 이해하기 → 문서가 작성된 배경과 주제를 파악하기 → 문서에 쓰인 정보를 밝혀내고, 문서가 제시하고 있는 현안을 파악하기 → 문서를 통해 상대방의 욕구와 의도 및 내게 요구되는 행동에 관한 내용을 분석하기 → 문서에서 이해한 목적 달성을 위해 취해야 할 행동을 생각하고 결정하기 → 상대방의 의도를 도표나 그림 등으로 메모하여 요약 · 정리해보기

05 다음은 설명서의 종류에 대한 설명이다. ㉠, ㉡에 들어갈 말로 가장 적절한 것은?

• (㉠) : 일반인이 친근하게 읽고 내용을 쉽게 이해하도록 하는 문서. 소비자에게 상품의 특징을 잘 전달해 상품을 구입하도록 유도하는 것이 궁극적 목적
• (㉡) : 제품의 특징과 활용도에 대해 세부적으로 언급하는 문서. 제품 구입도 유도하지만 제품의 사용법에 대해 더 자세히 알려주는 것이 주목적

	㉠	㉡
①	자기소개서	보도자료
②	보도자료	자기소개서
③	영업보고서	결산보고서
④	상품소개서	제품설명서
⑤	제품설명서	상품소개서

정답 | ④

해설 | • 상품소개서 : 일반인이 친근하게 읽고 내용을 쉽게 이해하도록 하는 문서. 소비자에게 상품의 특징을 잘 전달해 상품을 구입하도록 유도하는 것이 궁극적 목적
• 제품설명서 : 제품의 특징과 활용도에 대해 세부적으로 언급하는 문서. 제품 구입도 유도하지만 제품의 사용법에 대해 더 자세히 알려주는 것이 주목적

06 다음은 문서 이해를 위한 절차이다. ㉣에 들어갈 내용으로 가장 적절한 것은?

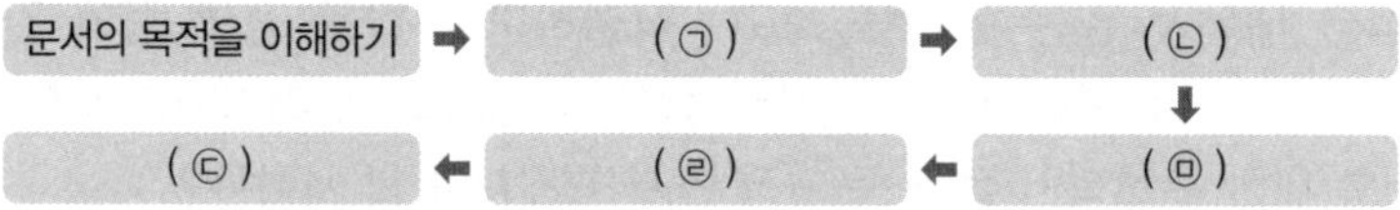

① 해당 문서가 된 배경과 주제를 파악하기
② 문서에 쓰인 정보를 밝혀내고 문서가 제시하고 있는 현안 문제를 파악하기
③ 문서를 통해 상대방의 욕구와 의도 및 내게 요구되는 행동에 관한 내용을 분석하기
④ 문서에서 이해한 목적 달성을 위해 취해야 할 행동을 생각하고 결정하기
⑤ 상대방의 의도를 도표나 그림 등으로 메모하여 요약, 정리해보기

정답 | ④

해설 | 문서 이해의 구체적인 절차는 다음과 같다.
문서의 목적을 이해하기 → 이러한 문서가 작성되게 된 배경과 주제를 파악하기 → 문서에 쓰인 정보를 밝혀내고, 문서가 제시하고 있는 현안을 파악하기 → 문서를 통해 상대방의 욕구와 의도 및 내게 요구되는 행동에 관한 내용을 분석하기 → 문서에서 이해한 목적 달성을 위해 취해야 할 행동을 생각하고 결정하기 → 상대방의 의도를 도표나 그림 등으로 메모하여 요약 · 정리해보기
따라서 ㉣에 들어갈 내용은 '문서에서 이해한 목적 달성을 위해 취해야 할 행동을 생각하고 결정하기'이다.

07 **다음 중 문서이해능력에 대한 설명으로 옳지 않은 것은?**

① 다양한 종류의 문서에서 전달하고자 하는 핵심 내용을 요약, 정리하여 이해하는 능력이다.
② 문서이해능력이 부족할 경우 본인의 업무를 이해하고 수행하는 데 막대한 지장을 끼치게 된다.
③ 문서의 내용을 파악하는 능력만 포함된다.
④ 문서에서 전달하는 정보의 출처를 파악하고, 옳고 그름까지 판단하는 능력이다.
⑤ 적절한 업무 수행을 위해서는 문서의 내용을 이해하고, 요점을 파악하며 통합할 수 있는 능력이 필요하다.

정답 | ③
해설 | 문서이해능력은 문서의 내용 파악에 그치지 않고, 문서에서 전달하는 정보를 바탕으로 업무와 관련하여 요구되는 행동이 무엇인지 적절하게 추론하는 능력, 생산성과 효율성을 높이기 위해 자신이 이해한 업무 지시의 적절성을 판단하는 능력까지 포함한다.

08 **다음은 문서이해능력 중 중요시되는 필요한 정보 획득에 대한 내용이다. ㉠, ㉡에 들어갈 내용으로 적절한 것은?**

> 주어진 모든 문서를 이해했다 하더라도 그 내용을 모두 기억하기란 불가능하다. 따라서 각 문서에서 꼭 알아야 하는 중요한 내용만을 골라 (㉠) 또한 필요하다. 하지만 이러한 능력 또한 쉽게 얻어지는 것이 아니기에 다양한 종류의 문서를 읽고, 구체적인 절차에 따라 이해하고, (㉡)을/를 통해 문서이해능력과 내용종합능력을 키워나가도록 노력해야 한다.

	㉠	㉡
①	비교하는 능력	비교와 처리
②	활용하는 능력	이해와 응용
③	처리하는 능력	설득과 관용
④	이해하는 능력	운동과 연습
⑤	종합하는 능력	다독과 다작

정답 | ⑤
해설 | 주어진 모든 문서를 이해했다 하더라도 그 내용을 모두 기억하기란 불가능하다. 따라서 각 문서에서 꼭 알아야 하는 중요한 내용만을 골라 종합하는 능력 또한 필요하다. 하지만 이러한 능력 또한 쉽게 얻어지는 것이 아니기에 다양한 종류의 문서를 읽고, 구체적인 절차에 따라 이해하고, 다독과 다작을 통해 문서이해능력과 내용종합능력을 키워나가도록 노력해야 한다.

09 다음 자료를 통해 알 수 없는 것은?

환경부		
보도자료	배포일시	2022.11.28. (월)
	담당부서	환경보건정책관실 환경보건정책과 조○○ 과장
		국립환경과학원 가습기살균제보건센터 김○○ 센터장

제2기 가습기살균제 구제계정운용위원회 출범
제18차 구제계정운용위원회 개최, 특별구제계정 지원을 위한 제2기 전문위원회 구성

- 환경부(장관 조○○)와 한국환경산업기술원(원장 남○○)은 11월 28일 서울 용산역 회의실에서 제18차 구제계정운용위원회(위원장 이○○)를 개최하여 △전문위원회 구성(안)을 심의 · 의결하고, △특별구제계정 대상 질환 확대 계획을 논의했다.
- 이번 회의에서는 '가습기살균제피해구제법' 제33조제5항에 따라 제2기 △긴급의료지원 전문위원회, △구제급여 상당지원 전문위원회, △원인자 미상 · 무자력 피해자 추가지원 전문위원회 구성(안)을 심의 · 의결했다.
- 제2기 전문위원회는 의료계, 법조계 및 인문 · 사회학 분야 등 가습기살균제 피해구제 관련 전문가 총 17명으로 구성했으며, 특별구제계정 지원에 관한 사항을 전문적으로 검토할 예정이다.
- 아울러, 환경부는 가습기살균제피해구제법 시행('17.8.9~) 이후 피해인정 질환 및 피해지원을 확대하여 현재까지 2,822명의 피해자에게 496억 원*을 지원했다고 밝혔다.

※ 피해자 수('17.8. 280명 → '19.11. 2,822명), 지원금액('17.8. 42억 원 → '19.11. 496억 원)

– 이하 생략 –

① 제2기 전문위원회 구성 인원
② 구제계정운용위원회 의결 사항
③ 피해자 구제 현황
④ 특별구제계정 대상 질환
⑤ 가습기살균피해구제법 시행일

정답 | ④

해설 | 1문단에서 "특별구제계정 대상 질환 확대 계획을 논의했다"라는 언급만 있을 뿐 대상 질환이 구체적으로 무엇인지는 알 수 없다.

오답 분석

① 3문단을 통해 "제2기 전문위원회는 의료계, 법조계 및 인문 · 사회학 분야 등 가습기살균제 피해구제 관련 전문가 총 17명으로 구성"했음을 확인할 수 있다.
② 2문단을 통해 "긴급의료지원 전문위원회, 구제급여 상당지원 전문위원회, 원인자 미상 · 무자력 피해자 추가지원 전문위원회 구성(안)을 심의 · 의결"했음을 확인할 수 있다.
③ 4문단을 통해 관련 법규 시행 이후 "현재까지 2,822명의 피해자에게 496억 원을 지원"했음을 확인할 수 있다.
⑤ 4문단의 "환경부는 가습기살균제피해구제법 시행('17.8.9~) 이후"를 통해 확인할 수 있다.

10 다음 문서를 이해한 내용으로 옳지 않은 것을 〈보기〉에서 모두 고르면?

출장보고서

작성일 : 2024년 3월 8일
작성자 : 기획팀 A대리

지난 3월 4~7일 출장 결과를 다음과 같이 보고합니다.

- 다 음 -

1. 출장일시 : 2024년 3월 4~7일
2. 출장지 : 경기도 고양시(○○박람회)
3. 동행자 : 기획팀 B과장, C대리
4. 보고 내용
   - 최근 진행되고 있는 사업과 관련된 박람회가 진행되어 부스 운영 및 참여 목적으로 박람회 방문
   - 이번에 진행되는 신사업을 홍보함과 동시에 경쟁사의 사업 진행 방법 파악
5. 첨부 자료 : 박람회 운영일지, 출장비 내역서

보기

㉠ 출장자는 기획팀 2인이다.
㉡ 3박 4일간 출장 후 복귀한 다음 날 보고서를 작성하였다.
㉢ 출장 목적은 부스 설치이다.
㉣ 출장비 지출 내역은 추가 자료를 통해 확인할 수 있다.

① ㉠, ㉡
② ㉠, ㉢
③ ㉡, ㉢
④ ㉢, ㉣
⑤ ㉠, ㉡, ㉢

정답 | ②

해설 | ㉠ 작성자는 기획팀 A대리이며, 동행자는 기획팀 B과장과 C대리이므로 출장자는 기획팀 3인임을 알 수 있다.
㉢ 해당 보고서에는 출장 목적이 명시되어 있지 않으며, 보고 내용에도 부스 운영 및 참여 목적이라는 언급만 있을 뿐 부스 설치가 출장 목적인지는 확인할 수 없다.

오답 분석

㉡ 출장일시는 3월 4일부터 7일까지 3박 4일간이며, 보고서 작성일은 다음 날인 3월 8일이다.
㉣ 첨부 자료인 출장비 내역서를 통해 지출 내역을 확인할 수 있다.

CHAPTER 03

문서작성능력

SECTION 01 모듈 이론

1. 문서 작성의 개념과 중요성

① **문서의 의미** : 제안서 · 보고서 · 기획서 · 편지 · 메모 · 공지사항 등이 문자로 구성된 것

② **일 경험에서의 문서 작성**

㉠ 일 경험에서의 문서 작성은 업무와 관련하여 조직의 비전을 실현시키는 것

㉡ 개인의 의사표현이나 의사소통을 위한 과정일 수도 있지만 이를 넘어 조직의 사활이 걸린 중요한 업무

2. 문서 작성 시 고려 사항

① 문서를 작성하는 목표, 즉 문서를 작성하는 이유와 문서를 통해 전달하려는 것을 명확히 한 후 작성해야 함

② 문서를 작성할 때는 문서의 대상, 목적, 시기가 포함되어야 하며, 기획서나 제안서 등 경우에 따라 기대효과 등이 포함되어야 함

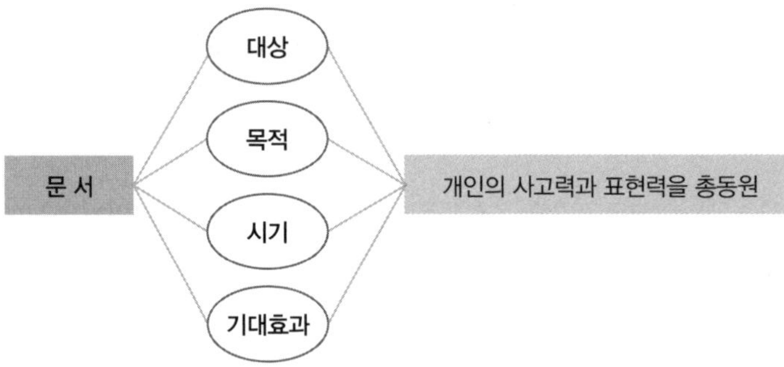

3. 상황에 따른 문서 작성법

① **요청이나 확인을 부탁하는 경우** : 업무 내용과 관련된 요청사항이나 확인 절차를 요구해야 할 때가 있는데, 이러한 경우 일반적으로 공문서를 활용

② **정보 제공을 위한 경우**

㉠ 정보 제공과 관련된 문서는 기업 정보를 제공하는 홍보물이나 보도자료 등의 문서, 제품 관련 정보를 제공하는 설명서나 안내서 등이 있음

㉡ 정보 제공을 위한 문서를 작성할 때는 시각적인 자료를 활용하는 것이 효과적이며, 모든 상황에서 문서를 통한 정보 제공은 무엇보다 신속하고 정확하게 이루어져야 함

③ **명령이나 지시가 필요한 경우**

㉠ 업무를 추진하다 보면 관련 부서나 외부기관, 단체 등에 명령이나 지시를 내려야 하는 일이 많은데 이런 경우 일반적으로 업무 지시서를 작성함

㉡ 업무 지시서를 작성할 때는 상황에 적합하고 명확한 내용을 작성할 수 있어야 하며, 단순한 요청이나 자발적인 협조를 구하는 차원의 사안이 아니므로 즉각적인 업무 추진이 실행될 수 있도록 해야 함

④ **제안이나 기획을 할 경우**

㉠ 제안서나 기획서의 목적은 업무를 어떻게 혁신적으로 개선할지, 어떤 방향으로 추진할지에 대한 의견을 제시하는 것

㉡ 그러므로 회사의 중요한 행사나 업무를 추진할 때 제안서나 기획서를 효과적으로 작성하는 것은 매우 중요함

㉢ 제안이나 기획의 목적을 달성하기 위해서는 관련된 내용을 깊이 있게 담을 수 있는 작성자의 종합적인 판단과 예견적인 지식이 요구됨

⑤ **약속이나 추천을 위한 경우** : 약속을 위한 문서는 고객이나 소비자에게 제품의 이용에 관한 정보를 제공하고자 할 때, 추천서는 개인이 다른 회사에 지원하거나 이직을 하고자 할 때 일반적으로 상사가 작성해주는 문서

4. 종류에 따른 문서 작성법

① **공문서** : 공문서는 회사 외부로 전달되는 문서이므로 누가, 언제, 어디서, 무엇을, 어떻게(왜)가 정확하게 드러나도록 작성

㉠ 날짜 작성 시 유의사항

- 연도와 월일을 반드시 함께 기입
- 날짜 다음에 괄호를 사용할 경우에는 마침표를 찍지 않음

㉡ 내용 작성 시 유의사항

- 한 장에 담아내는 것이 원칙
- 마지막엔 반드시 '끝'자로 마무리
- 복잡한 내용은 항목별로 구분 **예** '-다음-', '-아래-' 등
- 대외문서이며 장기간 보관되는 문서이므로 정확하게 기술

② **설명서**

㉠ 명령문보다 평서형으로 작성

㉡ 상품이나 제품에 대해 설명하는 글의 성격에 맞춰 정확하게 기술

㉢ 정확한 내용 전달을 위해 간결하게 작성

㉣ 소비자들이 이해하기 어려운 전문용어는 가급적 사용을 삼가

㉤ 복잡한 내용은 도표를 통해 시각화하여 이해도를 높임

㉥ 동일한 문장 반복을 피하고 다양하게 표현하도록 함

③ **기획서**

㉠ 작성 전 유의사항

- 기획서의 목적을 달성할 수 있는 핵심 사항이 정확하게 기입되었는지 확인
- 기획서는 상대에게 어필해 상대가 채택하게끔 설득력을 갖춰야 하므로, 상대가 요구하는 것이 무엇인지 고려하여 작성

㉡ 내용 작성 시 유의사항

- 내용이 한눈에 파악되도록 체계적으로 목차를 구성
- 핵심 내용의 표현에 신경을 써야 함
- 효과적인 내용전달을 위해 내용과 적합한 표나 그래프를 활용하여 시각화하도록 함

㉢ 제출 시 유의사항

- 충분한 검토를 한 후 제출하도록 함
- 인용한 자료의 출처가 정확한지 확인함

④ **보고서**

㉠ 내용 작성 시 유의사항

- 업무 진행 과정에서 쓰는 보고서인 경우, 진행과정에 대한 핵심내용을 구체적으로 제시하도록 작성
- 핵심 사항만을 산뜻하고 간결하게 작성하며 내용 중복을 피함
- 복잡한 내용일 때에는 도표나 그림을 활용

㉡ 제출 시 유의사항

- 보고서는 개인의 능력을 평가하는 기본요인이므로, 제출하기 전에 반드시 최종점검을 진행
- 참고자료는 정확하게 제시
- 내용에 대한 예상 질문을 사전에 추출해 보고, 그에 대한 답을 미리 준비

5. 문서 작성의 원칙

① **문장 구성 시 주의 사항**

㉠ 간단한 표제를 붙임

㉡ 문서의 주요 내용을 먼저 씀

㉢ 문장을 짧고, 간결하게 작성하며 불필요한 한자 사용은 배제

㉣ 긍정문으로 작성

② **문서 작성 시 주의 사항**

㉠ 문서는 작성 시기를 정확하게 기입

㉡ 문서 작성 후 반드시 다시 한번 내용을 검토

㉢ 문서의 첨부자료는 반드시 필요한 자료 외에는 첨부하지 않음

㉣ 문서내용 중 금액, 수량, 일자 등은 정확하게 기재하여야 함

6. 문서 표현의 시각화

① **기능**

㉠ 문서를 읽은 대상은 문서의 전반적인 내용을 쉽게 파악

㉡ 문서 내용의 논리적 관계를 더욱 쉽게 이해할 수 있음

㉢ 적절한 이미지 사용은 문서에 대한 기억력을 높일 수 있음

㉣ 단, 시각화한 정보의 성격에 따라 그에 맞는 적절한 방식을 사용해야 함

② **종류**

㉠ 차트 시각화 : 데이터 정보를 쉽게 이해할 수 있도록 시각적으로 표현. 주로 통계 수치 등을 도표(graph)나 차트(chart)를 통해 명확하고 효과적으로 전달

㉡ 다이어그램 시각화 : 개념이나 주제 등 중요한 정보를 도형, 선, 화살표 등 여러 상징을 사용하여 시각적으로 표현

㉢ 이미지 시각화 : 전달하고자 하는 내용을 관련 그림이나 사진 등으로 나타내는 것

SECTION 02 모듈형 문제

01 다음 중 문서 작성 시 주의해야 할 사항으로 옳지 않은 것은?

① 문서의 작성 시기는 중요하지 않다.
② 문서의 첨부자료는 반드시 필요한 자료 외에는 첨부하지 않도록 한다.
③ 문서 작성 후 반드시 다시 한번 내용을 검토해야 한다.
④ 문서 내용 중 금액, 수량, 일자 등이 정확히 기재되어야 한다.
⑤ 문장 표현은 작성자의 성의가 담기도록 경어나 단어 사용에 신경을 써야 한다.

정답 | ①
해설 | 문서가 작성되는 시기는 문서가 담고 있어야 하는 내용에 상당한 영향을 미친다. 또한 문서 작성 시 필요한 자료 이외에는 첨부하지 말아야 하며, 작성 후에는 반드시 검토해야 하고, 금액이나 수량 등의 수치가 정확히 기재되어야 한다. 문장표현은 작성자의 성의가 담기도록 경어나 단어 사용에 신경을 써야 한다.

문서 작성 시 주의사항
- 문서는 육하원칙에 의해서 써야 한다.
- 문서는 작성 시기를 정확하게 기입한다.
- 문서 작성 후 반드시 다시 한번 내용을 검토해야 한다.
- 문서 내용 중 금액, 수량, 일자 등의 기재에 정확성을 기하여야 한다.
- 문장 표현은 작성자의 성의가 담기도록 경어나 단어 사용에 신경을 써야 한다.

02 다음 중 설명서의 올바른 작성법에 해당되지 않는 것은?

① 정확한 내용 전달을 위해 명령문으로 작성한다.
② 상품이나 제품에 대해 설명하는 글의 성격에 맞춰 정확하게 기술한다.
③ 정확한 내용 전달을 위해 간결하게 작성한다.
④ 소비자들이 이해하기 어려운 전문용어는 가급적 사용을 삼간다.
⑤ 동일한 문장 반복을 피하고 다양하게 표현하도록 한다.

정답 | ①
해설 | 설명서는 명령문이 아닌 평서형으로 작성해야 한다.

03 다음 중 기획서의 올바른 작성법에 해당되지 않는 것은?

① 내용이 한눈에 파악되도록 체계적으로 목차를 구성한다.
② 핵심 내용의 표현에 신경을 써야 한다.
③ 효과적인 내용 전달을 위해 적합한 표나 그래프를 활용하여 시각화하도록 한다.
④ 인용한 자료의 출처는 기입하지 않는다.
⑤ 작성 후 충분히 검토하고 제출하도록 한다.

정답 | ④
해설 | 인용한 자료의 출처는 반드시 밝혀야 할 뿐 아니라, 그 출처가 정확한지 확인한다.

04 귀하는 기획실 업무 개선 프로젝트의 일환으로 사내 팀장 80명을 대상으로 '부하직원들의 문서 작성에 관한 만족도와 불만족 주요 원인'에 대한 설문조사를 실시하였다. 그 결과 전체적으로 만족도는 33%였으며, 불만족 이유는 아래와 같이 나타났다. 귀하가 업무 개선을 위해 향후 문서 작성 시 직원들에게 주의 사항으로 제시할 다음의 행동 중 적절하지 않은 것은?

부하직원들의 문서 작성에 관한 불만족 이유

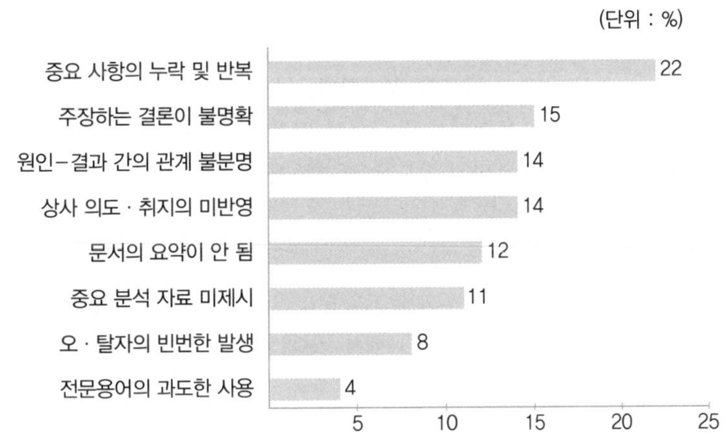

① 문서 작성 시 MECE 관점의 사고를 유지한다.
② 문서 작성 시 항상 결론이 한 마디로 무엇인가를 먼저 생각하도록 한다.
③ 인과관계에서의 모순을 없애기 위해 5 why의 사고를 활용한다.
④ 현상을 설명하는 근거 자료가 부족할 때에는 추론 기법으로 보완한다.
⑤ 문서 작성 후 반드시 최종검검을 한 후 제출한다.

정답 | ④
해설 | 이유와 근거를 제시하는 중요 분석 자료의 경우에는 반드시 사실을 근거로 제시해야 한다.

05 다음과 같은 문서를 작성할 때의 유의사항으로 적절하지 않은 것은?

출장보고서

작성일 : 2024년 2월 23일
작성자 : 영업팀 오○○ 대리

지난 2월 19~22일 출장 결과를 다음과 같이 보고합니다.

\- 다 음 -

1. 출장일시 : 2024년 2월 19~22일
2. 출장지 : 대구광역시, 부산광역시
3. 동행자 : 영업팀 곽○○ 과장, 송○○ 사원
4. 보고 내용
   - 최근 불황과 시장 내 경쟁 과열이 맞물려 납품 계약 체결에 어려움을 겪고 있으며, 전기 대비 납품 물량도 줄어든 상황임
   - 이번에 출시된 신제품을 적극적으로 홍보함으로써 신규 계약 체결 및 시장점유율 확대의 기회로 삼고자 함
   - 기존 거래처인 A, B, C와 기존 물량 추가 납품 및 신제품 납품 계약을 체결하였고, 신규거래처 D, E와도 거래 약정을 합의함
5. 첨부 자료 : 납품 계약서, 출장비 내역서

① 복잡한 내용이나 수치 등은 도표나 그림을 활용한다.
② 이해하기 어려운 전문 용어의 사용을 지양한다.
③ 업무상 상사에게 제출하는 문서이므로 궁금한 점을 질문받을 것에 대비한다.
④ 동일한 내용이나 단어가 중복되지 않도록 간결하게 작성한다.
⑤ 첨부자료는 정확하게 제시한다.

정답 | ②
해설 | 보고서는 특정 일에 관한 현황이나 그 진행 상황 또는 연구 · 검토결과 등을 보고할 때 쓰는 문서로 직장 내에서 주고받는 문서이다. 전문 용어는 조직 내에서 사용할 때 서로 이해하는 데 문제가 없으므로 사용해도 무방하다.

06 다음 중 문서 작성 시 고려사항으로 적절하지 않은 것은?

① 대상 ② 목적
③ 시기 ④ 기대효과
⑤ 개인의 감정

정답 | ⑤
해설 | 문서를 작성할 때는 문서의 대상, 목적, 시기가 포함되어야 하며, 기획서나 제안서 등 경우에 따라 기대효과 등이 포함되어야 한다.

07 다음 중 정보 제공을 위한 문서작성방법으로 옳은 것은?

① 적절한 시각자료를 활용한다.

② 명령문으로 작성한다.

③ 정보 제공을 위해 세세하게 작성한다.

④ 동일한 문장을 반복하여 사용해서 강조한다.

⑤ 인용한 자료의 출처가 명확하지 않아도 사용한다.

정답 | ①

해설 | 정보 제공과 관련된 문서는 기업 정보를 제공하는 홍보물이나 보도자료 등의 문서, 제품 관련 정보를 제공하는 설명서나 안내서 등이 있다. 정보 제공을 위한 문서를 작성할 때는 시각적인 자료를 활용하는 것이 효과적이다. 또한 모든 상황에서 문서를 통한 정보 제공은 무엇보다 신속하고 정확하게 이루어져야 한다.

08 다음 중 공문서 작성 시 유의사항으로 적절하지 않은 것은?

① 한 장에 담아내는 것이 원칙이다.

② 마지막엔 반드시 '끝'자로 마무리한다.

③ 복잡한 내용은 항목별로 구분한다.

④ 대외문서이며 장기간 보관되는 문서이므로 정확하게 기술한다.

⑤ 날짜 다음에 괄호를 사용할 경우에는 마침표를 찍는다.

정답 | ⑤

해설 | 공문서 작성 시 날짜 다음에 괄호를 사용할 경우에는 마침표를 찍지 않는다.

09 다음 중 문장 구성 시 주의사항으로 옳지 않은 것은?

① 간단한 표제를 붙인다.

② 문서의 주요 내용을 먼저 쓴다.

③ 문장을 짧고, 간결하게 작성한다.

④ 불필요한 한자 사용은 배제한다.

⑤ 부정문으로 작성한다.

정답 | ⑤

해설 | 공문서에서 부정문이나 의문문의 형식은 피하며, 긍정문으로 작성한다.

10 다음 〈공문서 작성 원칙〉을 참고할 때, 밑줄 친 ㉠~㉤ 중 바르게 쓰인 곳은?

〈공문서 작성 원칙〉

1. 본문은 왼쪽 처음부터 시작하여 작성한다.
2. 본문 내용을 둘 이상의 항목으로 구분할 때 번호 순서는 1., 가., 1), 가), (1), (가)를 따른다.
3. 하위 항목은 상위 항목의 위치로부터 1자(2타)씩 오른쪽에서 시작한다.
4. 쌍점(:)의 왼쪽은 붙이고 오른쪽은 한 칸을 띄운다.
5. 문서에 금액을 표시할 때는 '금' 표시 후 아라비아 숫자로 쓰되, 숫자 다음에 괄호를 하고 한글로 적는다.
6. 본문이 끝나면 1자를 띄우고 '끝.' 표시를 한다. 단, 첨부물(붙임)이 있는 경우, 첨부 표시문 끝에 1자를 띄우고 '끝.' 표시를 한다.
7. 붙임 다음에는 쌍점을 찍지 않고, 붙임 다음에 1자를 띄운다.

○○시

수신 내부결재
제목 ○○시 탁구 동호회 취미클럽 활동 운영비 지원

---

1. 직장 취미클럽 활성화와 일상생활 속의 체육활동을 통한 건강한 체력을 바탕으로 공직생활의 활력을 도모하기 위하여 … ㉠
2. 2024 ○○시장기 탁구대회 출전에 따른 ○○시청 탁구 동호회 취미클럽 활동 운영비를 다음과 같이 지원하자고 합니다.

가. 행사 개요 … ㉡
(1) 대회명 : 2024 ○○시장기 탁구 동호인대회 … ㉢
(2) 일자 : 2024. 1. 18. (목)
(3) 장소 : ○○체육관
나. 금회 집행 예정액 : 금 458,000원 … ㉣

붙임 ○○시청 탁구인동호회 명단 1부. 끝. … ㉤

지방행정주사 정○○ 행정지원과장 진○○ 행정지원국장 윤○○
시행 총무과-0125 (2024. 1. 5.)
우 03751 ○○도 ○○시 XX로 58
전화 02-0000-0000 / 전송 02-0000-0000

① ㉠ ② ㉡
③ ㉢ ④ ㉣
⑤ ㉤

정답 | ⑤
해설 | 붙임 다음에는 쌍점을 붙이지 않고 1자 띄우며, 첨부문서 끝에 문서의 마침을 표시하는 '끝.' 표시를 한다.

오답 분석

㉠ 본문은 왼쪽 처음부터 시작하여 작성하여야 한다.
㉡, ㉢ 본문의 항목을 구분할 때 번호는 1., 가., 1), …의 순서를 따르며, 상위 항목의 위치로부터 1자씩 오른쪽에서 시작한다.
㉣ 금액을 표시할 때는 '금'을 쓰고 아라비아 숫자로 쓰되, 숫자 다음에 괄호를 하고 한글로 적는다.

PART 01
PART 02
PART 03

CHAPTER 04

의사표현능력

SECTION 01 모듈 이론

1. 의사표현

① **의미** : 의사표현이란 말하는 이가 자신의 감정, 사고, 욕구, 바람 등을 상대방에게 효과적으로 전달하는 중요한 기술이며 음성언어와 신체언어로 구분됨

㉠ 음성언어 : 입말로 표현하는 구어

㉡ 신체언어 : 신체의 한 부분인 표정, 손짓, 발짓, 몸짓 따위로 표현하는 몸말을 의미

② **종류**

㉠ 공식적 말하기 : 사전에 준비된 내용을 대중을 상대로 말하는 것

- 연설 : 말하는 이 혼자 여러 사람을 대상으로 자기의 사상이나 감정에 관하여 일방적으로 말하는 방식
- 토의 : 여러 사람이 모여서 공통의 문제에 대하여 가장 좋은 해답을 얻기 위해 협의하는 말하기
- 토론 : 어떤 논제에 관하여 찬성자와 반대자가 각기 논리적인 근거를 발표하고, 상대방의 논거가 부당하다는 것을 명백하게 하는 말하기

㉡ 의례적 말하기 : 정치적 · 문화적 행사에서와 같이 의례 절차에 따라 하는 말하기 예 식사, 주례, 회의 등

㉢ 친교적 말하기 : 매우 친근한 사람들 사이의 가장 자연스러운 상태에서 떠오르는 대로 주고받는 말하기

2. 의사표현의 중요성

말을 통해 우리의 이미지가 형상화되므로 이러한 말을 바꿈으로써 자기 자신의 이미지도 바꿀 수 있음

3. 의사표현에 영향을 미치는 비언어적 요소

① **연단공포증** : 연단에 섰을 때 가슴이 두근거리고 입술이 타며 식은땀이 나는 생리적 현상으로, 소수인의 심리상태가 아닌, 90% 이상의 사람들이 호소하는 불안

② **말** : 의사표현은 기본적으로 '말하기'이기 때문에 말하는 이가 전달하려는 메시지의 내용만큼이나 '비언어적' 측면 역시 중요함

③ **몸짓** : 비언어적 요소는 말의 장단, 발음, 속도뿐 아니라 화자의 몸짓, 표정, 신체적 외모 등도 포함

④ **유머** : 의사표현을 더욱 풍요롭게 도와주지만 하루아침에 우리가 유머를 포함한 의사표현을 할 수 있는 것은 아니며, 평소 일상생활 속에서 부단히 유머 감각을 훈련하여야만 자연스럽게 상황에 맞는 유머를 즉흥적으로 구사할 수 있음

4. 효과적인 의사표현 방법

① 말하는 이는 자신이 전달하고 싶은 의도, 생각, 감정이 무엇인지 분명하게 인식해야 함

② 전달하고자 하는 내용을 적절한 메시지로 바꾸어야 함

③ 메시지를 전달하는 매체와 경로를 신중하게 선택해야 함

④ 듣는 이가 자신의 메시지를 어떻게 받아들였는지 피드백을 받는 것이 중요함

⑤ 효과적인 의사표현을 위해서는 비언어적 방식을 활용하는 것이 좋음

⑥ 확실한 의사표현을 위해서는 반복적인 전달이 필요함

5. 상황과 대상에 따른 의사표현법

① **상대방의 잘못을 지적할 때**

㉠ 질책은 샌드위치 화법을 사용하면 듣는 사람이 반발하지 않고 부드럽게 받아들일 수 있음

※ 샌드위치 화법 : '칭찬의 말', '질책의 말', '격려의 말'의 순서로 질책을 가운데 두고 칭찬을 먼저 한 다음 마지막에 격려의 말을 하는 것

㉡ 충고는 주로 예를 들거나 비유법을 사용하는 것이 효과적

㉢ 충고는 가급적 최후의 수단으로 은유적으로 접근하는 것을 추천

② **상대방을 칭찬할 때**

㉠ 칭찬은 상대방을 기분 좋게 만드는 의사표현 전략

㉡ 상대에게 정말 칭찬해 주고 싶은 중요한 내용을 칭찬하거나, 대화 서두에 분위기 전환 용도로 간단한 칭찬을 사용하는 것이 좋음

③ **상대방에게 요구해야 할 때**

㉠ 부탁을 해야 하는 경우에는 상대방의 사정을 듣고 상대가 들어줄 수 있는 상황인지 확인하는 태도를 보여준 후, 응하기 쉽게 구체적으로 부탁해야 함. 물론 이때 거절을 당해도 싫은 내색을 해서는 안 됨

㉡ 업무상 지시와 같은 명령을 해야 할 때는 '○○을 이렇게 해라!'라는 식의 강압적 표현보다는 '○○을 이렇게 해주는 것이 어떻겠습니까'와 같은 청유식 표현이 훨씬 효과적

④ **상대방의 요구를 거절해야 할 때**

㉠ 먼저 요구를 거절하는 것에 대한 사과를 한 다음, 응해줄 수 없는 이유를 설명

㉡ 요구를 들어주는 것이 불가능하다고 여겨질 때는 모호한 태도를 보이는 것보다 단호하게 거절하는 것이 좋음

⑤ **설득해야 할 때** : 설득은 상대방에게 나의 태도와 의견을 받아들이고 그의 태도와 의견을 바꾸도록 하는 과정으로 일방적인 강요는 금물

SECTION 02 모듈형 문제

01 다음 중 의사표현에 대한 설명으로 옳지 않은 것은?

① 의사표현이란 한마디로 말하기이다.
② 의사표현에는 음성으로 표현하는 것과 신체로 표현하는 것이 있다.
③ 의사표현은 현대사회에서 자신을 표현하는 첫 번째 수단으로 매우 중요한 능력이다.
④ 의사표현의 종류에는 공식적인 말하기와 의례적인 말하기가 있고, 친구들끼리의 사적인 대화는 포함되지 않는다.
⑤ 의사표현은 말하는 이가 자신의 감정, 사고, 욕구, 바람 등을 상대방에게 효과적으로 전달하는 중요한 기술이다.

정답 | ④
해설 | 의사표현의 종류는 상황이나 사태와 관련하여 공식적 말하기, 의례적 말하기, 친교적 말하기로 구분하며, 구체적으로 대화, 토론, 보고, 연설, 인터뷰, 낭독, 구연, 소개하기, 전화로 말하기, 안내하는 말하기 등이 있다. 따라서 친구들끼리의 사적인 대화도 포함된다.

02 다음 중 효과적인 의사표현을 위해 고려해야 할 사항으로 옳지 않은 것은?

① 음성
② 몸짓
③ 적절한 유머
④ 현란한 언어구사력
⑤ 빠르기

정답 | ④
해설 | 효과적인 의사표현을 위해 말, 음성, 몸짓, 유머, 빠르기 등을 고려해야 하며, 현란한 언어구사력은 오히려 상대방에게 반감을 일으킬 수 있다. 현란한 언어구사력보다 상대방에게 신뢰감을 줄 수 있는 솔직하고 차분한 의사표현이 효과적이다.

03 다음 중 상황과 대상에 따른 의사표현법에 대한 설명으로 옳지 않은 것은?

① 상대방에게 부탁해야 할 때는 기간, 비용, 순서 등을 명확하게 제시해야 한다.
② 상대방의 잘못을 지적할 때는 확실하게 말하기보다는 돌려서 말해 준다.
③ 상대방의 요구를 거절해야 할 때는 정색을 하면서 '안 된다'라고 말하기보다는 먼저 사과를 한 후에, 이유를 설명한다.
④ 설득해야 할 때는 자신이 변해야 상대방도 변한다는 사실부터 받아들여야 한다.
⑤ 상대방을 칭찬할 때는 빈말이나 아부로 여겨질 수 있으므로 정말 칭찬해 주고 싶은 중요한 내용만 칭찬한다.

정답 | ②
해설 | 모호한 표현은 설득력을 약화시키므로 상대방이 알 수 있도록 확실하게 지적해야 한다. 또한 상대방의 잘못을 지적할 때는 지금 당장 꾸짖고 있는 내용에만 한정해야 하며 여러 가지를 함께 꾸짖으면 효과가 없다.

04 다음 중 성공하는 사람의 이미지를 위한 의사표현에 대한 설명으로 옳지 않은 것은?

① 부정적인 말을 하면 인생도 부정적으로 될 것이고, 긍정적인 말을 하면 인생도 긍정적으로 될 것이라는 생각을 갖는다.

② 상대의 말에 공감해야 한다.

③ 항상 공손한 자세로 "죄송합니다.", "미안합니다"라는 표현을 자주 써야 한다.

④ 자신의 대화 패턴을 주의 깊게 살펴본다.

⑤ 상대의 말에 경청해야 한다.

정답 | ③

해설 | 의사표현을 하는 데 있어서 자신을 너무 과소평가하지 말아야 한다. 즉, 낮은 자존감과 열등감으로 자기 자신을 대하는 것은 좋지 않다. 평소에 "죄송합니다", "미안합니다"를 자주 말하는 사람의 경우 얼핏 보면 예의 바르게 보일지 모르나, 꼭 필요한 경우가 아니라면 그러한 표현으로 자신의 모습을 비하시킬 필요는 없다.

05 다음의 발언에서 알 수 있는 설득력이 있는 의사표현의 지침은 무엇인가?

> 사람들은 권위를 지니고 있는 사람의 말을 중요하게 여기고 쉽게 받아들인다. 권위자의 말에는 사람들을 설득하는 힘이 있으며, 이를 잘 알고 있는 마케팅 담당자들은 권위자를 자신들의 광고에 출연시키는 전략을 효과적으로 활용한다. 권위의 법칙은 의약품의 효과에서도 그대로 증명된다. 의사가 약 성분이 없는 약을 겉모양만 똑같이 만들어 환자에게 주어도 병세가 호전되는 경우가 있는데, 이를 플라시보 효과라고 한다. 플라시보 효과가 나타나는 이유는 환자가 약을 처방해주는 의사의 권위에 대한 믿음을 갖고 있기 때문이다.

① 약점을 보여주며 상대방과의 심리적 거리를 좁힌다.

② 하던 말을 갑자기 멈춤으로써 상대방의 주의를 끈다.

③ 여운을 남기는 말로 상대방의 감정을 누그러뜨린다.

④ 권위 있는 사람의 말이나 작품을 인용한다.

⑤ 점차 도움의 내용을 늘려서 상대방의 허락을 유도한다.

정답 | ④

해설 | 제시된 발언에서는 권위 있는 사람의 말에 수긍하고 복종하게 되는 사람들의 심리에 관해 설명하고 있다. 따라서 이에 가장 근접한 내용은 ④이다.

06 K공단에서 근무하는 L씨는 평소 팀에 필요한 기획안을 완벽하게 마무리하는 솜씨와 원만한 인간관계로 주변 직원들에게 인정을 받고 있다. 그러나 상사에게 보고할 때 당황한 나머지 몇 가지를 빼먹을 때도 있고, 많은 사람들 앞에서 프레젠테이션을 할 때는 심하게 긴장해서 너무 빠르게 말하는 바람에 사람들이 그가 한 말이 무엇인지 파악하지 못할 때가 많다. L씨가 이러한 고민을 직속 상사인 귀하에게 털어놓았을 때, 귀하가 L씨에게 해줄 수 있는 조언으로 적절하지 않은 것은?

① 청중 앞에서 말할 기회를 자주 가져야 한다.
② 청자가 상사이거나 연장자라면 연단에서 청자의 신분을 의식해야 한다.
③ 할당된 시간보다 더 많은 시간 동안 발표할 내용을 준비한다.
④ 청중의 눈을 봐야 하는 상황이 어렵다면 창밖을 쳐다보는 대신 청중의 코를 본다.
⑤ 내용상 중요한 부분은 최대한 여유 있게 말하도록 노력한다.

정답 | ②

해설 | 청중의 신분과 숫자는 일정치 않은데, 연단에 섰을 때 청자의 나이와 사회적 신분만을 생각한다면 말하기 전에 위축되어 발표할 수 없게 된다. 연단에서는 청자를 무생물로 인식하고, 발표할 내용에 관한 한 나는 권위자이며, 청자의 신분과는 무관하게 결국 청자와 나는 똑같은 평범한 인간이라는 생각으로 연단에 서야 한다.

07 다음 중 효과적인 의사표현 방법으로 옳지 않은 것은?

① 독서를 많이 하여 상대방의 기선을 제압할 수 있도록 어려운 말을 섞어서 쓴다.
② 상대편의 말을 그대로 받아서 맞장구를 치면 상대방이 친근감을 느끼게 된다.
③ 특수한 상황이 아니라면 비꼬거나 빈정대는 듯한 표현은 삼가는 것이 좋다.
④ 축약된 말보다는 문장을 완전하게 말해야 한다.
⑤ 메시지를 전달하는 매체와 경로를 신중하게 선택해야 한다.

정답 | ①

해설 | 의사표현은 일방적인 것이 아니라 주고받는 것이기 때문에 상대방의 채널에 맞춘다는 기분으로 하는 것이 바람직하다. 풍부한 어휘력을 갖기 위하여 책을 읽는 것은 의사표현에 큰 도움이 되지만, 어려운 말을 섞어 쓰는 것은 옳지 않다.

08 다음 중 상황과 대상에 따른 의사표현법에 대한 설명으로 옳지 않은 것은?

① 상대방에게 부탁해야 할 때는 기간, 비용, 순서 등을 명확하게 제시해야 한다.
② 상대방의 잘못을 지적할 때는 비유적인 표현을 사용하여 메시지를 함축적으로 전달해야 한다.
③ 상대방의 요구를 거절할 때는 먼저 사과를 한 후에 상대방의 요구에 응할 수 없는 이유를 설명해야 한다.
④ 상대방에게 명령을 해야 할 때는 강압적인 표현보다는 부드러운 표현을 사용해야 한다.
⑤ 상대방을 설득해야 할 때는 상대방의 관심을 유도해야 한다.

정답 | ②

해설 | 지적할 때는 상대방이 알 수 있도록 확실하게 말해야 하며, 모호한 표현은 설득력을 떨어뜨린다. 또한, 상대방의 잘못을 지적할 때는 지금 당장 꾸짖고 있는 내용에만 한정해야 하며 여러 가지를 함께 꾸짖으면 효과가 없다.

09 다음 설명하는 의사표현에 영향을 미치는 비언어적 요소는?

> 면접인 발표 등 청중 앞에서 이야기해야 하는 상황일 때, 정도의 차이는 있지만 누구나 가슴이 두근거리고 입술이 타고 식은땀이 나고 얼굴이 달아오르는 생리적인 현상

① 장단
② 발음
③ 연단공포증
④ 몸짓
⑤ 유머

정답 | ③

해설 | 연단공포증은 소수가 경험하는 심리상태가 아니라 90% 이상의 사람들이 호소하는 불안이다. 그러므로 이를 걱정할 필요는 없으며, 오히려 이러한 심리현상을 잘 통제하면서 구두표현을 한다면 청자는 그것을 더 인간다운 것으로 생각하게 될 것이다.

오답 분석

① 장단 : 표기가 같은 말이라도 소리가 길고 짧음에 따라 전혀 다른 뜻이 될 수 있으므로 긴 소리와 짧은 소리를 구분하여 정확하게 발음할 필요가 있다.
② 발음 : 분명하지 않은 발음은 듣는 이에게 정확하게 의사를 전달하기 어려우므로 천천히 복식호흡을 하여 깊은 소리를 내며 침착하게 이야기하는 습관을 가져야 한다.
④ 몸짓 : 손과 팔의 움직임으로 중요한 비언어적 요소 중 하나이다.
⑤ 유머 : 우리의 의사표현을 더욱 풍요롭게 도와준다.

PART 01
PART 02
PART 03

10 다음 중 상대방의 요구를 거절해야 할 때의 의사표현법으로 가장 적절한 것은?

① 적절한 변명을 대며 상대방이 잘 알아들을 수 없도록 모호한 태도로 거절한다.
② 분위기 전환 용도로 별 의미 없는 칭찬을 하며 거절한다.
③ 스스로 해야 한다며 충고를 한다.
④ 먼저 요구를 거절하는 것에 대한 사과를 한 다음, 응해줄 수 없는 이유를 설명한다.
⑤ 일단 요구를 받아드리고 이후에 일방적으로 할 수 없다고 통보한다.

정답 | ④

해설 | 상대방의 요구를 거절해야 할 때는 먼저 요구를 거절하는 것에 대한 사과를 한 다음, 응해줄 수 없는 이유를 설명한다. 요구를 들어주는 것이 불가능하다고 여겨질 때는 모호한 태도를 보이는 것보다 단호하게 거절하는 것이 좋다. 그러나 이러한 태도는 자칫 인간관계까지 영향을 끼칠 수 있으므로 주의해야 한다.

CHAPTER 05

경청능력·기초외국어능력

SECTION 01 모듈 이론

1. 경청

(1) 경청

① **경청**

㉠ 상대방이 보내는 메시지 내용에 주의를 기울이고 이해를 위해 노력하는 행동을 의미

㉡ 경청을 통해 상대방은 우리가 그들에게 얼마나 집중하고 있는지 알 수 있음

㉢ 경청은 대화의 과정에서 신뢰를 쌓을 수 있는 최고의 방법 중 하나

② **적극적 경청**

㉠ 상대방의 이야기에 주의를 집중하고 있음을 행동을 통해 외적으로 표현하며 듣는 것을 의미

㉡ 상대방의 말 중 이해가 안 되는 부분을 질문하거나, 자신이 이해한 내용을 확인하기도 하고, 때로는 상대의 발언 내용과 감정에 대해 공감할 수도 있음

③ **소극적 경청**

㉠ 상대방의 이야기에 특별한 반응을 표현하지 않고 수동적으로 듣는 것을 의미

㉡ 상대방이 하는 말을 중간에 자르거나 다른 화제로 돌리지 않고 상대의 이야기를 수동적으로 따라가는 것을 의미

(2) 경청의 올바른 자세

① 상대를 정면으로 마주하는 자세는 그와 함께 의논할 준비가 되었음을 알리는 자세

② 손이나 다리를 꼬지 않는 소위 개방적 자세를 취하는 것은 상대에게 마음을 열어놓고 있다는 표시

③ 상대방을 향하여 상체를 기울여 다가앉은 자세는 자신이 열심히 듣고 있다는 사실을 강조하는 것

④ 우호적인 눈의 접촉을 통해 자신이 관심을 가지고 있다는 사실을 알리게 됨

⑤ 비교적 편안한 자세를 취하는 것은 전문가다운 자신만만함과 아울러 편안한 마음을 상대방에게 전하는 것

(3) 경청의 방해 요인

① **짐작하기**

㉠ 상대방의 말을 듣고 받아들이기보다 자신의 생각에 들어맞는 단서들을 찾아 자신의 생각을 확인하는 것

㉡ 이들은 상대방이 하는 말의 내용은 무시하고 자신의 생각이 옳다는 것만 확인하려 함

② **대답할 말 준비하기**

㉠ 상대방의 말을 듣고 곧 자신이 다음에 할 말을 생각하는 데 집중해 상대방이 말하는 것을 잘 듣지 않는 것

㉡ 결국 자기 생각에 빠져서 상대방의 말에 제대로 반응할 수가 없게 됨

③ **걸러내기**

㉠ 상대의 말을 듣기는 하지만 상대방의 메시지를 온전하게 받아들이는 것이 아니라 듣고 싶지 않은 상대방의 메시지는 회피하는 것

㉡ 상대방이 분노나 슬픔, 불안을 토로해도 그러한 감정을 받아들이고 싶지 않을 때 자기도 모르는 사이에 상대방이 아무 문제도 없다고 생각해버림

④ **판단하기** : 상대방에 대한 부정적인 선입견 때문에, 또는 상대방을 비판하기 위해 상대방의 말을 듣지 않는 것

⑤ **다른 생각하기** : 대화 도중에 상대방에게 관심을 기울이는 것이 어려워지고 상대방이 말하는 동안에 자꾸 다른 생각을 하게 된다면, 이는 지금의 대화나 상황을 회피하고 있다는 위험한 신호

⑥ **조언하기**

㉠ 어떤 사람들은 지나치게 다른 사람의 문제를 본인이 해결해 주고자 함

㉡ 상대가 원하는 것이 조언일 때도 물론 있지만 상대가 원하는 것이 공감과 위로였을 경우에 조언은 오히려 독이 될 수 있음

㉢ 이러한 대화가 매번 반복된다면 상대방은 무시당하고 이해받지 못한다고 느끼게 되어 마음의 문을 닫아버리게 됨

⑦ **언쟁하기**

㉠ 언쟁은 단지 논쟁을 위해서 상대방의 말에 귀를 기울이는 것

㉡ 언쟁은 상호 문제가 있는 관계에서 드러나는 전형적인 의사소통 패턴. 상대방이 무슨 주제를 꺼내든지 설명하는 것을 무시하고 자신의 생각만을 늘어놓거나 지나치게 논쟁적인 사람은 상대방의 말을 경청할 수 없음

⑧ **자존심 세우기** : 자존심이 강한 사람은 자신의 자존심에 상처를 입힐 수 있는 내용에 대해서 거부감이 강하기 때문에 자신의 부족한 점과 관련된 상대방의 이야기를 듣지 않음

⑨ **슬쩍 넘어가기**

㉠ 대화가 너무 사적이거나 위협적이면 주제를 바꾸거나 농담으로 넘기려 함

㉡ 문제를 회피하려 하거나 상대방의 부정적 감정을 회피하기 위해서 유머를 사용하거나 핀트를 잘못 맞추게 되면 상대방의 진정한 고민을 놓치게 됨

⑩ **비위 맞추기**

㉠ 상대방을 위로하기 위해서 혹은 비위를 맞추기 위해서 너무 빨리 동의하는 것

㉡ 그 의도는 좋지만 상대방이 걱정이나 불안을 말하자마자 "그래요, 당신 말이 맞아", "미안해, 앞으로는 안 할 거야"라고 말하면 지지하고 동의하는 데 너무 치중함으로써 상대방에게 자신의 생각이나 감정을 충분히 표현할 시간을 주지 못하게 됨

(4) 경청 훈련

① **주의 기울이기(바라보기, 듣기, 따라하기)**

㉠ 상대방의 얼굴과 몸의 움직임뿐만 아니라 호흡하는 자세까지도 주의하여 관찰해야 함

㉡ 상대방이 하는 말의 어조와 억양, 소리의 크기까지도 귀를 기울임

② **상대방의 경험을 인정하고 더 많은 정보 요청하기** : 다른 사람의 메시지를 인정하는 것은 상대방과 함께 하며 상대방이 인도하는 방향으로 따라가고 있다는 것을 언어적 · 비언어적인 표현을 통하여 상대방에게 알려주는 반응

③ **정확성을 위해 요약하기**

㉠ 요약하는 기술은 상대방에 대한 자신의 이해의 정확성을 확인하는 데 도움이 될 뿐만 아니라, 자신과 상대방을 서로 알게 하며 자신과 상대방의 메시지를 공유할 수 있도록 함

㉡ 상대방의 요점에 대해서 들은 것을 자신의 말로 반복하는 표현과 자신의 요약을 확인 또는 명료화하기 위해 질문하는 표현을 사용할 수 있음

④ **개방적인 질문하기**

㉠ 개방적인 질문은 보통 "누가, 무엇을 어디에서, 언제 또는 어떻게"라는 어휘로 시작됨

㉡ 단답형의 대답이나 반응보다 상대방의 다양한 생각을 이해하고 상대방으로부터 더욱 많은 정보를 얻기 위한 방법으로서, 서로에 대한 이해의 정도를 높일 수 있음

⑤ **'왜'라는 질문 피하기('왜'라는 말 삼가기)** : '왜'라는 질문은 보통 진술을 가장한 부정적 · 추궁적 · 강압적인 표현이므로 사용하지 않는 것을 추천

(4) 공감반응

① **공감** : 상대방의 마음을 깊게 이해하고 느끼는 것을 의미. 즉, 상대방이 하는 말을 상대방의 관점에서 이해하고 그의 감정을 느끼는 것

② **공감적 반응을 위한 노력**

㉠ 상대방의 이야기를 자신의 관점이 아닌 그의 관점에서 이해하려는 태도를 가져야 함

㉡ 공감을 위해서는 상대방의 말 속에 담겨 있는 감정과 생각에 민감하게 반응해야 함

㉢ 공감을 할 때는 대화를 통해 자신이 느낀 상대방의 감정을 전달해 주어야 함

2. 기초외국어

(1) 기초외국어능력

① 외국어로 된 간단한 자료 이해

② 외국인과의 전화 응대와 간단한 대화

③ 외국인의 의사표현을 이해하고 자신의 의사를 외국어로 표현할 수 있는 능력

④ 외국인과 간단하게 이메일이나 팩스로 업무 내용에 대해 상호 소통할 수 있는 정도

(2) 기초외국어가 필요한 상황

① 전화, 메일 등 의사소통을 위해 외국어를 사용하는 경우

② 매뉴얼, 서류 등 외국어 문서를 이해해야 하는 경우

③ 필요한 정보를 얻기 위한 경우

(3) 기초외국어 활용 시 필요한 능력

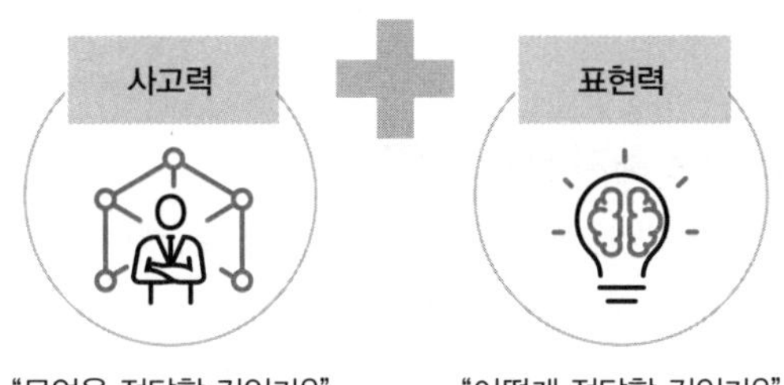

(4) 외국인과의 의사소통에서 피해야 할 행동

① 상대를 볼 때 흘겨보거나, 아예 보지 않는 행동
② 팔이나 다리를 꼬는 행동
③ 표정 없이 말하는 것
④ 대화에 집중하지 않고 다리를 흔들거나 펜을 돌리는 행동
⑤ 맞장구를 치지 않거나, 고개를 끄덕이지 않는 것
⑥ 자료만 보는 행동
⑦ 바르지 못한 자세로 앉는 행동
⑧ 한숨, 하품을 하는 것
⑨ 다른 일을 하면서 듣는 것
⑩ 상대방에게 이름이나 호칭을 어떻게 할지 먼저 묻지 않고 마음대로 부르는 것

01 **다음 중 경청에 대한 설명으로 옳지 않은 것은?**

① 경청이란 다른 사람의 말을 주의 깊게 들으며 공감하는 능력이다.
② 우리가 경청하면 상대는 본능적으로 안도감을 느낀다.
③ 자신의 말을 경청해주는 사람을 좋아하기도 하고, 싫어하기도 한다.
④ 경청을 하면 상대방은 매우 편안해져서 말과 메시지, 감정을 매우 효과적으로 전달하게 된다.
⑤ 상대는 경청하는 우리에게 무의식적인 믿음을 갖게 된다.

정답 | ③
해설 | 우리가 경청하면 상대는 본능적으로 안도감을 느끼고, 경청하는 우리에게 무의식적인 믿음을 갖게 된다. 그리고 우리가 말을 할 경우, 자신도 모르게 더 집중하게 된다. 이런 심리적 효과로 인해 우리의 말과 메시지, 감정이 아주 효과적으로 상대에게 전달된다. 자신의 말을 경청해주는 사람을 싫어하는 사람은 세상에 존재하지 않는다.

02 **다음 중 효과적인 경청방법이 아닌 것은?**

① 주의를 집중한다.
② 나와 관련지어 생각해 본다.
③ 상대방의 대화에 적절히 반응한다.
④ 상대방의 말을 적당히 걸러내며 듣는다.
⑤ 비판적 · 충고적인 태도를 버린다.

정답 | ④
해설 | 상대방의 말을 듣기는 하지만 듣는 사람이 임의로 그 내용을 걸러내며 들으면 상대방의 의견을 제대로 이해할 수 없는 경우가 있다. 효과적인 경청 자세는 상대방의 말을 전적으로 수용하며 듣는 태도이다.

03 **다음 중 외국인과의 의사소통에서 비언어적인 의사소통에 대한 설명으로 옳지 않은 것은?**

① 눈을 쳐다보는 것은 흥미와 관심이 있음을 나타낸다.
② 어조가 높으면 만족과 안심을 나타낸다.
③ 말씨가 매우 빠르거나 짧게 얘기하면 공포나 노여움을 나타내는 것이다.
④ 자주 말을 중지하면 결정적인 의견이 없음을 의미하거나 긴장 또는 저항 상태임을 의미한다.
⑤ 큰 목소리로 말하는 내용은 강조하는 내용이다.

정답 | ②
해설 | 비언어적인 의사소통은 조금만 주의를 기울이면 상대방의 의도나 감정 상태를 쉽게 알 수 있다. 보통 의사소통에서 어조가 높다는 것은 만족과 안심의 상태가 아니라 흥분과 적대감을 나타내는 것이므로 주의해야 한다.

04 다음 대화에 나타난 경청의 방해요인은?

A : 나 요즘 고민이 있어. B : 하하, 나도 늘 고민을 달고 살아. 고민 없는 사람이 어딨겠어. A : 농담이 아니라 조금 심각해. 우리 집 말이야 이번에… B : 아! 얼마 전 갔던 곳 괜찮지 않았어? 오늘 저녁에 또 가지 않을래?

① 판단하기
② 슬쩍 넘어가기
③ 다른 생각하기
④ 대답할 말 준비하기
⑤ 언쟁하기

정답 | ②
해설 | 슬쩍 넘어가기는 대화가 너무 사적이거나 위협적일 때 주제를 바꾸거나 농담으로 넘기려 하는 것으로, 이 경우 상대방의 진정한 고민을 놓치게 된다.

오답 분석

① 판단하기 : 상대방에 대한 부정적인 판단 때문에, 혹은 상대방을 비판하기 위해 상대방의 말을 듣지 않는 것
③ 다른 생각하기 : 상대방에게 표현하지 못하는 부정적 감정이 누적되어 상황을 회피하기 위해 상대방이 말을 할 때 자꾸 다른 생각을 하는 것
④ 대답할 말 준비하기 : 자신이 다음에 할 말을 생각하기에 바빠서 상대방이 말하는 것을 잘 듣지 않는 것
⑤ 언쟁 : 단지 논쟁을 위해서 상대방의 말에 귀를 기울이는 것으로, 상호 문제가 있는 관계에서 드러나는 전형적인 의사소통 패턴

PART 01
PART 02
PART 03

05 다음 중 기초외국어능력이 필요한 상황과 관련된 설명으로 잘못된 것은?

① 누구에게나 똑같은 상황에 적용되는 기초외국어능력이 필요하다.
② 영어만 해당하는 것이 아니며, 자신이 주로 상대하는 외국인들이 구사하는 언어가 필요하다.
③ 기초외국어능력이 자신에게 언제 필요한지 잘 아는 것이 중요하다.
④ 자신의 업무에서 필요한 기초외국어를 적절하게 구사해야 한다.
⑤ 업무 시 필요한 정보를 얻기 위해서라도 기초외국어능력이 필요하다.

정답 | ①
해설 | 외국인과 함께 일하는 국제 비즈니스에서는 의사소통이 매우 중요하다. 직업인은 자신이 속한 조직의 목적을 달성하기 위해 외국인을 설득하거나 이해시켜야 한다. 하지만 이런 설득이나 이해의 과정이 외국인의 전화 응대, 기계 매뉴얼 보기 등 모든 업무에서 똑같이 이루어지는 것은 아니다.

06 다음 대화를 읽고 B가 A에게 조언한 내용으로 옳은 것은?

A : I really appreciate you taking the time to listen to my presentation practice. What did you think of it?

B : Well, I thought your presentation was great. It seems like you really prepared well. But I think you should change something.

A : Oh, what's the problem? The topic is boring, isn't it?

B : No, not at all. It was very interesting. It's just that when you talk, you start speaking too softly and sometimes you don't stress enough the important parts. If you control that point, you would make a great speech.

① 발표의 주제를 바꾸기
② 통계적인 자료를 추가하기
③ 중요 부분을 강조하기
④ 발표 시간을 줄이기
⑤ 결론을 요약하기

정답 | ③

해설 | A와 B의 대화를 해석하면 다음과 같다.

A : 제 발표 연습을 들어주시느라 시간을 내 주셔서 정말 감사합니다. 어떻게 생각하시나요?
B : 음, 저는 좋다고 생각했어요. 정말 잘 준비하셨네요. 그런데 어떤 건 바꿔야할 것 같아요.
A : 무엇이 문제인가요? 주제가 너무 지루했죠.
B : 아뇨, 전혀 아니에요. 아주 재미있었어요. 단지, 말을 할 때 너무 부드럽게 말하기 시작하고, 때때로 중요한 부분을 충분히 강조하지 않아요. 그 점만 잘 조절한다면, 아주 훌륭한 연설을 할 거예요.

따라서 B가 A에게 조언한 내용은 중요 부분을 강조하기이다.

07 ○○ 국제박람회에 참석한 외국인과 대화를 나누는 A~E 중 행동이 바람직한 사람은?

① A : 대화에 집중하지 않고 다리를 흔들거나 펜을 돌린다.
② B : 상대방의 눈을 쳐다보지 않고 자료만 본다.
③ C : 상대방과 눈을 맞추며 흥미와 관심이 있음을 나타낸다.
④ D : 상대방의 말을 끊지 않기 위해 맞장구를 치지 않는다.
⑤ E : 오래 대화를 나누기 위해 편안한 자세로 의자에 기대어 앉는다.

정답 | ③

해설 | 외국인과의 의사소통에서 피해야 할 행동은 다음과 같다.

- 상대를 볼 때 흘겨보거나, 아예 보지 않는 행동
- 팔이나 다리를 꼬는 행동
- 표정 없이 말하는 것
- 대화에 집중하지 않고 다리를 흔들거나 펜을 돌리는 행동
- 맞장구를 치지 않거나, 고개를 끄덕이지 않는 것
- 자료만 보는 행동
- 바르지 못한 자세로 앉는 행동
- 한숨, 하품을 하는 것
- 다른 일을 하면서 듣는 것
- 상대방에게 이름이나 호칭을 어떻게 할지 먼저 묻지 않고 마음대로 부르는 것

08 다음 중 경청훈련으로 적절하지 않은 것은?

① 주의 기울이기
② 상대방의 경험을 인정하고 더 많은 정보 요청하기
③ 정확성을 위해 요약하기
④ 개방적인 질문하기
⑤ 최대한 '왜?'라는 질문을 많이 하기

정답 | ⑤
해설 | '왜?'라는 질문은 보통 진술을 가장한 부정적 · 추궁적 · 강압적 표현이므로 사용하지 않는 것이 좋다.

PART 01
PART 02
PART 03

09 다음 중 기초외국어능력에 대한 설명으로 옳지 않은 것은?

① 외국어로 된 간단한 자료 이해
② 외국인과의 전화 응대와 간단한 대화
③ 외국인의 의사표현을 이해하고 자신의 의사를 외국어로 표현할 수 있는 능력
④ 외국인과 간단하게 이메일이나 팩스로 업무 내용에 대해 상호 소통할 수 있는 정도
⑤ 외국인과 능숙하게 대화를 나눌 수 있는 정도

정답 | ⑤
해설 | 기초외국어능력은 다음과 같다.
- 외국어로 된 간단한 자료 이해
- 외국인과의 전화 응대와 간단한 대화
- 외국인의 의사표현을 이해하고 자신의 의사를 외국어로 표현할 수 있는 능력
- 외국인과 간단하게 이메일이나 팩스로 업무 내용에 대해 상호 소통할 수 있는 정도

10 다음 중 경청 시 올바른 자세가 아닌 것은?

① 상대를 정면으로 쳐다보면 상대방이 민망할 수도 있으므로, 눈을 마주치지 않는다.
② 손이나 다리를 꼬지 않는 소위 개방적 자세를 취한다.
③ 상대방을 향하여 상체를 기울여 다가앉는다.
④ 우호적인 눈의 접촉을 통해 자신이 관심을 가지고 있다는 사실을 알린다.
⑤ 비교적 편안한 자세를 취하는 것은 전문가다운 자신만만함과 아울러 편안한 마음을 상대방에게 전하는 것이다.

정답 | ①
해설 | 상대를 정면으로 마주하는 자세는 함께 의논할 준비가 되었음을 알리는 자세이다. 따라서 눈을 마주치지 않고 피하는 것은 올바른 경청 자세가 아니다.

MEMO

유형별 학습

PART 02

CHAPTER 01 일치 · 추론
CHAPTER 02 주제 · 제목 찾기
CHAPTER 03 빈칸 추론
CHAPTER 04 삽입 및 배열
CHAPTER 05 실용문 이해 · 도표 해석
CHAPTER 06 어휘 · 문법
CHAPTER 07 사자성어 · 속담 · 관용적 표현
CHAPTER 08 내용 및 개요 수정

CHAPTER 01

일치·추론

SECTION 01 핵심 이론

1. 내용 일치

(1) 유형 파악하기

① 지문과 선택지의 내용을 비교하여 일치 여부를 판단하는 유형으로, 의사소통영역에서 가장 빈번하게 출제되는 유형

② 제시문에 따라 난이도가 천차만별이므로 시간 분배가 중요

(2) 문제 접근하기

① **첫 · 끝 문단** : 첫 문단과 끝 문단에 제시된 내용은 주로 선택지로 구성되거나 글 전체의 흐름을 알 수 있으므로 주의 깊게 살펴봐야 함

② **지문의 내용은 상식과 구분 짓기** : 이미 알고 있는 내용이 지문으로 등장하더라도 지문에 주어진 정보만으로 답을 찾아야 함

③ **다양한 형식의 선택지** : 대화문을 적용한 선택지가 주어지는 등 다양한 형식의 문제가 출제되지만 기본적인 풀이 방법은 같으므로 충분한 연습이 필요

2. 추론

(1) 유형 파악하기

① '추론' 유형은 '내용 일치' 유형과 다르게 제시문에서 주어진 정보를 해석하는 데 그치지 않고 이를 토대로 논리적 추리를 요구

② 체감 난도가 높음

(2) 문제 접근하기

① **주제와 먼 정답** : '추론' 유형의 문제는 제시문의 주제와는 상당히 거리가 먼 내용이나 주제와 반대되는 내용이 정답인 경우가 존재하므로 주제 위주로 제시문을 파악하면 안 됨

② **모든 내용을 파악** : '추론' 유형의 문제는 주제나 중요 부분이 아닌 부분에서 추론을 요구할 수 있으므로 사례, 인용문 등과 같은 세부 내용들을 중점으로 파악해야 함

SECTION 02 대표 예제

01 다음 중 지문의 내용과 일치하는 것은? [한국동서발전]

> 코로나 19 팬데믹으로 전 세계에서는 디지털 신기술을 활용한 사회 · 경제 · 문화 · 보건 · 의료 등 인간 삶의 모든 국면에 대한 대변혁인 디지털 대전환이 빠른 속도로 이뤄지고 있다. 이러한 디지털 대전환은 4차 산업혁명 시대가 도래했음을 의미한다. 4차 산업혁명 시대에는 로봇이나 네트워크, 자동화, 지능화된 제품과 서비스를 가능하게 하는 인공지능(AI)의 디지털 기술이 중요하다.
> 그렇기 때문에 미국, 영국 등을 포함한 세계 주요 국가는 4차 산업혁명 시대를 위한 국가 발전 전략을 마련하는 동시에 디지털 대전환을 주도할 핵심 인력을 양성하기 위해 컴퓨터 과학에 대한 체계적인 교육계획을 수립하고 있다.
> 우리나라도 4차 산업혁명 시대를 위해 인공지능 국가전략을 수립 · 발표하고 이를 체계적으로 추진하고 있다. 한국판 뉴딜을 디지털 뉴딜로 규정 및 추진해 IT 강국을 넘어 AI 강국으로의 도약을 목표로 잡고 소프트웨어, 인공지능 인력 양성을 위해 초 · 중 · 고등학교부터 대학 · 대학원까지의 교육과정에서 체계적인 계획을 수립하고 있다. 그러나 현재 초 · 중 · 고등학교 교육과정에 포함된 소프트웨어 공교육 시수는 부족한 실정이다. 때문에 교육과정 개편에서 소프트웨어 공교육 시수를 늘리자는 의견이 나오고 있다. 이러한 초 · 중 · 고등학교의 소프트웨어 공교육 확대는 대학의 첨단 교육 시스템으로 연결돼 4차 산업혁명 시대에 큰 공헌을 할 수 있는 전문인력을 양성하는 데 도움을 줄 수 있다.
> 또한 대학 자체에서도 종전 산업사회의 인력을 양성하는 틀에서 벗어나 4차 산업혁명 시대에 필요한 인재를 양성하기 위한 시스템을 마련하기 위해 노력하고 있다. 디지털 네이티브의 필수 역량인 컴퓨팅적 사고력을 갖도록 양성하기 위해서는 수학, 과학과 마찬가지로 기초 학문으로 소프트웨어 교과를 체계적으로 교육해야 한다. 뿐만 아니라 우리나라가 4차 산업혁명 시대를 잘 맞이하기 위해서는 정부에서도 이러한 국가 발전에 공헌하려는 대학의 의도와 노력을 잘 이해하고 적극적이고 지속적인 지원을 해야 할 것이다.

① 대부분의 나라에서는 4차 산업혁명이 진행되고 있지 않다.
② 우리나라는 4차 산업혁명 시대를 위해 국가 안보전략을 수립 · 발표하였다.
③ 현재 우리나라 초 · 중 · 고등학교 교육과정에 포함된 소프트웨어 공교육 시수를 늘리면 4차 산업혁명 시대에 맞는 전문인력을 양성하는 데 도움을 줄 수 있다.
④ 대학은 4차 산업혁명 시대에 필요한 인재를 양성하기 위해 정부의 지침을 기다리고만 있다.

단계별 문제 풀이

STEP 01 **문제의 유형을 파악한다.**
→ 지문과 선택지의 내용을 비교하여 일치 여부를 판단하는 유형으로, 가장 빈번하게 출제되는 독해 유형이다.

STEP 02 **문제에서 요구하는 사항을 가장 먼저 확인한다.**
→ 이외로 문제를 제대로 읽지 않아 틀리는 경우가 종종 있다. 문제에서 요구하는 바가 옳은 정보인지 틀린 정보인지를 우선 체크해야 한다.

STEP 03 **긴 지문이 주어지는 경우가 많으므로, 필요한 정보만을 찾아 빠르게 비교해야 한다.**
→ 먼저 선택지를 살피고, 선택지에 포함된 키워드를 중심으로 관련 내용이 있는 부분을 역으로 찾아 비교한다.

PART 01
PART 02
PART 03

정답 찾기

3문단에 현재 우리나라 초 · 중 · 고등학교 교육과정에 포함된 소프트웨어 공교육 시수는 부족한 실정이기 때문에 초 · 중 · 고등학교의 소프트웨어 공교육 시수를 늘리면 4차 산업혁명 시대에 큰 공헌을 할 수 있는 전문인력을 양성하는 데 도움을 줄 수 있다고 제시되어 있다.

오답 분석

① 2문단에 미국, 영국 등을 포함한 세계 주요 국가는 4차 산업혁명 시대를 위한 국가 발전 전략을 마련하는 동시에 디지털 대전환을 주도할 핵심 인력을 양성하기 위해 컴퓨터 과학에 대한 체계적인 교육계획을 수립하고 있다고 제시되어 있다.
② 3문단에 우리나라도 4차 산업혁명 시대를 위해 인공지능 국가전략을 수립 · 발표하고 이를 체계적으로 추진하고 있다고 제시되어 있다.
④ 4문단에 대학 자체에서도 종전 산업사회의 인력을 양성하는 틀에서 벗어나 4차 산업혁명 시대에 필요한 인재를 양성하기 위한 시스템을 마련하기 위해 노력하고 있다고 제시되어 있다.

정답 | ③

02 다음 글을 통해 추론할 수 있는 것은? [한국전력공사]

ㅇㅇ공사가 수행하는 LED조명 교체 ESCO사업*이 공정성 논란에 휩싸였다. 에너지 절감량 산정 기준 항목 중 사업설명회와 공청회 과정에서 언급되지 않았던 '보수율'이 낙찰을 결정하는 핵심 요소로 떠오르면서 항목 자체가 특정 업체에 유리하도록 설계된 것이 아니냐는 의혹이 제기되었다. ㅇㅇ공사는 지난 2018년 4월, 2,300억 원을 5년간 투입해 전국 고속도로 터널 및 가로등 조명을 LED로 교체한다는 계획을 발표했다. ㅇㅇ공사는 ESCO사업 입찰과 관련해 사업자의 에너지 절감량 산정 기준이 되는 평가지표에 정부 사업 중 처음으로 '보수율'이라는 항목을 적용했다. 보수율이란 조명시설의 조도를 계산할 때 빛의 양이 감소되는 것을 감안해 경제적으로 허용할 수 있는 한도를 지정, 일정 기간 감광되더라도 설계값을 만족하게 하는 기준을 뜻한다. 하지만 업체가 받은 고효율에너지기자재 소비전력 수치에 보수율이 적용되면 평가 배점이 뒤바뀔 수 있어 문제가 되고 있다.

정부 주도 ESCO사업은 일반적으로 고효율에너지기자재 인증서에 명시된 등기구 소비전력으로 에너지 절감액을 계산한다. 일반적인 ESCO사업에서 A사가 100W급 가로등의 소비전력을 80W까지 낮춘 제품으로 입찰에 참가하고 B사는 90W까지 낮춘 제품으로 참가한다면, 소비전력이 낮은 A사가 더 높은 점수를 받는 것이다. 하지만 ㅇㅇ공사의 경우 제조사가 자체적으로 보수율을 적용하기 때문에 A사가 80W에 보수율 0.7, B사가 90W에 보수율 0.6으로 제출하게 되면, A사의 소비전력은 80W×0.7=56W, B사의 소비전력은 90W×0.6=54W로 소비전력이 낮은 B사가 높은 점수를 받게 된다. 결국 제품의 성능이 좋더라도 업체 스스로 경쟁사보다 보수율을 높게 설정하면 배점이 역전되는 것이다.

또한 업계는 제조사가 스스로 제시하는 보수율 근거자료를 실증시험이 아닌 시뮬레이션 자료로 제출하라고 한 점도 이해하기 힘들다고 주장한다. 2017년 5월 정기 기술평가 시 보수율이 언급되지 않았기 때문에 입찰에 참가한 업체들은 대부분 공고 이후에 시뮬레이션 성적서를 발급받았다. 따라서 소비전력이 떨어지는 제품이 설치되고 실증시험을 거치지 않아 향후 하자관리 부분에서 문제가 발생하는 상황 등에 대한 우려를 표했다. 이에 ㅇㅇ공사 관계자는 "성적에서 성능 기준만 고려해 낙찰자를 선정하다보니 제품 설치 이후 에너지 절감량이 급격하게 떨어지는 사례를 여럿 확인했다"며 "회수 기간을 단축시키기 위한 불가피한 선택이었다"고 말했다.

※ ESCO사업 : 개인이나 기업을 대신하여 에너지절약전문기업(ESCO ; Energy Service Company)이 에너지절약형 시설에 선투자한 뒤 에너지 절감액으로 투자비를 회수하는 제도

① 조명시설의 보수율은 정부 주도 ESCO사업 입찰에 2018년부터 활용되는 지표로, 일정 기간 감광되더라도 설계값을 만족하게 하는 기준을 뜻한다.

② ㅇㅇ공사는 성능을 기준으로 평가된 제품의 에너지 절감량이 급감하는 경우가 잦아지자 실증시험을 통해 산출된 보수율을 평가지표에 추가했다.

③ ESCO사업을 정부가 주관할 경우 에너지 절감액 계산 시 고효율에너지기자재 인증서의 소비전력 항목을 반영하는 예외가 허용된다.

④ ㅇㅇ공사의 평가 기준에 따르면 소비전력 80W, 보수율 0.5를 제출한 ㄱ사와 소비전력 70W, 보수율 0.6을 제출한 ㄴ사 중 ㄴ사가 높은 배점을 받게 된다.

⑤ 고효율에너지기자재의 소비전력이 낮아도 보수율이 높으면 에너지 절감 기준에 미달하는 제품을 회수하는 기간을 단축시킬 수 있다.

PART 01 PART 02 PART 03

단계별 문제 풀이

STEP 01 ▶ **문제의 유형을 파악한다.**

→ 제시문을 바탕으로 추론할 수 있는 내용을 선택하는 유형으로, 추론은 본문의 내용을 바탕으로 내용의 옳고 그름을 판단한다는 점에서 내용 일치와 비슷하지만, 숨겨진 정보를 찾아낸다는 점에서 조금 더 난도 높은 유형에 속한다.

STEP 02 ▶ **문제에서 요구하는 사항을 가장 먼저 확인한다.**

→ 단순한 추측만으로 답을 찾아서는 안 되며, 지문에서 확인할 수 있는 사실을 토대로 논리적으로 유추할 수 있는 사실을 답으로 삼아야 한다.

STEP 03 ▶ **필요한 부분을 찾아 빠르게 추론해야 한다.**

→ 중심 내용이 아닌 부분에서 정답을 추론해야 할 수 있으므로 꼼꼼히 살펴본다.

정답 찾기

○○공사는 정부 사업 중 처음으로 보수율이라는 항목을 적용한 ESCO사업 입찰 계획을 2018년 4월에 발표했다.

오답 분석

② 입찰에 참가하는 업체가 제시해야 하는 보수율의 근거자료는 실증시험을 통한 자료가 아닌 시뮬레이션 자료이다.
③ 정부 주도 ESCO사업에서 고효율에너지기자재 인증서에 명시된 등기구 소비전력으로 에너지 절감액을 계산하는 일은 예외적이지 않고 일반적이다.
④ 소비전력만을 기준으로 삼을 때는 ㄴ사의 제품이 더 높은 점수를 받지만, 보수율을 적용하면 80×0.5=40W, 70×0.6=42W로 ㄱ사의 소비전력이 더 낮게 책정되어 더 높은 배점을 받게 된다.
⑤ ○○공사 관계자에 의하면 선정기준에 보수율을 포함시키는 일은 기준 미달 제품 회수가 아니라 투자비 회수 기간을 단축시키기 위한 불가피한 선택이었다. 제시문 하단의 ESCO사업에 대한 설명을 통해 ○○공사 관계자의 발언이 투자비 회수를 뜻함을 알 수 있다.

정답 | ①

SECTION 03 출제 예상 문제

01 다음 글을 통해 알 수 없는 내용은?

시험 위주 능력주의의 기원은 600년대에 시작된 과거제도로 거슬러 올라간다. 지금부터 약 1,400년 전 중국의 수나라(581~618)는 과거제도 급제자에게 엄청난 부귀영화를 누릴 수 있는 특권을 줌으로써 똑똑한 중 · 고소득층 출신 남성들이 과거 급제에 집중하게 만들어 국가의 권력과 수직적 조직을 유지했다. 이 과거시험은 세계에서 최초로 표준화된, 즉 시험의 조건과 기회가 모든 사람에게 다 똑같이 주어지는 시험이었다. 표준화된 시험은 누구나 열심히 노력하면 좋은 성과를 얻을 수 있다는 능력주의 이념을 만든다. 사회경제적 권력이나 지위가 세습되는 것이 아니라, 공부만 열심히 하면 "개천에서 용 난다"라고 하는 시험 위주 능력주의가 양산되면서 일반 백성들도 과거 급제를 통해서 재산, 명예, 권력 등과 같은 엄청난 혜택을 받을 수 있다고 믿었다. 때문에 청소년 때부터 시험을 보기 시작해 3년마다 있는 시험을 대비하여 공부만 하는 응시자들이 엄청나게 많았고, 유학 고전뿐만 아니라 그 고전에서 출제된 저년도 모범답안을 사서 기계적으로 달달 외웠다. 다른 진로는 생각하지도 않고 시험에만 집중해서 가족의 모든 재원을 다 쏟아부으면서 공부를 했고, 그중에는 시험 불안에 떨면서 한평생을 과거 준비만 하며 보냈던 사람들도 많았다. 개천에서 난 용도 있었지만, 대부분은 오랜 세월 동안 시험을 볼 여유가 있었던 고소득층 출신자가 과거에 급제했다.

이런 과거제도가 한국, 일본, 싱가포르, 대만 등 다른 동양 국가로 전파됐고, 중국이 1905년에 과거제도를 공식적으로 폐지한 뒤에도 이는 중국을 포함한 여러 동양 국가들의 대학 입시로 이어졌다. 동양에서는 아직도 명문대에만 입학하면 그 대학에서 공부를 잘하든 못하든 상관없이 학벌과 학연이 가져다주는 엄청난 혜택을 누릴 수 있다. 그뿐 아니라 이런 혜택은 경력이 더 오래될수록 현저해진다. 일례로 일본 대기업의 최고 중역들 중 60% 이상이 명문대 출신이다. 이와 대조적으로 미국 100대 기업의 최고 중역들 중 명문대 출신은 10%도 채 안 된다. 동양에서는 대학 입학으로 얻을 수 있는 엄청난 혜택 때문에 개인의 적성에 맞는 전문성을 쌓는 대신 오직 시험에서 좋은 점수를 받으려는 풍토가 조성됐다. 아이들에게 남보다 좋은 사회 · 경제적 지위를 만들어주고 싶은 부모들의 과도한 욕심은 아이들을 '시험지옥'으로 내몰고 힘겨운 경쟁을 하게 했다. '시험지옥'은 아이가 높은 시험 점수를 따도록 만들기 위해 각 가정이 수단과 방법을 가리지 않고 사교육에 돈을 쏟아붓는 동양의 지나치게 높은 교육열을 의미한다. 이런 교육열은 1980년대에 '동양의 다섯 마리 용의 기적'이라고 불릴 만큼 일본, 한국, 대만 홍콩, 싱가포르의 엄청난 경제 성장을 이끌었지만, 그만큼 많은 병폐를 불러오기도 했다.

① 최초 표준화된 시험은 약 1,400년 전 중국 수나라에서 실시되었다.
② 과거 시험 응시자 중 고소득층 출신자가 급제하는 경우가 많았다.
③ 중국의 과거제도는 공식적으로 폐지되었으나 대학 입시로 이어졌다.
④ 일본 100대 기업의 명문대 출신 중역은 미국의 100대 기업의 명문대 출신 중역의 6배이다.
⑤ 동양의 '시험지옥'은 1980년대에 '동양의 다섯 마리 용의 기적'을 가져오기도 했다.

02 다음 글의 내용과 일치하는 것은?

> 피렌체 대성당은 이 도시의 상징이다. 정식 명칭은 '꽃의 성모 마리아'라는 뜻의 산타 마리아 델 피오레 대성당이다. 고딕 양식으로 설계되었지만 뒤에 동방의 영향을 받은 거대한 돔을 얹은 르네상스 양식으로 지어졌다.
> 피렌체 대성당이 건립된 것은 인구가 급증하던 피렌체의 번영과 맞물려 있었다. 오랜 세월을 버티면서 조금씩 무너지고 있던 산타 레파라타 성당 대신 피렌체에는 그 번영에 걸맞은 성당, 예컨대 세인트 폴 대성당, 세비야 대성당, 밀라노 대성당 등과 맞먹는 규모의 성당이 필요했던 것이다.
> 새 성당은 아르놀포 디 캄비오의 설계로 1295년에 공사에 들어가 140년 후인 1436년에야 완공되었다. 이 거대한 구조물은 약 4백만 개의 벽돌이 들어가 무게가 3만 7천 톤에 이른다. 이 예배당 앞에는 화가 조토가 설계한 높이 85m의 이른바 '조토의 종탑'이 서 있다. 호리호리한 몸피의 고풍스러운 이종탑은 예배당과 그 맞은편의 조반니 세례당과 함께 피렌체 대성당을 이룬다.
> 피렌체를 상징하는 거대한 돔을 설계한 건축가는 메디치가의 후원을 받은 브루넬레스키였다. 그는 로마의 판테온 신전의 돔에서 영감을 받아 이 성당의 돔을 완성했다. 대성당의 돔은 미켈란젤로가 설계한 바티칸 시국의 성 베드로 대성당의 돔이 세워질 때까지 세계에서 가장 큰 규모였다.

① 피렌체 대성당은 세계에서 가장 큰 규모를 자랑한다.
② 산타 마리아 델 피오레가 피렌체 대성당의 정식 명칭이다.
③ 세인트 폴 대성당은 피렌체 대성당과 함께 피렌체에서 가장 유명한 성당이다.
④ 브루넬레스키는 메디치가의 후원을 받아 피렌체 성당을 설계하였다.
⑤ 피렌체 성당의 돔은 무게가 3만 7천 톤에 이른다.

03 다음 글을 통해 알 수 있는 내용은?

> 아토피와 천식, 비염의 공통점을 물으면 대다수 사람들이 곧바로 알레르기라고 답할 것이다. 그렇다면 류머티스 관절염, 크론병, 갑상샘저하증의 공통점은 무엇일까? 별다른 관계가 없어 보이는 질병들이라 의아하겠지만 실은 이 질병들 모두 자가면역질환에 속한다.
> 알레르기와 자가면역질환 모두 면역계의 이상으로 인한 질병이지만 작동 원리는 다르다. 즉 알레르기는 별것도 아닌 외부 물질에 과민하게 반응해 신체에까지 악영향을 미친 결과이지만, 자가면역질환은 면역계가 내 몸의 물질을 외부 물질로 인식해 공격하는 바람에 신체가 손상을 입는 현상이다.
> 일반적으로 자가면역질환은 알레르기보다 증세가 더 심각하고 사실상 완치가 어려운 만성질환이다. 알레르기도 근본적인 치료제는 없지만, 알레르기 유발물질과 접촉하지 않으면 증상의 발현을 피할 수 있다. 그러나 자가면역질환은 신체 자체가 항원이기 때문에 이를 예방할 방법이 없다. 현재 자가면역질환 목록에 오른 질병만 80가지가 넘고, 이는 더욱 늘어날 전망이다.
> 게다가 자가면역질환은 환자 수가 매년 증가하고 있다. 미국의 경우 자가면역질환의 환자 수는 전체 인구의 7%인 2,400만 명으로 추산되며, 여성 사망 원인 10위에 랭크되어 있다. 홍콩에서도 이 질환에 시달리는 환자 수가 수십 년 새 30배 증가하였다. 이러한 추세는 전 세계적으로 비슷한 양상을 보인다.
> 이처럼 자가면역질환에 시달리는 사람들이 많은데도, 이 용어가 의학계에 데뷔한 지는 고작 60여 년에 지나지 않는다.

① 아토피와 갑상샘저하증은 면역계의 이상이 원인인 질병으로 다른 부위에서 같은 원리로 작동한다.
② 알레르기와 자가면역질환은 외부에서 유입된 물질에 대한 이상 반응이지만 반응 기제는 다르다.
③ 알레르기의 경우 외부 물질의 유입을 통제하는 일이 현실적으로 어렵기 때문에 예방이 불가능하다.
④ 약 60년 동안 80가지 이상의 자가면역질환이 등록되었다.
⑤ 자가면역질환과 알레르기의 환자 수는 미국, 홍콩을 비롯하여 전 세계적으로 가파르게 증가하고 있다.

04 다음 중 글의 내용과 일치하지 않는 것은?

> 앞으로 30세대 이상 공동주택도 환기설비 설치가 의무화된다. 건축물에 설치하는 환기설비 공기여과기 성능도 강화된다. 52개 지하역사와 철도역사 대합실의 공기질 개선을 위한 예산도 991억 원가량 배정된다. 국토교통부와 환경부는 이 같은 내용을 골자로 하는 '건축물의 설비기준 등에 관한 규칙' 개정안을 입법예고한다고 밝혔다. 미세먼지 농도가 높은 일수가 많아지면서 관련 문제 대응에 대한 국민적 요구가 높은 상황이다. 이에 국토부와 환경부는 공동으로 환기설비 설치대상 확대, 공기여과기 성능기준 강화 등 대책을 도출하고 관련 제도 개선에 나선 것이다.
> 정부는 현재 100세대 이상 공동주택 · 주상복합 건축물에 의무화된 환기설비 설치를 30세대 이상의 공동주택 · 주상복합 건축물로 확대할 예정이다. 이는 소규모 공동주택의 실내공기질 확보를 위해서이다. 환기설비 설치 의무가 없는 민간 노인요양시설(1,000m² 이상), 어린이 놀이시설(430m² 이상), 영화관(300m² 미만) 등의 다중이용시설에 대한 환기설비 설치도 의무화한다. 공기여과기 성능기준도 강화하여 기계환기설비의 경우 입자크기 0.3㎛ 이하인 초미세먼지 포집률을 40%에서 60%로 강화하고, 자연환기설비의 경우 입자크기 6.6~8.6㎛ 이하인 미세먼지 포집률을 60%에서 70%로 강화한다. 명확한 기준이 없었던 공항 터미널, 철도 대합실, 영화관, 도서관 등 다중이용시설의 기계환기설비 공기여과기 성능기준도 공동주택 환기설비와 동등하게 변경한다.
> 환기설비 유지관리기준을 마련하여, 2020년 5월 1일 시행되는 건축물관리법에 따른 정기점검 시 환기설비 유지관리의 적정성도 확인한다. 환기설비 성능 향상과 관련하여 한국산업표준(KS)을 개정하기 위한 연구도 추진한다. 정부는 991억 원의 예산을 투입, 전국 52개 지하 · 철도역사의 대합실 환기설비 설치 · 개량을 지원할 계획이다.

① 기계환기설비의 공기여과기의 경우 입자크기 6.6~8.6㎛ 이하인 미세먼지 포집률을 60%에서 70%로 성능기준이 강화된다.
② 미세먼지 농도 증가 등의 이유로 국토교통부와 환경부는 건물 내 공기질 개선을 위하여 의무적 환기설비설치 대상을 100세대 이상 건물에서 30세대 이상 건물로 확대하였다.
③ 개정안이 시행되면 영화관 규모가 300m² 미만인 영화관에도 환기설비를 설치해야 한다.
④ 2020년 5월 정기점검에서는 환기설비 유지관리기준에 따라 유지관리의 적정성도 확인한다.
⑤ 다중이용시설의 경우 기계환기설비 공기여과기 성능기준이 기존에는 명확하지 않았으나 공동주택 환기설비 성능기준을 같이 적용받게 된다.

[05~06] 다음 글을 읽고 이어지는 물음에 답하시오.

허리케인의 강력한 바람과 비만큼이나 치명적인 것이 해수면 상승이다. 허리케인의 매우 낮은 기압은 바닷물을 끌어올려 돔 모양을 만든다. 바람은 돔을 더욱 높이고 이 높이는 '페치(fetch)'의 영향을 받는다. 페치는 바람이 물 위에서 영향을 미칠 수 있는 거리를 의미한다. 이 거리가 길수록, 바람의 속도가 빠를수록, 바다는 더 큰 힘을 받아 해수면을 높이 밀어 올린다. 이때 해안선의 생김새 역시 중요한 요인이 된다. 뉴올리언스처럼 완만한 각도로 깊어지는 해변에서는 해수면이 급격하게 떨어지는 해변보다 높이가 더욱 높아지는 것이다.

허리케인 카트리나는 8월 28일 허리케인의 강도를 측정하기 위해 사용되는 사피르심슨 분류법에서 가장 강력한 범주인 5급에 도달했다. ㉠시속 252킬로미터의 풍속을 유지하면 5급 허리케인으로 분류되는데, 카트리나는 이미 282킬로미터에 달했으며 ㉡중심부 기압은 902밀리바였다. 미시시피강 하구의 남서쪽에 접근했을 때는 풍속이 시속 314킬로미터까지 올라갔다.

카트리나는 갑자기 방향을 북서쪽으로 틀고 나서 다시 한번 정북으로 진행해 루이지애나를 향했으며 8월 29일 현지 시각 오전 5시 10분에 육지에 상륙했다. 해변을 강타하기 직전에 3급으로 약화됐지만 여전히 최대 풍속은 시속 233킬로미터였다. 하지만 결정적으로 ㉢5급 허리케인급의 해수면 상승효과를 유지하고 있었다.

카트리나가 뉴올리언스를 덮쳤을 때 해일은 ㉣8미터 정도의 높이였다. 오후 2시 커낼 17번가의 제방이 붕괴됐다. 해일로 인해 뉴올리언스 전체 제방에서 총 53개의 구멍이 뚫렸다. 몇 시간 만에 이 도시의 80%가 침수됐다. 물 1세제곱미터의 무게는 1톤이다. 해일은 수 미터의 높이, ㉤수십 킬로미터의 면적에 달했다. 거대한 물이 평평한 도시로 밀려들어 왔는데, 건물들은 이러한 힘을 견딜 수 있도록 설계되지 않았다. 결국 해일은 모든 것을 쓸어버렸다.

카트리나는 미국 역사상 가장 큰 손해를 입힌 자연재해였다. 재산 피해액은 1,080억 달러에 달했는데, 이 중에 뉴올리언스 지역의 피해가 750억 달러였다. 또한 1928년 이래 미국에 상륙한 허리케인 중 가장 큰 인명 피해를 입혀 총 1,833명이 허리케인과 이어진 홍수에 사망했다. 뉴올리언스 제방 붕괴는 미국의 토목공사 역사상 최악의 재난으로 평가된다. 궁극적으로 100만 명의 사람들이 중앙 걸프해안지대에서 대피했는데, 이것 또한 미국 역사상 최대 규모의 집단이동 기록이다.

05 밑줄 친 ㉠~㉤ 중 카트리나에 대한 설명과 가장 거리가 먼 것은?

① ㉠
② ㉡
③ ㉢
④ ㉣
⑤ ㉤

06 다음 중 카트리나의 영향으로 볼 수 없는 것은?

① 뉴올리언스 전체 제방에 53개의 구멍이 뚫렸다.
② 뉴올리언스를 강타한 지 몇 시간 만에 도시의 80%가 침수됐다.
③ 허리케인에 이어 홍수가 발생했고 이 기간 동안 2천 명 가까이 사망했다.
④ 뉴올리언스 지역의 피해액 750억 달러를 포함해 1,080억 달러의 재산 피해가 발생했다.
⑤ 중앙 걸프해안지대로 대피한 인원은 약 100만 명으로, 이는 미국 역사상 최대 규모였다.

07 다음 글의 내용과 일치하지 않는 것은?

> 애니메이션 스튜디오인 픽사(Pixar)는 1986년 애플(Apple)로 명성을 떨친 스티브 잡스가 1,000만 달러에 사들였으나, 수익을 내기까지 고군분투해야 했다. 잡스가 지휘권을 잡은 픽사는 원래 그래픽 디자인용 컴퓨터인 '픽사 이미지 컴퓨터'를 판매하는 회사로, 만화부터 일기 예보까지 여러 분야에 활용할 수 있는 인상적인 이미지를 만들어냈다. 당시에는 매우 앞선 고성능 컴퓨터였지만 생각보다 잘 팔리지 않아서, 판매 부진에 대한 보완책이 필요했다. 따라서 픽사는 단편 애니메이션을 제작하기 시작했다.
> 그렇게 제작된 작품 중 대표작인 '럭소 주니어'는 단순하기 그지없는 애니메이션이었지만 대성공을 거두며 아카데미 단편 애니메이션상 후보에 올랐고, 이후 럭소 전등은 픽사의 로고가 되었다. 이 성공에 힘입어 픽사는 애니메이션 광고 제작에 공들이기 시작했다. 과일 음료 트로피카나, 구강청결제 리스테린 등의 TV 광고를 애니메이션으로 제작했지만, 수익을 창출하기에는 여전히 역부족이었다. 결국 1990년대 초반 픽사는 42명의 직원만 남겨둔 채 39명을 해고했다. 잡스는 마이크로소프트를 비롯해 픽사를 인수할 구매자를 수소문하기 시작했다. 사업의 성공을 위해 과감한 결정을 내린 픽사는 1991년, 디즈니(Disney)와 합병 계약을 체결했다. 그리고 본격적으로 장편 컴퓨터 애니메이션 제작에 뛰어들었다.
> 미국의 컴퓨터 공학자 에드윈 캣멀(Edwin Catmull)은 박사 과정을 마쳤던 1974년에 자신의 손을 소재로 단편 디지털 애니메이션을 제작했다. 캣멀은 손에서 가장 돋보이는 특징을 그린 뒤 디지털 방식으로 빈 틈을 채우며 살갗을 표현했다. 시대를 앞서간 이 영상은 이후 수십 년 동안 활용될 '텍스처 매핑(Texture mapping, 평면에 그린 무늬와 질감을 입체로 변환해 물체 표면에 색과 패턴을 넣는 것)'이라는 기술을 개척했다. 캣멀은 거칠고 어설픈 3D 애니메이션을 부드럽고 현실감 있게 변형할 수 있는 복잡한 수학을 개발해 명성을 얻었다. 그래서 스티브 잡스가 픽사를 인수했을 때 캣멀은 이미 3D 애니메이션의 한계를 뛰어넘는 최고 기술자였다.
> 픽사가 장편 3D 애니메이션을 완성하기까지 스토리보딩, 그리기 등 작업에만 4년이 걸렸고, 제작이 중단되는 일도 많았다. 우여곡절 끝에 마침내 1995년 첫 3D 애니메이션 '토이스토리(Toy Story)'가 개봉했다. 결과는 대성공이었다. 영화 주인공인 우디와 버즈 라이트는 전 세계 관객의 마음을 사로잡았다. 픽사 애니메이션 스튜디오와 월트 디즈니 애니메이션 스튜디오의 회장을 역임했던 캣멀은, 당시 가장 잘 구현할 수 있는 소재였기 때문에 장난감을 택했다고 설명했다. 기술적으로 보면 이 애니메이션은 가장자리가 여전히 거칠고 공간은 딱딱했으며 모서리가 날카로워 사실감이 다소 떨어지기도 했지만 등장인물들이 장난감이기 때문에 큰 문제가 되지는 않았다. '토이스토리'는 박스오피스에서만 3억 1,600만 달러 이상을 벌어들였고, 장난감, 비디오 게임, 컬렉션으로 어마어마한 부수입까지 챙겼다. 캣멀은 한 인터뷰에서 '토이스토리'를 시작으로 픽사에서 제작한 10편의 영화가 연속해서 흥행했고, 모든 영화와 함께했지만 여전히 어리둥절하다고 말했다.

① 스티브 잡스가 픽사를 사들인 지 10년 만에 픽사는 장편 3D 애니메이션을 개봉하였다.
② 에드윈 캣멀은 1974년 박사 과정 수료 후 10여 년 동안 3D 애니메이션 분야의 최고 기술자로 성장했다.
③ 픽사는 1990년대 초반 절반에 가까운 인원을 감축했다.
④ 3D 애니메이션의 최고 기술자였던 캣멀은 자신이 개발한 기술로 '토이스토리'의 캐릭터들을 부드럽고 사실감 있게 표현하여 흥행에 크게 기여했다.
⑤ 1974년 자신의 손을 소재로 단편 디지털 애니메이션을 제작했던 캣멀은 이후 장편 3D 애니메이션을 제작해 1995년 개봉했다.

08 **다음 중 글의 내용과 일치하는 것은?**

최근 전기자동차 시장의 급성장과 함께 배터리(이차전지) 수요가 빠른 속도로 늘어나면서 배터리에 들어가는 광물이 부족할 수 있다는 우려가 커지고 있다. 또한 세계 3대 광산 기업 중 한 곳은 탄소중립 정책으로 배터리 광물 수요가 2050년까지 최대 4배 증가할 것이라고 예상했다. 이 기업의 사장은 "30년 내 배터리 금속 수요가 급증하는 만큼 지속 가능한 방식으로 공급을 확대해야 할 것이며, 향후 30년 동안의 구리 수요 역시 지난 30년에 비해 두 배 가까이 늘어날 것"이라고 예측했다.
뿐만 아니라 최근 미국 지질조사국(USGS)은 미국 내 니켈 생산 광산이 하나밖에 없는 데다 니켈이 스테인리스강 합금에서 전기차 배터리 소재로 용도가 확장되면서 그 중요도가 커졌으므로 니켈이 충분치 않으면 미국만이 아니라 전 세계적으로도 배터리 공급망이 위험에 빠질 수 있어 니켈과 아연을 핵심 광물 목록에 포함할 것을 제안했다.
배터리 광물의 중요성이 커지는 배경에는 빠르게 성장하는 전기자동차 시장이 있다. 한 조사에 따르면 올해 1~9월 세계 80개국에 판매된 순수 전기자동차(EV)는 총 297만 6,000대로 전년 동기 대비 138.3% 증가했다. 따라서 배터리에 필요한 광물 역시 큰 폭으로 늘어날 것으로 보인다.
이 때문에 주요 배터리 제조사는 폐배터리 재활용 · 재사용 사업에 박차를 가하고 있다. 스웨덴의 한 배터리 제조사는 폐배터리에서 추출한 양극재 소재인 니켈 · 코발트 · 망간을 100% 재활용한 배터리를 만드는 데 성공했다. 그 결과 이 배터리 제조사는 업계 후발주자였지만 유럽 주요 배터리사로 떠오르고 있다. 국내 배터리 제조사도 폐배터리 재활용, 광산 기업과의 협약 등으로 광물 확보에 힘 쏟고 있다. L사는 북미 최대 배터리 재활용 기업과 함께 폐배터리 재활용을 추진하고 있으며, S사는 수산화리튬 추출 기술을 세계 최초로 개발하며 파일럿 공정에 돌입했다. 또한 K사도 폐배터리 재활용 협력을 국내에서 해외로 넓힐 예정이다.

① 전기자동차 시장이 급성장하고 있지만 배터리에 들어가는 광물에는 영향이 없다.
② 미국 지질조사국은 구리와 백금을 핵심 광물 목록에 포함할 것을 제안했다.
③ 올해 1~9월 세계 80개국에 판매된 순수전기자동차(EV)는 전년 동기 대비 50% 감소했다.
④ 스웨덴의 한 배터리 제조사는 니켈 · 코발트 · 망간을 재활용한 배터리를 만드는 데 성공했다.
⑤ 국내 배터리 제조사 L사는 수산화리튬 추출 기술을 세계 최초로 개발하며 파일럿 공정에 돌입했다.

09 다음 중 글의 내용과 일치하지 않는 것은?

가스공사는 2025년부터 15년 동안 연간 158만 t 수준에 이르는 미국산 액화 천연가스 도입을 계약했다. 가격은 기존 계약의 70% 수준으로 알려져 있다. 다른 발전사업자들의 최근 도입 가격 또한 상당히 낮은 수준으로 알려져 구매자 중심 시장의 지속성과 미국발 셰일가스 혁명이 미치는 직간접적인 영향을 확인할 수 있다. 따라서 과거 대비 경제적인 가스의 안정적 확보는 일정 수준 가능해 보인다. 주력 에너지원으로서의 첫 번째 요건은 만족하는 셈이다.

하지만 전력의 경우 여전히 원자력 또는 석탄발전 대비 비싼 것 또한 사실이다. 이는 곧 상당 수준의 전기요금 인상과 연결될 수밖에 없다. 연료 및 판매사업자 선택권이 없는 우리나라 전기 소비자에 대한 설득과 동의가 필요한 부분이다.

가스발전 주기기인 가스터빈은 전통적으로 미국, 독일, 일본 등이 주도해 왔다. 따라서 원자력이나 석탄발전과는 달리 가스발전의 국내 산업 생태계가 상당히 미흡했다. 최근 국내 기업의 가스터빈 국산화 추진과 발전공기업을 중심으로 한 소재 및 부품에 대한 국내기업 육성 등은 그나마 위안이 되지만, 가스터빈 국산화는 본질적으로 상당한 기술적 위험을 가지고 있으므로 장기간 추진해야 한다. 가스발전 관련 소재, 부품의 국산화 정책도 마찬가지이다. 신규 가스발전의 물량을 우리나라 기술개발 로드맵과 일정 수준 호흡을 같이해야 할 이유가 여기에 있다.

가스발전 확대에 따른 전력 부문의 준비 사항은 더욱 복잡해진다. 과거 가스의 비중이 작을 때 여러 차례 경험한 바 있는, 가스 파동에 대한 철저한 대비가 필요하다. 가스 파동은 다양한 이유로 발생할 수 있는데 가스 확보 문제에서부터 인수기지나 가스망의 물리적 파손까지도 생각해야 한다. 대만의 정전이나 캘리포니아 가스 저장시설 파손과 유사한 상황에서도 안정적 전력 공급을 할 수 있어야 한다. 이를 위해 천연가스 발전기의 이중연료(유류나 LPG) 확보 의무화, 유류발전, 석탄 등과 같은 여분의 대체발전력 확보, 부하반응(DR)의 지속적 확대, 전력망의 해외 연계 등 다양한 형태의 대비책이 필요하다. 우리나라와 같이 고립된 전력망에서 대규모 블랙아웃이 발생할 경우에는 그 피해가 상상을 초월하게 된다.

① 가스공사는 미국산 액화 천연가스를 2025년부터 이전 가격보다 저렴하게 15년간 도입할 예정이다.

② 미국 셰일가스 등의 영향으로 가스를 기존보다 저가로 도입할 수 있지만 석탄발전 등에 비하면 가격이 높아 전기요금 인상 가능성이 발생한다.

③ 가스발전 주기기인 가스터빈은 전통적으로 미국, 독일, 일본, 한국이 주도해 왔다.

④ 가스발전을 확대할 시 가스 파동, 정전, 가스 저장시설 파손 상황 등이 발생할 경우의 대비책이 필요하다.

⑤ 우리나라와 해외의 전력망이 연계된다면 블랙아웃 발생 시 피해 규모를 축소할 수 있다.

10 다음 중 글의 내용과 일치하지 않는 것은?

20세기가 시작될 무렵 일본은 아시아의 첫 번째 산업 국가이자 신흥 군사강국이 되었다. 산업화 과정은 석탄의 수요를 증가시켰고, 1868년 다카시마에서 채굴이 시작됐다. 이 탄광은 사가 지방의 영주였던 나베시마 나오사마와 스코틀랜드 출신 토머스 글로버의 합작 회사였다. 글로버는 미쓰비시 설립을 도운 인물이기도 하다.

미쓰비시는 1870년 해운회사로 설립되어 곧바로 스스로 필요한 분야로 사업을 다각화했다. 배에는 석탄이 필요하므로 탄광에 투자하고 자신들의 배를 스스로 수리하기 위해 조선소를 사들였으며 이에 필요한 원자재를 값싸게 구하기 위해 제철소까지 매입했다.

군함도라고도 불리는 하시마에서 1810년 처음 석탄이 발견됐지만 채굴은 1887년에 시도됐다. 미쓰비시는 광상의 노두에 불과했던 이곳을 1890년에 매입하였고 탄광에서 발생한 부산물이 섬 주변에 버려지자 토목기술자들이 몇 번의 제방공사를 시행하면서 섬을 적극적으로 확장했다.

하시마의 채굴사업은 대륙붕의 원유 채굴과 유사했다. 섬 깊숙이 네 개의 수직 갱도를 뚫었는데 깊이가 해저로부터 최대 1km에 달했다. 이곳에는 정교한 채굴용 설비들이 들어갔으며, 이를 이용해 석탄을 캐면 지하에서 이를 분쇄하고 세척한 다음 컨베이어 벨트로 끌어올려 창고시설까지 운반했다. 그러면 대기하던 배들이 이를 선적해 강철정련소까지 수송했다. 하시마에서 생산되는 석탄의 품질은 대단히 우수했다. 석탄은 야하타의 대규모 제철단지로 공급됐으므로 일본의 급속한 산업화를 직접 이끌었다고 할 수 있다.

이러한 과정을 거치는 동안 작업자들은 가족들과 함께 탄광 입구 좁은 곳에 다닥다닥 붙어살아야 했다. 1959년에는 5,259명이 살았는데 이는 1만 제곱미터당 835명의 인구밀도에 해당한다. 전성기에는 제곱킬로미터당 65,737명이었는데, 오늘날 전 세계에서 가장 인구밀도가 높은 필리핀 마닐라(42,857명)보다 약 150% 더 좁게 살았던 것이다.

① 1870년 해운회사로 설립된 미쓰비시는 탄광 투자, 조선소와 제철소를 매입하는 등 사업을 성장시켰다.
② 미쓰비시는 나베시마 나오사마와 토머스 글로버가 세운 합작회사이다.
③ 하시마에서 채굴된 석탄은 야하타의 제철단지로 이동했다.
④ 최대 1km 깊이의 수직 갱도를 통해 채굴된 석탄은 분쇄 · 세척 · 운반 등의 공정을 거쳤다.
⑤ 현재 마닐라의 인구밀도는 1959년 군함도의 인구밀도보다 약 1.5배 낮다.

주제·제목 찾기

SECTION 01 핵심 이론

1. 유형 파악하기

① 글의 요지를 파악하는 문제
② 전체적인 내용을 종합할 수 있어야 하며, 논설문의 경우 글쓴이가 궁극적으로 전달하고자 하는 바를 선택해야 함
③ 최근에는 찾은 주제를 토대로 유추해야 하는 문제가 출제되기도 함

2. 문제 접근하기

① 중심 내용 위주로 파악
㉠ 세부 내용을 꼼꼼히 파악하는 것보다 문단의 중심내용 위주로 파악하는 것이 시간 단축의 지름길
㉡ 제시문에 '첫째~, 둘째~' 등과 같은 표현들이 나온다면 이 문장들이 제시문의 중심 내용이 되기 때문에 이를 중점적으로 살펴봐야 함

② 첫 · 마지막 문장
㉠ 제시문의 첫 · 마지막 문장은 주제를 말하고 있을 확률이 높음
㉡ 하지만 최근 출제 경향을 분석해보면 이러한 경향은 많이 사라지고 있으며, 주제와 상반된 내용을 담고 있는 경우도 있으니 주의해야 함

PART 01 PART 02 PART 03

SECTION 02 대표 예제

01 다음 글의 제목으로 가장 적절한 것은? [한국전력공사]

과거 우리나라의 부동산 정책은 토지에 초점을 두고 있었다. 이는 고도성장을 이룩하기 위해 추진되었던 도시화, 산업화로 인해 토지 가격이 급격히 올랐기 때문이다. 그러나 1980년대 아파트와 같은 대규모 공동주택의 공급이 활발히 진행되면서 단순히 토지 정책만으로는 부동산 시장의 문제를 해결할 수 없는 수준에 이르게 되었다. 외환위기 이후 1999년부터 2001년까지 토지와 주택의 매매 가격은 안정세를 보이는 반면, 주택의 전세 가격이 급등하는 현상이 발생한다. 이처럼 전세 가격이 급등하게 되자 주택을 매입해서 임대하려는 수요가 늘어나게 되고, 이에 따라 주택실수요, 투기수요, 투자수요 등이 혼재되어 주택 시장에 초과 수요가 발생하게 된다. 한편 2002년부터 시작된 부동산 가격의 상승은 다시 과거와 같이 토지 가격, 주택 매매 및 전세 가격이 동반 상승하는 특징을 보이게 되는데, 주택 가격이 토지 가격에 비해 상승폭도 크고 국민 경제 및 사회에 미치는 파급 효과가 크기 때문에 정부는 이 시기에 주택 시장에 대한 적극적인 정책 대응을 취하게 되었다.

우리나라 부동산 대책의 또 다른 특징은 바로 규제 강화 등의 가격 안정 대책과 경기 부양을 위한 활성화 대책이 지속적으로 반복되고 있다는 점이다. 즉 부동산 가격의 상승기에는 각종 가격 안정 대책이, 하락 및 침체기에는 경기 활성화 대책이 발표되고 있다. 1970년대 후반부터 1980년대에는 가격 안정 대책이 약 5년마다 주기적으로 반복되었으며, 그 사이사이에 경기 활성화 대책이 발표되었다. 이러한 경기 부양, 가격 안정 대책의 주기적 반복 시행은 시장의 왜곡을 초래하였고, 집중된 정부 정책의 효과가 경기 사이클과 어긋나는 모습을 나타냈다.

특히 우리나라 부동산 정책의 목표는 직접적인 가격 조정에 있었다. 이 때문에 정부는 수요 억제를 통해 거래를 동결하는 방식으로 가격 안정 대책을 시행하였다. 이와 같은 정부의 투기 억제 및 가격 안정 대책은 가격 하락이 나타나기까지 지속될 수밖에 없었다. 또한, 일반적으로 정부 정책이 시장에 영향을 미치기까지는 시간이 걸림에도 불구하고, 우리나라의 부동산 정책은 발표 직후 가격의 하락이 나타나지 않으면 연이어 좀 더 강도 높은 대책으로 대체되었다. 그래서 과거 30년간의 부동산 정책을 살펴보면, 마지막 가격 안정 대책이 발표된 후 6개월에서 1년 사이에 다시 경기 활성화 대책이 발표되었다는 것을 알 수 있다. 그렇기 때문에 우리나라의 부동산 정책은 일관성이 없다는 비난을 피하기 힘들다.

앞서 언급한 바와 같이, 이러한 부동산 정책은 정책의 일관성이 결여된 상황에서 부동산 시장의 불패론이나 부동산 10년 주기설 등 세간의 잘못된 인식을 팽배하게 하는 원인으로 작용하였고, 부동산 시장이 가지고 있었던 근본적 문제를 해결하려는 노력보다는 시국별로 당면한 문제를 해결하기에 급급하였던 '대중요법' 정도의 수준이었다고 평가받게 되었다.

① 우리나라 부동산 정책의 시행 목표
② 부동산 가격 변동에 따른 대책의 종류
③ 우리나라 부동산 정책의 특징 및 한계
④ 국내 주택 가격과 토지 가격의 비교
⑤ 외환위기 이후 주택의 전세 가격 현황

단계별 문제 풀이

STEP 01 **문제의 유형을 파악한다.**

→ 제시문의 제목을 찾는 문제이다.

STEP 02 **전체적인 내용을 종합하여 제시문의 주제를 찾아야 한다.**

→ 우리나라 부동산 정책의 특징 및 한계에 대한 글이다.

정답 찾기

1문단은 국내 부동산 정책의 특징을 시대순으로 구분하여 설명하고 있다. 이어서 2문단에서는 국내 부동산 정책의 또 다른 특징으로 가격 안정 대책과 경기 활성화 대책의 지속적인 반복을 제시하고 있다. 3문단과 4문단에는 '일관성 결여'와 '부동산 10년 주기설과 같은 잘못된 인식 팽배의 원인' 등과 같은 국내 부동산 정책의 한계점에 대해 설명하며 마무리 짓고 있다. 따라서 이 모든 내용을 포괄하는 제목으로는 '우리나라 부동산 정책의 특징 및 한계'가 가장 적절하다.

정답 | ③

02 다음 글의 주제로 가장 적절한 것은? [한국농어촌공사]

현재 우리 농업 · 농촌에서 고령화가 심각하게 진행되고 있다. 40세 미만 청년은 2000년대 약 91,000명이었으나 2010년에는 약 32,000명, 2015년에는 14,000명으로 감소하여 지난 15년 동안 연간 11.6% 감소하였다. 이에 비해 60세 이상 고령 농가는 2000년에 전체 농가의 50%를 넘고, 2015년에는 68.3%에 이르렀다. 현재 청년 농가는 네 마을당 하나이고 청년 농가 하나가 100호 이상의 고령 농가를 책임지는 구조가 되었다. 이러한 고령화에 대비해 우리나라는 1970년대부터 농업계 학교 육성, 1980년대부터 후계농업경영인 육성, 1990년대에 한국농수산대학 설립 및 운영, 그리고 2000년대 후반부터 귀농 · 귀촌 지원사업 등을 펼쳐 왔으나 여전히 청년 농업인 부족 문제는 해결이 요원한 상황이다.

반면 프랑스, 일본과 같은 농업 선진국은 농업 인력구조 개선을 위한 선제 대응으로 농가 고령화에 성공적으로 대처하고 있다. 프랑스는 EU 공동농업정책 차원의 청년농업직불금(Young Farmers Direct Payment) 외에 신규 청년농(40세 미만, 영농경력 5년 이하)들에게 원화로 약 2,000만 원의 기본 수당을 지급하는 등의 적극적인 유입 정책을 1970년대부터 실시하여, 10%대의 청년농 비율을 현재 20% 수준까지 끌어올렸다. 일본은 농업 종사자의 고령화가 심각하여 청년농의 비중이 과거 우리나라의 수준보다 낮았다. 그러나 프랑스의 제도를 벤치마킹하여 2012년부터 청년취농급부금(45세 미만 청년농에게 최장 7년간 기초생활비 지급, 우리 돈으로 연간 1,200만 원 정도) 제도를 추진하여 제도 시행 5년 정도가 지난 현재, 전체 농가에서 차지하는 청년농의 비중이 우리의 수준을 넘어섰다. 이들 국가 사례는 농가의 고령화 문제가 어쩔 수 없는 대세가 아니라 국가가 어떠한 정책적 노력을 하느냐에 따라 충분히 달라질 수 있음을 보여준다.

① 청년 창업농의 성공적 정착을 위한 유인책이 필요하다.
② 농촌의 고령화는 곧 극복될 것이다.
③ 농촌의 고령인구를 감소시킬 수 있는 대책을 확대하여야 한다.
④ 농가에 대한 금융 지원은 충분하다.
⑤ 농촌 부흥을 위해 외국의 청년농 사례를 참고해야 한다.

단계별 문제 풀이

STEP 01 **문제의 유형을 파악한다.**

→ 제시문의 주제를 파악하는 문제이다.

STEP 02 **글쓴이가 궁극적으로 전달하고자 하는 바를 선택해야 한다.**

→ 제시문은 우리나라의 농촌의 현실과 해외 사례를 소개하는 내용이며, 글쓴이는 '청년 창업농의 성공적 정착을 위한 유인책이 필요하다'고 말하고 있다.

정답 찾기

제시된 글은 우리나라 농촌의 현실과 해외 사례를 소개하는 두 문단으로 이루어져 있다. 1문단에서는 청년 농업인이 부족한 현실을 구체적으로 지적하고 있으며, 2문단에서는 이러한 문제를 해결한 해외의 사례를 소개하고 있다. 따라서 이 글의 주제는 '청년 창업농의 성공적 정착을 위한 유인책이 필요하다'이다.

정답 | ①

SECTION 03 출제 예상 문제

01 다음 글의 주제로 가장 적절한 것은?

대학에서 교수가 학생들에게 가르칠 수 있는 것과 학생들이 배워야 할 것 사이에는 괴리가 있다. 대학에서 가르치는 수업 내용의 대부분은 교수가 대학과 대학원에서 쌓은 지식이 대부분이다. 정립된 학문 체계 그대로 학생들에게 전달하는 것이다.

문제는 세상이 빠르게 변한다는 점이다. 세상이 요구하는 지식도, 배우는 학생들의 수준도 크게 변하고 있다. 대학은 더 이상 학자가 되기 위해 입학하는 곳이 아니다. 중요한 이론 지식이지만 실제 활용도는 높지 않은 내용을 학생들이 배워야 할 필요가 있는지 고민할 때이다. 지식의 생산자가 아니라 지식을 바탕으로 다른 부가가치를 창출하는 지식의 소비자를 양성하는 것이 교육의 목표가 되어야 한다.

준비되지 않은 채 낯선 세상과 만나야 하는 학생들의 불안감은 상상을 초월한다. 대학에서 학생들을 준비시켜 줄 수 없다면 직무유기이다. 다행히 이공계는 여러 통로로 학생들에게 '쓸모 있는' 지식을 전달하는 방향으로 전환되는 추세이다.

그런데 인문사회계의 현실은 다르다. 4차 산업혁명이 도래했다고들 하면서도 대학에서 이들에게 가르치는 내용은 동떨어져 있다. 인문사회계 학생들에게 코딩을 가르친다고 해결될 문제도 아니다. 코딩 안에는 인문학 혹은 사회과학이 없기 때문이다. 코딩은 도구일 뿐 인문사회학적 이해와 상상력은 인문사회학적 훈련에서 나오게 된다. 융합교육이 절실한 이유다. 물론 어렵지만 인문사회계에서 융합교육이 불가능한 것은 아니다.

① 인문사회계 전공의 선호도 감소는 현대 사회의 변화와 무관하지 않다.
② 대학 교수는 학생들의 성장을 돕기 위해 끊임없이 고민해야 한다.
③ 4차 산업혁명은 융합교육의 필요성을 각인시키는 계기이다.
④ 대학은 시대적 변화에 걸맞은 교육을 학생들에게 제공해야 한다.
⑤ 현대 사회에서 인문사회학적 이해는 더 이상 필수적이지 않다.

02 다음 글의 제목으로 가장 적절한 것은?

1981년 제너럴일렉트릭(GE)의 최고경영자(CEO)로 부임했던 잭 웰치는 20세기 최고의 리더로 불린다. 그는 재임 당시 과감한 구조조정과 혁신을 꾀함으로써 회사의 관료주의를 청산하였고, 사업 다각화로 20년 동안 회사 가치를 4,000% 이상 성장시켰다.
2001년 은퇴한 그는 물러나기 5년 전부터 GE를 이끌어갈 후계자를 기르고자 승계 계획을 단행하였다. GE는 그의 공로에 보답하며 미국 역사상 가장 큰 금액인 4억 1,700만 달러의 은퇴패키지를 준비하였다.
세계적인 장수 기업들의 CEO는 가장 잘나갈 때 과감히 자리를 박차고 나가는 경우를 볼 수 있다. 그들은 모두 자신만의 방식으로 회사 혁신을 일구고, 최고의 자리에 올랐지만 과감히 물러났다.
정점에 위치할 때 물러나기란 쉽지 않은 일이다. 자신의 모든 것을 다 바쳐 이룬 결과와 자리를 뒤로하고 새로운 여정을 시작한다는 것이 억울하고 서운할 수도 있을 것이다. 그러나 자신이 몸담았던 곳이 오래도록 발전하는 회사로 남길 바란다면 아쉬울 때 물러나야 한다.
물러나야 할 때 결단을 내리지 못하는 리더는 그 조직뿐만 아니라 지역사회의 신뢰까지도 무너뜨린다. 리더십의 완성은 곧잘 물러나는 데 있다.

① 리더십의 전형과 몰락
② 성공적인 리더의 조건
③ 잭 웰치의 혁신 전략
④ CEO가 되기 위한 자질
⑤ 세계적인 기업의 성공 사례

03 다음 글의 주제로 가장 적절한 것은?

공론장은 사회적 의제에 대해 서로 다른 의견을 조율해 가며, 이 과정에서 형성된 건전한 여론을 국가 정책에 반영하는 곳으로, 민주주의의 실현에 반드시 필요한 곳이다. 최근 사회의 다원화로 인한 갈등 분출이 잦아지면서 공론장의 필요성이 부각되고 있고, 상당수 사람들에게 TV 토론 프로그램이 공론장의 역할을 할 것으로 기대되고 있다. 그런데 이에 대해 비판적인 입장을 견지하는 학자들도 있다. 이들에 따르면 TV 토론 프로그램에서는 공적 문제에 대해 상호 의사소통을 하기보다는 각자 이해관계에 따라 자신의 주장을 일방적으로 전달하고 있을 뿐이며, 이로 인해 오히려 사람들로 하여금 해당 의제에 대한 관심이 멀어지도록 한다는 것이다. 또한 주제, 진행 방법, 참여자 및 사회자의 성향 등을 방송사가 설정함으로써 결론 혹은 논조를 그들의 의도대로 조절하고 일반 시민을 방관자로 전락시키기까지 한다고 주장한다.

① TV 토론 프로그램은 진정한 의미로서의 공론장 역할을 해내지 못하고 있다.
② TV 토론 프로그램과 공론장은 그 사회적 역할이 서로 다르다.
③ TV 토론 프로그램이 공론장의 역할을 해내야 할 때가 올 것이다.
④ TV 토론 프로그램은 시민으로 하여금 사회적 의제에 관심이 멀어지도록 만든다.
⑤ TV 토론 프로그램이 아닌 새로운 형태의 공론장이 필요하다.

04 다음 글의 주제로 가장 적절한 것은?

> 소위 선진국과 개발도상국 간에는 정치나 문화, 제도 등에서 많은 차이를 보인다. 그렇다면 언어는 어떨까? 최근의 한 연구를 통해 동일한 언어를 사용하는 나라라고 하더라도 실제 언어생활에는 상당한 차이가 있음이 밝혀졌다.
>
> 연구진은 영어와 스페인어, 프랑스어를 모국어로 사용하는 국가들을 GDP 등 경제지표에 따라 구분한 후 이들의 어휘와 관용어 등을 조사 · 분석하였다. 그 결과 경제적으로 발전한 나라에 비해 그렇지 못한 나라에서 사용하는 어휘의 수가 더 적고, 표현 역시 일차원적이거나 적대적인 표현의 비중이 더 크다는 사실이 밝혀졌다. 예를 들어 똑같이 스페인어를 사용하는 나라라고 하더라도 경제적으로 낙후된 나라에서는 추상적인 대상이나 다소 복잡한 개념을 나타내는 단어의 수가 더 적었다. 또한, 동일한 대상을 지칭하는 단어라 하더라도 공격적이거나 비하의 의미가 포함된 단어의 수가 더 많았다. 아울러 욕설과 같은 비속어가 상대적으로 더 많다는 것도 특징이었다.
>
> 이러한 현상은 단순히 경제적인 요인에 의한 것만은 아니었다. 빈부격차가 심한 국가의 경우 두 집단에서 동일한 대상을 서로 다른 단어로 지칭하는 등 언어가 서로 분리되는 경향이 나타나기도 하였고, 지역적 직대감이 심한 곳일수록 특정 지역의 사람들을 비하하는 비속어가 발달하는 경향을 보였다. 세대 간 갈등이 심한 사회에서는 신조어가 급속하게 발달해 특정 어휘나 표현을 향유하는 세대의 폭이 점점 좁아지는 모습을 보였다.
>
> 연구진은 현재 개발도상국으로 분류되는 국가들도 경제 · 정치 · 제도적으로 발전함에 따라 언어가 선진국과 유사한 방향으로 변화할 것으로 예측하고 있다. 이는 우리나라의 경우를 보아도 짐작할 수 있는 부분이다. 한센병 환자들에 대한 멸칭인 '문둥이'가 사실상 사라지고 있다는 점이나 '장님', '벙어리' 등과 같은 표현이 '시각 · 청각 장애인'으로 대체되어 가고 있는 것 등이 그러한 사례가 될 것이다.

① 어떠한 언어를 사용하느냐가 그 사회의 발전 정도를 결정한다.
② 선진국으로 나아가기 위해서는 언어의 질적 발전이 필수적이다.
③ 적대적 표현이 많은 언어는 사회의 경제적 발전에 걸림돌이 된다.
④ 사람은 사용하는 언어를 토대로 사고하고 행동한다.
⑤ 언어는 그것이 향유되는 사회와 연결되어 있다.

PART 01 PART 02 PART 03

05 다음 글의 주제로 가장 적절한 것은?

우리는 물건을 구입할 때 가격의 저렴함을 기준으로 삼는 경향이 있다. 비슷한 양이나 질이라면 그중 최대한 저렴한 것을 구입하는 식이다. 요즈음에는 이를 위해 100g당 가격이 얼마인지 표시하는 매장도 쉽게 찾아볼 수 있다. 그러나 물건을 저렴하게 구입하는 것이 반드시 '합리적인 소비'인지에 대해서는 다시 한 번 생각해 볼 필요가 있다. 물건의 가격과 함께 그 양과 용도, 사용 시기 등과 같은 요인 또한 중요한 기준이 될 수 있기 때문이다. 예를 들어 평소 200mL 1개에 4,000원에 팔리던 샐러드 드레싱이 2개 1세트로 6,000원에 판매된다고 하자. 이 경우 개당 가격은 3,000원으로 기존 대비 25%나 저렴하다. 그런데 샐러드 드레싱의 유통기한이 일주일가량이고 일주일 동안 나의 샐러드 드레싱 소모량이 150mL 정도에 불과하다면, 이 샐러드 드레싱 세트를 사는 것은 과연 합리적일까? 간단한 인터넷 서핑을 위해 180여만 원에 달하는 노트북을 구입한다면 그 노트북이 동 사양 대비 가장 저렴한 모델이라고 해도 이를 합리적인 구매 활동이라고 할지는 모를 일이다.

① 합리적인 소비는 물건의 가격이 아니라 양과 질이 우선이 되는 소비이다.
② 합리적 소비를 위해서는 최종 판매가가 아닌 실제 용량 대비 가격을 기준으로 삼아야 한다.
③ 식품과 가전제품을 구입할 때 합리적인 소비를 하려면 그 기준이 각각 달라야 한다.
④ 가격뿐만이 아니라 그 외의 여러 요인까지 함께 고려하는 소비가 합리적인 소비라고 할 수 있다.
⑤ 합리적인 소비를 위해서는 할인 행사 등을 우선적으로 살펴보는 습관을 길러야 한다.

06 다음 글에서 말하고자 하는 바로 가장 적절한 것은?

최근 입사 1, 2년 차에 퇴사를 결심하는 직장인이 늘고 있는 가운데 세대이론 관점에서 퇴사자 현황을 조사한 결과, 밀레니얼 세대의 비중이 약 72%나 되는 것으로 나타났다. 밀레니얼 세대란 1980년부터 1995년 사이에 출생한 세대를 일컫는 용어로, 세대이론 전문가마다 출생 연도에 따른 정의는 다르지만 대체로 현재 24세부터 39세까지의 연령대에 속하는 사람들을 말한다. 조사 결과 그들의 퇴사 사유는 대부분 금전적인 이유보다는 경영진의 권위주의적 리더십, 경직된 조직 문화에 대한 실망 등이었으며, 그들은 대부분 수직적인 의사소통 조직문화 속에서 쌍방향 소통 부재의 어려움을 토로한 것으로 알려졌다.
기성세대보다 높은 문턱을 넘어 취업에 성공한 밀레니얼 세대에게 한 회사에 뼈를 묻는다는 것은 이제 옛말이 되었다. 그들은 회사에 적을 두고는 있지만 언제든 떠날 준비가 되어 있기 때문에 회사와 업무가 자신의 기대에 미치지 못하면 과감히 사표를 내고 삶의 새로운 전환을 모색하는 것이다. 기업의 입장에서 이처럼 유능한 젊은 직원의 퇴사는 기업의 영속성을 위협함으로써 기업에 막대한 손실을 끼칠 수 있는 불안 요소이다. 또한 퇴사자를 대체하기 위해 신규 직원을 채용하고 교육해야 하기 때문에 기업의 비용 지출은 추가될 것이다.
그러므로 기업이 생존을 위해 기술 개발, 신시장 개척 등 신성장 동력을 발굴하는 것도 중요하지만, 조직문화를 재정비하여 내실을 다지는 것도 경쟁력을 높일 수 있는 하나의 방안이 될 수 있다. 지금부터라도 여러 세대가 함께 일하고 있는 직장 내에서 세대 간 협력적인 조직문화를 세우기 위해 상호 공존하고 소통할 수 있는 영역을 넓혀가야 한다. 그러기 위해서는 우선 기업의 경영진이 밀레니얼 세대를 이해하는 것이 선행되어야 한다. 다가올 미래의 기업 성패는 향후 기업의 주축이 될 밀레니얼 세대를 어떻게 관리하느냐에 달려 있다 해도 과언이 아니다. 즉, 재무적 실패로 인해 기업이 도산할 수도 있지만, 밀레니얼 세대 관리에 실패하는 것 또한 가까운 미래에 혹독한 대가를 지불할 수 있음을 명심해야 한다는 것이다.

① 미래를 위한 리더의 선정과 개발에는 앞을 내다보는 전략과 문화가 필요하다.
② 조직 공동의 목적 및 목표를 업무 현장에서 세심하게 적용해야 한다.
③ 기업들은 경영 환경의 변화에 유연하게 대응해야 한다.
④ 조직이 성공하기 위해서는 미래 기업의 주축이 될 밀레니얼 세대를 잘 관리해야 한다.
⑤ 조직 내 세대 갈등은 업무의 효율성을 하락시킨다.

07 다음 글의 제목으로 가장 적절한 것은?

기존에는 원유, 석탄을 비롯한 화석 연료 고갈 가능성, 화석 연료로 인한 지구 온난화 등 환경 오염에 대한 대책으로 태양광, 풍력 등 신재생 에너지 산업이 강세를 보일 것이라는 예측이 지배적이었다. 그러나 비전통가스의 개발을 통한 천연가스 공급량 증가라는 변수로 인해 신재생 에너지 시대로의 전환이 지연될 가능성이 높아지고 있다. 비전통자원이란 기존의 화석 연료 채굴 방법이 아닌 새로운 기술의 채굴 방법으로 개발되고 있는 자원을 가리킨다. 그중에서도 비전통가스는 기존의 전통가스에 비해 광범위한 범위에 연속적으로 분포되어 있어 발견이 용이한 장점은 있으나 입자가 치밀한 암석 내에 갇혀 있어서 생산에 특별한 기술이 필요한 가스이다. 태양광이나 풍력과 같은 신재생 에너지는 비용 측면에서 아직 화석 에너지에 비해 경제성이 떨어지고, 날씨에 따라 전기 생산이 들쑥날쑥해 전력 공급의 안정성 측면에서도 기존 화석 에너지의 수요를 완전히 대체하기에 미흡하다. 이러한 상황에서 가스를 통해 기존 석유화학 제품을 대체할 수 있는 제조 기술도 마련되고 있어 신재생 에너지에 비해 효율성은 높고, 기존 화석 연료에 비해 이산화탄소 배출량은 적으면서 단가도 낮은 비전통가스가 신재생 에너지 시대로의 전환을 늦출 가능성을 배제할 수 없다.
그러나 유럽은 환경 오염 가능성을 내포한 비전통가스 개발에 보수적인 입장을 나타내고 있다. 유럽은 가스 에너지를 건너뛰고 완전한 청정 에너지인 신재생 에너지 산업에 적극적으로 투자할 가능성이 높다는 해석이 나오고 있다. 또한 대부분의 국가들이 비전통가스 자원 확보에 열을 올리고 있을 때 유럽은 신재생 에너지 산업의 선두 주자로 발돋움할 수 있다는 예측도 나오고 있다. 이처럼 비전통가스의 부상으로 신재생 에너지 시대로의 완벽한 전환 시점이 늦춰질 수는 있으나 신재생 에너지 산업에 대한 투자와 개발은 지속될 것이다. 따라서 기업들은 신재생 에너지 사업의 섣부른 투자에 앞서 지속적인 모니터링을 통해 산업 동향을 파악하고, 이에 알맞은 투자 계획을 수립하는 것이 필요하다.

① 비전통가스의 이산화탄소 감축 효과
② 신재생 에너지 산업의 투자 전망
③ 비전통자원의 종류와 특성
④ 신재생 에너지 산업의 경쟁력 강화 방안
⑤ 비전통가스 개발의 기술적 문제점과 해결 방안

08 다음 글의 주제로 가장 적절한 것은?

기업에 있어 단순 거시적 측면에서의 경영환경 변화만을 파악하는 것이 아니라, 속한 산업과 기업에 나타날 현재와는 연속되지 않을 구조적 전환에 대한 면밀한 고찰을 하는 것이 사물인터넷 시대를 준비하는 첫걸음이다. 사물인터넷으로 인해 변화될 미래 환경에 대한 이해가 어느 정도 확보되면, 그 변화에서 새롭게 나타날 사업 기회 및 운영 혁신의 기회를 찾아내야 한다. 현재 선도기업이 누리고 있는 많은 이점 및 우월적 역량이 사물인터넷 시대에는 무용해질 수 있고, 따라서 선도기업은 이에 대한 방어전략 차원에서, 후발주자로서 신규기업은 이에 대한 공격전략 차원에서 새로운 혁신적 사업모델과 운영모델 개발이 필요하다.
사물인터넷 시대에 맞는 혁신적 사업모델 및 운영모델을 찾아냈다면, 이를 자신의 기업에 적용하고, 경쟁력을 확보할 수 있도록 핵심 역량을 도출하고 이의 확보 방안을 찾아내야 한다. 새로운 사업모델이 성공하기 위해서는 후발주자가 복제하기 어려운 핵심 역량 또는 자산의 확보가 필수적이다. 핵심 역량은 스스로가 개발하고 내재화해야 할 역량도 있으나 전략적 제휴를 통해 확보하는 것이 나은 역량도 있다.
개인 사물인터넷 기기는 가정은 물론 심지어 신체 일부까지 인터넷과 연결된 데이터 소스화를 야기하므로 프라이버시 보존의 위험소지는 더욱 많아지게 된다. 따라서 기업은 사물인터넷 확산에 따른 데이터 취득, 축적, 전달, 공시, 활용 등 전 데이터 관리 프로세스를 아우르는 포괄적 정책 및 기준을 수립해야 한다. 사물인터넷 관련 제품 및 서비스 출시는 물론 업무 프로세스 혁신에 따라 향후 발생할 수도 있는 법적, 윤리적 제재에 대한 대비를 위해 위험 요소의 파악 및 해결 방안의 수립은 반드시 전제되어야 한다.
이제 사물인터넷 시대 대응 차원에서 수행할 구현과제가 정해졌다면, 신규 사업 또는 지속적 운영 혁신을 이루기 위해 어떠한 시스템이 연결 또는 개발되어야 하는지 정해야 한다. 아직은 사물인터넷 도입 단계로 플랫폼은 물론 솔루션 및 주요 기술 요소들의 표준화가 이뤄지지 않았고, 일부는 아직 세상에 존재하지도 않는 상황이어서 원하는 시스템 및 프로세스 개발을 위해서는 센서, 통신 네트워크, 사용자 응용프로그램 등을 다양한 공급업체로부터 조합해 내야 한다. 이러한 복잡한 과제를 효과적으로 수행하기 위해서는 시작부터 기반 인프라와 시스템에 대한 체계적인 밑그림 개발과 통합적인 실행계획 수립이 반드시 필요하다.

① 사물인터넷 시대에서 데이터 구축 방법
② 사물인터넷 활성화를 위한 법제도 개선방안
③ 사물인터넷 시대 대응 및 활용을 위한 기업의 과제
④ 주요 산업별 사물인터넷 시장 규모
⑤ 사물인터넷이 가져올 미래의 산업 변화 전망

09 다음 글의 주제로 가장 적절한 것은?

> 소득이 증가하고 사회경제적 여건이 개선되어 왔음에도 불구하고 우리 국민이 행복하지 못한 이유는 유일한 승자 대비 너무 많은 패배자를 양산해 내는 경쟁구조에 그 원인이 있다. 이 문제에 대한 해법은 조지프 피시킨의 저서 '병목사회'에서 찾을 수 있다. 저자는 '기회균등'이라는 명목으로 시행되는 각종 제도와 정책들이 실제는 엄청난 격차와 좌절을 유발하는 병목으로 작용한다고 본다. 그 때문에 이러한 병목들을 줄이거나 다원적인 기회구조로 변경해야 한다고 주장한다.
> 가치 획일주의와 서열화의 문제점은 국토 공간에서 그대로 드러난다. 수도권과 서울, 그중에서도 강남 지역은 모든 것을 가졌고, 이 지역에 거주하는 것만으로도 각종 성공의 경로에 쉽게 접근할 수 있다. 이 때문에 이 지역에 거주하는 것 자체가 불평등과 격차를 만들어내는 병목이 된다.
> 우리는 병목을 우회하는 경로를 많이 만들고 기회를 다원화하듯이, 공간에서도 기존의 부유공간을 확장하기보다는 다양한 삶의 가치를 실현할 수 있도록 새로운 기회의 땅을 충분히 만들어내도록 지원해야 한다. 공간적 서열을 뛰어넘어 지역에서 일자리와 투자, 인재가 선순환하는 창의적인 지역을 만들어낼 수 있다면, 지역은 모든 구성원이 승자가 되는 기회의 땅이 될 수 있다. 그것이 국가균형발전 정책이고 지역재생 뉴딜의 목표가 되어야 한다.

① 경쟁과열 사회에서는 행복도가 매우 낮다.
② 성공이란 공간적 서열을 뛰어넘는 창의적 지역이 갖춰질 때 실현 가능하다.
③ 도심에 거주하는 것만으로도 성공 가도에 쉽게 도달할 수 있다.
④ 국가의 균형발전은 다분야에서 기회를 얻는 공간 창조에서 시작한다.
⑤ 소득 증가나 경제적 여건 개선만으로 우리 사회에 만연한 문제를 근본적으로 해결할 수 없다.

10 다음 글의 주제로 가장 적절한 것은?

> 디지털 매체 도입 초기에는 매체의 보급 확대에 따라 정보 격차가 곧 사라질 것으로 보는 시각이 우세하였다. 그러나 2000년대 초 '후 채택 이론'에 따르면, 정보 격차는 다차원으로 존재하며 지속된다. 디지털 장비와 서비스에 대한 단순한 물리적 접근의 격차가 해소되면서 또 다른 정보화 불평등이 나타나는 것이다. 우선 디지털 매체를 적절히 활용하는 능력이 부족한 경우 디지털 매체에 대한 접근이 이루어지더라도 실제로 이를 풍부하게 활용하기가 힘들다. 또한 사회적 관계망과 같은 이용 기회의 균등성이 모자란 경우, 즉, 개인이 디지털 매체의 이용 방법을 알고 활용을 원할지라도 여건이 뒷받침되지 않으면 정보 격차는 발생한다. 정보 격차의 새로운 측면들은 소득, 교육, 연령, 성별, 지역 등과 같은 사회적 변인과 결합되며 개인의 학업 성취도와 노동 생산성에 영향을 미칠 수 있다.

① 정보 격차는 소득, 교육, 연령 등과 같은 변인에 따라 그 발생 원인이 다양하다.
② 정보 격차 해소를 위해서는 디지털 매체에 대한 물리적 접근성 향상이 필수적이다.
③ 정보 격차는 사라지지 않았으며, 이는 다양한 변인과 결합되어 개인의 생산성에 영향을 미칠 수 있다.
④ 정보 격차는 빠르게 사라질 것으로 여겨졌으나, 다차원으로 존재하며 지속되고 있다.
⑤ 정보 격차는 개인이 디지털 매체의 이용 방법을 알고 활용을 원할지라도 발생할 수 있다.

CHAPTER 03

빈칸 추론

SECTION 01 핵심 이론

1. 유형 파악하기

① 제시문 속 빈칸에 문장 혹은 문단을 끼워 넣는 유형

② 글의 흐름을 파악해야 함

③ 기존에는 앞뒤 문장만 파악해도 빈칸을 찾을 수 있는 문제가 많이 출제되었으나 최근 제시문 전체를 파악해야지만 빈칸을 추론할 수 있은 문제가 출제되는 경향

④ 빈칸의 전후 맥락을 고려하여 가장 매끄럽게 연결되는 것을 선택

2. 문제 접근하기

① 세부 설명 · 예문에 집중

㉠ 빈칸 추론 문제에서 가장 집중해서 봐야 할 부분은 빈칸 앞뒤에 위치한 세부 설명과 예문임

㉡ 제시문 전체를 이해하기 어려울 경우 빈칸 앞뒤에 위치한 세부 설명과 예문에 집중한다면 빈칸을 채울 수 있을 것

② 빈칸이 여러 개인 경우

㉠ 중간 단락의 빈칸을 먼저 확인하는 것을 추천

㉡ 빈칸추론 문제는 해당 문단 하나만 봐서는 정답을 찾기 어려운 경우가 많으므로 다른 빈칸들과 계속 연결해 가면서 가장 적절한 답을 골라야 함

Tip

예를 들어 빈칸 3개 중 2개의 답을 찾았다면, 실전에서는 나머지 하나는 확인하지 않아도 된다. 반드시 순서대로 답을 찾을 필요가 없으므로 확실한 부분부터 찾아 시간을 단축한다.

③ 빈칸이 마지막에 위치한 경우

㉠ 이 유형의 문제는 빈칸 추론보다는 제시문의 주제를 찾는 문제일 확률이 큼

㉡ 일부 문단이 아니라 제시문 전체를 관통하는 주제를 찾아야 함

SECTION 02 대표 예제

01 제시된 글의 빈칸에 들어갈 문장으로 가장 적절한 것은? [한국전력공사]

> 코로나 19 팬데믹 시대에 대부분의 산업이 '코로나 불황기'를 거치고 있는 와중에 물류산업은 전례 없는 호황기를 누리고 있다. 지난해 택배 물동량은 전년 대비 21% 증가한 33.7억 박스를 기록했으며, 매출액 또한 전년 대비 19% 증가한 7.5조 원을 넘었다. 신규 등록 물류센터 수도 2018년 254개에서 2020년 720개로 대폭 증가했다. 1인 가구 증가와 베이비붐 세대가 온라인 시장으로 진입하며 나타난 소비 트렌드 변화가 물류산업의 성장을 견인했으며, 이커머스의 급속 성장도 물류산업 성장에 영향을 끼친 것으로 나타났다. 또한 최근 업계에서 자사의 인력과 시설을 활용하는 1PL 물류 체계에서 벗어나 제3의 물류 전문기업에 물류사업을 이관하는 3PL에 대한 수요가 늘어나고 있어 이 또한 물류산업 호황세에 도움을 주고 있다.
>
> 한편, 물류산업의 호황에도 불구하고 업계에서는 산업 전망에 대한 우려의 목소리도 제기되었다. (　　　　　　　　　　　　　　　　　　　　) 그러나 물류센터의 공급 과잉은 비대면 소비 패턴 고착과 D2C 트렌드의 부상으로 물류센터의 수요가 지속적으로 증가할 전망임에 따라 해결될 수 있다고 관측했으며, 수도권을 중심으로 한 집중 분포의 우려는 물류센터의 인허가 규제 강화 등의 이유로 해소되고 있다. 더불어 최근 들어 물류에서 큰 비중을 차지하는 온라인 식품배송 업체들이 새벽배송 등 신선식품 유통망을 점차 전국으로 확대하면서 물류센터의 지역 분산은 더욱 가속화될 것으로 기대된다.

① 택배 물품과 포장지에서 양성 반응이 나오더라도 인체 감염으로까지 이어지기는 쉽지 않다.
② 대표적으로 공급 과잉의 우려, 집중 분포의 우려, 시설 전환의 우려가 제시되었다.
③ 코로나 19 팬데믹으로 택시 기사 상당수가 배달이나 택배업 등으로 옮겨갔다.
④ 택배 물량이 21% 넘게 급증했지만 그만큼의 이익을 내지 못했다.
⑤ 인공지능으로 택배 처리 효율을 10% 끌어올렸다.

단계별 문제 풀이

STEP 01 **문제의 유형을 파악한다.**

→ 제시문 속 빈칸에 들어갈 문장을 찾는 유형이다.

STEP 02 **빈칸을 기준으로 앞뒤 문장을 파악한다.**

→ 빈칸 앞 문장에서는 물류산업의 호황에도 불구하고 업계에서는 산업 전망에 대한 우려의 목소리도 제기된다고 하였고, 뒤 문장에서는 공급 과잉에 대한 내용이 나온다.

STEP 03 **빈칸 전후 맥락을 고려하여 가장 매끄럽게 연결되는 것을 선택한다.**

→ 따라서 빈칸에 들어갈 문장은 ②가 가장 적절하다.

정답 찾기

빈칸 바로 앞 문장에서 물류산업의 호황에도 불구하고 업계에서는 산업 전망에 대한 우려의 목소리도 제기된다고 하였다. 따라서 이와 같은 맥락으로 공급 과잉의 우려, 집중 분포의 우려, 시설 전환의 우려가 제시된다는 내용이 이어져야 자연스럽다.

정답 | ②

02 다음 중 빈칸에 들어갈 내용으로 가장 적절한 것은? [한국철도공사]

> 국민의 건강을 위해 정부가 어디까지 개입해야 하는가에 대한 논의는 종종 타인에게 피해를 입히는 행동을 막기 위해 정부가 강압적인 권력을 행사해서는 안 된다는 존 스튜어트 밀의 원칙을 기반으로 삼고 있다. 밀은 담뱃갑에 경고 문구나 손상된 폐의 이미지를 실어야 한다는 주장에 동의하더라도 담배 판매를 전면 금지해야 한다는 주장에는 반대했을 것이다.
> 밀은 개인의 자유를 옹호하면서 개인이야말로 최고의 재판관이며 자신의 이익에 대한 최고의 수호자라고 본다. 이러한 생각은 오늘날의 상황에서 보자면 순진한 발상에 불과하다. 현재의 광고 기술은 밀의 시대와 우리의 시대를 완전히 갈라놓고 있다. 점점 더 많은 기업이 지위와 매력, 사회적 인정을 얻고자 하는 사람의 무의식적 욕망을 자극함으로써 유해한 상품들을 팔아먹는 방법을 깨닫고 있다. 특히 담배 회사들은 제품의 특성을 악용함으로써 중독성을 극대화하는 기술을 개발하고 있다.
> 이에 맞서 담배의 유해성을 경고하는 효과적인 방법은 무엇일까. 흡연의 피해를 시각적으로 보여주는 담뱃갑의 이미지는 무의식을 공략하는 유혹의 힘과 균형을 맞춰야 효과를 볼 수 있을 것이다. 그리고 이를 통해 신중한 의사결정을 유도하고 기존의 많은 흡연자가 금연 결심을 지킬 수 있도록 도와줄 것이다. 우리는 이러한 규제를 표현의 자유에 대한 제약으로 생각할 것이 아니라 개인 소비자, 그리고 인간의 이성에 호소하지 않는 담배 대기업 사이의 경기장을 평평하게 만들기 위한 효과적인 방안으로 받아들여야 한다.
> (   )

① 담뱃갑에 경고 문구나 손상된 폐의 이미지를 담아서 판매해야 하는 규제는 정부의 강압이다.
② 담뱃갑의 이미지는 금연에 도움을 준다.
③ 담뱃갑에 경고 문구와 시각 이미지를 담아서 판매해야 한다는 요구는 우리의 이성적인 측면에 평등한 기회를 보장하기 위한 법률적 방안인 것이다.
④ 현재의 광고 기술은 담배의 유해성을 경고하는 데 큰 도움을 준다.
⑤ 경고 문구나 시각이미지로 개인이 자유를 규제해서는 안 된다.

단계별 문제 풀이

STEP 01 ▶ 문제의 유형을 파악한다.

→ 제시문 속 빈칸에 들어갈 문장을 찾되, 빈칸이 제시문의 가장 마지막에 위치하므로 제시문의 주제를 찾아야 한다.

STEP 02 ▶ 글의 주제를 찾아야 하므로 제시문을 전체적으로 파악한다.

→ 주어진 제시문은 개인의 자유가 자신의 이익을 최대한 실현할 것이라 생각했던 밀의 시대와 달리 현대의 기업은 다양한 방법으로 개인의 욕망을 자극하고 판단력을 흐리고 있으며, 따라서 담뱃갑의 경고 문구 및 혐오스러운 이미지 등을 부착하도록 하는 정부의 규제는 대기업에 비해 약자에 입장일 수밖에 없는 개인을 대기업과 정당하게 맞설 수 있도록 돕는 장치에 해당한다고 주장하는 내용이다.

STEP 03 ▶ 제시문의 주제를 찾는다.

→ 따라서 빈칸에 들어갈 내용은 ③이 가장 적절하다.

정답 찾기

제시문은 답뱃갑에 건강 관련 경고 문구 및 혐오스러운 이미지 등을 부착하도록 하는 정부의 규제가 밀이 중시했던 '자유'에 대한 제약이 아니라, 대기업의 상대로 불리한 위치일 수밖에 없는 개인을 도와 국민의 건강을 확보하기 위한 정부의 법률적 방책이라는 주장을 담고 있다. 따라서 빈칸에 들어갈 내용으로 가장 적절한 것은 ③이다.

정답 | ③

SECTION 03 출제 예상 문제

01 다음 지문의 빈칸에 들어갈 내용으로 가장 적절한 것은?

> 집값을 안정시키는 것은 정부의 책무이다. 이 목표를 달성하기 위해 정부는 집값이 바뀔 때마다 각종 규제를 쏟아낸다. 그러나 규제가 강화될수록 집값은 오히려 더 올라가는 현상이 나타난다. 공급과 수요의 법칙을 간과하고 단편적인 규제만 반복하다가 시장에 참패당하기 때문이다.
> (　　　　　　　　　　　　　　　　　　　) 재건축과 층고 제한을 풀고, 선호 지역은 물론 주변에도 공급을 대폭 늘려야 한다. 일시적인 부작용이 두려워 오히려 규제를 강화하면 공급 부족에 대한 기대심리로 가격은 더 상승할 수밖에 없다.
> 물론 보유세나 양도소득세를 강화해 주택 수요를 억제하는 정책도 시장의 법칙에 부합한다. 그러나 현행의 재산세나 보유세는 유효세율이 낮아 투기적 수요를 억제하지 못한다. 양도소득세 역시 세율은 높지만 매매차액의 일부를 납부하는 것이므로 실질적인 부담이 되지 않는다. 오히려 실수요자 입장에서는 현재 살고 있는 집을 매도하고 양도세를 납부하면 같은 규모로 이사를 갈 수 없기 때문에 거래를 막는 장애요인이 되고 있다.
> 따라서 투기적 수요를 효과적으로 억제하려면 전체 보유 주택의 시가가 일정 수준을 넘는 가구에 누진적 재산세를 강화해 실질적 부담을 가중시키는 것이 바람직하다. 재산세와 보유세를 통합하고 세율도 선진국처럼 지역별로 차등화해 시가의 1～2% 수준까지 높이면 불필요한 주택 수요가 크게 억제될 것이다.

① 집값 안정을 위해서는 적절한 규제가 유지되어야 한다.
② 부동산 규제가 강화될수록 오히려 가격은 상승할 수밖에 없다.
③ 공급보다는 수요에 초점을 맞춘 대안을 제시해야 한다.
④ 부동산 투기 문제는 결국 정부 정책에 그 답이 있다.
⑤ 가격을 안정화하려면 당연히 공급을 늘려야 한다.

PART 01 PART 02 PART 03

02 다음 중 ㉠에 들어갈 문장으로 가장 적절한 것은?

> 재활로봇은 재활치료 및 일상생활을 돕는 로봇을 말하는데, 최근 노인 및 신체 활동이 불편한 사람을 대상으로 생활을 보조하고 신체 활동 회복에 기여할 수 있는 새로운 대안으로 주목받고 있다. 재활로봇은 사람과 달리 지치지 않아 설정한 치료를 지속적이고 일관적으로 제공할 수 있고, 센서를 이용해서 객관적인 회복량에 대한 데이터를 수집할 수 있다. 인간이 수행하던 재활치료를 보완하고 대체해 인력 부족 문제를 해결할 뿐만 아니라 보다 정교하고 지속적인 치료를 통한 재활의 질적 향상까지 도모가 가능하다는 측면에서 재활로봇에 대한 수요가 확대되는 추세이다.
> 이미 재활로봇의 상용화를 앞둔 국내 기술도 있다. 손에 마비가 있는 사람이 착용만 하면 손가락을 쉽게 움직일 수 있는 장갑이다. 이 장갑의 이름은 '엑소 글러브 폴리(Exo Glove Poly)'로, 손이 마비되거나 근육이 손상된 사람이 외부 동력의 힘을 빌릴 수 있게 한다. 가벼운 통조림은 물론 1kg이 넘는 추도 들어 올릴 수 있고, 문고리를 돌려 문을 열 수도 있다. 엑소 글러브 폴리는 힘을 전달하는 와이어와 폴리머 소재의 장갑으로 이루어져 있다. 폴리머 재질로 만들어졌기 때문에 물에 닿거나 심지어 물속에 넣어도 망가지지 않는다. 착용감이 편안하고, 소독도 쉽다. 엄지와 검지, 중지에 착용할 수 있는 3개의 손가락이 있고, 사용자의 손 크기에 맞게 사이즈를 조정할 수 있어 누구나 착용할 수 있다. 폴리머 소재를 이용한 이유는 또 있다. (　　　　㉠　　　　) 그래서 사용자의 심리적 부담감을 해소하기 위해 저렴한 폴리머를 손 모양 그대로 밀착되는 장갑 형태로 만든 것이다.

① AI 기술 등과 결합된 로봇 손은 사람의 다양한 활동 능력을 끌어올리는 데 큰 도움을 줄 것으로 전망된다.

② 신체가 불편한 환자들은 값이 비싸고 미관상 어색하다는 이유로 동력으로 움직이는 의족이나 의수를 착용하기 꺼린다.

③ 장갑을 끼고 물체를 잡는 등의 활동을 하면 장갑에 설치된 약 550여 개의 센서가 물체에 대한 자세한 정보를 수집한다.

④ 사람들이 집게손가락의 중간 관절을 사용할 때는 거의 엄지손가락을 사용하지 않는다거나 검지와 가운뎃손가락의 끝은 항상 엄지손가락과 사용한다.

⑤ 엑소 글러브 폴리는 미관상 어색하다는 이유로 환자들이 착용하기를 꺼려한다.

03 다음 글을 읽고 빈칸 ㉠~㉢에 들어갈 문장을 〈보기〉에서 골라 순서대로 나열한 것은?

> 사고 전략 면에서 남성과 여성은 차이를 보인다. 여성들은 세부적인 사항에 주목하고 끈기 있게 찬찬히 생각하는 덕분에 대체로 틀 안 사고나 언어적 사고에 익숙하다. (㉠) 반면에 남성들은 틀 밖 상상력과 시각적 사고 기술에 능하다. 이는 여성들에게 틀 안에서, 즉 집 안에서 남의 말에 귀를 기울이며 따르는 것을 기대하는 가부장적인 문화의 전통적 역할 때문일 수 있다. (㉡) 사실 창의력을 계발하여 혁신적 사고를 가능케 하려면 자기확신적 태도나 위험감수 태도와 같이 전통적으로 남성적인 특성들과 감성적 태도나 재고적 태도와 같이 전통적으로 여성적인 특성들이 모두 필요하다. (㉢) 혁신 중에서도 가장 위대한 혁신에 대한 최고 영예인 노벨상 수상을 보면, 2014년 기준, 노벨상 수상자 가운데 여성은 5.3%에 불과하다. 심지어 여성 노벨상 수상은 대부분 문학과 같은 비과학 분야에 있다. 과학 분야의 경우에는 수상자들 가운데 겨우 2.6%만이 여성이다. 여성 최초로 노벨상을 수상한 마리 퀴리는 과학 분야에서 노벨상을 두 차례나 받았다. 1903년에는 노벨물리학상을, 1911년에는 노벨화학상을 각각 수상했다. 여성 노벨물리학상 수상자는 단 두 사람뿐이다. 즉, 마리 혼자서 절반을 차지한 셈이다. 또 여성 노벨화학상 수상자는 네 사람 밖에 없으므로, 마리와 그의 딸 이렌이 그들 중 절반을 차지한 셈이다.

보기

(가) 그러나 여성과 남성은 비슷한 창의적 잠재력을 지니며 어느 쪽도 다른 성(性)보다 더 창의적으로 태어나지는 않는다.
(나) 그러나 실제로는 남성 혁신가들은 차고 넘치는 데 반해 여성 혁신가들은 극히 드물다.
(다) 그리고 새로운 틀 안의 정교화 기술에 능하다.

	㉠	㉡	㉢
①	(가)	(나)	(다)
②	(가)	(다)	(나)
③	(나)	(가)	(다)
④	(다)	(가)	(나)
⑤	(다)	(나)	(가)

04 다음 중 빈칸에 들어갈 문장으로 적절하지 않은 것은?

요안 테이티오타라는 키리바시 출신의 농장 노동자는 해수면 상승으로 어획고가 감소하고 지하수가 오염되어 살기가 막막해지자 일자리를 찾아 2007년 뉴질랜드로 이주했다. 2011년 그는 비자가 허용되는 기간 이상으로 뉴질랜드에 머무른 탓에 해수면 상승으로 가라앉고 있는 고향 키리바시로 쫓겨날 위기에 처했다. 그의 변호사는 이 사안이 국제법에 영향을 끼칠 기회라고 생각해 테이티오타에게 UN 난민협약의 보호를 받으라고 조언했다.
UN 난민협약은 인종, 종교, 국적, 특정 사회집단 소속, 정치적 견해를 이유로 박해를 받은 사람에게 난민 자격을 부여한 협약이다. UN 난민협약을 적용받을 수 있다는 논거는 빈국들이 겪는 기후 변화 역시 부유한 국가들이 초래한 일종의 박해라는 관점이다. 테이티오타는 기후 변화를 근거로 기후 난민 자격을 요구한 최초의 인물이 되었다. 이 사례는 세계 언론의 주목을 받았고 테이티오타는 앞으로 닥칠 기후 재앙의 상징이 되었다.
그러나 결과적으로 그의 난민 자격 요구는 기각됐다. 2014년 5월 뉴질랜드 항소법원은 테이티오타의 사건을 기각하고 그와 가족에게 뉴질랜드를 떠나라는 명령을 내렸다. 법원은 조약의 규정상 국제사회 자체는 박해자가 될 수 없다는 판결을 내놓았다. 2017년 노동당이 이끄는 뉴질랜드 새 정부는 기후난민을 위한 새로운 범주의 비자를 만들 것을 제안했지만 이 아이디어는 여전히 논란거리이다. 그렇다고 해서 테이티오타의 사례가 일시적 관심거리로 끝나지는 않을 것이다. (　　　　　　　　　　　　　　　　　　　　　　)

① 테이티오타의 사례는 기후 변화로 삶의 터전을 떠날 수밖에 없는 사람들이 다양한 제도를 통해 보상받을 수 있다는 근거로 작용할 수 있을 것이다.
② 테이티오타의 사례는 UN 난민협약에서 규정하는 난민 자격 부여 기준의 편파성을 국제사회에 설득할 근거로 쓰일 수 있을 것이다.
③ 테이티오타의 사례는 해수면 아래로 가라앉고 있는 나라들의 절박한 상황에 대한 국제적 관심을 유지하는 데 활용될 수 있을 것이다.
④ 테이티오타의 사례는 UN 난민협약의 현실적 적용의 한계를 국제적으로 공론화하는 데 기여할 것이다.
⑤ 테이티오타는 기후 재앙의 원인 제공자와 희생자가 동일하지 않음을 보여주며 부국과 빈국의 불평등을 상징하는 인물로 남을 것이다.

05 다음 중 빈칸에 들어갈 문장으로 적절한 것은?

인공위성은 주로 사용 목적에 따라 분류되며 통신, 지구관측, 위치정보, 과학 등 네 가지 분야로 크게 나눌 수 있다. 이 중에서 인간의 일상생활에 가장 밀접한 영향을 미치는 것은 통신위성이다. 통신위성은 지구의 한 지점에서 다른 지점으로 라디오, 전화, 텔레비전 등의 신호를 전달하는 것을 목적으로 운용된다. 지구를 돌고 있는 위성 궤도는 정지궤도와 중궤도, 저궤도로 구분할 수 있다. 정지궤도상의 위성은 고도 3만 6,000km에서 지구의 자전 속도와 동일한 속도로 이동하기 때문에 지구상에서는 '정지'돼 있는 것처럼 보인다. 이러한 정지궤도에서는 통신위성을 활용하는 것이 안성맞춤이다. 지구의 자전 주기와 인공위성의 공전 주기가 같은 높은 궤도에 통신 장치를 설치하면, 빠르게 움직여 금방 지평선으로 사라지는 낮은 궤도의 위성보다 신호를 안정적으로 주고받을 수 있기 때문이다. 반면 저궤도 위성은 고도 160~2,000km 상공에서, 중궤도 위성은 고도 2,000~3만 6,000km 미만 상공에서 운영된다.
지구관측 위성은 지구 표면과 대기의 직접적인 관측을 목적으로 하며, 가까운 거리에서 관측하면 더 잘 보이기 때문에 일반적으로 저궤도에 위치한다. 지구를 관측함으로써 많은 유용성과 실제적인 응용성을 창출할 수 있어서 우리에게 필요한 정보를 제공해 준다. 지구관측 위성은 원격탐사위성, 기상위성, 첩보위성 등 세부적으로 나눌 수 있다. 원격탐사위성은 자원 탐사, 산림의 관리와 운용, 농산물 상황 파악, 해양자원의 보호와 관리, 도시계획 및 정밀 지도 제작, 각종 재해와 비상사태 관리 등을 위해 지표면의 변화를 감지하고 관찰한다. 기상위성은 가뭄, 태풍, 폭풍, 홍수 등 전반적인 기상현상을 관측한다. 첩보위성은 정찰, 도청 등 군사 정보 수집을 위주로 활동한다. 이러한 위성의 주 임무는 지구 위에서의 다양한 군사 활동을 감시하는 것이다. 미사일 발사를 발견하기 위한 탐지, 전투기나 군함 등 군사 이동 추적 등의 형태를 갖고 있다. (   )
위치정보위성은 20,183~20,187km 고도에 배치되어 11시간 58분에 한 번씩 지구를 공전하면서 지상을 향해 현재 자신의 위치와 시간에 관한 정보가 담긴 전파를 보낸다. GPS란 이러한 위치정보위성에서 보내는 신호를 수신해 사용자의 현재 위치를 계산하는 위성항법 시스템이다. 지상에서 GPS 수신기를 통해 위치정보위성에서 송출된 전파가 도달하는 시간을 계산하여 위성과 현재 수신기 사이의 거리를 계산할 수 있으며, 이런 위성 정보 최소 4개를 취합하면 GPS 수신기가 위치한 장소의 경위도 좌표와 고도 정보를 얻을 수 있다.

① 이 위성은 국토관리에 필요한 지리정보시스템 구축 및 환경, 농업, 해양 관련분야 활용을 위한 정밀영상을 제공할 것으로 기대된다.
② 위성에 있는 장치들이 극한 발사환경과 우주환경에 잘 견딜 수 있도록 하는 튼튼한 구조가 필요하다.
③ 이는 통신, 해양관측과 기상관측의 임무를 동시에 수행하는 위성으로서 올해 말에 띄워질 것으로 예상된다.
④ 우주 강국이 국지전에서 승리할 수 있는 가장 중요한 요인 중의 하나가 바로 이 위성들의 활동일 것이다.
⑤ 이는 지구 주위에 분포되어 지상의 물체와 저궤도 위성들의 위치와 속도 정보를 정확하게 제공할 수 있게 되었다.

PART 01 PART 02 PART 03

06 다음 글의 빈칸에 들어갈 진술로 가장 적절한 것은?

> 기업의 윤리 문제는 비즈니스의 성과와 무관한 것이 아니다. 한 기업의 성과지향적 문화와 윤리지향적 문화 사이의 가치 충돌로 소속 임직원들이 혼란을 느낄 수도 있다. 기업의 지배구조가 안정적일수록 윤리적 가치를 존중함과 동시에 성과지향적 기업문화를 구축할 수 있다. 즉, 윤리경영이 기업의 제도 또는 조직문화의 일부로 성공적으로 자리 잡기 위해서는 안정적인 지배구조와 좋은 윤리 시스템 구축이 뒷받침되어야 한다. 윤리경영체계를 공고히 하고, 비윤리적 행위로 인한 위험을 최소화하기 위해서는 무엇보다 윤리경영의 제도화 · 시스템화가 중요하다. (   )
>
> 더 나아가 윤리적 행위를 개인의 행동과 습관으로 정착시키고 윤리적 딜레마 상황에서의 체계적이고 합리적인 의사결정 방법을 체득하기 위한 교육에 좀 더 많은 관심을 가질 필요가 있다. 즉, 무엇이 옳은 것인가는 이미 알고 있다고 가정하고 이때 어떻게 할 것인가, 그리고 이를 위해 어떻게 연습하고 훈련할 것인가에 초점을 맞추어야 한다. 지금까지 우리 기업들이 좋은 기업윤리 시스템을 갖추고 정착하기 위해 노력해 왔다면, 이제는 윤리경영의 실천 수준을 높이기 위한 노력이 필요한 시기라고 할 수 있다. 윤리적 판단 능력의 강화를 넘어 이해관계자 시각에서 윤리적 행동의 실천 능력을 강화하기 위한 교육 프로그램 및 성과 보상 제도에 보다 주의를 기울여야 한다.
>
> 이러한 윤리경영 정착을 위한 노력들은 기업이 경제, 환경, 사회 등 각 영역에서 지속적으로 성과를 내고 기업 가치를 증진시키는 참 경쟁력이 되어, 외부 이해관계자들과 소통을 활발하게 하고 기업에 대한 긍정적인 시각을 갖게 하는 데 도움을 줄 것이다.

① 일단 신뢰성이 확보된다면 고객들의 믿음이 커지고 이는 곧바로 수익성 극대화로 연결된다.

② 일반적으로 기업윤리는 어떤 행위가 옳은지 그른지에 대한 의사결정에 집중하고 있다.

③ 그중 내부고발제도와 내부고발자의 보호는 이러한 위험에서 기업 생존의 필수 요소라고 할 수 있다.

④ 업무나 사업의 결정과정이 부당한 기업체에서는 종업원들의 무단 결근율과 이직률이 대체로 높다.

⑤ 이익 창출 외에 오랜 기간 동안 인정받으며 지속적으로 기업의 경제적 책임을 다하는 회사는 그리 많지 않다.

07 다음 글의 내용을 참고할 때, 빈칸에 들어갈 말로 가장 적절한 것은 어느 것인가?

그리스어로 '냄새'라는 뜻을 가진 오존(O_3)은 산소 원자가 3개 붙어 있는 물질로 약간 비릿한 냄새가 나며, 기체는 담청색, 액체는 흑청색, 고체는 암자색을 띤다.
전체 오존의 90%는 지상 10~50km에 있는 성층권에 밀집돼 오존층을 이루고 있으며, 태양광선 중 생명체에 해로운 자외선을 95~99% 흡수해 지구상의 인간과 동식물의 생명을 보호하는 역할을 한다. 오존층이 없으면 강력한 자외선이 직접 땅에 닿아 피부암, 백내장 등을 일으키고, 인체 면역 기능을 떨어뜨린다. 나머지 10%는 지표면으로부터 10km 이내의 대류권에 존재하는데, 대기 중의 오존은 자동차 배기가스의 주성분인 질소산화물에 의해 2차적으로 발생된 것이다.
(   ) 몸속에서 이 반응이 일어나면 산소 이온이 세포를 파괴하는데, 특히 숨 쉴 때 들어오는 산소 이온이 호흡기에 악영향을 끼친다. 따라서 호흡기 환자들은 오존주의보가 내려지면 외출을 삼가는 것이 좋다. 오존 농도가 0.1ppm 이상일 경우 그 다음 날 사망자가 7% 증가한다는 연구 결과도 있다. 참고로 오존 농도가 0.12ppm 이상이면 오존주의보, 0.3ppm 이상이면 오존경보가 내려진다.

① 고농도 오존은 하절기 낮 시간에 질소산화물과 휘발성 유기화합물이 풍부할 때 주로 발생한다.
② 오존은 분포 위치에 따라 생존에 긍정적인 영향을 주지만 때로는 매우 유해한 양면성을 지닌 물질이다.
③ 오존은 살균력과 탈취력이 있어서 식당의 컵 소독기 등에 사용되고 있다.
④ 산소 원자 3개로 구성된 오존이 몸에 해로운 것은 오존이 분해될 때 떨어져 나오는 산소 이온 때문이다.
⑤ 오존 농도가 높아질수록 호흡기에 안 좋은 영향을 끼친다.

08 다음 글의 문맥상 빈칸에 들어가기에 가장 적절한 것은?

통화정책 커뮤니케이션이란 중앙은행이 통화정책의 의도가 실현되도록 하는 활동의 수행 과정에서 가계, 기업, 정부 등 경제주체 및 시장과 행하는 일련의 소통 행위를 말한다. 여기서 통화정책과 관련된 커뮤니케이션은 단순히 통화정책 관련 정보에 국한된 것이 아니라 시장의 경기 인식, 경제 주체들의 통화정책에 대한 반응, 정부와의 정보 및 의견 공유 등 피드백 과정을 모두 포함한다.
과거에는 중앙은행이 자신이 가진 정보와 향후 정책 방향을 외부에 알리지 않는 것이 바람직하다고 인식해 왔다. 그러나 1980년대 후반 이후 금융시장을 둘러싼 환경 변화의 영향으로 중앙은행은 기존의 비밀주의에서 벗어나 커뮤니케이션에 관심을 갖게 되었다. 즉, 금융시장의 규모가 커지고 금융기관과 금융상품이 다양해지면서 통화정책의 유효성 저하에 대한 우려가 증대됨에 따라 중앙은행은 통화정책의 내용과 의도를 분명하게 알려 (   ). 이에 따라 효율적인 커뮤니케이션이 통화정책의 수행에서 중요한 의미를 갖게 되었다. 또한 비밀주의에 따른 불확실성의 확대가 금융시장의 불안정 상태를 지속시켜 시장 발전을 저해할 가능성이 크다는 견해가 점차 설득력을 얻게 되었다. 이에 따라 중앙은행이 명확한 시그널링(signaling)을 통해 금융시장을 안정화시키는 역할을 해야 한다는 인식이 확산되기 시작하였다.

① 가시적인 경제 활성화 효과를 얻어야 할 필요가 있었다.
② 중앙은행의 통화정책에 대한 신뢰를 회복할 필요가 있었다.
③ 시장 참가자들이 정책 의도대로 움직이도록 유도할 필요가 있었다.
④ 중앙은행의 독립성을 한층 강화할 필요가 있었다.
⑤ 비밀주의를 통해 금융시장을 안정화시키는 역할을 해야 했다.

09 다음 글의 문맥상 빈칸에 들어갈 가장 적절한 문장은?

글을 쓰다 보면 어휘력이 부족하여 적당한 단어를 찾지 못하고 고민을 하는 경우가 많이 있다. 특히 사용빈도가 낮은 단어들은 일상적인 회화 상황에서 자연스럽게 익힐 기회가 적다. 대개 글에서는 일상적인 회화에서 사용하는 것보다 훨씬 고급 수준의 단어를 많이 사용하게 되므로 이런 어휘력 습득은 광범위한 독서를 통해서 가능하다.
그러므로 (   )

① 평소 국어사전을 활용하여 어휘력을 습득하는 습관이 필요하다.
② 사용빈도가 낮은 단어들은 사용하지 않는 것이 좋다.
③ 고급수준의 단어들을 사용하는 것 보다는 평범한 단어를 사용하는 것이 의미전달을 분명히 한다.
④ 평소에 수준 높은 좋은 책들을 많이 읽는 것이 필요하다.
⑤ 무분별한 독서보다 양질의 서적을 구별하여 읽을 줄 아는 능력을 키울 필요가 있다.

10 다음 중 빈칸에 들어갈 문장으로 가장 적절한 것은?

로마 시대에는 번개에 맞는 것을 신성시했다. 가끔 모래가 번개에 맞아 유리가 된 흔적이 발견되었는데 그러면 그곳에 울타리를 쳐 신성한 장소로 보호하기도 했다. 번개에 맞아 사망한 사람은 공동묘지보다는 번개 맞은 곳에 묻고 신성한 장소로 봉헌하기도 했다. 아프리카 문화에서는 신화에 나오는 거대한 천둥새가 천둥과 번개를 일으킨다고 전해진다.

고대 그리스 시대는 과학과 관찰의 시대였다. 구약성서가 집필되던 시절에도 시각적 · 청각적으로 충격적인 천둥 · 번개 현상에 대해 비종교적 접근이 있었다. 가장 처음 이러한 사고를 한 것은 그리스 사상가 탈레스(기원전 620~546)와 그의 제자 아낙시만드로스(기원전 611~547) 그리고 아낙시메네스(기원전 565~528)였다. 이 세 사람은 결국 잘못된 결론에 이르긴 했지만 제우스가 번개창을 던진다는 식의 신화적 접근법에서 벗어나 새로운 시각에서 이 현상을 바라보려고 시도했다. 그들에 따르면 바람이 구름을 강타하여 천둥소리가 발생하고 이 과정에서 번개를 일으키는 불꽃이 튄다. 천둥이 먼저 발생한다는 결론은 이후 2,000년 동안 지속됐다. 물론 그사이에 다른 생각을 가진 사람이 없었던 것은 아니다. 아낙사고라스(기원전 499~427)는 먼저 발생하는 것은 번개지만 구름 속 비에 의해 꺼진다고 생각했다. 그의 주장에 따르면 천둥은 번개가 급히 꺼지는 과정에서 나는 소리였다.

아리스토텔레스는 머릿속이 온통 삼라만상에 대한 복잡한 생각으로 가득했던 사람이었다. 그는 기원전 334년 본인의 생각들을 모아 산문집 〈기상학〉을 발표했다. 그는 그 산문집에 천둥과 번개에 대한 생각을 담으면서 논쟁 속으로 뛰어들었다. 아리스토텔레스는 탈레스의 생각을 지지했다. 그는 천둥은 구름이 다른 구름과 강하게 부딪히는 과정에서 공기가 갇히며 내는 소리라고 생각했다. 번개는 구름과 구름이 부딪히는 충격 때문에 발생하므로 천둥보다 늦게 일어나는 현상이지만, 우리에게 그 순서가 바뀐 것처럼 보이는 까닭은 천둥소리를 듣는 것보다 번개가 번쩍이는 것이 먼저 보이기 때문이라고 주장했다. 이런 생각은 그 당시로써는 그야말로 획기적인 개념이었다. (　　　　　　　　　　)

① 천둥과 번개 현상에 대한 최초의 과학적 해석이었기 때문이다.
② 소리가 빛보다 느리게 움직인다는 것을 표현한 최초의 주장이었기 때문이다.
③ 자연 현상을 통해 소리와 빛의 빠르기 차이를 입증하려 했던 최초의 시도였기 때문이다.
④ 천둥이 번개가 꺼지는 과정에서 발생한다는 기존 학설의 권위를 뒤엎었기 때문이다.
⑤ 구름과 구름의 충돌로 인한 자연 현상에 대한 수많은 가설들을 평정했기 때문이다.

PART 01 PART 02 PART 03

CHAPTER 04

삽입 및 배열

SECTION 01 핵심 이론

1. 문장의 삽입

(1) 유형 파악하기

① 긴 제시문과 〈보기〉로 문장이 주어지고 이 문장을 제시문 사이에 위치한 빈칸 중 가장 적절한 위치에 넣는 유형

② 빈칸의 앞뒤 문장으로만 문제를 풀려고 할 경우 이는 문제풀이를 더욱더 어렵게 만듦

(2) 문제 접근하기

① **〈보기〉의 문장을 제시문 속 빈칸에 모두 넣어보기** : 해당 문장을 제시문 속 빈칸에 넣어보고 문맥을 고려해 가장 적절한 위치를 찾음

② 마지막 빈칸까지 모두 넣어 확인해야 함

2. 문장 · 문단의 배열

(1) 유형 파악하기

① 순서가 뒤바뀐 문장 · 문단을 맥락에 맞게 재배열하는 유형

② 제시문의 전체적인 흐름을 파악하는 동시에 키워드를 중심으로 전후 관계를 고려

(2) 문제 접근하기

① **접속사와 지시어**

㉠ '또한', '하지만'과 같은 접속어로 시작하는 문장은 절대 첫 번째에 오지 않음

㉡ 접속사나 지시어가 문두에 오는 경우 이를 통해 앞 문장이나 문단을 유추할 수 있음

② **주제문 찾기** : 문단 배열하기 문제 유형에서는 주제문이 마지막에 위치하지 않은 경우가 있지만 문장 배열하기 문제 유형에서는 대부분 주제문이 마지막에 위치

③ **글의 주요 전개 방식 참고**

㉠ 시간의 흐름은 과거 – 현재 – 미래 순서

㉡ 글의 논제에 관한 질문 후 그에 대한 답변을 서술

㉢ 사건은 발단 – 전개 – 결말 순서

㉣ 정의와 같은 일반적이고 포괄적인 질술 후 구체적인 사례 등을 부연

01 제시된 글을 보고 〈보기〉의 내용이 들어갈 곳으로 가장 적절한 것을 고르면? [한국전력공사]

지진해일(이하 쓰나미)은 해양에서 지진이 발생하여 해양 지각이 상승하거나 하강하면서 해수면을 높이거나 낮추어서 파도가 발생하고 이 파도가 연안으로 접근하면서 바닷물이 육지를 덮는 현상이다. 따라서 수심이 깊은 곳에서 큰 요동이 발생하면 해안가에는 출렁이는 바닷물이 모두 밀려오며 파도가 급격히 높아지게 된다. 쓰나미는 화산 분화나 해저 산사태 등으로도 발생하지만 대부분은 지진의 여파이다. 규모 7.5 이상의 지진이 발생해야 쓰나미가 일어나는데 이는 지각을 크게 흔들어 해안까지 바닷물을 보낼 정도이다. 하지만 규모 6.5 지진에서도 2차적인 요인이 더해지면 쓰나미가 발생하기도 한다. (㉠)
기상청 분석에 따르면 한반도 주변에서는 동해안 해안가에 규모 6.6 이상의 지진이 발생하면 0.5m 높이의 쓰나미가 발생할 것으로 예측되며, 수심이 낮아 규모가 큰 지진이 발생하기 어려운 서해에서는 규모 7.2 이상의 지진이 발생하면 0.5m 높이의 쓰나미가 발생할 것으로 예측된다. (㉡) 한반도 주변은 규모 6.6 이상의 지진이 발생할 가능성이 크지는 않다. 따라서 쓰나미의 발생 가능성도 높지는 않다.
(㉢) 하지만 동해의 동쪽 끝이자 일본 서쪽 해안은 경계지역으로 한반도 주변에서 규모가 큰 지진이 발생할 가능성이 가장 큰 지역이다. 이 지역에서 규모 7.5~7.8 이상의 지진이 발생하면 한반도에도 영향을 주는 것으로 분석되었다. (㉣) 가장 최근에 발생한 쓰나미는 1993년 규모 7.8의 지진으로 인해 동해안에 발생한 최대 높이 3m의 쓰나미이다. 그 전은 1983년에 규모 7.7의 지진이 일으킨 쓰나미로 2~5m의 높은 파고가 70km 해안에 걸쳐 발생했다. 이로 인해 1명이 사망하고 2명이 실종되는 등 인명피해를 낳기도 했다. (㉤)

보기

실제로 이 지역에 지진이 발생하여 한반도가 쓰나미를 겪은 사례가 1900년대 네 차례 있었다.

① ㉠　② ㉡
③ ㉢　④ ㉣
⑤ ㉤

단계별 문제 풀이

STEP 01 문제의 유형을 파악한다.

→ 〈보기〉의 문장을 제시문 속 빈칸에 넣는 유형이다.

STEP 02 제시문을 순차적으로 읽으면서 모든 빈칸에 〈보기〉의 문장을 넣어본 후 가장 적절한 위치를 찾는다.

→ 〈보기〉의 문장은 한반도가 1990년대 네 차례의 쓰나미를 겪었다는 내용이고, ㉣ 뒤에서는 한반도에 발생한 쓰나미에 대해 설명하고 있다. 따라서 〈보기〉의 문장이 들어갈 곳은 ㉣이다.

정답 찾기

〈보기〉에 제시된 문장은 한반도가 1900년대에 쓰나미를 네 차례 겪었다는 내용이다. ㉣ 앞에서는 일본에서 일어난 지진이 한반도에 영향을 주는 것을 설명하였고, ㉣ 뒤에서는 한반도에 최근 발생한 쓰나미와 그 이전에 발생한 쓰나미에 대해 설명하고 있다. 따라서 〈보기〉의 문장은 ㉣에 들어가는 것이 문맥상 자연스럽다.

정답 | ④

02 문단 (가)~(라)를 문맥에 맞게 나열한 것은? [한국철도공사]

(가) 강남은 서울과의 접근성이 좋아 1966년 제3한강교를 건설하기 시작하였고, 1968년 이와 연결되는 경부고속도로 착공에 들어갔다. 또한 강남 개발은 영등포구의 동쪽이라는 의미에서 영동지구 사업이라는 이름으로 시행되었다. 영동지구 사업으로 강남 일대에 도로가 깔리고 아파트 단지와 단독주택이 분양되기 시작했다.

(나) 이뿐만 아니라 서울시는 강남으로의 주거 이전을 촉진하기 위해 1972년 '도시개발촉진에 따른 서울특별시세의 과세면제에 대한 특별조례'를 제정하였고, 공공기관이 영동지구 내에 지은 건물에는 취득세를 면제해줬으며, 추가적인 세제혜택도 주었다. 이때부터 강남의 땅값은 엄청난 상승세를 보이기 시작했다.

(다) 불과 몇십 년 전까지만 해도 강남은 보잘것없었다. 행정구역상 경기도였던 강남3구(강남 · 서초 · 송파)가 서울시 성동구로 편입된 것도 지금으로부터 몇십 년 안 된 1963년이다.

(라) 서울로 편입되긴 했지만 강남은 여전히 낙후된 동네였다. 그런 강남에 1960년대 개발의 이유가 생겼다. 이는 폭발적인 인구 증가와 1.21 사태와 울진삼척무장공비침투사건으로 인해 서울의 인구를 한강 이남으로 분산하고 정부의 주요기관 역시 이전해야 했기 때문이었다.

① (가)－(나)－(다)－(라)
② (가)－(다)－(라)－(나)
③ (나)－(가)－(다)－(라)
④ (다)－(라)－(가)－(나)
⑤ (라)－(나)－(다)－(가)

단계별 문제 풀이

STEP 01 ▶ 특정 문단을 기준으로 전후 관계를 고려한다.

→ 문단별 중심내용은 (가) 강남의 개발, (나) 강남의 추가 세제 혜택, (다) 강남의 과거, (라) 강남의 개발 배경이다. 이 중에서 (라)는 강남의 개발 배경에 대해 언급하고 있고, (가)는 강남의 개발에 관한 이야기를 하므로 (라) 다음에 (가)가 나오는 것을 알 수 있다. 또한 (나)는 강남 개발에 이어서 추가적인 세제혜택을 주었다고 하였으므로 (가) 이후에 (나)가 나오는 것을 알 수 있다.

STEP 02 ▶ 첫 문단을 찾는다.

→ (다)는 강남의 과거에 대해 이야기하고 있으므로 첫 문단이 되어야 한다.

STEP 03 ▶ 남은 문단의 순서를 배열하여 전체 글을 조합한다.

→ 따라서 주어진 문단을 문맥에 맞게 배열하면 (다)－(라)－(가)－(나)이다.

정답 찾기

우선 (다)에서 강남의 과거에 대해 이야기하고 있으므로 이것이 첫 번째 문장이 된다. 그리고 (라)에서 강남 개발이 이루어지게 된 배경을, (가)에서 강남 개발의 과정을 설명하고 있으므로 (다)－(라)－(가)의 순으로 문단이 배열되어야 한다. (나)의 경우 강남 개발의 일환으로 추가적인 세제혜택을 줌으로써 인구를 이동시키고자 했던 사실을 설명하고 있으므로 (가)의 뒤에 이어지는 것이 가장 자연스럽다. 따라서 가장 적합한 순서는 (다)－(라)－(가)－(나)이다.

정답 | ④

03 다음 중 ㉠~㉤의 순서를 적절하게 배열한 것은? [한국철도공사]

> ㉠ 그러나 이러한 관점에서의 자유를 밀의 '자유론'에 적용하여 부당한 정치권력으로부터의 자유로 간주하는 것은 바람직하지 않다. 왜냐하면 밀은 이미 민주주의가 수립된 시기에 살았기 때문이다.
> ㉡ 밀은 민주주의 국가에서도 언제든 다수의 시민이 소수를 억압함으로써 자유를 침해하는 문제가 존재할 수 있음을 간파하였다.
> ㉢ 자유는 전통적으로 지배자의 권력과 피지배자의 투쟁과 연관되어 있다. 즉, 자유란 지배자의 폭정으로부터의 자유를 뜻했다.
> ㉣ 다시 말해 밀은 이미 민주화로 인하여 정치적 자유가 확보된 상황에서 '자유론'을 저술하였다.
> ㉤ 그렇다면 밀이 '자유론'을 집필했던 이유는 무엇이고 그의 자유는 어떤 의미일까?

① ㉡－㉠－㉤－㉢－㉣
② ㉡－㉤－㉠－㉣－㉢
③ ㉢－㉠－㉣－㉤－㉡
④ ㉢－㉡－㉤－㉠－㉣
⑤ ㉡－㉤－㉠－㉡－㉣

단계별 문제 풀이

STEP 01 **첫 문장을 찾는다.**

→ 가장 먼저 자유의 의미가 언급된 ㉢이 처음에 위치해야 한다.

STEP 02 **남은 문장의 순서를 배열하여 전체 글을 조합한다.**

→ 이어서 이러한 관점에서의 자유와 자유론 속 자유가 다름을 설명하고 있는 ㉠이 와야 하고 이를 부연 설명하는 ㉣이 그 뒤에 와야 한다. 뒤이어 밀이 '자유론'을 집필한 이유에 대해 반문한 ㉤이 나오고 마지막으로 밀이 '자유론'을 집필한 사유인 ㉡이 나온다.
따라서 주어진 문장을 문맥에 맞게 배열하면 ㉢－㉠－㉣－㉤－㉡이다.

정답 찾기

이 글은 밀의 자유론에 관한 내용이다. 우선 전통적인 관점에서의 자유의 의미를 언급한 ㉢이 처음에 위치하는 것이 자연스럽다. 이어 이러한 관점에서의 자유가 자유론 속 자유와는 다름을 언급한 ㉠을 연결하고, 이를 부연하는 ㉣이 이어지면 적절하다. 뒤이어 밀이 자유론을 집필한 이유에 대해 반문한 ㉤이 온 뒤, 밀의 사유를 언급하는 ㉡을 마지막에 배열한다.

정답 | ③

SECTION 03 출제 예상 문제

01 ㉠~㉤ 중 〈보기〉의 문장이 삽입될 위치로 가장 적절한 것은?

> 보기
>
> 이러한 의식의 변화는 농업에 대한 공익적 가치를 높게 평가하면서도 농산물 구입에는 실리적으로 접근하고 있음을 보여준다.

한국농촌경제연구원이 발표한 농업 · 농촌에 대한 국민 의식조사 자료에 따르면 '농업 · 농촌의 공익적 가치가 많다'는 응답이 70%로 공익적 기능에 대한 공감대가 높게 형성되고 있다.

㉠

하지만 공익적 기능을 유지하고 보존하기 위한 세금 추가 부담에 대해 찬성하는 비율은 2013년 60%에서 매년 하락하여 작년에는 53.8%로 농업에 대한 실질적 지원으로 연결되지 못한 것으로 나타났다.

㉡

또한 국산 농축산물에 대한 충성도도 갈수록 떨어져 2011년도 39.1%를 정점으로 계속 하락하여 작년에는 24.2%로 농업을 바라보는 국민들의 시각에 많은 변화가 있음을 보여주고 있다.

㉢

농업의 공익적 가치는 홍수 조절, 환경 보전, 전통문화 보전 등으로 다양하지만 특히 식량 안보 측면의 중요성을 간과해서는 안 된다.

㉣

곡물 수요의 빠른 증가세에 비해 곡물 생산은 지구온난화, 기상이변으로 인한 흉작과 세계적 원자재가격 상승 등으로 그 양을 늘리는 데 한계에 봉착해 있고, 주요 식량 수출국의 자국 이익을 위한 수출제한 조치로 식량 안보의 중요성이 갈수록 커지고 있기 때문이다.

㉤

① ㉠
② ㉡
③ ㉢
④ ㉣
⑤ ㉤

02 다음 중 ㉠~㉤의 순서를 적절하게 배열한 것은?

㉠ 수많은 수학자들은 17세기 피에르 드 페르마라는 천재 수학자가 자신이 보는 수학문제집 옆에 긁적거리듯이 써놓은 이 명제를 푸는 데 몰입했다. 그러나 어느 하나의 가설을 만족하면 다른 곳에서 허점이 나오고, 또 다른 하나를 해결하면 또 다른 쪽에서 허점이 나와 완벽한 퍼즐을 맞추는 데 실패했다.
㉡ 약 350년 동안 풀리지 않던 이 난제는 1994년 영국의 수학자인 앤드루 와일즈 옥스퍼드대 교수가 정수론에서 활용할 수 있는 거의 모든 방법을 동원해 증명하면서 해결됐다. 이처럼 간단해 보이는 하나의 수학적 증명에도 수백 년의 시간이 걸린다.
㉢ 페르마의 마지막 정리의 명제는 간단하다. 'Xn+Yn=Zn에서 n이 3 이상인 정수는 존재하지 않는다'는 것을 증명하는 것이다. 이는 우리가 중학교 때 배운 피타고라스의 정리의 확장형쯤인 간단한 명제이다.
㉣ 인도 출신의 입자물리학자 사이먼 싱이 저술한 '페르마의 마지막 정리'는 하나의 완성된 진실을 찾는 길이 얼마나 먼 것인지를 수학이라는 학문을 통해 보여준다.
㉤ 역사상 최고의 수학자로 칭송받아 '수학의 왕자'라고 불리는 가우스조차 이 문제를 두고 '진위 여부를 증명할 수 없는 수학정리'라고 언급하며 포기했을 정도이다.

① ㉠－㉢－㉣－㉡－㉤
② ㉢－㉠－㉡－㉤－㉣
③ ㉢－㉣－㉠－㉤－㉡
④ ㉣－㉡－㉠－㉤－㉢
⑤ ㉣－㉢－㉠－㉤－㉡

PART 01 PART 02 PART 03

03 다음 중 (가)~(라)를 적절하게 나열한 것은?

자폐증은 범주성 장애라고 한다. 사람들마다 나타나는 증상이나 능력이 달라서, 자폐증이라고 해도 똑같은 모습을 보이는 사람들이 없기 때문이다. 잠시도 가만있지 못하고 몸을 활발하게 움직이는 사람이 있는가 하면, 느릿느릿 움직이며 멍하게 있는 사람도 있다.

(가) 사람은 누구든 어느 한쪽으로 편향되어 있다. 다만 자폐증이 있는 사람들은 너무 '낮은 편향'이나 너무 '높은 편향'으로 치우친다는 점이 문제가 된다. 즉 각성이 덜 되거나 너무 심하게 되는 경향을 보인다는 뜻이다. 예컨대 차분함을 유지해야 하는 상황에서 흥분된 기색을 보이거나, 적극적인 태도를 요할 때 멍한 상태에 머무르는 것이다. 더 복잡한 문제는 이런 편향이 몇 시간 만에 급변할 때가 있다는 것이다.

(나) 따라서 자폐증이 있는 사람과 일을 하거나 같이 지낼 때는 그 사람의 각성 편향을 염두에 두는 것이 좋다. 그런 편향은 시각, 청각, 후각, 촉각 등 여러 감각 채널을 통해 드러난다. 각성 상태가 낮은데 과잉행동을 하는 사람은 소리를 예민하게 감지하지 못하기 때문에 별다른 관심을 보이지 않는다. 각성 상태가 높고 과잉 행동을 하는 사람은 소리에 민감해서 보통 정도의 소리에도 기겁하고, 긁혀서 난 작은 상처에도 몹시 괴로워할 수 있다.

(다) 이런 현상이 나타나는 것은 각성 편향(arousal bias) 때문이다. 모든 사람은 날마다 여러 상태의 생리적 각성을 겪는다. 소아과 의사인 베리 브레즐튼 박사는 유아들의 '생체행동(biobehavioral)' 상태에 대해 언급했는데 이것은 모든 사람들에게 해당한다. 각 상태는 가장 낮은 것(깊은 잠을 잘 때나 졸릴 때)에서 가장 높은 것(불안하거나 초조하거나 아찔하거나 무척 신이 날 때)까지 다양하다.

(라) 또한 자폐증이 있는 사람들은 다른 각성 상태를 오가는 것을 힘들어한다. 즉 운동장에서는 높은 각성상태로 잘 놀다가도 수업 시간이 되면 조용하고 기민한 상태로 바뀌어야 하는데 그렇게 하지 못한다는 뜻이다. 우리가 해야 할 일은 각 활동에 적합한 상태로 있을 수 있는 시간을 최대화하도록 돕는 것이다.

그렇다면 에너지가 넘치거나 부족한 사람, 행동이 과하거나 무기력해 보이는 사람은 각각 어떻게 도와야 할까? 가장 필요한 것은 타고난 편향을 보완해주는 것이다. 무기력한 편이라면 활발히 활동할 기회를 만들어주고, 과하게 행동하거나 쉽게 불안해하면 차분한 상황을 만들어주어야 한다.

① (가) – (나) – (다) – (라)
② (가) – (다) – (라) – (나)
③ (나) – (다) – (가) – (라)
④ (다) – (가) – (라) – (나)
⑤ (다) – (나) – (가) – (라)

04 다음 중 (가)~(라)를 적절하게 나열한 것은?

스탠딩 코미디를 하는 코미디언의 입담에 관중이 웃음을 터뜨리는 장면을 상상해보라. 아니면 영국 BBC의 코미디 프로그램 '모어캠비 앤 와이즈 쇼'의 크리스마스 특집 방송을 2,000만 명이 넘는 사람들이 일제히 시청하는 장면을 상상해보라. 어떤 상황이 떠오르는가?

(가) 슬며시 입꼬리가 올라가는 웃음, 깔깔거리는 웃음, 히죽거리는 웃음, 가벼운 미소까지 모든 웃음은 사회적으로 가치 있는 목적을 이루기 위해 진화해온 행동이라는 것이 두 사람의 이론이다. 이런 행동의 기원은 유인원에서도 볼 수 있다. 보노보와 오랑우탄을 간지럽히는 실험에서 웃음이 퍼지는 것이 확인되었다.

(나) 이런 웃음은 어디에서 시작되는 걸까? 스페인의 신경과학자 페드로 마리주안(Pedro Marijuan)과 조지 나바로(Jorge Navarro)가 'MIT테크놀로지리뷰'에 발표한 내용에 따르면 답은 '사회적 뇌 가설'에 있다. 사회적 뇌 가설은 인간의 뇌가 성장하고 진화하면서 더 큰 집단에서 사회적으로 필요한 것들을 조율할 수 있게 됐다는 내용이다.

(다) 이렇게 재밌는 유머를 함께 즐길 때는 일종의 공감대가 형성된다. 유머를 퍼뜨리기 위해 옆 사람을 곁눈질하고, 때로는 집단 구성원이 모두 자발적 공모자가 되기라도 한 것처럼 전체에 웃음이 물결처럼 번진다. 이는 사회적 유대감의 한 형태다.

(라) 언어 기술이 발달하면서 인간은 더 많은 사람과 더 빨리 유대감을 형성할 수 있게 됐다. 10명의 사람들이 대화를 나누다보면 집단 내 힘의 역학이 크게 증가한다. 마리주안과 나바로는 웃음이 더 큰 집단에서도 참여의식과 유대감을 느끼게 해주는 과정의 연장선이라고 말했다.

하지만 유인원 사이에서 웃음이 퍼지는 것은 인간의 경우와는 다르다. 영장류 중에는 자발적으로 코미디를 하는 존재가 없기 때문이다. 유튜브에 '재미난 마술을 본 오랑우탄'을 검색하면 조련사가 마술을 보여주자 깔깔거리며 뒤로 넘어가는 오랑우탄을 볼 수 있다. 하지만 자발적으로 다른 오랑우탄에게 웃음을 선사할 수 있는 오랑우탄은 찾기 힘들다.

① (가) – (나) – (다) – (라)
② (가) – (라) – (다) – (나)
③ (나) – (다) – (라) – (가)
④ (다) – (가) – (라) – (나)
⑤ (다) – (나) – (라) – (가)

05 **다음 중 ㉠~㉤의 순서를 알맞게 배열한 것은?**

> ㉠ 지금은 얼음 표면에 눈에 보이지 않는 얇은 수막이 본래부터 존재한다는 '표피층 이론'이 정설로 인정된다. 영국 과학자 마이클 패러데이가 처음으로 제시한 이 이론은 이후 여러 과학자들의 실험으로 수막의 두께가 온도에 따라 달라지는 것까지 확인되었다.
> ㉡ 눈과 얼음은 왜 미끄러울까? 이에 대한 답으로 이전에는 '수막 이론'이 널리 인정되었다. 즉, 압력을 받은 얼음 표면이 살짝 녹으면서 생긴 수막 때문에 미끄러진다는 것이다.
> ㉢ 얼음에 압력을 가하면 녹는점이 낮아지기는 하나 영하 10℃ 이하에서 얼음이 녹으려면 2,000기압 이상을 가해야 한다. 이 이론은 사람의 체중을 고려할 때 적용하기 어렵다.
> ㉣ 그러나 이 경우도 허점이 있다. 마찰열로 얼음 표면이 녹는다면, 바닥이 거칠수록 잘 미끄러지겠지만, 실제로는 표면이 매끄러울수록 더 미끄럽다.
> ㉤ 이를 보완하기 위한 '마찰열 이론'도 있다. 눈이나 얼음 위를 지날 때 생기는 마찰에 의해 열이 발생하고, 이것이 얼음 표면을 녹인다는 것이다.

① ㉠－㉡－㉢－㉤－㉣
② ㉠－㉣－㉢－㉡－㉤
③ ㉡－㉢－㉤－㉣－㉠
④ ㉡－㉣－㉠－㉢－㉤
⑤ ㉤－㉡－㉣－㉢－㉠

06 **문단 (가)~(라)를 맥락에 맞게 배열한 것은?**

> (가) 1950~1953년 한국전쟁 이후 미국과 중국이 전장에서 직접 맞붙어 싸운 적이 없다는 점을 고려하면 수긍할 만한 설명이다.
> (나) 하지만 최근 추세를 보면 핑커를 비롯한 몇몇 학자들이 개진한 폭력 감소 논리는 설득력이 떨어져 보인다. 시리아 내전 때문이다. 지난 수십 년 동안 보지 못했던 규모의 전투 사상자가 발생하고 있다는 점에서 시리아 내전은 중동에서 벌어지는 세계 전쟁이라고 볼 수 있다.
> (다) 전쟁이 감소한 원인에 대한 핑커의 설명보다 냉소적인 설명에 따르면 전쟁 감소의 원인이 다른 데 있는 것이 아니라 20세기 내내 엄청나게 발전한 화력, 특히 핵무기 때문에 국가 간 전쟁의 비용이 극도로 높아진 데 있다.
> (라) 하버드대학교 심리학자 스티븐 핑커는 2011년 출간된 '우리 본성의 선한 천사'에서 '전쟁 감소 추세는 중세 이후 인간 폭력이 크게 감소하면서 그로 인해 벌어진 현상이며, 20세기에 벌어졌던 양차 대전은 주요 변칙 사례'라고 주장했다.

① (가)－(나)－(라)－(다)
② (나)－(다)－(가)－(라)
③ (다)－(가)－(나)－(라)
④ (라)－(나)－(다)－(가)
⑤ (라)－(다)－(가)－(나)

07 문단 (가)~(다)를 맥락에 맞게 배열한 것은?

(가) 녹색에너지전략연구소는 주민 수용성 해결에는 농가 태양광이 답이 될 수 있다고 제안한다. 부지 확보가 용이한 농민들이 태양광 사업을 할 경우 지역사회 반대가 감소할 수 있고 농업 외 소득을 안정적으로 확보해 농촌 사회 안전망을 강화하는 데 기여할 수 있다는 주장이다.
(나) 일반적으로 태양광은 소음이나 진동이 없음은 물론 지형 훼손이 미미해 주민 수용성이 우수한 재생에너지 설비로 인식되지만, 국내에서는 여전히 주민 수용성 문제가 발생해 사업추진에 어려움이 있다. 과거에는 기술 부족과 제도 미비가 재생에너지 보급의 주된 장애 요인이었으나 기술이 진보하고 보급 제도가 확산된 최근에는 주민 수용성과 금융이 태양광 확보에 더 큰 문제로 대두되고 있다.
(다) 2030년이면 태양광 기술이 상당수 국가에서 가장 저렴한 발전기술이 될 것이라는 예측이 우세하다. 에너지경제연구원은 늦어도 2030년엔 3MW 이상의 대규모 태양광 발전의 균등화 발전비용이 원전 발전비용보다 낮아질 것으로 전망했다. 문제는 부지 확보와 민원 해결, 즉 주민 수용성 문제이다.

① (가) – (나) – (다)
② (가) – (다) – (나)
③ (나) – (다) – (가)
④ (다) – (가) – (나)
⑤ (다) – (나) – (가)

08 문단 (가)~(마)를 맥락에 맞게 배열한 것은?

(가) 그러자면 짐마차 등을 사용하지 않을 수 없었다. 마차 등으로 이동할 때는 정비되지 않은 비포장도로에서는 고생이 막심하다. 그래서 잘 정비된 포장 도로망이 게르만족의 이동에 이용된 것이다.
(나) 그러나 제국 말기 중앙 권위가 속주에 미치지 못하게 되자 게르만족과 같은 이민족 침략과 이동이 빈번해졌다. 침략이든 이동이든 일거에 수많은 사람들이, 그것도 경무장이 아니라 중병기로 무장한 채 식솔들을 이끌고 가재도구까지 챙겨서 벌이는 이동이었다.
(다) 이런 측면에서 보면 로마 가도는 로마제국의 번영을 가속화한 동시에 쇠망도 가속화시켰다는 양면성을 띠었다.
(라) 15만 킬로미터에 달하는 로마 가도는 신속한 군사 행동과 정보 전달을 가능케 하고, 넓은 영토를 소수의 군단병으로 지켜내는 데 큰 도움이 됐다. 다시 말해 보다 적은 세금으로도 효율적인 영토 방위가 가능했다.
(마) 나아가 교역과 여행도 활발하게 만들었다. 이는 제국 내에 산재된 도시가 중앙의 뜻을 받들어 도로 시스템을 완비한 덕분이다.

① (다) – (나) – (가) – (라) – (마)
② (다) – (라) – (가) – (마) – (나)
③ (라) – (다) – (마) – (가) – (나)
④ (라) – (마) – (나) – (가) – (다)
⑤ (마) – (나) – (가) – (라) – (다)

09 다음 중 ㉠~㉣의 순서를 바르게 나열한 것은?

관광산업이 대중화되기 시작하면서 이는 곧 국가의 성장으로 이어졌고 소비자가 선택할 수 있는 범위와 종류도 점차 많아졌다. 그 결과 새로운 형태의 제법 안목 있는 소비자가 생겨나기 시작했다. 이들은 기존의 전형적인 패키지 상품보다는 새로운 경험에 더 매력을 느꼈다. 컴퓨터를 이용한 예약 시스템이 등장하면서 패키지에 묶여 있던 각종 관광 상품은 이른바 '해방'을 맞았다.

㉠ 산업의 급속한 증가 및 과잉 공급, 일부 관광객의 추태는 이른바 '트레몰리노스 효과'라는 신조어를 낳았다.
㉡ 이후 에어비앤비 등 숙박 관련 업체가 등장하면서 저렴한 숙박 시설의 공급 역시 빠른 속도로 증가했다.
㉢ 항공편 이용료가 낮아지면서 훨씬 더 많은 사람들이 관광을 즐길 수 있게 됐다.
㉣ 이로써 패키지 여행상품 시장은 점차 어려움을 겪기 시작했다.

스페인 트레몰리노스 지역의 코스타 델 솔 리조트는 매너 없이 행동하는 영국인, 빈약한 기반시설, 지저분한 환경, 늘 똑같은 서비스, 구식 문화 및 식당 등으로 투숙객이 빠르게 줄고 있었다. 트레몰리노스 효과는 바로 이 같은 상황을 빗대어 설명한 개념이었다. 관광객은 패키지 상품의 목적지를 찾는 대신 사람들이 많이 몰리는 해변에서 술을 곁들이며 자유롭게 휴가를 즐겼다. 새롭게 탄생한 이른바 관광 신인류는 스스로를 '관광객'이 아닌 '여행객'으로 지칭했다.

① ㉣-㉡-㉢-㉠
② ㉢-㉠-㉣-㉡
③ ㉢-㉡-㉣-㉠
④ ㉡-㉣-㉠-㉢
⑤ ㉣-㉠-㉢-㉡

10 ㉠~㉣ 중 <보기>의 문장이 삽입되기에 적절한 위치는?

올해부터 선천성 기형과 고위험 신생아에 대한 보험급여가 대폭 강화됨에 따라 신생아 청각선별검사도 건강보험 혜택이 확대될 예정이다. 신생아 청각선별검사란 이름 그대로 난청을 조기에 발견하기 위해 이루어지는 검사이다. 청각 · 언어 발달에 중요한 시기인 생후 1년 동안 소리를 잘 듣지 못할 경우 청각신경 전달로의 발달에 문제가 생겨 청각 · 언어장애인으로 성장하게 되므로 조기 발견과 치료가 매우 중요하다. (㉠) 검사 결과 재검 판정을 받았다면 3개월 이내에 난청확진검사를 받게 되며, 선천성 난청으로 확인되었을 때는 생후 6개월 전에 보청기를 사용, 청각 발달에 진전이 없다고 판단될 시 인공와우이식 수술을 받을 수 있다. (㉡) 선천성 고도난청은 신생아 1,000명당 1~3명이 앓을 만큼 발생률이 높아 적기에 검사를 받는 것이 매우 중요하다. (㉢) 검사에 걸리는 시간은 약 10분으로, 아기가 자는 상태에서 진행된다. 그 때문에 검사 전에 수유를 충분히 해 아기가 안정적으로 잘 수 있는 상태를 만드는 것이 중요하다. (㉣) 보통 생후 1개월 이후에는 아기의 수면시간이 줄어들어 수면제를 복용하고 검사를 해야 할 가능성이 커지므로, 가능한 한 생후 1개월 이내에 할 것을 권장한다. (㉤)

보기

그러나 검사에서 정상 판정을 받았더라도 이후에 감염이나 지연성 · 유전성 난청 등 여러 요인으로 난청이 생길 수 있으므로 청각 상태를 꾸준히 지켜보는 것이 안전하다.

① ㉠
② ㉡
③ ㉢
④ ㉣
⑤ ㉤

CHAPTER 05

실용문 이해·도표 해석

SECTION 01 핵심 이론

1. 유형 파악하기

① 일상생활이나 업무상 접하게 되는 실용문이 자료로 주어지는 유형

② 문제해결능력과 유사하게 간단한 계산이 필요한 문제도 출제

③ 약관이나 법조문 등에는 다소 낯선 용어가 등장

2. 문제 접근하기

① **항목별 제목**

㉠ 번호를 붙여 선택지와 연관시키면서 문제풀이

㉡ 난도는 오히려 낮음

② **법률 용어** : 일상에서는 구별 없이 쓰는 단어라도 법률 용어는 의미상 차별이 있는 경우가 존재하므로, 선택지의 내용을 판단하거나 상황 대입 시 주의

③ **각주와 단서**

㉠ 각주가 들어있는 규정이 있다면 가장 우선적으로 판단

㉡ 각주는 주로 예외 사항을 다루는데, 문제에서는 대부분 이 예외 사항을 물음

④ **표 · 그림** : 문제를 읽는 단계보다는 선택지와 연관시켜 문제를 풀이할 때 꼼꼼하게 확인하는 것이 시간 단축에 유리

SECTION 02 대표 예제

01 다음은 ○○역 등 10개 역사 정밀안전점검 용역에 대학 과업내용서이다. 내용을 바르게 이해하지 못한 것은? [한국산업인력공단]

> **과업내용서**
>
> 1. 용역명 : ○○역 등 10개 역사 정밀안전점검 용역
> 2. 대상 : ○○역 등 10개 역사
> 3. 목적 : 본 과업은 ○○역 등 10개 역에 대하여 정밀점검을 시행, 건축물에 대한 물리적 · 기능적 결함을 조사하고 구조적 안전성 및 손상 상태를 점검하여, 신속하고 적절한 조치를 취함으로써 재해를 예방하고 시설물의 효용을 증진시켜 공공의 안전을 확보하고자 함
> 4. 과업 내용
>   1) 자료 수집 및 분석 : 준공도면 및 관련 서류 검토, 기존 안전 점검 · 정밀안전진단 실시 결과
>   2) 현장조사 및 시험 : 기본 시설물 또는 주요 부재의 외관조사 및 외관조사망도 작성, 현장 재료시험 등
>   3) 상태평가 : 외관조사 결과 분석, 현장 재료시험 결과 분석, 대상 시설물(부재)에 대한 상태평가, 시설물 전체의 상태평가 결과에 대한 책임기술자의 소견(안전등급 지정)
>   4) 종합평가 및 종합평가 등급 산정, 결론 및 조사보고서 작성
>   5) 시설물 역사 환기구 점검 시 우리 본부 시설처의 협조를 받아 안전성 검토 및 관리대책을 별도로 작성 제출(필요시)
>   6) 시설물정보관리종합시스템(FMS) 점검보고서 등록
>   7) 보고서 납품(각 건물 CD 5부씩)
> 5. 과업 기간
>   1) 본 과업 기간은 착수일로부터 60일간임
>   2) 본 과업은 발주기관의 지시에 의하여 작업이 중단되었을 경우 우리 본부의 승인을 얻어 과업 기간을 연장할 수 있음

① ○○역 등 10개 역사 정밀안전점검 용역은 재해 예방, 시설물 효용 증진을 통한 공공 안전 확보를 목적으로 한다.
② 용역기관은 시설을 종합평가하고 등급을 산정한 후 조사보고서를 작성해야 한다.
③ 필요에 따라 용역기관은 시설물 역사 환기구 안전성 검토 및 관리대책을 별도로 작성 · 제출해야 한다.
④ 용역기관은 FMS에 점검보고서를 등록하고 건물별로 5부씩 보고서 CD를 납품해야 한다.
⑤ 정밀점검수행 과정에서 용역기관은 작업 기간의 연장이 필요하다고 판단할 경우 발주기관의 승인하에 연장할 수 있다.

단계별 문제 풀이

STEP 01 ▶ **실용문이 자료로 주어지는 유형으로, 독해 문제와 비슷한 방식으로 접근한다.**

→ 과업내용서를 자료로 제시한 내용 일치 문제이다.

STEP 02 ▶ **규정의 내용과 선택지의 내용이 일치하는지 확인한다.**

→ 5. 과업 기간 2)의 내용과 ⑤는 일치하지 않는다.

정답 찾기

'5. 과업 기간'의 세부항목 2)에 과업 기간의 연장은 발주기관의 지시에 의하여 작업이 중단되었을 때 우리 본부의 승인하에서만 가능하다고 하였다.

오답 분석

① '3. 목적'을 보면 ○○역 등 10개 역에 대하여 정밀점검하고 신속하고 적절한 조치를 취함으로써 재해를 예방하고 시설물의 효용을 증진시켜 공공의 안전을 확보하고자 한다고 나와 있다.
② '4. 과업 내용'의 세부항목 4)에 종합평가 및 종합평가 등급 산정, 결론 및 조사보고서 작성을 명시하였다.
③ '4. 과업 내용'의 세부항목 5)를 보면 필요에 따라 시설물 역사 환기구 점검 시 우리 본부 시설처의 협조를 받아 안전성 검토 및 관리대책을 별도로 작성 제출해야 한다고 하였다.
④ '4. 과업 내용'의 세부항목 6)에 시설물정보관리종합시스템(FMS) 점검보고서 등록을, 세부항목 7)에 보고서 납품(각 건물 CD 5부씩)을 명시하였다.

정답 | ⑤

02 다음은 ○○공사의 정보공개 관련 안내이다. 이를 잘못 이해한 것은? [한국전력공사]

〈정보공개 안내〉

○○공사는 공공정보를 적극 개방 · 공유하자는 정부3.0 패러다임에 맞추어 정보유통채널을 마련하였다. 국민이 ○○공사의 특정 정보 열람을 원할 경우 정보공개를 청구할 수 있으며 이후의 절차는 다음 업무흐름도의 ❶~❺순서로 진행된다. 먼저 정보공개 주관부서(이하 주관부서)는 청구인의 정보공개청구서를 접수하여 정보공개 담당부서(이하 담당부서)로 전달하거나, 정보공개에 대한 이의신청을 접수하여 정보공개 심의회(이하 심의회)로 전달하여야 한다. 담당부서는 제3자에게 공개가 청구된 사실을 통지하여 관련 의견을 청취하여야 하고, 의견에 따라 공개 여부가 결정된 경우에는 이를 청구인에게 지체없이 통지하여야 하며, 공개 여부를 결정하기 곤란한 경우에는 정보공개심의회에 심의를 요청한 후 심의회의 결정에 따라야 한다. 심의회는 담당부서가 정보공개 여부를 결정하기 곤란한 사안의 공개 · 비공개 여부를 결정하여 담당부서에 통지해야 하고, 주관부서가 접수하여 전달해준 이의신청을 받아 공개 · 비공개 여부를 결정하여 주관부서에 통지해야 한다. 주관부서와 담당부서는 심의회의 결정을 청구인에게 통지하여야 한다. 각 절차의 세부 지침은 다음 흐름도에 명기된 바와 같다.

〈정부공개업무 흐름도〉

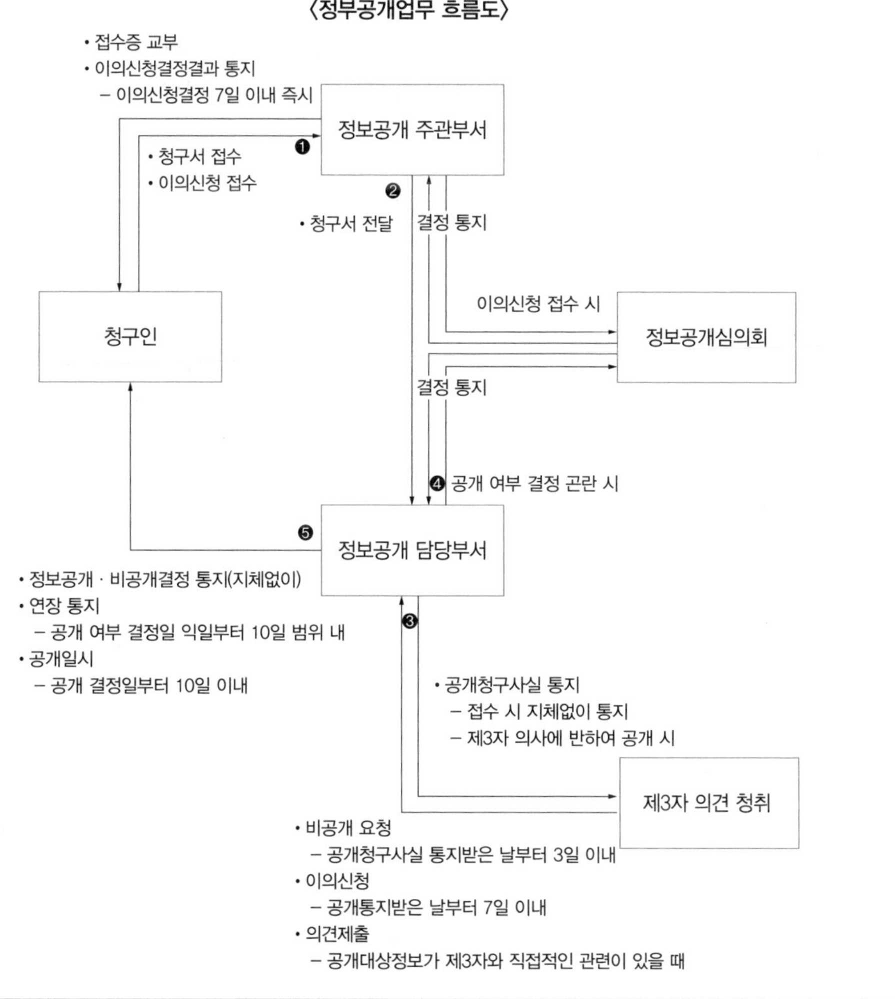

① 정보공개 주관부서는 접수받은 정보공개 이의신청에 대하여 수용 여부를 심의한 후 이의신청 결정결과를 결정일 기준 7일 이내에 통지하여야 한다.
② 정보공개 주관부서를 통해 정보공개청구서를 배부받은 정보공개 담당부서는 정보의 공개 및 비공개 여부가 결정되면 정보공개 청구인에게 지체없이 통지하여야 한다.
③ 정보공개 담당부서는 공개가 결정된 정보의 경우 결정일부터 10일 이내에 공개를 실시하여야 한다.
④ 정보공개 담당부서는 정보공개 여부를 결정하기 곤란한 경우 이를 정보공개심의회에 보내고 결정을 통지받아야 한다.
⑤ 제3자는 공개청구사실을 통지받은 날로부터 3일 이내에 정보의 비공개를 요청할 수 있고 공개 대상 정보와 직접적인 관련이 있는 경우 정보공개 담당부서에 의견을 제출할 수 있다.

단계별 문제 풀이

STEP 01 **실용문과 그림이 함께 자료로 주어지는 유형이다.**

→ 정보공개 안내에 관한 설명과 정보공개업무 흐름도가 같이 주어진 문제이다.

STEP 02 **안내뿐만 아니라 흐름도의 내용이 선택지의 내용과 일치하는지 확인한다.**

→ 업무 흐름도를 보면 정보공개 주관부서는 이의신청 접수 시 이를 정보공개심의회로 보내도록 규정되어 있다.

정답 찾기

정보공개 이의신청을 심의하는 곳은 정보공개 주관부서가 아닌 정보공개심의회이다. 업무 흐름도를 보면 정보공개 주관부서는 이의신청 접수 시 이를 정보공개심의회로 보내도록 규정되어 있다.

정답 | ①

SECTION 03 출제 예상 문제

01 다음 ○○공단의 연구과제 시행 관련 규정을 통해 알 수 있는 것은?

〈연구과제의 시행〉

제20조(연구과제의 제안) ① 주관부서장은 연구과제의 제안에 관한 업무를 수행한다.

② 주관부서장은 규정에 의한 출연과제와 정부로부터 권고 또는 위탁받은 사업은 사외로부터 직접 제안받을 수 있다.

③ 주관부서장은 매년도 연구과제 제안에 관한 공통지침을 수행부서에 통보한다.

④ 주관부서장은 공개모집을 통하여 사내 및 사외에서 연구 아이디어나 연구과제를 제안받을 수 있다.

제21조(연구과제의 선정) ① 주관부서장은 제안된 연구과제를 종합 검토하여 심의대상 과제별 연구과제 수행부서를 선정, 수행부서장에게 과제별 연구개발기본계획 수립을 의뢰한다.

② 연구과제 수행부서장은 활용부서장과 협의하여 연구과제 실명화 및 활용에 관한 사항 등을 포함한 과제별 연구개발기본계획을 수립한다.

③ 연구개발기본계획이 수립된 연구과제는 실무위원회의 심의를 거쳐 선정한다.

④ 긴급한 경영 현안이나 기술적 문제를 해결하기 위해 연도 연구개발사업계획에 소요예산만 계상한 사업을 수행하기 위한 연구과제의 선정 및 시행은 주관부서장이 따로 정한다.

제22조(연구과제의 확정) 제21조의 규정에 의하여 선정된 연구과제는 주관부서에서 종합하여 연구개발위원회의 심의를 거쳐 사장이 확정한다.

제23조(연구과제의 시행) 연구과제의 수행부서장은 확정된 연구과제에 대하여 연구책임자가 연구개발시행계획서에 따라 연구과제를 수행하도록 하여야 한다.

제24조(연구개발결과의 평가) ① 주관부서장은 연구개발 중간 및 최종결과에 관한 평가업무를 주관하며, 평가위원회를 구성하여 평가를 실시하여야 한다. 다만, 연구원이 수행하는 연구과제의 평가업무는 연구원에 위임할 수 있다.

② 평가에 관한 세부사항은 주관부서장이 따로 정한다.

③ 정부 등 외부기관으로부터 수주받아 수행하는 연구과제의 평가는 발주기관의 기준에 따른다. 다만, 주관부서장이 필요하다고 인정하는 경우 별도로 자체기준에 따라 평가할 수 있다.

제25조(연구개발결과의 활용) ① 연구과제 수행부서장은 연구개발 완료된 연구과제의 활용계획을 활용부서장과 협의하여 수립하고, 이 활용계획과 연구결과 등을 활용부서장에게 인계하여 연구개발 결과가 최대한 활용될 수 있도록 하여야 한다.

② 연구개발 결과의 인수인계, 활용평가에 관한 세부사항은 주관부서장이 따로 정한다.

③ 주관부서장은 연구결과가 활용부서에 인계된 시점으로부터 2년간 활용실적을 연구수행부서와 공동으로 실사하여야 한다.

① 수행부서장은 연구과제를 제안받을 수 있고 매년 연구과제 제안에 관한 공통지침을 수행부서에 통보한다.

② 실무위원회는 심의를 거쳐 연구개발기본계획을 수립할 연구과제를 선정한다.

③ 사장이 연구과제를 확정하면 주관부서장은 연구과제가 연구개발시행계획서에 따라 수행되도록 하여야 한다.

④ 주관부서장은 연구개발 중간결과와 최종결과를 발주기관의 기준 혹은 자체기준에 따라 평가하여야 한다.

⑤ 활용부서장은 연구결과가 활용부서에 인계된 시점으로부터 2년간 활용실적을 실사하여야 한다.

02 다음은 ○○공사의 국제 신용등급 추이 관련 표와 신용등급 체계 자료이다. 자료를 잘못 이해한 것은?

○○공사의 IR(investor relation)센터에서는 지침에 따라 재무정보를 공개하며 재무제표와 감사보고서 외에도 국제 신용평가사의 평가 결과를 1992년부터 공개하고 있다. ○○공사의 국제 신용은 'Moody's와 'S&P' 두 곳의 평가를 기준으로 발표되고 있으며, 두 평가기관의 신용등급 체계는 '신용등급 체계표'를 통해 확인할 수 있다.

○○공사 국제 신용등급

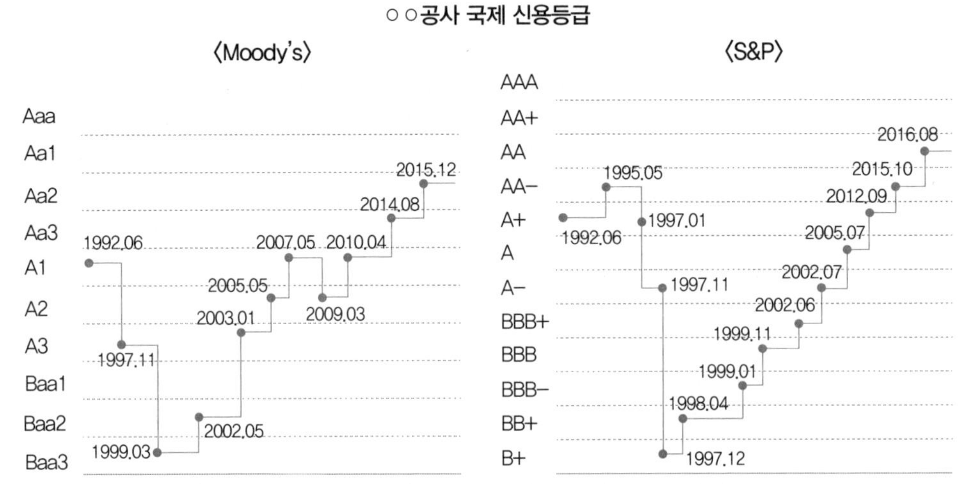

Moody's 및 S&P의 신용등급 체계

구분	Moody's(21등급)	S&P(22등급)	의미
투자 적격 등급	Aaa	AAA	투자 위험이 가장 작은 최고등급임
	Aa1/Aa2/Aa3	AA+/AA/AA−	모든 기준에서 우수하며 투자위험이 상급등급보다 약간 높은 등급임
	A1/A2/A3	A+/A/A−	투자하기에 좋은 조건이 많이 있으나, 경제환경이나 경영여건이 나쁘면 원리금 지급 능력이 저하될 가능성이 있음
	Baa1/Baa2/Baa3	BBB+/BBB/BBB−	중간등급이며, 현재의 원리금 지급능력은 적정하나 장기적으로는 불안한 요인이 있음
투자 부적격 등급	Ba1/Ba2/Ba3	BB+/BB/BB−	투기적 요인이 있는 등급이며, 장기적으로는 원리금 지급능력이 떨어짐
	B1/B2/B3	B+/B/B−	바람직한 투자대상이 되지 못하며, 장기적으로는 원리금 지급능력이 낮음
	Caa1/Caa2/Caa3	CCC+/CCC/CCC−	부도위험이 있는 하위 등급임
	Ca	CC	부도위험이 매우 큰 등급임
	C	C/D	최하위 등급임

① 2015년에 Moody's와 S&P 두 평가기관은 ○○공사의 신용등급을 투자 적격 등급 중 상급등급 보다 약간 높은 등급으로 평가했다.
② 1997년 11월 S&P가 평가한 ○○공사의 국제 신용등급은 직전 평가와 비교하여 2등급 하락하였다.
③ ○○공사의 국제 신용등급이 연중 1등급 상승한 경우가 두 차례 있었다.
④ ○○공사는 Moody's에 의해 투자 부적격 등급으로 판정받은 적이 있다.
⑤ Moody's와 S&P에 의하면 1992년 이후 ○○공사가 부도위험에 처한 적은 없었다.

PART 01
PART 02
PART 03

03 **다음은 설문조사를 바탕으로 작성한 기사이다. 기사 내용을 한눈에 볼 수 있도록 그래프를 추가하고자 할 때, 내용과 일치하는 것을 모두 고르면?**

> 설문조사 결과 스타트업 종사자의 70% 이상이 직장생활에 만족하는 것으로 나타났다. 스타트업 이직 후 만족도를 물었을 때, 매우 만족(20.2%), 만족(50%), 보통(25.5%)으로 나타났으며, 불만족(2.2%) 혹은 매우 불만족(2.1%)을 선택한 이들은 소수에 그쳤다.
> 이처럼 스타트업 직장생활 만족도가 높게 나타난 이유는 '자기 주도적 업무 스타일'에 대한 스타트업 종사자들의 높은 선호도가 반영됐기 때문으로 해석할 수 있다. 전체 응답자의 절반 가까운 이들이 스타트업 이직 후 가장 좋은 점으로 자기 주도적인 업무 추진 가능(45.3%)을 꼽았다. 이어 업무 수행 과정에서의 수평적인 조직문화(23.2%), 자유로운 조직문화(11.6%), 자기계발 기회 확대(6.3%) 등으로 나타났다.
> 스타트업으로 이직한 주요 이유 또한 같은 맥락을 보였다. 스타트업으로 이직한 이유를 물었을 때 가장 많은 응답자가 자기주도적 업무의 어려움(34.9%)을 꼽았고, 이어 하나의 아이디어를 실현하기 위해서 많은 보고 단계를 거쳐야 하는 등의 수직적인 조직문화(12.7%)라고 답했다. 그 뒤로는 야근 · 휴일 근무 등의 업무 과중(9.5%), 자기계발 기회 부족(6.3.%), 전공 · 적성이 맞지 않음(4.5%) 순으로 나타났다. 기타 의견으로는 개인 사업 추진, 회사의 낮은 발전 가능성 등이 있었다.
> 한편 응답자들의 전 직장은 S사, H사, L사 등 대기업이 가장 많았고 다음으로 중소 · 중견기업(28.4%), 스타트업(21.1%), 기타(21%)가 뒤를 이었다. 기타에는 공기업, 외국계 회사 등이 포함됐다.

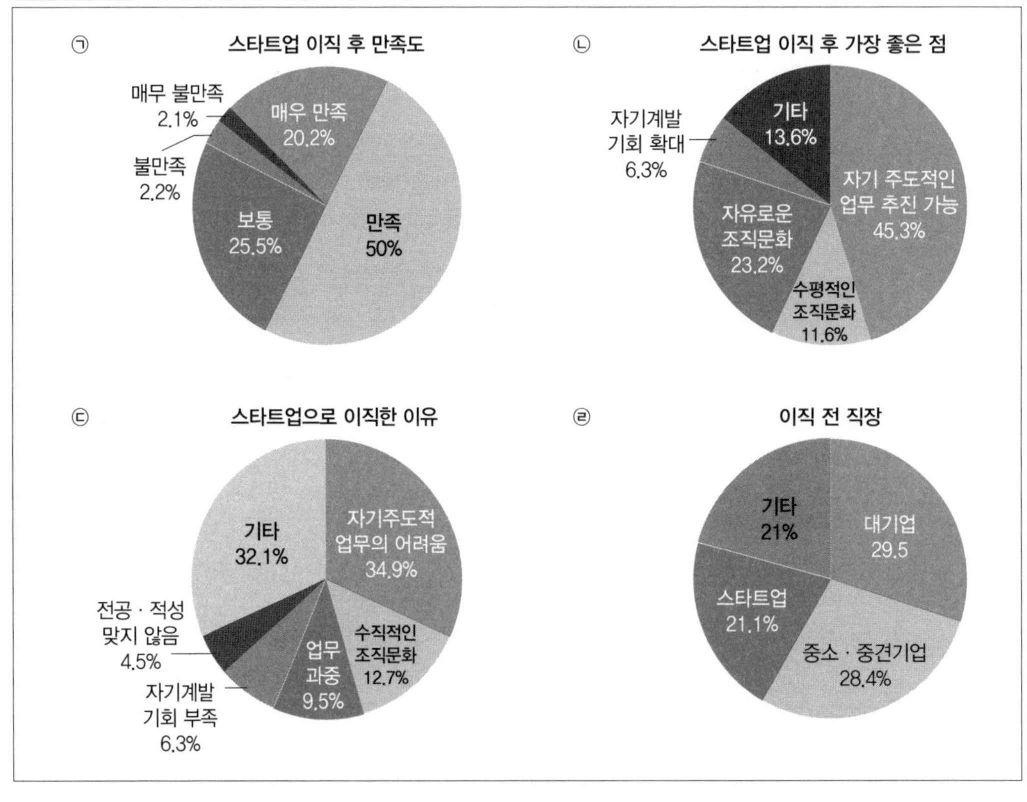

① ㉡　　② ㉠, ㉡

③ ㉡, ㉢　　④ ㉢, ㉣

⑤ ㉠, ㉢, ㉣

04 다음 자료의 빈칸에 삽입될 내용으로 적절하지 않은 것은?

문화여가 지출 비율은 가구의 가계지출 중 문화여가비가 차지하는 비율이다. 여기서 문화여가비란 영상음향기기(텔레비전 등), 사진광학장비, 정보처리장치, 영상음향 및 정보기기 수리, 악기기구, 장난감 및 취미용품, 캠핑 및 운동 관련 용품, 화훼 관련 용품, 애완동물 관련 물품 등으로 구성되는 오락문화비를 말한다. 즉, 가구의 문화여가비 지출은 삶의 질 향상을 위한 자원 투입의 수준을 보여주는 대표적인 지표로서, 문화여가시장의 규모를 가늠할 수 있게 한다는 점에서 중요하다. 통계청의 가계 동향조사에 따르면 해당 비율은 다음과 같은 추세를 보인다.

구분	2016년	2017년	2018년	2019년	2020년	2021년	2022년
비율(%)	4.25	4.22	4.20	4.28	4.35	4.44	4.53

한국 가구의 문화여가비 지출은 2009년 9만 9,500원에서 2022년 14만 9,700원으로 꾸준히 증가하였다. 문화여가비 지출률, 즉 가계지출에서 문화여가비가 차지하는 비중은 2016년 4.25%에서 2018년 4.2%까지 [㉠] 다시 증가하여 2022년 4.53%가 되었다. 항목별로는 서적 지출 비중이 2009년 26.5%에서 2022년 10.2%까지 줄어들었다. 반면 같은 기간 공연 및 극장 관람, 공원 및 관람시설 이용, 독서실 이용, 문화 강습, 콘텐츠 구입, 방송 수신료, 기타 문화서비스 이용 등을 포함하는 문화서비스 지출 비중은 15.7%에서 24%로 늘어났고, 단체여행비 지출 비중도 8.8%에서 24%로 늘어났다. 이는 [㉡] 문화예술 관람이나 관광활동이 증가하는 최근 문화여가생활의 특징을 보여준다.
문화여가활동은 경제적 상황의 [㉢] 2014년 경제위기 때는 문화여가비가 차지하는 비중이 감소하였다가 상황이 점차 나아지면서 다시 완만한 증가세를 보였다. 소득분위별로 문화여가비 지출비율을 비교해 보면, 2022년 기준 소득 1분위는 3.6%이고 소득 5분위는 4.8%로 나타나 소득수준이 높을수록 가계지출에서 문화여가비가 차지하는 [㉣] 알 수 있다.
그러나 한국 가구의 문화여가비 지출규모는 여전히 선진국들에 비해 낮은 편이다. 한국의 GDP 대비 문화여가비 지출률은 3.1%로 호주(6.6%), 오스트리아(6.5%), 미국(6.4%), 일본(6.2%) 등과 비교하여 평균적으로 [㉤]

※ 소득분위 : 우리나라 전체 가구를 분기 소득수준에 따라 10%씩 10단계로 나눈 지표. 1분위의 소득수준이 가장 낮음

① ㉠ : 꾸준히 감소하였다가
② ㉡ : 독서활동은 감소하는 반면
③ ㉢ : 영향을 받는다.
④ ㉣ : 비중이 작다는 것을
⑤ ㉤ : 3%p 이상 낮다.

05 다음은 ○○공사의 연구개발 관련 내부규정의 일부이다. 규정을 잘못 이해한 것은?

> 제2절 위원회
> 제14조(설치) ① 연구개발에 관한 중요사항을 심의하기 위해 연구개발위원회(이하 "위원회"라 한다)를 설치 · 운영한다.
> ② 위원회의 설치 · 운영에 관한 세부사항은 따로 정한다.
> 제15조(설치) ① 주관부서장은 이 규정이 정하는 바에 따라 연구과제의 선정 · 변경 및 연구개발사업 계획 심의 등을 위해 필요한 경우에는 연구개발실무위원회(이하 "실무위원회"라 한다)를 설치 · 운영한다. 단, 수행부서에 실무위원회 설치 · 운영을 위임할 수 있다.
> ② 실무위원회의 설치 · 운영에 관한 세부사항은 따로 정한다.
>
> 제3절 연구개발비
> 제16조(사용범위) ① 연구개발비의 사용범위는 다음과 같다.
> 1. 연구 및 기술개발 과제비
> 2. 연구 및 기술개발을 위한 투자
> 3. 연구개발 운영 및 시설비
> 4. 인력양성 및 전산개발비
> 5. 생산기술에 관련되는 기관의 육성 및 지원
> 6. 생산기술연구 관련 기관에 대한 출연
> 7. 기타 연구 및 기술개발을 위하여 필요하다고 인정하는 사항
>
> ② 제1항의 연구개발비 사용에 관한 세부사항은 따로 정한다.
> 제17조(계상원칙 및 기준) ① 연구개발 활동을 촉진하고 효율적으로 추진하기 위하여 연도 연구개발사업 계획에 따른 연구개발비는 예산 편성 시 우선적으로 계상함을 원칙으로 한다.
> ② 연구개발비의 계상기준은 예산편성지침에 따른다. 다만, 연구과제의 수행에 소요되는 비용 중 위탁분에 대한 연구과제비 계상기준은 따로 정한다.
> ③ 수탁 연구과제 및 기술용역과제의 연구개발비 계상은 예산편성지침을 따르되, 발주기관에서 정한 기준이 있을 경우에는 그 발주기관의 기준에 따른다.
> 제18조(변경 및 관리 등) ① 연구과제 수행부서장이 단위사업별 예산을 변경 사용하고자 할 때에는 예산운영지침 범위 내에서 주관부서장이 정한 연구개발비 예산운영기준에 따른다.
> ② 연구과제 수행부서장은 단위사업별 예산집행 현황을 파악 · 관리하여야 한다. 수행부서장은 주관부서장이 요구할 경우 이를 종합하여 주관부서장에게 제출하여야 한다.

① 주관부서장은 연구개발사업계획 심의 등을 위해 연구개발실무위원회를 설치할 수 있다.
② 실무위원회의 설치 · 운영과 연구개발비 사용에 관한 세부사항은 따로 정한다.
③ 예산편성 시 연도 연구개발사업계획에 따른 연구개발비는 우선적으로 계상함을 원칙으로 하고 이는 연구개발 활동 촉진과 효율적 추진을 위함이다.
④ 예산편성 시 수탁 연구과제 및 기술용역과제의 연구개발비 계상은 우선적으로 예산편성지침을 따르는 것을 원칙으로 한다.
⑤ 주관부서장은 연구과제 수행부서장에게 단위사업별 예산집행 현황을 요구할 수 있다.

06 다음 컴퓨터 하드웨어 업체 U의 A/S 규정 안내 내용과 일치하지 않는 것은?

당사 A/S 규정 안내

■ A/S 안내

1. 제품 보증기간은 오직 U에서 제조 · 유통한 부품만 적용됩니다.

A메인보드	S메인보드	그래픽카드	사운드카드
3년	4년	3년	1년

2. 제품의 보증기간은 구입일자를 우선하여 산정하며, 구입증빙을 할 수 없는 경우는 제품 자체에 부착된 제조 시리얼 번호를 기준으로 기간을 산정합니다.

※ 구입일자 증빙 가능 자료 : 세금계산서, 현금영수증, 카드결제 내역서(간이영수증은 인정 불가)

3. A/S는 서비스센터 방문과 택배 접수만 가능하며, 출장서비스는 불가합니다.

■ A/S 택배 접수방법

1. 성명, 전화번호, 주소를 모두 정확하게 기재하시어 보내주시기 바랍니다.
2. 문제 증상을 기록하지 않는 경우는 점검시간이 길어지므로 반드시 상세히 기록해 주십시오.
3. 무상 보증기간이 남아 있는 제품인 경우 운송비용은 U에서 부담하며, 보증기간이 지난 제품의 경우 왕복 배송비는 고객 부담입니다.

■ 유상수리

1. 무상 보증기간이 지난 제품
2. 소비자의 취급부주의, 수리 또는 개조하여 고장이 발생한 경우
3. 제품의 용도가 아닌 다른 용도로 사용하다 발생한 손상 및 파손
4. 조립 또는 기타 충격으로 인하여 제품이 파손된 경우

※ 수리비는 손상 정도에 따라 차등 부과됩니다.

■ 수리불가 판정

1. 무상 보증기간이 끝난 상태이고 부품 재고가 없는 경우
2. 시리얼 번호가 없거나 심하게 훼손되어 알아볼 수 없는 경우
3. 고장 부품만을 보내는 것이 아닌 PC 본체를 통째로 보내는 경우

① 제품 구입일자를 증빙할 수 없는 경우 시리얼 번호를 기준으로 추정한다.
② 출장서비스는 제공되지 않으므로 서비스센터 방문이나 택배 접수를 통해 수리가 가능하다.
③ 메인보드는 종류에 따라 보증기간이 다르다.
④ 무상 보증기간이 초과한 제품은 수리비용 외에 왕복 택배비를 부담해야 한다.
⑤ 무상 보증기간 이내여도 부품이 없을 경우 수리불가 판정을 받을 수 있다.

07 다음은 '○○○원자력 5, 6호기 건설사업 방사선환경영향평가 보고서'의 일부이다. 보고서의 내용을 잘못 이해한 것은?

> **액체폐기물의 종류별 처리방법**
>
> 1) 바닥배수
>
> 정상 운전 시 바닥배수탱크에는 핵연료취급지역, 보조건물, 복합건물 내 바닥 및 기기 배수와 원자로건물 내 바닥 배수들이 수집된다. 또한 복수탈염기 재생폐액과 증기발생기 취출계통 오염폐액도 바닥배수탱크에 수집된다.
>
> 바닥배수탱크가 만수위 또는 예정수위에 이르게 되면, 탱크 내 폐액은 처리되기 시작한다. 바닥배수탱크에 수집된 폐액은 먼저 충분히 재순환시켜 균질하게 섞은 후, 시료채취를 하여 폐액의 화학 및 방사능 특성을 분석한다. 바닥배수탱크에 수집되는 폐액은 대부분 부유물질이 많이 함유되어 있으며, 일반적으로 전기전도도가 높은 폐액이므로, 부유물질을 제거하기 위해 전처리설비로 이송한다.
>
> 전처리설비에서 처리된 폐액은 역삼투압설비로 이송되며, 막분리 과정에서 발생된 농축액은 건조처리하여 200L 드럼에 포장한 후 복합건물 내에 있는 폐기물드럼 임시저장구역으로 운반하여 저장한다. 역삼투압설비에서 처리된 폐액은 최종적으로 감시탱크로 이송된다.
>
> 감시탱크에서 수집된 폐액은 시료채취 분석을 통해 재처리가 필요한 경우 역삼투압설비 패키지로 재순환시키고, 환경으로 방출할 수 있을 만큼 충분히 농도가 낮고 수질요건을 만족할 경우 액체방사성폐기물처리계통, 고체방사성폐기물처리계통 및 화학체적제어계통의 사용처로 이송한다.
>
> 2) 기기폐액
>
> 정상 운전 중 기기폐액탱크에는 핵연료취급지역, 보조건물 및 복합건물에서 발생되는 전기전도도가 낮은 기기 배수 즉, 기기폐액이 수집된다. 또한 폐수지탱크로부터의 분리수 및 수지 이송수도 기기폐액탱크에 수집된다. 필요시 기기폐액탱크는 바닥배수탱크의 보조탱크로도 사용될 수 있다.
>
> 기기폐액탱크가 만수위 또는 예정수위에 도달하게 되면, 기기폐액탱크 내 방사성폐액을 처리하기 시작한다. 기기폐액탱크에 수집된 폐액은 먼저 충분히 재순환시켜 균질하게 섞은 후 시료채취를 하여 폐액의 화학 및 방사능 특성을 분석한 뒤 바닥배수폐액과 같은 공정으로 처리된다. 기기폐액탱크에 수집된 폐액은 용존고체 함유량이 낮은 폐액이므로 역삼투압설비 패키지 중 일부 구성기기를 우회하여 처리할 수 있다.
>
> 3) 화학폐액
>
> 화학폐액탱크는 복합건물 내 세탁기기 및 방사화학 실험실로부터 발생된 폐액과 제염시설로부터 발생된 폐액을 수집한다. 또한 화학폐액탱크에는 복수탈염기 재생폐액과 증기발생기 취출계통 오염폐액도 수집될 수 있다.
>
> 화학폐액탱크가 만수위 또는 예정 수위에 이를 때 화학폐액탱크 내 폐액을 처리하기 시작한다. 화학폐액탱크에 수집된 화학폐액은 시료채취하여 폐액의 화학 및 방사능 특성을 분석한 뒤 고용존고형물폐액과 같은 공정으로 처리한다.

① 정상 운전 시 보조건물과 복합건물 내 바닥 및 기기 배수와 복수탈염기 재생폐액 등이 바닥배수탱크에 수집되고, 바닥배수탱크의 보조탱크가 필요할 경우 기기폐액탱크를 활용할 수 있다.
② 바닥배수탱크에 수집된 배수가 전처리설비, 역삼투압설비, 감시탱크를 거쳐 수질요건을 만족시킨 경우 액체방사성폐기물처리계통 사용처로 이송될 수 있다.
③ 기기폐액탱크에 수집되는 배수는 전기전도도가 낮기 때문에 부유물질 제거를 위한 전처리설비를 거치지 않는다.
④ 기기폐액탱크에는 폐수지탱크로부터의 분리수 및 수지 이송수도 수집되며 폐액의 화학 및 방사능 특성 분석을 위해 시료를 채취할 때는 먼저 균질하게 섞는다.
⑤ 화학폐액탱크는 방사화학 실험실과 제염시설에서 발생한 폐액과 복수탈염기 재생폐액, 증기발생기 취출계통 오염폐액 등을 수집하고 바닥배수 및 기기폐액의 경우와 다른 공정으로 처리된다.

08 다음은 ○○○공기업의 일 · 가정 양립 지원 제도 운영 현황 보고서 중 일부이다. 업무지원팀 A사원이 관련 문의에 대하여 다음과 같이 답변했을 때 적절하지 않은 답변은?

일 · 가정 양립 지원 제도 운영 현황

1. 육아휴직 제도 운영 현황

구분	기관 현황
육아휴직 근거 규정	취업규칙 제50조
최대 육아휴직 가능 기간	3년
근속연수 산입 기간	육아휴직은 자녀 1명에 대한 총 휴직기간이 1년을 넘는 경우에는 최초 1년까지 근속연수에 산입하고, 둘째 자녀부터는 총 휴직기간이 1년을 넘는 경우에도 그 휴직기간 전부를 근속연수에 산입한다.

2. 육아휴직 사용자 수

(단위 : 명)

구분	2018년	2019년	2020년	2021년	2022년
남성 사용자 수	19	23	42	71	110
여성 사용자 수	128	178	222	290	302
전체 사용자 수	147	201	264	361	412

3. 출산 · 배우자출산휴가 제도 운영 현황

구분		기관 현황
출산 · 배우자출산휴가 근거 규정		취업규칙 제29조, 단체협약서 제71조
최대 사용 가능 일수	출산휴가	• 한 명의 자녀를 임신한 경우 : 90일 • 둘 이상의 자녀를 임신한 경우 : 120일
	배우자출산휴가	10일

4. 출산휴가 · 배우자출산휴가 사용자 수

(단위 : 명)

구분	2018년	2019년	2020년	2021년	2022년
출산휴가 사용자 수	84	111	129	106	100
배우자출산휴가 사용자 수	475	484	521	404	431

5. 유산 · 사산휴가 제도 운영 현황

구분	기관 현황
유산 · 사산휴가 근거규정	취업규칙 제29조, 취업관리 시행세칙 제5조
최대 사용 가능 일수	• 임신기간 11주 이내 : 5일 • 임신기간 12~15주 이내 : 10일 • 임신기간 16~21주 이내 : 30일 • 임신기간 22~27주 이내 : 60일 • 임신기간 28주 이상 : 90일

① Q : 아내가 쌍둥이를 출산할 예정이라서 출산 관련 휴가에 대해 알아보려고 합니다. 아내도 이 회사 직원인데 저희는 며칠 동안 휴가를 쓸 수 있나요?

A : 네. 아내분은 최대 120일, 남편분은 최대 10일의 휴가를 신청하실 수 있습니다.

② Q : 육아휴직을 신청하려니 조금 눈치가 보이는데, 실제로 신청하는 사람들이 많은가요?

A : 2018년과 비교하여 2022년에 육아휴직 사용자 전체 인원은 2.5배 이상 늘어났고, 특히 남성분들의 신청이 크게 증가했습니다.

③ Q : 다음 달에 배우자출산휴가를 사용하려고 하는데, 우리 회사에서 이 제도를 사용하시는 분들이 어느 정도 되는지 궁금하네요.

A : 매해 400분 이상이 사용하셨고, 4년 전인 2018년부터 현재까지 배우자출산휴가를 사용하신 분의 수가 꾸준히 늘었습니다.

④ Q : 첫째 아이가 곧 태어나는데 육아휴직을 신청해야 할 것 같아요. 신청한다면 제 근속연수에 어떤 영향을 미칠까요?

A : 육아휴직 가능 기간은 최대 3년이며, 휴직기간이 1년이 넘을 경우 최초 1년까지 근속연수에 산입합니다.

⑤ Q : 임신 13주에 유산이 되어 휴식이 필요한데 얼마나 쉴 수 있을까요?

A : 열흘 동안 휴가를 쓰실 수 있습니다.

09 다음은 ○○연구원 연구개발실의 업무분장표이다. 자료를 바르게 이해한 것은?

부서		업무분장
연구개발실	안전 연구처	1. 자동차 충돌 · 충격 · 충돌모의 관련 제작결함조사 업무 2. 자동차 안전도평가(NCAP) 관련 연구개발, 사업계획, 홍보 업무 총괄 3. 자동차 안전도평가 관련 정부 협업과제 수행 4. 도로안전시설(충격흡수, 방호울타리 등) 성능평가에 대한 업무 5. 자동차 안전도 향상 관련 정부 R&D 연구개발 업무 6. 자동차 충돌 · 충격 · 충돌모의 관련 연구용역 수탁에 관한 업무 7. 자동차 충돌 · 충격 · 충돌모의 시험시설 관련 업무 8. 자동차 안전도 관련 기술 전파, 정보 제공 및 대정부 기술지원에 관한 업무
	친환경 연구처	1. 자동차 엔진, 전기모터, 배터리, 연료전지, 배기, 매연여과장치 환경 분야 등(이하 “자동차 에너지 · 환경 분야”로 한다) 관련 제작결함조사 업무 2. 자동차 에너지 · 환경 분야 안전기준 연구개발 및 시행세칙 제 · 개정 검토 등에 관한 업무 3. 자동차 에너지 · 환경 분야 정부연구개발 및 연구용역 수탁에 관한 업무 4. 자동차 에너지 · 환경 분야 기술 전파, 정보 제공 및 대정부 기술지원 관련 업무 5. 교통부문 온실가스 배출계수 개발, 배출량 산정 및 관리업무 6. 교통부문 온실가스관리시스템(KOTEMS) 운영 및 고도화 관리 7. 도로교통 에너지, 온실가스 대기오염물질 저감기술 개발 8. 교통부문 저탄소 녹색성장 추진전략 수립 및 시행 9. 법령 제 · 개정 지원 등 녹색교통 대외협력 업무 10. 자동차 신차 실내공기질 조사 및 연구 업무 11. 자동차 및 건설기계 배출가스에 관한 업무 12. 자동차 에너지 · 환경분야 시험시설 관련 업무 13. 친환경자동차(하이브리드, 수소연료전지, 전기자동차 등) 관련 안전기준 및 연구개발 업무 14. 전기차 안전성 확인 검토 관련 업무
	부품 연구처	1. 자동차 등화장치, 창유리, 시계범위, 난연성, 타이어, 항공장애 등, 전자파, 소음 등 안전도 향상 및 제작결함조사업무 2. 부품의 제원관리, 전산망 및 인증시험에 관한 업무 3. 부품자기인증적합조사 총괄 관리 업무 4. 튜닝부품 및 대체부품에 대한 사후관리 등에 관한 업무 5. 자동차 등화장치, 창유리, 시계범위, 난연성, 타이어, 항공장애 등, 전자파, 소음 등 안전도 관련 기술전파 및 대정부 기술지원에 관한 업무 6. 자동차 및 부품 안전기준 및 정책 · 제도 관련 업무 7. 자동차 및 부품 안전도 관련 홍보 업무 8. 자동차 안전기준 연구개발 및 시행세칙 제 · 개정 검토 등에 관한 업무 9. 자동차 등화장치, 창유리, 시계 범위, 난연성, 타이어, 항공장애 등, 전자파, 소음 등 시험시설 관련 업무 10. 부품 관련 전자제어, 보안 등에 관한 업무 11. 운행기록계 시험 등 관련 업무 12. 건설기계 소음도 검사 관련 업무 13. 택시미터 제작검정에 관한 업무

① 안전연구처에서는 자동차 안전기준 연구개발과 안전도평가 관련 정부 협업과제를 수행한다.
② 자동차의 에너지 · 환경분야 시험시설과 운행기록계 시험 관련 업무는 부품연구처에서 수행한다.
③ 부품연구처에서는 부품 관련 전자제어, 보안과 부품자기인증적합조사 총괄 관리 업무를 수행한다.
④ 친환경연구처에서는 자동차 및 건설기계 배출가스와 건설기계 소음도 검사 관련 업무를 수행한다.
⑤ 친환경연구처에서는 도로교통 에너지, 온실가스 대기오염물질 저감기술 개발과 도로안전시설 성능평가에 대한 업무를 수행한다.

10 다음 중 '도로변 차량정차 작업 시 안전조치' 안내를 잘못 이해한 것은?

도로변 차량정차 작업 시 안전조치

1) 작업차량은 차량통행 방향과 일치하게 정차하고 차량의 전조등, 후미등, 비상등 등을 점등하여 작업 중임을 알려야 한다.
2) 작업장 안전을 확보하기 위하여 작업장 주변에 안전삼각대(경광등), 작업안내 표지 및 라바콘 등 교통안전표지물을 〈표〉의 간격으로 설치하고 작업하여야 한다.
3) 차량통행이 많은 도로에서는 원활한 작업을 위하여 교통신호수 배치 등 작업인력을 보강하여 작업하여야 한다.
4) 야간작업 시 음주, 졸음운전 가해사고 등 제3자에 의한 안전사고 예방을 위하여 작업구간을 식별할 수 있는 교통안전 표지물을 〈표〉의 간격으로 반드시 설치하고 작업하여야 한다(경광등, 점멸등).
5) 차량 통행이 많은 대도시 및 도심지역에서 도로변 정차하여 작업할 경우 인근 파출소(지구대) 및 경찰서에 교통통제 협조를 요청하여 작업하여야 한다.

〈표〉 도로유형 및 제한속도에 대한 교통안전 표지물 설치 간격

<table>
<tr><th>도로 유형</th><th>제한속도(km/h)</th><th>간격(m)</th></tr>
<tr><td rowspan="4">자동차 전용도로 및 고속국도</td><td>110</td><td rowspan="4">300</td></tr>
<tr><td>100</td></tr>
<tr><td>90</td></tr>
<tr><td>80</td></tr>
<tr><td rowspan="2">도시 고속국도</td><td>80</td><td>300</td></tr>
<tr><td>70</td><td>200</td></tr>
<tr><td rowspan="3">지방지역 일반도로</td><td>80</td><td>300</td></tr>
<tr><td>70</td><td>200</td></tr>
<tr><td>60 이하</td><td>150</td></tr>
<tr><td rowspan="4">도시지역 일반도로</td><td>70</td><td>150</td></tr>
<tr><td>60</td><td rowspan="2">100</td></tr>
<tr><td>50</td></tr>
<tr><td>40 이하</td><td>50</td></tr>
</table>

① 작업차량을 정차하고 작업해야 할 경우 도로의 차량통행 방향과 같도록 정차하고, 작업 중임을 표시하기 위하여 전조등, 후미등, 비상등을 점등해야 한다.

② 제한속도 70km/h인 도시 고속국도에서 작업할 경우 작업장 주변에 경광등, 작업안내 표지 등을 150m 간격으로 설치해야 한다.

③ 차량 통행이 많은 도로에서는 작업인력을 보강하여야 하고 대도시 및 도심지역 도로변인 경우 먼저 파출소 등에 교통통제 협조를 요청한 후 작업해야 한다.

④ 작업장의 안전을 위하여 안전삼각대, 라바콘 등을 규정된 간격을 지켜 설치해야 하고 작업이 야간에 진행될 경우 점멸등 등을 반드시 설치하여 운전자들이 작업구간을 식별할 수 있도록 해야 한다.

⑤ 제한속도 80km/h인 지방지역 일반도로와 제한속도 100km/h인 자동차 전용도로에서 교통안전 표지물은 300m 간격으로 설치해야 한다.

CHAPTER 06

어휘·문법

SECTION 01 핵심 이론

1. 동의어&유의어

(1) 유형 파악하기

① 대체할 수 있는 단어를 찾는 문제 유형

② 지문에 여러 개의 단어를 지목하고, 각각의 단어를 대체할 수 없는 것을 고르는 유형으로도 출제

③ 단독으로 출제되기도 하지만 독해 문제와 함께 연결형으로 출제되기도 함

(2) 문제 접근하기

단어만 주어지는 경우 해당 단어를 모르면 답을 찾을 수 없지만 지문 내의 특정 단어를 지목하는 문제는 글의 맥락을 통해 단어의 의미를 유추할 수 있음

(3) 필수 암기 이론

- 가평(苛評) – 혹평(酷評) : 가혹하게 비평함, 또는 그러한 비평
- 각축(角逐) – 추축(追逐) : 서로 이기려고 다투며 덤벼듦
- 간헐(間歇) – 산발(散發) : 얼마 동안의 시간 간격을 두고 되풀이하여 일어남
- 갈음 – 교체(交替) : 사람이나 사물을 다른 것으로 바꾸어 대신함
- 견지(堅持) – 견집(堅執) : 의견을 바꾸거나 고치지 않고 버팀
- 고초(苦楚) – 고난(苦難) : 괴로움과 어려움을 아울러 이르는 말
- 구휼(救恤) – 구호(救護) : 재난을 당해 어려움에 처한 사람을 도와 보호함
- 궁벽함 – 으슥함 : 매우 후미지고 으슥함
- 근원(根源) – 기원(起源) : 사물이 처음 생겨나는 근본이나 원인
- 기치(棄置) – 방치(放置) : 내버려 둠
- 나태(懶怠) – 태만(怠慢) : 행동이나 성격이 열심히 하려는 마음 없이 게으름
- 단송(斷送) – 허송(虛送) : 하는 일 없이 시간을 헛되이 보냄
- 당착(撞着) – 모순(矛盾) : 말이나 행동 따위의 앞뒤가 맞지 않음
- 독전(獨專) – 전단(專斷) : 남과 상의하지 않고 혼자서 판단 · 결정함
- 면구함 – 민망함 : 낯을 들고 대하기가 부끄러움
- 묘계(妙計) – 묘책(妙策) : 매우 교묘한 꾀
- 박멸(撲滅) – 섬멸(殲滅) : 모조리 잡아 없앰
- 방관(傍觀) – 좌시(坐視) : 직접 나서 관여하지 않고 곁에서 보기만 함
- 번성(蕃盛) – 번연(蕃衍) : 한창 성하게 일어나 퍼짐
- 비호(庇護) – 두둔(斗頓) : 편들어 감싸 주고 보호함

• 사양(辭讓)－사사(謝辭) : 예를 갖추어 받지 아니하고 양보함
• 상응(相應)－호응(呼應) : 서로 응하거나 어울림
• 상충(相衝)－배치(背馳), 불합(不合) : 맞지 아니하고 서로 어긋남
• 생소함－생경함 : 익숙하지 않아 어색함
• 선용(善用)－활용(活用) : 알맞게 쓰거나 좋은 일에 충분히 잘 이용함
• 섭양(攝養)－양생(養生) : 병에 걸리지 않도록 건강 관리를 잘하여 오래 살기를 꾀함
• 성쇠(盛衰)－융체(隆替), 영고(榮枯) : 번성하고 쇠퇴함
• 숙망(宿望)－숙원(宿願) : 오래전부터 품어 온 염원이나 소망
• 알력(軋轢)－불화(不和) : 서로 의견이 맞지 않아 사이가 좋지 않고 화합하지 못함
• 원용(援用)－인용(引用) : 자신의 주장을 위해 남의 말이나 문헌, 관례 등을 끌어다 씀
• 응수(應酬)－대수(對酬) : 상대편이 한 말이나 행동을 받아서 마주 응함
• 인멸(湮滅)－인몰(湮沒) : 자취도 없이 모두 없어짐. 혹은 그렇게 없앰
• 전가(轉嫁)－전하(轉荷) : 잘못이나 책임을 다른 사람에게 넘김
• 좌천(左遷)－강직(降職) : 낮은 직위로 떨어지거나 외직으로 전근됨
• 지체(遲滯)－지연(遲延) : 때를 늦추거나 질질 끌어 늦춤
• 천명(闡明)－언명(言明) : 말이나 글로써 의사나 태도, 사실 등을 드러내어 밝힘
• 추량(推量)－추측(推測) : 미루어 생각하여 헤아림
• 호각(互角)－백중(伯仲) : 서로 우열을 가릴 수 없을 정도로 재주나 실력, 역량이 비슷함
• 흠모(欽慕)－흠애(欽愛) : 기쁜 마음으로 공경하며 사모함
• 흥복(興復)－부흥(復興) : 쇠퇴하였던 것이 다시 일어남

Tip

다의어
• 특정 단어의 의미가 동일한 경우를 찾는 문제 유형
• 소리는 같으나 뜻이 다른 단어인 동음이의어가 섞여서 출제되기도 함
• 제시문을 주고 해당 문장의 단어 뜻과 같은 문장을 고르는 유형 또는 선택지에서 의미가 다른 하나를 고르는 유형으로 출제
• 다의어는 기본 의미에서 의미가 파생된 경우가 많으므로 의미 차이가 다소 모호함
• 다른 단어로 대체해서 판단하는 방법이 가장 명확

2. 반의어

(1) 유형 파악하기

① 유의어 문제 유형과 유사한 형태로 출제
② 의미가 상대적인 단어를 고르는 유형

(2) 문제 접근하기

유의어 문제 유형과 접근 방식은 유사함. 하지만 맥락상 의미를 파악하더라도 제시된 단어의 뜻을 모르면 답을 찾을 수 없으므로 기출 어휘 중심으로 헷갈리는 단어를 정리해 두는 것을 추천

(3) 필수 암기 이론

- 가결(可決)–부결(否決)
- 거시(巨視)–미시(微視)
- 고결(高潔)–비루(鄙陋)
- 낙관(樂觀)–염세(厭世)
- 능숙(能熟)–미숙(未熟)
- 단축(短縮)–연장(延長)
- 독점(獨占)–공유(共有)
- 등용(登用)–해임(解任)
- 밀집(密集)–산개(散開)
- 방년(芳年)–노년(老年)
- 봉합(縫合)–절개(切開)
- 상극(相剋)–상생(相生)
- 설파(說破)–묵비(默祕)
- 시행(施行)–폐지(廢止)
- 우둔(愚鈍)–총명(聰明)
- 여명(黎明)–황혼(黃昏)
- 예민(銳敏)–우둔(愚鈍)
- 원조(元祖)–아류(亞流)
- 이역(異域)–고향(故鄕)
- 저속(低俗)–고상(高尙)
- 정로(正路)–사로(邪路)
- 증회(贈賄)–수뢰(受賂)
- 친밀(親密)–소원(疏遠)
- 판이(判異)–유사(類似)
- 한담(閑談)–요담(要談)
- 핵심(核心)–지엽(枝葉)
- 흥성(興盛)–쇠퇴(衰退)
- 가중(加重)–경감(輕減)
- 결핍(缺乏)–초과(超過)
- 공유(公有)–사유(私有)
- 내림(來臨)–왕방(往訪)
- 능모(凌侮)–추앙(推仰)
- 달변(達辯)–눌변(訥辯)
- 돈후(敦厚)–각박(刻薄)
- 만조(滿潮)–간조(干潮)
- 미천(微賤)–존귀(尊貴)
- 병색(病色)–화색(和色)
- 부합(符合)–상치(相馳)
- 선봉(先鋒)–후미(後尾)
- 소루(疏漏)–면밀(綿密)
- 실재(實在)–허구(虛構)
- 앙등(昂騰)–하락(下落)
- 영겁(永劫)–찰나(刹那)
- 완화(緩和)–긴축(緊縮)
- 은닉(隱匿)–폭로(暴露)
- 인수(引受)–인계(引繼)
- 전송(餞送)–출영(出迎)
- 조악(粗惡)–정교(精巧)
- 직계(直系)–방계(傍系)
- 청렴(淸廉)–탐오(貪汚)
- 편파(偏頗)–공평(公平)
- 한해(旱害)–수해(水害)
- 허울–내실(內實)
- 힐난(詰難)–두호(斗護)
- 각하(却下)–승인(承認)
- 경망(輕妄)–침착(沈着)
- 급진(急進)–점진(漸進)
- 농색(濃色)–담색(淡色)
- 단결(團結)–분열(分裂)
- 대별(大別)–세분(細分)
- 등장(登場)–잠적(潛跡)
- 매도(賣渡)–매수(買收)
- 방임(放任)–통제(統制)
- 배은(背恩)–보은(報恩)
- 비칭(卑稱)–존칭(尊稱)
- 선양(宣揚)–모독(冒瀆)
- 시발(始發)–종착(終着)
- 실착(失錯)–고의(故意)
- 엄폐(掩蔽)–탄로(綻露)
- 영전(榮轉)–강등(降等)
- 우연(偶然)–필연(必然)
- 응낙(應諾)–거부(拒否)
- 일반(一般)–특수(特殊)
- 점등(點燈)–소등(消燈)
- 중시(重視)–경시(輕視)
- 진상(進上)–하사(下賜)
- 타당(妥當)–부당(不當)
- 표면(表面)–기저(基底)
- 해이(解弛)–긴장(緊張)
- 후사(厚謝)–박의(薄儀)

3. 문법

(1) 유형 파악하기

① 맞춤법이나 문법적인 오류 여부를 판단하는 문제 유형

② 문법 지식 필요

(2) 문제 접근하기

문법 지식을 모르면 답을 찾을 수 없는 유형이므로 자주 혼동하는 부분을 위주로 반복적인 학습이 필요

(3) 필수 암기 이론

① **사이시옷** : 사이시옷은 다음과 같은 경우에 받쳐 적는다.

㉠ 순우리말로 된 합성어로서 앞말이 모음으로 끝난 경우

• 뒷말의 첫소리가 된소리로 나는 것

고랫재	귓밥	나룻배	댓가지	뒷갈망
맷돌	머릿기름	바닷가	부싯돌	선짓국
아랫집	잇자국	잿더미	쳇바퀴	햇볕

• 뒷말의 첫소리 'ㄴ, ㅁ' 앞에서 'ㄴ' 소리가 덧나는 것

아랫니	텃마당	뒷머리	잇몸	냇물

• 뒷말의 첫소리 모음 앞에서 'ㄴㄴ'소리가 덧나는 것

두렛일	뒷일	베갯잇	깻잎	나뭇잎

㉡ 순우리말과 한자어로 된 합성어로서 앞말이 모음으로 끝난 경우

• 뒷말의 첫소리가 된소리로 나는 것

귓병	머릿방	샛강	자릿세	전셋집
찻잔	탯줄	텃세	핏기	햇수

• 뒷말의 첫소리 'ㄴ, ㅁ' 앞에서 'ㄴ' 소리가 덧나는 것

곗날	제삿날	훗날	툇마루	양칫물

• 뒷말의 첫소리 모음 앞에서 'ㄴㄴ'소리가 덧나는 것

가욋일	사삿일	예삿일	훗일

㉢ 두 음절로 된 한자어

곳간(庫間)	셋방(貰房)	숫자(數字)
찻간(車間)	툇간(退間)	횟수(回數)

② **'-이'와 '-히'** : '-이'와 '-히'로 끝나는 부사의 맞춤법을 혼동하는 경우가 많음. 다음 6가지는 '이'로 적어야 하는 경우이며, 이에 해당하지 않는 것은 '히'로 적음

㉠ '-하다'가 붙는 어근의 끝소리가 'ㅅ'인 경우 예 깨끗이, 느긋이, 버젓이 등

㉡ '-하다'가 붙는 어근의 끝소리가 'ㄱ'인 경우 예 깊숙이, 고즈넉이, 끔찍이, 멀찍이 등

㉢ '-하다'가 붙지 않는 용언 어간 뒤 예 같이, 굳이, 깊이, 높이, 많이, 헛되이 등

㉣ 'ㅂ' 불규칙 용언의 어간 뒤 예 가까이, 기꺼이, 너그러이, 번거로이 등

㉤ 첩어 또는 준첩어인 명사 뒤 예 겹겹이, 곳곳이, 나날이, 번번이, 틈틈이 등

㉥ 부사 뒤 예 곰곰이, 더욱이, 일찍이 등

③ **'ㅂ' 소리나 'ㅎ' 소리가 덧나는 경우** : 두 말이 어울릴 때 'ㅂ' 소리나 'ㅎ' 소리가 덧나는 것은 소리 나는 대로 적음

㉠ 'ㅂ' 소리가 덧나는 경우

멥쌀(메ㅂ쌀)	볍씨(벼ㅂ씨)	입때(이ㅂ때)
입쌀(이ㅂ쌀)	좁쌀(조ㅂ쌀)	햅쌀(해ㅂ쌀)

㉡ 'ㅎ' 소리가 덧나는 경우

머리카락(머리ㅎ가락)	살코기(살ㅎ고기)	수캐(수ㅎ개)
안팎(안ㅎ밖)	암컷(암ㅎ것)	암탉(암ㅎ닭)

④ **띄어쓰기**

㉠ 의존명사와 단위를 나타내는 명사, 열거하는 말 등

• 의존명사는 띄어 씀

아는 것이 힘이다.	먹을 만큼 먹어라.
떠난 지 오래이다.	뜻한 바를 알겠다.

• 단위를 나타내는 명사는 띄어 씀

한 개	소 한 마리	스무 살	조기 한 손

※ 단, 순서를 나타낼 때나 숫자와 어울려 쓰는 경우 붙여 쓸 수 있다.

두시 삼십분 사초	삼학년	187미터	409호

• 수를 적을 때는 만 단위로 띄어 씀

십사억 사천팔백육십이만 구천오백이십일	14억 4,862만 9,521

• 두 말을 이어 주거나 열거할 때 쓰는 말은 띄어 씀

극장 겸 회의실	청군 대 백군	학생 및 학부모
사과, 배, 귤 등	아홉 내지 여덟	서울, 인천 등지

• 단음절로 된 단어가 연이어 나타날 경우 붙여 쓸 수 있음

그때 그곳	이말 저말	한잎 두잎

㉡ 보조 용언 : 보조 용언은 띄어 쓰는 것을 원칙으로 하되, 경우에 따라 붙여 쓰는 것도 허용함

원칙	허용
불이 꺼져 간다.	불이 꺼져간다.
전깃불이 나가 버렸다.	전깃불이 나가버렸다.
비가 올 듯하다.	비가 올듯하다.
이 정도는 할 만하다.	이 정도는 할만하다.
괜히 아는 척한다.	괜히 아는척한다.

SECTION 02 대표 예제

01 다음 밑줄 친 단어를 대체할 수 있는 것은? [한국철도공사]

> 바빌로니아와 아시리아 멸망 후 터키와 시리아, 이란 일대는 메디아 왕국의 아스티아게스 왕이 장악했다. 어느 날 아스티아게스는 딸 만다네의 오줌이 아시아 전역을 잠기게 하는 꿈을 꿨는데, 점술가는 만다네가 낳을 아들이 메디아 왕국을 삼키는 꿈이라고 해몽했다. 이에 아스티아게스는 즉시 딸을 수도에서 떨어진 <u>궁벽한</u> 시골로 시집 보내고, 아들을 낳으면 죽이라고 명령하였다.

① 소슬한
② 가난한
③ 쓸쓸한
④ 후미진
⑤ 처량한

단계별 문제 풀이

STEP 01 '궁벽한'의 의미를 파악한다.

→ '수도에서 떨어진'이라는 수식어와 함께, '시골'을 꾸며준다. 따라서 '구석진'과 유사한 의미임을 유추할 수 있다. '궁벽한'의 사전적 의미는 '매우 후미지고 으슥한'이다.

STEP 02 선택지에 제시된 단어를 검토한다.

→ '후미지다'는 '아주 구석지고 으슥하다'는 의미이다. 따라서 '궁벽한'을 대체할 수 있는 단어는 '후미진'이다.

정답 찾기

'궁벽하다'는 '매우 후미지고 으슥하다'라는 의미이고, '후미지다'는 '아주 구석지고 으슥하다'라는 의미이다. 따라서 '궁벽한'을 대체할 수 있는 단어는 '후미진'이다.

오답 분석

① 소슬하다 : 으스스하고 쓸쓸하다.
② 가난하다 : 살림살이가 넉넉하지 못하여 몸과 마음이 괴로운 상태에 있다.
③ 쓸쓸하다 : 외롭고 적적하다.
⑤ 처량하다 : 마음이 구슬퍼질 정도로 외롭거나 쓸쓸하다. 초라하고 가엾다.

정답 | ④

02 다음 〈보기〉의 밑줄 친 단어와 동일한 의미로 쓰인 것은? [한국철도공사]

보기

그는 미처 말하지 못했던 이야기들을 풀어 가기 시작했다.

① 숙소에 도착하자마자 짐을 풀고 휴식을 취했다.
② 사과를 받았음에도 화가 풀리지 않았다.
③ 그토록 원하던 바를 이루었으니 평생의 한을 풀었다.
④ 자신의 의견을 논리적으로 풀어 나가는 법을 배워야 한다.
⑤ 궁금증을 풀기 위해 직접 들어가 보았다.

단계별 문제 풀이

STEP 01 〈보기〉의 문장에서 쓰인 '풀다'의 의미를 파악한다.

→ 〈보기〉의 문장에서 쓰인 '풀다'는 '생각이나 이야기 따위를 말한다'는 의미이다.

STEP 02 다른 단어로 대체해서 판단한다.

→ '말하다', '이야기하다' 등으로 바꾸어 판단한다. 같은 의미로 쓰인 경우는 ④뿐이다.

정답 찾기

〈보기〉 문장의 '풀다'는 생각이나 이야기 따위를 말한다는 뜻이며, '말하다, 이야기하다' 등으로 바꾸어 쓸 수 있다. 이것과 같은 의미로 쓰인 경우는 ④이다.

오답 분석

① '묶이거나 감기거나 얽히거나 합쳐진 것 따위를 그렇지 아니한 상태로 되게 하다'라는 뜻이며, '끄르다'로 대체할 수 있다.
② '일어난 감정 따위를 누그러뜨리다'라는 뜻으로 '가라앉히다, 삭이다'와 같은 단어로 대체할 수 있다.
③ '마음에 맺혀 있는 것을 해결하여 없애거나 품고 있는 것을 이루다'라는 뜻으로 '해소하다' 혹은 '이루다'로 대체할 수 있다.
⑤ '모르거나 복잡한 문제 따위를 알아내거나 해결하다'라는 뜻으로 '해결하다'로 대체할 수 있다.

정답 | ④

SECTION 03 출제 예상 문제

01 다음 중 밑줄 친 단어의 쓰임이 나머지와 다른 하나는?

① 그저 막연한 계획일 뿐 아직 아무것도 확정되지 않았다.
② 무작정 나왔지만 막상 어디로 가야 할지 막연하기만 하였다.
③ 막연하게나마 기대를 품었지만 결국 돌아온 건 실망뿐이었다.
④ 막연하지만 왠지 또 같은 일이 벌어질 것 같은 느낌이 강하게 들었다.
⑤ 이 상황에서 막연하게 구조대가 나를 찾을 거라는 생각만 하고 있을 수는 없었다.

02 다음 낱말들 중 반의 관계에 해당하지 않는 것은?

① 팔다 – 매입하다
② 빌리다 – 임대하다
③ 승낙하다 – 일축하다
④ 경박하다 – 심원하다
⑤ 아둔하다 – 몽매하다

03 다음 중 의미 중복에 해당하지 않는 문장은?

① 출항 시간이 임박하였으니 어서 배에 승선하십시오.
② 그동안의 일들을 돌이켜 회고해 보니 마음이 뭉클하였다.
③ 수마가 지나간 이곳은 즉시 재해 지역으로 선포되었다.
④ 짧게 약술하면 다음과 같습니다.
⑤ 기차역은 고향으로 돌아가는 귀성객들로 붐볐다.

04 다음 중 줄 친 부분의 맞춤법이 바르지 않은 것은?

① 이번 대회에서 내로라하는 선수들이 조기에 탈락하는 이변이 속출하였다.
② 그가 난데없이 들어와 파투를 놓는 바람에 모두 어안이 벙벙하였다.
③ 그의 무례함에 저절로 눈살이 찌푸려졌다.
④ 세상의 편견을 깨트리기 위해 끊임없이 노력하였다.
⑤ 생떼같은 자식을 잃은 부모의 마음을 어찌 헤아릴 수 있을까.

PART 01 PART 02 PART 03

05 다음 밑줄 친 단어와 의미가 같거나 유사한 것을 〈보기〉에서 모두 고르면?

> 며칠째 집안일을 방치하였더니 집안 곳곳이 엉망이다.

보기

㉠ 포기하다　㉡ 좌시하다　㉢ 방출하다　㉣ 대기하다　㉤ 내팽개치다

① ㉠, ㉣　② ㉡, ㉢
③ ㉢, ㉣　④ ㉠, ㉤
⑤ ㉡, ㉤

06 다음 중 띄어쓰기가 바르지 않은 문장은?

① 별것도 아닌 일 가지고 잘난 체하지 마.
② 그 밖에도 해야 할 일이 많이 있었다.
③ 무엇이든지 아는 만큼 보이기 마련이다.
④ 도중에 사고는 나지 않았는지 걱정될 뿐이다.
⑤ 임진왜란은 1592년 경 발발하여 약 7년간 이어졌다.

07 다음 중 빈칸에 들어갈 단어로 가장 적절한 것은?

> 최근 코스피 시장에서 (　　　　) 수익률이 증가 추세를 보이고 있다.

① 배정　② 배당
③ 배임　④ 배상
⑤ 배급

08 다음 글에서 단어의 사용이나 문법이 올바르지 않은 부분의 개수는?

> 최근 체중 감량을 위해 탄수화물을 적게 먹거나 아예 먹지 않는, 이른바 '저탄수화물' 식단을 선택하는 사람들이 늘어나고 있다. 그런데 최근 한 연구 결과에 따르면 섬유질이 풍부한 양질의 통곡물로 탄수화물을 섭취할 경우 오히려 살을 ㉠빼는데 도움이 된다는 사실이 밝혀졌다.
> 해당 연구는 호주 울런공대 연구진이 성인 남녀 377명을 대상으로 진행한 임상연구로, 참가자들이 어떤 곡물 식품을 먹었느냐가 이들의 체중에 어떠한 영향을 ㉡미쳤는지를 조사했다. 참가자들의 체지방지수를 측정한 결과 통밀빵이나 ㉢현미밥같이 섬유질이 풍부한 통곡물 음식을 소량씩 추가 섭취한 이들의 경우 실제 음식 섭취량은 더 ㉣많았는데도 불구하고 체질량지수가 더 ㉤낮을 뿐만 아니라 체중과 허리둘레의 ㉥증감에도 도움을 주는 것으로 나타났다. 반면 섬유질이 많지 않은 정제 곡물 음식을 먹으면 체중 증가에 영향을 미치는 것으로 나타났다.
> 이번 연구를 주도한 모니카 로베이코 연구원은 "이번 결과는 통곡물 식품의 섭취가 체중 ㉦감량에 도움을 줄 수 있다는 것을 보여준다"고 말했다. 이 연구원에 따르면 통곡물은 신체가 낮은 혈당지수를 유지하도록 도움을 주며, 섬유질과 비타민, 미네랄, 식물성 화학물질 등이 많이 ㉧들이있어 긴깅에 이로운 작용을 한다. 연구 총책임자인 엘리너 베크 교수 역시 "㉨이같은 실험 결과는 건강한 수준의 체중 유지에 통곡물 식품이 반드시 필요하다는 것을 ㉩증명하는 것이다"라고 강조했다.

① 3개
② 4개
③ 5개
④ 7개
⑤ 8개

09 다음 밑줄 친 단어의 반의어를 고르면?

> 기사를 취합하여 정리하였다.

① 버리다
② 제하다
③ 선별하다
④ 섞다
⑤ 도리다

10 다음 중 밑줄 친 부분의 맞춤법이 올바르게 사용된 문장은?

① 사람들은 구령에 맞춰 일사분란하게 움직이며 모를 심고 있었다.
② 그는 조용히 서서는 한 눈을 감고 다른 한 눈으로 목표물을 가늠해 보았다.
③ 시덥잖은 소리 하지 마. 배상금 같은 거 안 받을 거야.
④ 나는 집에 들어가자마자 괭이를 한쪽 구석에 처박아 두었다.
⑤ 새참을 배불리 먹고 나니 친구들 모두 사기충전해 있었다.

11 다음 밑줄 친 어휘와 가장 유사한 의미를 나타내는 것은?

> 척수 손상으로 하반신이 마비된 환자를 다시 걸을 수 있게 하는 데 성공했다. 스위스 로잔연방공대, 로잔대병원, 프라이부르대 등 공동연구진은 "하반신 마비 환자의 척수에 전기자극을 가해 다리를 움직이게 하는 데 성공했다"고 밝혔다. 지난달 미국 연구진이 치료한 척수 손상 환자가 다시 걷게 된 사례를 발표한 바 있지만, 이때는 걸을 때마다 전기자극을 줘야 하는 한계가 있었다.

① 미술관에서 그림 한 점을 사온 A는 벽에 못을 박은 다음 그것을 걸었다.
② 자리가 불편했던 B는 행사가 끝나자마자 연회장을 빠져나가 시동을 걸었다.
③ 이번 기회가 마지막이라고 생각했기 때문에 C는 모든 것을 걸었다.
④ 결승 진출이 절실했던 D는 상대방의 샅바를 잡은 채로 발을 걸었다.
⑤ 이사를 도와준 사람들과 함께 점심을 먹은 후 E는 새 집을 향해 걸었다.

12 다음 빈칸에 들어갈 단어로 가장 적절한 것은?

> 고무:독려=알력:(　　　　　)

① 주목　　② 불화
③ 반박　　④ 평화
⑤ 정쟁

13 다음 〈보기〉와 같은 성격의 오류를 보이는 문장은?

> 보기
> 그녀는 백화점에 갈 수 없을 만큼 바쁘기 때문에 인터넷 쇼핑몰에서 자주 샀다.

① 방학 동안 열심히 공부했지만, 결과가 기대를 못 미쳐 속상했다.
② 선생님께서 나에게 격려 차원에서 참고서와 펜 두 개를 주셨다.
③ 기재 내용의 정정 또는 기관의 인이 없으면 무효입니다.
④ 지금 나에게 중요한 것은 열심히 공부해야 한다.
⑤ 배가 너무 고파서 아무 식당에 들어가서 먹었다.

14 다음 〈보기〉에서 빈칸에 들어갈 수 없는 단어를 고르면?

보기

(가) 세종 대왕은 훈민정음을 널리 (　　　)시켜 백성을 이롭게 하고자 했다.
(나) 넓은 뜻의 가족법이란 친족법과 상속법을 (　　　)한다.
(다) 해당 연구는 (　　　) 10여 명 정도로 팀을 구성하여 프로젝트를 완성한다.
(라) 그는 워낙 한문에 (　　　)해서 어떤 책을 펴 들어도 막히지 않고 읽어 내릴 정도였다.
(마) 이 소설은 우리 시대 아줌마로 (　　　)되는 모든 아내에게 바치는 일종의 헌사다.
(바) 한자에는 형태는 달라도 같은 뜻으로 (　　　)되는 것들이 많다.

① 통상　② 통용
③ 통달　④ 통념
⑤ 통칭

15 다음 중 맞춤법이 틀린 문장을 모두 고르면?

㉠ 목걸이가 끊어져 구슬이 낟알로 흩어졌다.
㉡ 키가 자란 동생의 바지 길이를 늘렸다.
㉢ 벌린 일은 어떻게든 끝내는 것이 아버지의 원칙이다.
㉣ 길에서 만난 사람에게 돈을 뺐겼다.
㉤ 시력검사를 마친 그는 안경의 도수를 돋구었다.

① ㉠, ㉡, ㉣　② ㉠, ㉢, ㉤
③ ㉠, ㉡, ㉢, ㉣　④ ㉡, ㉢, ㉣, ㉤
⑤ ㉠, ㉡, ㉢, ㉣, ㉤

사자성어·속담·관용적 표현

SECTION 01 핵심 이론

1. 유형 파악하기

① 상황에 따라 적절한 표현을 사용하거나 구분해야 하는 유형

② 사자성어와 속담을 서로 엮어 출제되는 유형, 중간 길이의 지문을 제시한 후 관련된 사자성어나 속담을 찾아내는 유형 등 다른 유형과 융합된 형태도 출제

2. 문제 접근하기

① 자주 출제되는 사자성어 · 속담 · 관용적 표현 암기 필수

② 출제가능성을 두고 사자성어 퀴즈 등을 통해 준비하는 것이 바람직

3. 필수 암기 이론

(1) 주제별 사자성어

① 성품

- 공명정대(公明正大) : 마음이 공평하고 사심이 없으며 밝고 큼
- 동분서주(東奔西走) : 사방으로 이리저리 바삐 돌아다님
- 마부위침(磨斧爲針) : '도끼를 갈아 바늘을 만든다'는 뜻으로, 아무리 이루기 힘든 일도 끊임없는 노력과 끈기 있는 인내로 성공하고 만다는 뜻
- 만고불역(萬古不易) : 오랜 세월을 두고 바뀌지 않음
- 멸사봉공(滅私奉公) : 사(私)를 버리고 공(公)을 위하여 힘써 일함
- 명심불망(銘心不忘) : 마음에 새기어 오래오래 잊지 아니함
- 분골쇄신(粉骨碎身) : '뼈가 가루가 되고 몸이 부서진다'는 뜻으로, 있는 힘을 다해 노력함. 또는 남을 위하여 수고를 아끼지 않음
- 불요불굴(不撓不屈) : '휘지도 않고 굽히지도 않는다'는 뜻으로, 어떤 난관도 꿋꿋이 견디어 나감을 이르는 말
- 빙청옥결(氷淸玉潔) : '얼음같이 맑고 옥같이 깨끗하다'는 뜻으로, 청렴결백한 절조나 덕행을 나타내는 말
- 수적석천(水滴石穿) : '물방울이 돌을 뚫는다'는 뜻으로, 미미한 힘이라도 꾸준히 노력하면 큰일을 이룰 수 있다는 의미
- 안빈낙도(安貧樂道) : 궁색하면서도 그것에 구속되지 않고 평안하게 즐기는 마음으로 살아감
- 일금일학(一琴一鶴) : '거문고 하나와 한 마리의 학이 전 재산'이라는 뜻으로, 관리의 결백한 생활을 일컫는 말
- 외유내강(外柔內剛) : 겉으로 보기에는 유순하지만 속마음은 단단하고 굳셈
- 우공이산(愚公移山) : '우공이 산을 옮긴다'는 말로, 남이 보기엔 어리석은 일처럼 보이지만 한 가지 일을 끝까지 밀고 나가면 언젠가는 목적을 달성할 수 있다는 의미
- 전심전력(全心全力) : 온 마음과 온 힘을 다 기울임

• 청렴결백(淸廉潔白) : 마음이 맑고 깨끗하며 재물 욕심이 없음
• 청풍명월(淸風明月) : '맑은 바람과 밝은 달'이라는 뜻으로, 결백하고 온건한 성격을 평하여 이르는 말
• 칠전팔기(七顚八起) : '일곱 번 넘어져도 여덟 번째 일어난다'는 뜻으로, 실패를 거듭하여도 굴하지 않고 다시 일어섬
• 파죽지세(破竹之勢) : '대나무를 쪼개는 기세'라는 뜻으로, 세력이 강하여 걷잡을 수 없이 나아가는 모양

② 관계

• 각골통한(刻骨痛恨) : 뼈에 사무치도록 마음속 깊이 맺힌 원한
• 견리망의(見利忘義) : 눈앞의 이익을 보면 탐내어 의리를 저버림
• 군신유의(君臣有義) : 임금과 신하 사이에 의리가 있어야 함
• 권토중래(捲土重來) : '흙먼지를 날리며 다시 온다'는 뜻으로, 한 번의 실패에 굴하지 않고 몇 번이고 다시 일어남
• 난형난제(難兄難弟) : '누구를 형이고 아우라 하기 어렵다'는 뜻으로, 사물의 우열이 없다는 말, 즉 비슷하다는 말
• 동고동락(同苦同樂) : '괴로움과 즐거움을 함께 한다'는 뜻으로, 같이 고생하고 같이 즐김
• 망은배의(忘恩背義) : 은혜를 잊고 의리를 배반함
• 배은망덕(背恩忘德) : 남에게 입은 은덕을 잊고 배반함
• 백아절현(伯牙絶絃) : '백아가 거문고 줄을 끊어 버렸다'는 뜻으로, 자기를 알아주는 절친한 벗의 죽음을 슬퍼함
• 불구대천(不俱戴天) : 하늘 아래 같이 살 수 없는 원수, 죽여 없애야 할 원수
• 비분강개(悲憤慷慨) : 슬프고 분한 느낌이 마음속에 가득 차 있음
• 앙사부육(仰事俯育) : 위로는 부모를 섬기고 아래로는 처자를 보살핌
• 이심전심(以心傳心) : '석가와 가섭이 마음으로 마음에 전한다'는 뜻으로, 마음과 마음이 통하고, 말을 하지 않아도 의사가 전달됨
• 인면수심(人面獸心) : '얼굴은 사람의 모습을 하였으나 마음은 짐승과 같다'는 뜻으로, 사람의 도리를 지키지 못하고 배은망덕하거나 행동이 흉악하고 음탕한 사람
• 풍수지탄(風樹之歎) : 부모에게 효도를 다하려고 생각할 때에는 이미 돌아가셔서 그 뜻을 이룰 수 없음을 이르는 말

③ 언행

• 각주구검(刻舟求劍) : '칼을 강물에 떨어뜨리자 뱃전에 그 자리를 표시했다가 나중에 그 칼을 찾으려 한다'는 뜻으로, 판단력이 둔하여 융통성이 없고 어리석다는 뜻
• 교각살우(矯角殺牛) : '쇠뿔 바로잡으려다 소를 죽인다'는 뜻으로, 결점이나 흠을 고치려다 수단이 지나쳐 도리어 일을 그르침
• 과유불급(過猶不及) : 모든 사물이 정도를 지나치면 미치지 못한 것과 같다는 뜻으로, 중용이 중요함을 가리키는 말
• 다기망양(多岐亡羊) : '달아난 양을 찾다가 여러 갈래 길에 이르러 길을 잃었다'는 뜻으로, 방침이 많아 할 바를 모르게 됨
• 만시지탄(晩時之歎) : '때늦은 한탄'이라는 뜻으로, 시기가 늦어 기회를 놓친 것이 원통해 탄식함
• 망자계치(亡子計齒) : '죽은 자식 나이 세기'라는 뜻으로, 이미 지나간 쓸데없는 일을 생각하며 애석하게 여김
• 사가망처(徙家忘妻) : '이사하면서 아내를 잊어버린다'는 뜻으로, 건망증이 심한 사람이나 의리를 분별하지 못하는 어리석은 사람을 비유해 이르는 말
• 상전벽해(桑田碧海) : '뽕나무밭이 푸른 바다가 되었다'는 뜻으로, 세상이 몰라볼 정도로 바뀜
• 소탐대실(小貪大失) : 작은 것을 탐하다가 오히려 큰 것을 잃음
• 아전인수(我田引水) : '자기 논에만 물을 끌어넣는다'는 뜻으로, 자기의 이익을 먼저 생각하고 행동함
• 양두구육(羊頭狗肉) : '양 머리를 걸어 놓고 개고기를 판다'는 뜻으로, 말과 행동이 일치하지 않음을 뜻함

- 어부지리(漁夫之利) : '어부의 이익'이라는 뜻으로, 둘이 다투는 틈을 타서 엉뚱한 제3자가 이익을 가로챔을 이르는 말
- 자가당착(自家撞着) : 말이나 행동이 서로 앞뒤가 맞지 않음
- 토사구팽(兎死狗烹) : '사냥하러 가서 토끼를 잡으면 사냥하던 개는 쓸모가 없게 되어 삶아 먹는다'는 뜻으로, 필요할 때 요긴하게 써먹고 쓸모가 없어지면 가혹하게 버린다는 뜻
- 허장성세(虛張聲勢) : '헛되이 목소리의 기세만 높인다'는 뜻으로, 실력이 없으면서도 허세로만 떠벌림

④ 은혜

- 각골난망(刻骨難忘) : 입은 은혜에 대한 고마운 마음이 뼈에까지 사무쳐 잊히지 아니함
- 결초보은(結草報恩) : '풀을 묶어서 은혜를 갚는다'는 뜻으로, 죽어 혼이 되더라도 입은 은혜를 잊지 않고 갚음
- 반포지효(反哺之孝) : '까마귀 새끼가 자란 뒤에 늙은 어미에게 먹이를 물어다 주는 효성'이라는 뜻으로, 자식이 자라서 부모를 봉양함
- 생사골육(生死骨肉) : '죽은 자를 살려 백골에 살을 붙인다'는 뜻으로, 큰 은혜를 베풂을 이르는 말

⑤ 횡포

- 지록위마(指鹿爲馬) : '사슴을 가리켜 말이라고 한다'라는 뜻으로, 사실이 아닌 것을 사실로 만들어 강압으로 인정하게 함
- 호가호위(狐假虎威) : '여우가 호랑이의 위세를 빌려 호기를 부린다'는 뜻으로, 남의 세를 빌어 위세를 부림
- 가렴주구(苛斂誅求) : 가혹하게 세금을 거두거나 백성의 재물을 억지로 빼앗음

⑥ 교훈

- 살신성인(殺身成仁) : '자신의 몸을 죽여 인을 이룬다'는 뜻으로, 자신을 희생하여 옳은 도리를 행함
- 읍참마속(泣斬馬謖) : '눈물을 머금고 마속의 목을 벤다'는 뜻으로, 사랑하는 신하를 법대로 처단하여 질서를 바로잡음을 이르는 말
- 일벌백계(一罰百戒) : 한 사람을 벌줌으로써 여러 사람의 경각심을 불러일으킴

⑦ 위기

- 건곤일척(乾坤一擲) : '하늘이냐 땅이냐를 한 번 던져서 결정한다'는 뜻으로, 운명과 흥망을 걸고 단판으로 승부나 성패를 겨룸
- 명재경각(命在頃刻) : '목숨이 경각에 달렸다'는 뜻으로, 숨이 곧 끊어질 지경에 이름. 거의 죽게 됨
- 배수지진(背水之陣) : '물을 등지고 진을 친다'는 뜻으로, 물러설 곳이 없어 목숨을 걸고 싸울 수밖에 없는 지경을 이르는 말
- 백척간두(百尺竿頭) : '백 자나 되는 높은 장대 위에 올라섰다'는 뜻으로, 위태로움이 극도에 달함
- 새옹지마(塞翁之馬) : '변방에 사는 노인의 말'이라는 뜻으로, 인생의 길흉화복은 늘 바뀌어 변화가 많음을 이르는 말
- 일촉즉발(一觸卽發) : '한 번 닿기만 하여도 곧 폭발한다'는 뜻으로, 조그만 자극에도 큰일이 벌어질 것 같은 아슬아슬한 상태를 이르는 말
- 진퇴양난(進退兩難) : 나아갈 수도 물러설 수도 없는 궁지에 빠짐
- 풍비박산(風飛雹散) : '바람이 불어 우박이 이리저리 흩어진다'는 뜻으로, 엉망으로 깨어져 흩어져 버림

⑧ 가난

- 가도벽립(家徒壁立) : '빈한한 집안이라서 아무것도 없고 네 벽만 서 있다'는 뜻으로, 살림이 심히 구차함을 이르는 말
- 단사표음(簞食瓢飮) : '대그릇의 밥과 표주박의 물'이라는 뜻으로, 좋지 못한 적은 음식
- 삼순구식(三旬九食) : '삼순, 곧 한 달에 아홉 번 밥을 먹는다'는 뜻으로, 집안이 가난하여 먹을 것이 없어 굶주린다는 말
- 삼간초가(三間草家) : '세 칸짜리 초가'라는 뜻으로, 아주 보잘것없는 초가를 이르는 말
- 폐포파립(敝袍破笠) : '해진 옷과 부러진 갓'이란 뜻으로, 너절하고 구차한 차림새를 말함

(2) 속담과 관련된 사자성어

- 갈이천정(渴而穿井) : 목마른 놈이 우물 판다.
- 감탄고토(甘呑苦吐) : 달면 삼키고 쓰면 뱉는다.
- 견문발검(見蚊拔劍) : 닭 잡는 데 소 잡는 칼 쓴다.
- 경전하사(鯨戰蝦死) : 고래 싸움에 새우 등 터진다.
- 고장난명(孤掌難鳴) : 두 손뼉이 맞아야 소리가 난다.
- 고진감래(苦盡甘來) : 고생 끝에 낙이 온다.
- 근묵자흑(近墨者黑) : 먹을 가까이하면 검어진다.
- 낭중지추(囊中之錐) : 자루 속의 송곳
- 당구풍월(堂狗風月) : 서당 개 삼 년에 풍월을 읊는다.
- 당랑거철(螳螂拒轍) : 하룻강아지 범 무서운 줄 모른다.
- 동가홍상(同價紅裳) : 같은 값이면 다홍치마
- 동족방뇨(凍足放尿) : 언 발에 오줌 누기
- 등하불명(燈下不明) : 등잔 밑이 어둡다.
- 망우보뢰(亡牛補牢) : 소 잃고 외양간 고친다.
- 목불식정(目不識丁) : 낫 놓고 기역 자도 모른다.
- 묘두현령(猫頭縣鈴) : 고양이 목에 방울 달기
- 설상가상(雪上加霜) : 눈 위에 서리 친다.
- 소중유검(笑中有劍) : 웃음 속에 칼이 들어 있다.
- 십벌지목(十伐之木) : 열 번 찍어 아니 넘어가는 나무가 없다.
- 진합태산(塵合泰山) : 티끌 모아 태산이다.
- 오비삼척(吾鼻三尺) : 내 코가 석 자
- 오비이락(烏飛梨落) : 까마귀 날자 배 떨어진다.
- 우수천석(雨垂穿石) : 낙숫물이 댓돌 뚫는다.
- 우이독경(牛耳讀經) : 소 귀에 경 읽기
- 원족근린(遠族近隣) : 이웃이 사촌보다 낫다.
- 이란투석(以卵投石) : 계란으로 바위 치기
- 일자천금(一字千金) : 말 한마디로 천 냥 빚을 갚는다.
- 지부작족(知斧斫足) : 믿는 도끼에 발등 찍힌다.
- 풍전등화(風前燈火) : 바람 앞의 등불
- 하석상대(下石上臺) : 아랫돌 빼서 윗돌 괴고 윗돌 빼서 아랫돌 괴기

(3) 신체 관련 관용어 표현

① 가슴

- 가슴에 새기다 : 잊지 않게 단단히 마음에 기억하다.
- 가슴에 손을 얹다 : 양심에 근거를 두다.
- 가슴을 열다 : 속마음을 털어놓거나 받아들이다.
- 가슴을 헤쳐 놓다 : 마음속의 생각이나 말을 거리낌 없이 그대로 다 털어놓다.
- 가슴을 앓다 : 안달하여 마음의 고통을 느끼다.
- 가슴을 저미다 : 생각이나 느낌이 매우 심각하고 간절해 가슴을 칼로 베는 듯한 아픔을 느끼게 하다.
- 가슴을 치다 : 마음에 큰 충격을 받다.
- 가슴을 태우다 : 몹시 애태우다.
- 가슴을 펴다 : 굽힐 것 없이 당당하다.
- 가슴이 넓다 : 이해심이 많다.
- 가슴이 무겁다 : 슬픔이나 걱정으로 마음이 가라앉다.
- 가슴이 무너져 내리다 : 심한 충격을 받아 마음을 다잡기 힘들게 되다.
- 가슴이 서늘하다 : 두려움으로 마음속에 찬바람이 이는 것같이 선득하다.
- 가슴이 좁다 : 이해심이 없다.
- 가슴이 찔리다 : 심한 양심의 가책을 받다.
- 가슴이 타다 : 마음속으로 고민하여 가슴이 뜨거워지는 것 같다.

② 간

- 간도 쓸개도 없다 : 용기나 줏대 없이 남에게 굽히다.
- 간에 기별도 안 가다 : 먹은 것이 너무 적어 먹으나 마나 하다.
- 간에 바람 들다 : 하는 행동이 실없다.
- 간을 꺼내 주다 : 비위를 맞추기 위해 중요한 것을 아낌없이 주다.
- 간을 빼 먹다 : 겉으로는 비위를 맞추며 좋게 대하는 척하면서 요긴한 것을 다 빼앗다.
- 간을 졸이다 : 매우 걱정되고 불안하여 마음을 놓지 못하다.
- 간이 크다 : 겁이 없고 매우 대담하다.
- 간이 떨어지다 : 몹시 놀라다.
- 간이 붓다 : 지나치게 대담해지다.

③ 귀

- 귀가 따갑다 : 너무 여러 번 들어서 듣기가 싫다.
- 귀가 번쩍 뜨이다 : 들리는 말에 선뜻 마음이 끌리다.
- 귀가 얇다 : 남의 말을 쉽게 받아들인다.
- 귀를 세우다 : 듣기 위해 신경을 곤두세우다.
- 귀에 들어가다 : 누구에게 알려지다.
- 귀에 못이 박히다 : 같은 말을 여러 번 듣다.
- 귀에 익다 : 들은 기억이 있다.

④ 눈

- 눈 밖에 나다 : 신임을 잃고 미움을 받게 되다.
- 눈도 깜짝 안 하다 : 조금도 놀라지 않고 태연하다.
- 눈에 띄다 : 두드러지게 드러나다.
- 눈에 밟히다 : 잊히지 않고 자꾸 눈에 떠오르다.
- 눈에 보이는 것이 없다 : 사리 분별을 못하다.

- 눈에 불을 켜다 : 화가 나서 눈을 부릅뜨다.
- 눈에 차다 : 흡족하게 마음에 들다.
- 눈에 어리다 : 어떤 모습이 잊히지 않고 뚜렷하게 떠오르다.
- 눈을 뒤집다 : (주로 좋지 않은 일에) 열중하여 제정신을 잃다.
- 눈을 똑바로 뜨다 : 정신을 차리고 주의를 기울이다.
- 눈을 붙이다 : 잠을 자다.
- 눈을 속이다 : 잠시 수단을 써서 보는 사람이 속아 넘어가게 하다.
- 눈을 씻고 보다 : 정신을 바짝 차리고 집중하여 보다.
- 눈을 피하다 : 남이 보는 것을 피하다.
- 눈이 높다 : 정도 이상의 좋은 것만 찾는 버릇이 있다.
- 눈이 뒤집히다 : 충격적인 일을 당하거나 어떤 일에 집착하여 이성을 잃다.
- 눈이 맞다 : 두 사람의 마음이나 눈치가 서로 통하다.
- 눈이 벌겋다 : 자기 잇속만 찾는 데에 몹시 열중하다.
- 눈이 시다 : 하는 짓이 거슬려 보기에 아니꼽다.

⑤ 머리

- 머리 위에 앉다 : 상대방의 생각이나 행동을 꿰뚫다.
- 머리가 굳다 : 기억력 따위가 무뎌지다.
- 머리가 세다 : 복잡하거나 안타까운 일에 너무 골몰하거나 걱정하다.
- 머리가 크다 : 어른처럼 생각하거나 판단하게 되다.
- 머리를 굴리다 : 머리를 써서 해결 방안을 생각해 내다.
- 머리를 굽히다 : 굴복하거나 저자세를 보이다.
- 머리를 들다 : 눌려 있거나 숨겨 온 생각 · 세력 따위가 겉으로 나타나다.
- 머리를 맞대다 : 어떤 일을 의논하거나 결정하기 위하여 서로 마주 대하다.
- 머리를 모으다 : 여러 사람의 의견을 종합하다.
- 머리를 식히다 : 흥분되거나 긴장된 마음을 가라앉히다.
- 머리에 맴돌다 : 분명하지 않은 생각이 계속 떠오르다.
- 머리에 새겨 넣다 : 어떤 대상이나 사실을 단단히 기억해 두다.
- 머리에 쥐가 나다 : 싫고 두려운 상황에서 의욕이나 생각이 없어지다.
- 머리에 피도 안 마르다 : 어른이 되려면 멀었다. 혹은 나이가 어리다.

⑥ 발

- 발에 채다 : 여기저기 흔하게 널려 있다.
- 발을 구르다 : 매우 안타까워하거나 다급해하다.
- 발을 끊다 : 오가지 않거나 관계를 끊다.
- 발을 디딜 틈이 없다 : 복작거려 혼잡하다.
- 발을 빼다 : 어떤 일에서 관계를 완전히 끊고 물러나다.
- 발을 뻗다 : 걱정되거나 애쓰던 일이 끝나 마음을 놓다.
- 발이 넓다 : 사귀어 아는 사람이 많아 활동하는 범위가 넓다.
- 발이 닳다 : 매우 분주하게 많이 다니다.
- 발이 뜸하다 : 자주 다니던 것이 한동안 머춤하다.
- 발이 묶이다 : 몸을 움직일 수 없거나 활동할 수 없는 형편이 되다.
- 발이 빠르다 : 알맞은 조치를 신속히 취하다.

⑦ 배

- 배가 아프다 : 남이 잘되어 심술이 나다.
- 배를 내밀다 : 남의 요구에 응하지 않고 버티다.
- 배를 불리다 : 재물이나 이득을 많이 차지하여 사리사욕을 채우다.
- 배를 앓다 : 남 잘되는 것에 심술이 나서 속을 태우다.
- 배에 기름이 오르다 : 살림이 넉넉해지다.

⑧ 손

- 손을 거치다 : 어떤 사람의 노력으로 손질되다.
- 손을 걸다 : 서로 약속하다.
- 손을 끊다 : 교제나 거래 따위를 중단하다.
- 손을 나누다 : 일을 여럿이 나누어 하다.
- 손을 놓다 : 하던 일을 그만두거나 잠시 멈추다.
- 손을 늦추다 : 긴장을 풀고 일을 더디게 하다.
- 손을 떼다 : 하던 일을 끝마치고 다시 손대지 않다.
- 손을 맞잡다 : 서로 뜻을 같이하여 긴밀하게 협력하다.
- 손을 멈추다 : 하던 동작을 잠깐 그만두다.
- 손을 벌리다 : 무엇을 달라고 요구하거나 구걸하다.
- 손을 씻다 : 부정적인 일이나 찜찜한 일에 대하여 관계를 청산하다.
- 손을 치르다 : 큰일에 여러 손님을 대접하다.
- 손이 닿다 : 힘이나 능력이 미치다.
- 손이 뜨다 : 일하는 동작이 매우 굼뜨다.
- 손이 맞다 : 함께 일할 때 생각이나 방법 따위가 서로 잘 어울리다.
- 손이 맵다 : 손으로 슬쩍 때려도 몹시 아프다.
- 손이 비다 : 할 일이 없어 아무 일도 하지 않고 있다.
- 손이 빠르다 : 일 처리가 빠르다.
- 손이 크다 : 씀씀이가 후하고 크다.
- 손에 땀을 쥐다 : 아슬아슬하여 마음이 조마조마하도록 몹시 애달다.
- 손에 물 한 방울 묻히지 않고 살다 : 여자가 힘든 일을 하지 않고 호강하며 편히 살다.
- 손에 붙다 : 능숙해져서 의욕과 능률이 오르다.
- 손에 잡힐 듯하다 : 매우 가깝게 또는 또렷하게 보이다.
- 손에 장을 지지다 : 어떠한 사실이나 사건 따위를 믿을 수가 없다.

⑨ 얼굴

- 얼굴을 고치다 : 사람을 대할 때 마음가짐이나 태도를 바꾸다.
- 얼굴을 내밀다 : 모임 따위에 모습을 나타내다.
- 얼굴을 보다 : 체면을 고려하다.
- 얼굴이 넓다 : 사귀어 아는 사람이 많다.
- 얼굴이 두껍다 : 부끄러움을 모르고 염치가 없다.

⑩ 엉덩이

- 엉덩이가 가볍다 : 어느 한자리에 오래 머물지 못하고 바로 자리를 뜨다.
- 엉덩이가 구리다 : 부정이나 잘못을 저지른 장본인 같다.
- 엉덩이가 근질근질하다 : 한군데 가만히 앉아 있지 못하고 자꾸 일어나 움직이고 싶어 하다.
- 엉덩이가 무겁다 : 한번 자리를 잡고 앉으면 좀처럼 일어나지 아니하다.

⑪ 입

- 입 밖에 내다 : 어떤 생각이나 사실을 말로 드러내다.
- 입만 살다 : 말에 따르는 행동은 없으면서 말만 그럴듯하게 잘하다.
- 입에 발린 소리 : 마음에도 없이 겉치레로 하는 말
- 입에 붙다 : 아주 익숙하여 버릇되다.
- 입에 자물쇠를 채우다 : 말하지 않다.
- 입에 풀칠하다 : 근근이 살아가다.
- 입을 다물다 : 말을 하지 않거나 하던 말을 그치다.
- 입을 막다 : 시끄러운 소리나 자신에게 불리한 말을 하지 못하게 하다.
- 입을 맞추다 : 서로의 말이 일치하도록 하다.
- 입을 모으다 : 여러 사람이 같은 의견을 말하다.
- 입을 씻기다 : 돈이나 물건 따위를 주어 자신에게 불리한 말을 하지 못하도록 하다.
- 입을 닦다 : 이익 따위를 혼자 차지하거나 가로채고서는 시치미를 떼다.

⑫ 코

- 코 묻은 돈 : 어린아이가 가진 적은 돈
- 코가 꿰이다 : 약점이 잡히다.
- 코가 납작해지다 : 몹시 무안을 당하거나 기가 죽어 위신이 뚝 떨어지다.
- 코가 높다 : 잘난 체하고 뽐내는 기세가 있다.
- 코가 땅에 닿다 : 머리를 깊이 숙이다.
- 코가 빠지다 : 근심에 싸여 기가 죽고 맥이 빠지다.
- 코가 삐뚤어지게 : 몹시 취할 정도로
- 코를 빠뜨리다 : 못 쓰게 만들거나 일을 망치다.

SECTION 02 대표 예제

01 다음 주어진 **속담과 유사한 의미를 가진 속담**을 고른 것은? [부산교통공사]

> 입추의 여지도 없다.

① 봄비에 얼음 녹듯 한다.
② 우물에서 숭늉 찾는다.
③ 발 들여놓을 틈도 없다.
④ 칠 년 가뭄에 하루 쓸 날 없다.

단계별 문제 풀이

STEP 01 **주어진 속담의 의미를 파악한다.**

→ '입추의 여지도 없다'는 발 들여놓을 데가 없을 정도로 많은 사람들이 꽉 들어찬 경우를 이르는 말이다.

STEP 02 **선택지 중 유사한 의미의 속담을 찾는다.**

→ '발 들여놓을 틈도 없다'와 유사하다.

정답 찾기

'입추의 여지도 없다'는 발 들여놓을 데가 없을 정도로 많은 사람들이 꽉 들어찬 경우를 이르는 말로 '발 들여놓을 틈도 없다'는 속담과 유사한 의미를 가졌다.

오답 분석

① '봄비에 얼음 녹듯 한다'는 봄비에 얼음이 잘 녹듯이 무슨 일이든 쉽게 해결된다는 의미이다.
② '우물에서 숭늉 찾는다'는 성미가 급하여 일의 절차도 무시하고 터무니없이 재촉하거나 서두름을 비유적으로 이르는 말이다.
④ '칠 년 가뭄에 하루 쓸 날 없다'는 계속 날이 개어 있다가 무슨 일을 하려고 하는 날 공교롭게도 날씨가 궂어 일을 그르치는 경우를 비유적으로 이르는 말이다.

정답 | ③

02 다음 글의 주제와 의미가 상통하는 한자어는? [한국중부발전]

> 바둑 1인자라 불리던 K씨는 세계 최연소인 9세에 입단해, 무려 150여 회의 타이틀을 획득할 정도로 '바둑 황제'라는 호칭이 잘 어울리는 선수였습니다. K씨는 제자를 받지 않는 사람으로 유명했는데 어느 날 유일한 제자로 L씨를 받아들였습니다. 당시 어린 L씨는 K씨의 집에 들어가서 합숙을 하며 훈련을 했지만 두각을 나타내지는 못했습니다. 하지만 시간이 지날수록 실력이 크게 향상되었고 스승인 K씨를 넘어서기에 이르렀습니다. 이에 K씨는 요즘 L씨에 대해서 어떻게 생각하냐는 기자의 물음에 '이제는 L이 나보다 낫다'며 농담을 하기도 했습니다.

① 과유불급(過猶不及) ② 반포지효(反哺之孝)
③ 서리지탄(黍離之歎) ④ 청출어람(青出於藍)

단계별 문제 풀이

STEP 01 글의 주제를 파악한다.

→ 주어진 글은 '시간이 지나 제자 L씨의 실력은 스승 K씨의 실력을 뛰어넘었다'라는 내용의 글이다.

STEP 02 선택지 중 주제와 유사한 의미의 사자성어를 찾는다.

→ 청출어람(青出於藍)은 제자나 후배가 스승이나 선배보다 나음을 비유적으로 이르는 말이다.

정답 찾기

청출어람(青出於藍)은 쪽에서 뽑아낸 푸른 물감이 쪽보다 더 푸르다는 뜻으로, 제자나 후배가 스승이나 선배보다 나음을 비유적으로 이르는 말이다.

오답 분석

① 과유불급(過猶不及) : 지나친 것은 미치지 못한 것과 같다는 말
② 반포지효(反哺之孝) : 까마귀 새끼가 자라서 늙은 어미에게 먹이를 물어다 주는 효(孝)라는 뜻으로, 자식이 자란 후에 어버이의 은혜를 갚는 효성을 이르는 말
③ 서리지탄(黍離之歎) : 세상의 영고성쇠(인생이나 사물의 번성함과 쇠락함이 서로 바뀜)가 무상함을 탄식하며 이르는 말

정답 | ④

SECTION 03 출제 예상 문제

01 다음 중 빈칸에 들어갈 사자성어로 가장 적절한 것은?

> 최근 아날로그 감성을 담은 필름 카메라, LP 레코드판 등이 재등장하면서 "옛 것을 익히고 이를 바탕으로 새 것을 안다"는 뜻의 (   ) 마케팅으로 50년 이상의 역사를 가진 장수기업들이 브랜드의 가치를 살리면서 트렌드를 반영한 제품을 내놓고 있다.

① 草綠同色
② 溫故知新
③ 換腐作新
④ 起死回生
⑤ 附和雷同

02 다음 중 밑줄 친 사자성어와 의미가 유사한 것은?

> 이 세상에서 변하지 않는 것은 없다. 불패의 태양도 수명이 있기 마련이다. 보통 <u>인생무상(人生無常)</u>을 '삶이 허무하다'는 뜻으로 많이 사용하지만, 본래 의미는 '인생은 항상 같지 않고 덧없다'라는 뜻이다.

① 상전벽해(桑田碧海)
② 무위도식(無爲徒食)
③ 견강부회(牽强附會)
④ 일장춘몽(一場春夢)
⑤ 간어제초(間於齊楚)

03 다음 제시문의 내용과 가장 관련이 깊은 사자성어로 적절한 것은?

> 충무공 이순신은 명량 해전을 앞두고 임금에게 글을 올려 "신에게는 아직 배가 열두 척이 남아 있고 신은 아직 죽지 않았습니다."라고 했다. 또한 충무공은 부하들에게 "반드시 죽고자 하면 살고, 반드시 살고자 하면 죽을 것이다. 한 사람이 길목을 지키면 천 명도 두렵게 할 수 있다."라고 격려했다.

① 파부침선(破釜沈船)
② 혼정신성(昏定晨省)
③ 조령모개(朝令暮改)
④ 교왕과직(矯枉過直)
⑤ 토사구팽(兎死狗烹)

04 다음 사례와 가장 관련이 깊은 사자성어로 적절한 것은?

> '갑(甲)보다 무서운 을(乙)', '을(乙) 중의 갑(甲)'으로 대표되는 일부 대기업 협력사들의 파행은 중견기업 스스로 고쳐야 할 부분이다. 대기업 고객사의 위세를 등에 업고 2차 이하 협력사들에 횡포를 부리는 중견 1차 협력사들의 사례는 최근 들어 특히 심해지고 있다. 범국가적으로 불고 있는 경제민주화 바람에 대기업들이 '상생'을 앞세우며, 자세를 낮추고 있는 것과 대조적이다. 경남 김해 소재 자동차부품 2차 협력사 C사 대표는 "대기업이 1차 협력사에 현금으로 결제해줘도 2차 이하 협력사들이 손에 쥐는 건 어음"이라며 "1차 협력사인 중견기업들에 대한 감시와 견제가 필요하다"고 말했다.

① 공명지조(共命之鳥)
② 호가호위(狐假虎威)
③ 전후불계(前後不計)
④ 면종복배(面從腹背)
⑤ 각골난망(刻骨難忘)

05 다음 중 제시된 글과 관련된 속담으로 가장 적절한 것은?

> 당나라 때 시인 이백은 젊은 시절 학문을 연마하기 위해 입산했다가 공부에 싫증을 느껴 중도 하산을 결심했다. 집으로 가는 길에 이백은 한 노파가 냇가에서 바위에 도끼를 갈고 있는 모습을 보고 의아해 물었다.
> "할머니, 지금 무엇을 하고 계십니까?"
> "도끼를 갈아 바늘을 만들려고 하지."
> "어찌 도끼로 바늘을 만들 수 있단 말입니까?" 이백이 비웃듯 말하자 노파는 그를 꾸짖듯 말했다.
> "중간에 그만두지만 않는다면 언젠가는 바늘을 만들 수 있겠지."
> 이백은 크게 깨닫고 입산해 공부를 더 열심히 해 동서고금을 막론한 시성(詩聖)이 됐다.

① 도둑의 집에도 되는 있다.
② 큰 방죽도 개미구멍으로 무너진다.
③ 봄에 깐 병아리 가을에 와서 세어본다.
④ 비는 데는 무쇠도 녹는다.
⑤ 십 년 적공이면 한 가지 성공을 한다.

06 다음 중 제시된 문장과 같은 의미를 가진 사자성어로 옳은 것은?

> 달면 삼키고 쓰면 뱉는다.

① 탐소실대(貪小失大)
② 단사표음(簞食瓢飮)
③ 권토중래(捲土重來)
④ 감탄고토(甘呑苦吐)
⑤ 가렴주구(苛斂誅求)

07 다음 기사를 보고 연상할 수 있는 한자성어로 가장 적절한 것은?

일본의 최대 가상화폐 거래소 중 하나인 코인체크는 지난 27일 기자회견을 열어 "시스템에 공인받지 않은 외부인이 접속해 580억 엔(한화 약 5,648억 원) 상당의 NEM 코인을 가져갔다"고 밝혔다. 이는 피해자 수만 26만 명에 달하는 등 사상 최대의 해킹 사건이지만 수사는 오리무중에 빠져 있고, 여기에 거래소 측의 부실 보안관리 사실까지 드러나 피해자들의 원망이 커지고 있다. 일본 금융청은 자국 내 모든 가상화폐 거래소 운영회사에 보안 관련 시스템의 재정비 및 점검을 지시하는 문서를 보내는 한편 관련 규정 보완 등을 논의하고 있으나 '소 잃고 외양간 고치기' 식의 대처라는 비판이 이어지고 있다.

① 일촉즉발(一觸卽發)
② 상산구어(上山求魚)
③ 오리무중(五里霧中)
④ 망우보뢰(亡牛補牢)
⑤ 우공이산(愚公移山)

08 다음 기사를 보고 연상할 수 있는 속담으로 가장 적절한 것은?

'가축분뇨의 관리 및 이용에 관한 법률 일부 개정안'이 지난 28일 국회 본회의를 통과하면서, 당초 신청자에 한해 3개월 이내에 이행계획서를 제출하도록 한 것이 6개월로 늘어났다. 이행기간 또한 직접 명시되지 않았으나 정부 부처의 조율에 따라 1년+α가 될 것으로 보인다. 그러나 이와 관련하여 실무 책임자인 대한한돈협회 정책기획부장은 "제도 개선 없이 지사체가 현재의 법과 제도로 이행기간을 부여하도록 되어 있어 현재 개정안은 미봉책에 불과하다"고 지적하며 강한 불만을 표시하고 있다.

① 내 코가 석 자
② 호랑이 없는 골에 토끼가 왕 노릇한다.
③ 언 발에 오줌 누기
④ 빛 좋은 개살구
⑤ 달면 삼키고 쓰면 뱉는다.

09 다음 중 속담과 관련이 있는 한자성어를 연결한 것 중 가장 적절하지 않은 것은?

① 두 손뼉이 맞아야 소리가 난다 – 고장난명(孤掌難鳴)
② 닭 잡는 데 소 잡는 칼 쓴다 – 견문발검(見蚊拔劍)
③ 빈대 잡으려고 초가삼간 태운다 – 교각살우(矯角殺牛)
④ 고래 싸움에 새우 등 터진다 – 사면초가(四面楚歌)
⑤ 소 뒷걸음질 치다 쥐 잡기 – 사공중곡(射空中鵠)

10 다음 중 관용어를 사용하지 않은 문장은?

① 만나는 사람마다 반갑게 인사하는 걸 보면 민수가 발이 넓긴 넓은 모양이다.
② 철수는 키가 커서 손발이 크다.
③ 온유는 엄마에게 잔소리를 귀가 따갑게 들었다.
④ 승수는 시험 결과가 나오기 전까지 간을 졸였다.
⑤ 만기와 지유는 미리 입을 맞추고 거짓말을 했다.

CHAPTER 08

내용 및 개요 수정

SECTION 01 핵심 이론

1. 유형 파악하기

① 작성된 문서의 특정 부분을 바르게 수정하는 문제 유형

② 조건 없이 수정사항의 옳고 그름을 판단하는 문제도 출제되므로 문법적인 배경 지식이 필요

2. 문제 접근하기

① **개요의 수정** : 제시된 개요만 먼저 읽으면 선택지 구성을 예측하기 어려우므로 제시된 개요와 선택지를 같이 보며 판단

② **내용의 수정**

㉠ 주제 파악 : 시간이 촉박하여 제시된 선택지를 모두 판단할 수 없는 경우 주제 먼저 파악

㉡ 선택지로 교체 : 선택지에 수정 방안이 나와 있는 경우 선택지의 내용으로 수정해서 읽으면 시간 단축에 용이

SECTION 02 대표 예제

01 다음 밑줄 친 부분 중 수정해야 할 곳을 모두 고르면? [한국산업인력공단]

> 지난해 국내 커피시장 규모가 처음으로 10조 원을 넘어서 11조 7,397억 원에 달했다. 추정 소비량은 265억 잔으로, 한국 인구수를 감안할 때 국민 한 사람당 연간 512잔을 마신 셈이다. 이처럼 커피 소비량이 ㉠증가한 데에는 원두커피 시장 확대가 주요 원인으로 작용했다. 한국 커피는 인스턴트커피와 설탕, 크림이 혼합된 스틱형 믹스커피가 주류를 이뤄왔다. 그러나 2000년대 커피전문점이 급증하면서 원두커피의 공세에 밀려 인스턴트커피 시장은 불황기를 맞았다.
> 이러한 가운데 가격은 원두커피보다 저렴하면서도 원두커피의 맛을 ㉡재현한 인스턴트커피 판매량은 급증하고 있다. 이른바 프리미엄 제품군이 불황을 ㉢타계할 대안으로 떠오른 것이다.
> 믹스커피 역시 신제품 출시가 빛을 봤다. 국내 커피믹스 업계 1위 D식품의 지난해 커피믹스 출고량은 10만 8,000톤으로 전년 대비 1,000톤 증가했다. 출고량이 전년보다 늘어난 것은 3년 만이다.
> 국내 커피믹스 시장 85%를 점유하고 있는 D식품의 선전으로 전체 커피믹스 시장 규모도 3년 만에 늘어날 것으로 전망된다. D식품 외 M사와 N사 등 다른 제조업체들의 지난해 커피믹스 매출도 전반적으로 늘어난 것으로 알려졌다.
> 이처럼 장기 불황에 빛을 본 것은 프리미엄을 내세운 신제품의 공격적인 출시 덕분이다. 설탕을 빼고 고급 원두를 사용한 제품은 물론 인스턴트로는 맛볼 수 없던 다양한 제품군도 구성했다. 이러한 분위기에 힘입어 지난해 12월 R사도 건강과 프리미엄을 ㉣앞세워 믹스커피 시장에 진출하였다.

① ㉠, ㉡　　② ㉠, ㉢
③ ㉡, ㉢　　④ ㉡, ㉣
⑤ ㉡, ㉢, ㉣

단계별 문제 풀이

STEP 01 문제 유형을 파악한다.

→ 들어간 단어가 맥락상 적절한지 또는 문법적으로 옳고 그름만 판단하면 되는 문제 유형이다.

STEP 02 조건을 잘 적용해서 수정해야 할 곳을 선택한다.

→ 맥락상 ㉡, ㉢은 '구현하다, 타개하다'로 수정해야 한다.

정답 찾기

㉡ '재현하다'는 '다시 나타나다. 또는 다시 나타내다'라는 뜻의 단어이다. 내용상 원두커피의 맛을 다시 나타내는 게 아니라 그것과 동일하게 나타낸다는 의미이므로 '어떤 내용을 구체적인 사실로 나타나게 하다'라는 의미의 '구현하다'가 보다 적합한 단어이다.

㉢ '타계하다'는 사람, 그중에서도 특히 귀인이 죽는 일을 가리킨다. 이 문장에서는 '매우 어렵거나 막힌 일을 잘 처리하여 해결의 길을 열다'라는 뜻의 단어인 '타개하다'라고 써야 한다.

오답 분석

㉠ '데'와 '-ㄴ데'는 다음과 같이 구별한다. 먼저 '데'는 곳, 장소, 일, 것, 경우를 뜻하는 의존명사로 앞 말과 띄어 쓴다. 반면 '-ㄴ데'는 뒤 절에서 어떤 일을 설명하거나 묻거나 시키거나 제안하여 그 대상과 상관되는 상황을 미리 말할 때 쓰는 연결어미이다. 이 경우에는 '증가한 것에는'의 의미로 쓰였으므로 '증가한 데에는'과 같이 띄어 써야 옳다.

㉣ '앞세워'는 '앞서다'의 사동사인 '앞세우다'라는 단어의 활용형이므로 띄어 쓰지 않는다.

정답 | ③

02 다음 주어진 글의 밑줄 친 ㉠~㉣을 수정한 내용으로 옳지 않은 것은? [한국중부발전]

> 가상 피팅 서비스를 가능하게 해주는 핵심 AI 엔진인 'AR기어(ARGear)'를 개발한 시어스랩(Seerslab)은 실제 신체 사진 데이터를 찍어 증강현실 쇼핑을 실현할 수 있는 솔루션을 선보이고 있다. 손이나 발, 얼굴 등 신체의 사진을 찍으면 그 위에 반지, 신발, 안경 등 가상의 패션 아이템을 입힐 수 있어 실제로 착용을 해보지 않아도 실감나는 온라인 쇼핑이 가능하다. 신체에 쇼핑 아이템을 입고 착용해보는 서비스를 ㉠구연하기 위해서는, 먼저 인공지능이 다양한 형태의 신체 부위를 데이터화해서 학습해야 한다. 예를 들면, 증강현실을 이용한 신발을 쇼핑하기 전에 사용자의 사진 속 발에 하이힐을 신은 발, 운동화를 신은 발, 맨발 등 모든 가능한 발의 형태를 인공지능이 '발'로 인식하고 최적화시킬 수 있도록 학습시키는 방식이다.
>
> 신체 부위별 사진을 다양한 상황 속 데이터로 모은 후 데이터 라벨링을 통해 해당 이미지가 어떤 사진인지 설정을 하면 그 내용을 다시 AR기어의 인공지능에게 ㉡학습해 신체 부위에 맞는 가상 피팅이 이뤄진다. AR기어의 AI 기술을 토대로 한 가상 피팅 서비스를 이용하면 오프라인 매장에서 착용해보지 않아도 실제 착용한 것과 같은 경험을 통해 디자인, 컬러, 사이즈 등이 사용자에게 어울리는지 손쉽게 확인할 수 있어 온라인 구매 시 불편한 요소들을 가상 피팅을 통해 해결할 수 있다. ㉢그러나 이를 쇼핑 사이트와 연결해 구매까지 이어지게 할 수도 있으며, 국내 쇼핑은 물론 해외 직구에서도 활용이 가능하다. 온라인 쇼핑족에게는 증강현실을 통해 생생한 간접 경험을 ㉣제공함으로써 온라인 구매 시 실패로 인한 제품 교환 및 환불 가능성을 크게 줄여주는 장점도 지니고 있다.

① ㉠ : 단어의 사용이 적절하지 않으므로 '구현'으로 고친다.
② ㉡ : 사동 표현이 사용되어야 하므로 '학습시켜'로 고친다.
③ ㉢ : 접속사 사용이 적절하지 않으므로 '또한'으로 고친다.
④ ㉣ : 조사의 사용이 적절하지 않으므로 '제공함으로서'로 고친다.

단계별 문제 풀이

STEP 01 **문제 유형을 파악한다.**

→ 선택지에 수정 방안이 나와 있는 유형이다.

STEP 02 **제시된 글을 선택지의 내용으로 수정해서 읽어 시간을 단축한다.**

→ ㉣은 문맥상 '-로써'가 오는 것이 적절하다.

정답 찾기

'-로서'란 사람의 지위나 신분, 자격을 나타내는 조사이고, '-로써'란 무생물이나 물건 뒤, 수단이나 방법 뒤에 활용되는 조사이다. 따라서 ㉣의 경우 문맥상 '-로써'가 오는 것이 적절하다.

오답 분석

① '어떤 내용이 구체적인 사실로 나타나게 함'을 의미하는 '구현'이 들어가는 것이 적절하다. '구연'이란 '동화, 야담, 만담 따위를 여러 사람 앞에서 말로써 재미있게 이야기 함'을 뜻하므로 맥락상 적절하지 않다.
② 신체 부위에 맞는 가상 피팅이 이뤄지도록 AR기어의 인공지능에게 '학습시킨다'는 표현이 적절하므로 사동표현을 사용해야 한다.
③ 밑줄 친 ㉢의 앞부분을 보면 가상 피팅을 통해 온라인 구매 시 불편한 요소들을 해결할 수 있음을 설명하고 있고, ㉢의 뒷부분을 보면 더 나아가 쇼핑 사이트와 연결해 구매까지 이어지게 할 수도 있음을 설명하고 있다. 따라서 ㉢의 앞부분과 뒷부분 모두 가상 피팅의 장점에 관해 설명하고 있으므로 병렬관계를 나타내는 접속사 '또한'이 오는 것이 적절하다.

정답 | ④

SECTION 03 출제 예상 문제

01 다음 문서를 보고 지적한 수정 사항으로 적절하지 않은 것은?

4차 산업혁명과 에너지의 만남 대국민 아이디어 공모전

여러분들의 머릿속에 맴도는 4차 산업혁명에 대한 아이디어가 있으신가요? 4차 산업혁명 시대를 맞아 창의적 기술 혁신을 통해 가치를 보다 향상시킬 수 있는 '아이디어 공모전'을 개최합니다. 관심 있는 분들의 많은 참여를 부탁드립니다.

1. 공모전 개요

가. 공모전명 : 4차 산업혁명과 에너지와의 만남 대국민 아이디어 공모전

나. 공모 기간 : 2024. 2. 15(목) ~ 3. 14(목), 1개월간

다. 목적 : 4차 산업혁명의 기술혁신을 활용, 회사 발전에 적용 가능한 아이디어 발굴

라. 혜택

구분	최우수상	우수상	장려상	비고
금액	200만 원	100만 원	20만 원	온누리상품권 지급

2. 접수 방법 및 제출 서류

가. 접수 방법 : 이메일 접수

나. 제출 서류 : 1) 아이디어 요약서[3장 내외/첨부 양식 활용]

* 당사 홈페이지(고객지원 ⇒ 공지사항)에서 다운로드

2) 참가자 자기 소개서[1장 내외/자유양식]

다. 문의처 : 당사 기술기획부

※ 첨부 : 아이디어 요약서(양식) 1부

① 이메일로 접수받기 위한 이메일 주소를 안내하지 않았다.

② '문의처'에 담당자와 연락 방법이 누락되었다.

③ 공모 안내문의 도입부에 공식 문서로서 부적절한 문장을 사용하였다.

④ 무엇을 공모하는 것인지 공모의 대상을 알 수 없다.

⑤ 최우수상, 우수상, 장려상이 각각 몇 명에게 수여되는지에 대해 공개하지 않았다.

02 B대리는 A주임이 작성한 사내 공문을 결재받기 전 틀린 곳을 체크해 주었다. 다음 〈사내 공문 작성 및 처리 지침〉에 따라 조언한 사항으로 적절하지 않은 것을 〈보기〉에서 모두 고르면?

발신	미래혁신실 대외협렵처 A주임
수신	C지사장, D부사장, E처장
제목	전자조달 시스템 개편에 따른 업체 등록 · 입찰 설명회 개최 건

금년도 전자조달 시스템 개편에 따라 업체의 등록 및 입찰 과정에 변경 사항이 있어 협력업체를 대상으로 설명회를 개최하고자 합니다.

1. 행사 일정
   가. 행사명 : 전자조달 시스템 개편에 따른 업체 등록 · 입찰 설명회
   나. 일시 : 2024년 1월 18일(목) 01:30 PM－04:30 PM
   다. 장소 : 본사 302호 대회의실
   라. 주요 내용
      ① 2024년 전자조달 시스템 개편 안내
      ② 새 전자조달 시스템상에서의 업체 등록 및 사업 입찰 방법
      ③ 정부 지침에 따른 낙찰자 선정 기준 변경 안내
2. 신청 방법
   가. 담당자 메일(it_system0001@○○○○.com) 혹은 팩스(02－0000－0000)를 통해 신청
   나. 신청 시 기입 사항 : 소속, 성명, 연락처
   첨부 : 전자조달 시스템 개편 안내문 1부. 끝.

〈사내 공문 작성 및 처리 지침〉

1. 제목은 본문의 내용을 포괄하되 간략하게 작성한다.
2. 수신자 및 발신자의 신원을 명확하게 밝힌다.
3. 번호는 1.－가.－㉠의 순서로 붙인다.
4. 날짜는 숫자로 표기하되 연 · 월 · 일의 글자는 생략하고 그 자리에 온점(.)을 찍어 표시한다.
5. 시간은 시 · 분 대신 쌍점(:)을 찍어 표시하며 24시간제를 사용한다.
6. 기간 및 시간을 나타낼 때는 ~를 사용한다.
7. 본문이 끝나면 1자(2타) 띄우고 '끝.'을 붙인다. 단, 첨부물이 있을 경우 첨부 표기문 끝에 1자(2타) 띄우고 표시하며, 첨부물은 문서의 총 부수를 기입한다.
8. 모든 문서의 승인 · 반려 등의 절차는 전자문서시스템 또는 업무관리시스템상에서 전자적으로 처리되도록 한다.

보기

㉠ 날짜 표기 방식이 맞지 않네요. '2024. 1. 18.(목)'으로 변경하세요.
㉡ 시간을 표시할 때는 24시간제를 사용해야 하니 '13:30－16:30'으로 수정하세요.
㉢ 번호 체계가 맞지 않네요. ①과 같이 표시된 부분은 ㉮로 바꾸세요.
㉣ 수정사항이 모두 적용되면 전자결재시스템을 통해 기안문을 상신하여 결재 승인받을 수 있어요.

① ㉠, ㉡　　② ㉠, ㉣
③ ㉡, ㉢　　④ ㉡, ㉣
⑤ ㉢, ㉣

03 귀하는 요즘 신세대치고는 한자어를 잘 아는 친구로 사내에 소문이 나 있다. 어느 날 기획부서에서 근무하는 동기생이 찾아와 "공문서의 어려운 표현을 고쳤는데, 잘 고쳤는지 봐 달라."고 부탁한다. 다음 중 귀하가 재차 바로잡아 줘야 하는 표현은 무엇인가?

① 수정 전 : 양지하여 → 수정 후 : 고려하여
② 수정 전 : ~에 의거하여 → 수정 후 : ~에 따라
③ 수정 전 : 적의한 조치 → 수정 후 : 적법한 조치
④ 수정 전 : ~의 일환으로 → 수정 후 : ~의 하나로
⑤ 수정 전 : 익년에 → 수정 후 : 다음 해에

04 다음 〈개요〉에 따라 보고서를 작성할 때, 각 부분에 들어갈 내용으로 적절하지 않은 것을 〈보기〉에서 모두 고르면?

〈개요〉

Ⅰ. 서론 : 영농자재 수요 현황과 자재유통센터 건립의 필요성
Ⅱ. 본론
  1. 주요 기능
    1) 영농자재의 대량 구비 및 공급
    2) 고가 영농자재 대여 시스템
  2. 기대 효과
    1) 농업 비용 감소를 통한 농민 소득 증대
    2) 농민 1인당 경작 가능 농지 확대
Ⅲ. 결론 : 건립 계획

보기

㉠ 서론 : 영농자재 수급 불안정성을 해소하기 위해 자재유통센터의 건립이 필수적이다.
㉡ 본론 : 농번기 영농자재 수요는 증가하는 데 비해 공급은 늘어나지 않아 가격이 크게 치솟고 공급 역시 불안정하여 농민들이 어려움을 겪고 있다.
㉢ 본론 : 농업 비수기에 영농자재를 값싸게 대량 구매하여 농번기에 농민들에게 저렴한 가격으로 공급함으로써 기존 대비 평균 10%의 비용 절감이 가능하다.
㉣ 결론 : 첨단 장비 활용으로 농민 1명이 경작할 수 있는 농지가 평균 30% 확대될 것으로 예상된다.
㉤ 결론 : 전국 4개소에 자재유통센터를 건립하고 시군별 2~3개씩 전국 500개소에 지역농협 자재센터를 구축, 전국의 농민들에게 서비스를 제공할 예정이다.

① ㉠, ㉡
② ㉠, ㉢
③ ㉡, ㉢
④ ㉡, ㉣
⑤ ㉢, ㉣

05 **인사팀 홍 대리는 다음과 같이 행사 보고서를 작성하였다. 이를 본 팀장의 지적 사항으로 적절하지 않은 것은?**

■ 일시 및 장소
2024. 3. 4.(월)~3. 5.(화), 연수원 회의실(103호)
■ 주요 내용 및 목적
조직 혁신 방안 및 자긍심 제고 방안 발표 및 토론
■ 토론 내용
- 신설된 부처라는 관점에서 새로운 업무방식에 대한 고민 필요
- 가족 사랑의 날 준수, 연가보상비 공제제도 재검토, 불필요한 회의 감소 등
- 상사들의 더 많은 관심 필요, 학습동아리 지원
- 혁신을 성공케 하는 밑거름으로서 조직문화 개선, 출근하고 싶은 조직 만들기, 직원 사기 진작 방안 모색
- 내부 인원 학습 역량 강화, 태블릿 pc제공 등

■ 향후 일정
- 소관 조직별 발전방안 보완(~3월 둘째 주)
- 본부장님 주재 워크숍 개최(3. 18~3. 19.)

■ 참석 인원
휴가 중인 박 대리 1명 외, 인사팀 전 직원 13명
■ 발표 내용
- 인사 혁신 방안
  - 역량과 성과중심, 예측 가능한 열린 인사
- 조직 혁신 방안(일하는 방식 개선 및 조직구조 재설계)
- 내부 소통 활성화 방안(학습동아리, 설문조사, '팀장님께 바란다' 등)
- 활력 및 자긍심 제고 방안(비품 보완, 휴게실 개선 등)

① 별도의 세부 자료를 통해 시간대별 활동 내역을 표로 만들어 첨부하는 것이 바람직하다.
② '참석 인원'은 '일시 및 장소' 등과 함께 보고서의 맨 처음에 작성해야 하는 항목이다.
③ '토론 내용'을 먼저 기재하고, 바로 다음에 항목별로 해당하는 '발표 내용'을 기재한다.
④ '향후 일정'은 맨 마지막에 추가하는 것이 바람직하다.
⑤ '주요 내용 및 목적'은 '일시 및 장소', '참석 인원'의 다음에 기재한다.

06 밑줄 친 ㉠~㉤ 중 수정하지 않아도 되는 것은?

〈농업의 지속가능성 문제〉

- 농촌지역은 1960년대 성장 위주의 경제정책에 따른 공업화, 산업화로 ㉠이도향촌 현상에 의해 대도시로 급격하게 인구가 집중되었다. 그리하여 대도시는 인구가 급증한 반면 농촌은 인구 감소라는 문제에 직면하게 되었다.
- 농촌지역 출생아 수 역시 매년 감소하고 있는데, 2010년 83,519명에서 2020년에는 71,277명으로 감소하였다. 특히 농촌의 노령화 지수는 2000년 79.0에서 2020년 170.9로 급증하였고, 이것은 도시에 비해 2배 이상 높다. 따라서 농촌지역 현재 인구의 지역 내 재생산 비중이 ㉡증가하고 있다.
- 그리고 농업 인력에 대한 ㉢초과 공급이 2025년에는 51,475명, 2030년에는 112,368명 발생할 것으로 예상되어 농업 유지를 위해서는 농촌지역으로의 ㉣인력 유입이 매우 시급한 과제이고, 특히 양질의 노동력을 보유한 20~30대 청년들을 농업으로 유인하는 것이 중요하다. 이것은 정부의 귀농귀촌 정책이 시행되기 시작한 시기에 귀농귀촌 지원의 대부분이 ㉤노동력을 담보로 삼고 있어 자산을 가진 고령층을 중심으로 귀농이 이루어졌기 때문으로 해석된다.

① ㉠ ② ㉡
③ ㉢ ④ ㉣
⑤ ㉤

07 다음 글에서 밑줄 친 부분을 바르게 고친 것으로 적절하지 않은 것은?

신축 아파트 입주 후 각종 하자 문제로 골머리를 앓는 이들이 늘어나고 있다. 유명 건설사의 신축아파트에 입주한 A씨는 아파트에 ㉠입주한지 한 달여 만에 천장과 벽에서 누수가 발생해 하자보수를 요청했으나 ㉡업체측은 갖가지 핑계를 대며 보수 공사를 차일피일 미루고 있다. 비슷한 문제에 시달리던 B씨는 견디다 못해 자비를 들여 보수공사를 했는데, 장판을 ㉢드러내고 그 아래 바닥을 부수자 각종 쓰레기들이 한가득 나타나 ㉣아연실색할 수 밖에 없었다.
이뿐만 아니라 광고에는 5분 거리라고 했던 지하철역이 실제로는 10분 가까이 걸리는 등 허위 광고 피해 사례도 급증하고 있다. 이러한 상황에서 일부 업체는 자신들은 브랜드 명칭만 ㉤빌려줬을뿐이라며 책임을 회피하고 있어, 해당 업체를 믿고 아파트에 입주한 주민들의 고통만 더욱 커지고 있다.

① ㉠ : '지'는 어떤 일이 있었던 때로부터 지금까지의 동안을 나타내는 의존명사이므로 앞말과 띄어 '입주한 지'로 고쳐야 한다.
② ㉡ : '측'은 의존명사이므로 앞말과 띄어서 '업체 측'으로 수정해야 한다.
③ ㉢ : '물건을 들어 밖으로 옮기다'라는 의미이므로 '들어내고'로 수정한다.
④ ㉣ : 어떤 일이 일어날 가능성을 뜻하는 의존명사 '수'는 앞말과 띄어 쓰며, 조사 '밖에'는 앞말과 붙여 써야 하므로 '아연실색할 수밖에'로 수정한다.
⑤ ㉤ : 본동사 '빌리다'에 보조동사 '주다'가 붙은 형태이므로 '빌려 줬을뿐이라며'와 같이 띄어 써야 한다.

08 다음은 '청소년 비만 문제와 해결 방안'이라는 주제로 글을 쓰기 위한 〈개요〉이다. 이를 수정 · 보완하기 위한 방안으로 적절하지 않은 것은?

〈개요〉

Ⅰ. 서론 : 청소년 비만의 심각성

Ⅱ. 본론

1. 청소년 비만의 문제점 ………… ㉠
   가. 당뇨, 고지혈증, 고혈압 등 각종 성인성 질환의 발병 확률 급증
   나. 교우관계에서의 문제로 인한 우울증, 분노조절 장애 등 심리 질환 발생
   다. 체력 저하 및 각종 질환으로 인한 학습 능력 저하
2. 청소년 비만에 영향을 미치는 요인
   가. 고열량 · 고당도 식품에 대한 무분별한 노출
   나. 부적절한 식생활 교육 시행으로 잘못된 식습관 형성 ………… ㉡
   다. 체육 교과의 비주류화 및 입시 과목의 과중한 학습으로 인한 신체활동 감소
   라. 부모의 유전적 인자 ………… ㉢
3. 청소년 비만 문제 해결을 위한 방안 ………… ㉣
   가. 가정 및 교내에서의 식생활 교육 시행 및 학업 스트레스 완화 노력
   나. 교내 인스턴트 식품 및 고지방 · 고열량 식품 판매 자제
   다. 방과 후 프로그램 운영 등을 통한 청소년의 신체 활동 장려
   라. 지자체별 청소년의 체육 활동을 위한 인프라 구축 및 프로그램 운영

Ⅲ. 결론 : 청소년 비만 해결을 위한 개인의 노력 추구 ………… ㉤

① ㉠의 하위 항목으로 '성조숙증 등의 발병으로 정상적 성장 방해'를 추가한다.

② ㉡의 경우 3의 해결 방안을 참고할 때 '부적절한 식생활 교육'이 이루어지는 것이 아니라 식생활 교육이 시행되지 않는 상황이라고 봐야 하므로 '올바른 식생활 교육의 부재로 인한 잘못된 식습관의 형성'으로 수정한다.

③ ㉢은 과학적으로는 타당하나 개선 및 해결이 가능한 요인이 아니므로 삭제한다.

④ ㉣의 하위 항목으로 '올바른 영양 지식 학습을 위한 관련 과목의 수능 필수과목 추가 선정'을 추가한다.

⑤ ㉤의 경우 적절하지 않은 결론이므로 '청소년 비만 해결을 위한 가정 · 학교 · 사회 각 방면에서의 노력 추구'로 수정한다.

09 **기자 A씨는 대설 대비 행동요령에 관한 기사를 작성하여 최종 수정 작업을 진행하고 있다. 기사에서 밑줄 친 어휘 중 맞춤법 규정에 맞지 않아 수정이 필요한 어휘의 수를 고르면?**

제2349756호 (23년 01월 ㅇㅇ일 월요일)	◇◇일보	www.ㅁㅁㅁㅁ.com

ㅇㅇ청 기상재해 대비책의 일환으로 '원예특작시설 내재해형 규격 설계도 · 설명서' 마련

ㅇㅇ청은 비닐하우스 설계 시 겨울철 대설과 같은 기상재해에 대비해 '원예특작시설 내재해형 규격 설계도 · 설명서'를 참고할 것을 농업인에게 당부했다. 설계도에는 67종의 비닐하우스 표준 모델과 이를 조정 및 시공할 수 있는 400종 이상의 규격이 실려 있다.

설계도를 이해하기 어려운 농업인의 경우, 비닐하우스의 완성된 모습과 여러 가지 정보를 자세하게 살펴볼 수 있는 설계지원 프로그램(GHModeler)을 이용할 수 있다. GHModeler 프로그램은 비닐하우스 시공에 필요한 파이프 길이, 비닐 면적, 죔쇠 ㉠갯수, 소요 경비 등 재료비 견적과 파이프에 의한 그림자의 면적 등 농업인에게 유용한 정보를 ㉡한 눈에 살펴볼 수 있다는 장점을 지니고 있다.

한편 해마다 기상재해가 반복되면서 비닐하우스를 포함한 내재해형 원예특작시설 설계도는 농업인들의 많은 관심을 끌고 있다. ㅇㅇ청 내부 통계자료에 따르면 내재해형 설계도는 지난 1년 동안 ㅇㅇ청 홈페이지 접속통계 주별 검색 순위 1위 8회, 10위 이내 34회를 기록했다. 이와 같은 농업인들의 높은 관심은 연평균 767억 규모의 피해액과 현재 원예시설 면적의 40% 수준에 이르는 누적 피해면적 등을 통해 짐작되는 바와 같이 심각한 기상재해 피해 상황에 기인한 것으로 보인다.

특히 인삼은 작물의 특성상 재배지 구조가 단순하기 때문에 비닐하우스와 비교했을 때 재해에 의한 ㉢피해율이 상대적으로 더욱 높아 반드시 내재해형 설계도에 따라 설치해야 한다. 인삼은 내재해형 규격이 보급되기 이전 5년 동안 농업시설 피해액의 25%를 차지한 경우가 있을 정도로 기상재해에 취약한 작물로서 피해 예방을 위한 각별한 주의가 필요하다. 원예특작시설 내재해형 규격에는 목재 15종과 철재 5종의 인삼 해가림시설이 포함㉣돼 있다.

내재해형 규격에 맞지 않게 설계된 비닐하우스는 농작물 재해보험 가입에 제한이 있을 수 있기에 태풍, 대설, 집중호우, 화재 등 각종 위험에 대비하기 위해선 반드시 내재해형 비닐하우스 규격에 맞게 설계해야 한다.

① 0개 ② 1개
③ 2개 ④ 3개
⑤ 4개

10 **다음은 산림청의 영상공모전 개최 공지글이다. 공지글을 확인한 상사가 수정할 부분이 있어 담당자에게 조언을 전달하고자 한다. 괄호 안에 들어갈 내용으로 적절한 것은?**

산림청 개청 50주년을 맞아 개청을 축하하고 산림청 홍보에 활용하고자 아래와 같이 영상 공모전을 개최하오니 많은 참여 바랍니다.

■ 응모 자격

전 국민 누구나(연령제한 없으며, 개인 또는 팀별 참가 가능)

■ 응모 주제

산림청 50년 역사, 일상 속의 산림정책을 소재로 산림과 숲을 창의적으로 표현

※ 숲을 주제로 한 무자극 콘텐츠 등 형식 제한 없음

■ 응모 일정

- 접수기간 : 2023.11.13(월) 09:00~12.4(월) 18:00
- 발표일 : 2023.12.12(화) 10:00 산림청 홈페이지 공지 및 개별 통보

■ 제출 방법

1. 영상물 규격
   - 분량 : 스마트폰 등으로 촬영된 50초(50~60초 사이) 영상물
   - 파일규격 : avi, wmv, mp4 / 음향 필수
   - 해상도 및 용량 : 720×480픽셀 이상, 용량 500MB 이하
2. 제출물
   - 참가신청서 1부, 서약서 1부, 개인정보 제공 및 수집 · 이용동의서 1인 1부
   - 촬영 · 제작한 영상물

   ※ 출품 수량 : 개인 또는 팀당 1작품에 한함

   ※ 양식 다운로드 : 산림청 홈페이지(www.forest.go.kr) 알림마당

■ 접수 방법

- 이메일 : bbond007@korea.kr
- 우편 : 대전광역시 서구 청사로 189 1동 산림청 산림정책과 「산림청 50초 영상 공모전」 담당자 앞 (35208)

■ 심사 방법

전문가 심사위원을 구성하여 최종 심사 · 결정

※ 심사기준 : 창의성, 작품성, 홍보활용성, 기술완성도

■ 유의 사항

- 영상물 규격에 맞지 않는 경우 감점 처리될 수 있음
- 출품작과 관련 서류는 일체 반환되지 않음
- 수상작은 산림청 홈페이지, 블로그 등에 게시될 수 있으며, 향후 공적인 용도로 활용될 수 있음
- 산림청은 공모전 영상물 제작 과정에서 공모전 참가자에게 문제(안전사고, 시설물 파손 등) 발생 시 어떠한 책임도 부담하지 않음
- 공모전 접수 이후 공모 형식에 어긋나거나 본 공모전 운영 목적에 적합하지 않은 영상으로 판단되는 경우는 관리자에 의해 사전 통보 없이 삭제될 수 있으며, 심사 대상에서 제외
- 타 영상(공모)전에 시상 또는 수상 경력이 있는 작품 제외
- 타인 작품, 유사 작품, 모방 작품일 경우 또는 제작 사실이 허위인 경우 심사 대상에서 제외, 입상 후 이러한 사실이 밝혀졌을 경우에는 수상 취소와 상금 반납
- 모든 작품은 제3자의 초상권 및 타인의 명예를 훼손하거나 불법 정보 유포, 저작권 침해, 지적재산권(음원, 영상, 이미지 등) 침해 소지가 있는 경우 응모할 수 없으며, 모든 민 · 형사상 문제 발생 시 본인(응모자)에게 책임이 있음

• 심사 결과에 따라 수상 작품 수는 변동이 있을 수 있음
• 응모 기간, 작품 심사 및 수상작 발표 일정은 사정에 따라 변경될 수 있음
• 심사 및 평가 결과는 비공개로 함

■ 문의 사항

참가문의 : 042)481－4131

피드백 : 작성한 개최 공지글 잘 봤습니다. 기본적인 전달사항을 일목요연하게 잘 작성했더군요. 유의사항에 추가로 언급해야 할 내용만 몇 가지 전달할게요. 공모전 사후에 일어날지도 모를 법률적 문제를 대비하는 게 필요할 듯합니다. 출품작과 관련 서류는 반환되지 않는다는 내용 뒤에 (   )를 반드시 명기해야 합니다. 그 외에는 전달할 내용을 모두 잘 반영했어요. 수고했습니다.

① 창작물 자기 복제에 따른 책임 유무
② 상금 내용과 세금 납부 절차
③ 지적재산권 분쟁 시 책임 주체
④ 저작권을 비롯한 권리 일체의 소유 주체
⑤ 심사 과정과 결과 공지의 공개 여부

MEMO

최종 점검 모의고사

PART 03

CHAPTER 01 최종 점검 모의고사 1회
CHAPTER 02 최종 점검 모의고사 2회
CHAPTER 03 최종 점검 모의고사 3회

CHAPTER 01

최종 점검 모의고사 1회

01 다음 밑줄 친 단어와 가장 유사한 의미로 사용된 문장은?

A사는 사내 복지 수준이 높기로 유명하다.

① 구두굽이 너무 높아 걸을 때 휘청거린다.
② 천장이 높아 공간이 더 넓어 보인다.
③ 올 여름은 평년보다 기온이 높을 것으로 예상된다.
④ 이 유물은 역사적인 가치가 매우 높다.
⑤ 제도 개선을 요구하는 목소리가 높다.

02 다음 중 밑줄 친 부분의 맞춤법이 바르지 않은 것은?

① 틈틈이 사들인 책이 어느새 삼천 권을 헤아리게 되었다.
② 그녀의 수첩에는 깨알 같은 글씨가 빽빽이 적혀 있었다.
③ 우리는 세미나 발표 자료를 꼼꼼히 챙겼다.
④ 그는 묵직히 한마디 해 놓고 좌중을 매서운 눈으로 돌아보았다.
⑤ 그녀는 손톱을 깨끗이 손질하고 있었다.

03 다음 밑줄 친 어휘와 가장 유사한 의미를 나타내는 것은?

경주시는 지난해 경주를 찾은 관광객은 약 4천만 명이며, 관광비용으로 총 5천 400억 원을 썼다고 발표했다. 경주시는 지역 관광과 경제 활성화 정책을 위한 자료로 활용하고자 진행 중인 경주시 유동인구 빅데이터 분석 중간 결과를 내놓았다. 빅데이터 분석에 따르면 지난해 4천만 명의 유동인구가 경주를 찾았으며 올해도 비슷한 수의 유동인구가 방문해 소비할 것으로 전망했다.

① A부서는 올해 배정된 예산 중에서 사원 복지 부분에 작년 대비 15%p를 더 썼다.
② B의 졸업식에 온 언니는 다 함께 사진을 찍을 때 B의 학사모를 썼다.
③ C는 비장애인의 휠체어 체험을 리드하며 피상적인 이벤트로 그치지 않도록 신경을 썼다.
④ 최종 시험을 앞두고 졸음을 참기 위해 여러 잔째 마시는 커피가 썼다.
⑤ 제주도에 도착한 D는 바다를 바라보며 친구에게 엽서를 썼다.

04 ○○사 연구실에서 A사원이 부상을 입는 사고가 발생했다. 치명적인 사고는 아니었으나 적절한 응급조치가 시행되지 않아 A사원은 치료 및 회복을 위해 일주일 이상의 병가를 내게 되었다. 이에 ○○사에서는 외부 강사를 초빙하여 실험실 안전수칙을 재교육하고 K과장으로 하여금 사고 시 응급조치 교육을 시행하도록 하였다. 응급조치 매뉴얼이 다음과 같을 때 K과장이 교육할 내용으로 적절하지 않은 것은?

> **〈사고 시 응급조치 매뉴얼〉**
>
> 1. 호흡 정지
>   (1) 환자가 의식을 잃고 호흡이 정지된 경우 즉시 인공호흡을 해야 한다.
>   (2) 주변의 도움을 청하려고 시간을 낭비하지 말고 환자를 소생시키면서 도움을 청한다.
> 2. 심한 출혈
>   (1) 출혈이 심할 때는 상처 부위를 패드나 천으로 눌러서 지혈시킨다.
>   (2) 위급할 때는 의류를 잘라서 사용하도록 한다.
>   (3) 충격을 피하기 위해서 상처 부위를 감싸고 즉시 응급요원을 부르도록 한다.
>   (4) 피가 흐르는 부위는 신체의 다른 부분보다 높게 하여 계속 누르고 있도록 한다.
>   (5) 환자는 편안하게 누이도록 한다.
>   (6) 지혈대는 쓰지 않도록 한다.
> 3. 화상
>   (1) 화상이 경미할 때는 얼음이나 생수로 화상 부위를 식힌다.
>   (2) 옷에 불이 붙었을 때는 다음 각 호의 요령에 따른다.
>   - 바닥에 누워 구르거나 근처에 소방담요가 있다면 화염을 덮어 싸도록 한다.
>   - 불을 끈 후에는 약품에 오염된 옷을 벗고 샤워장치에서 샤워를 하도록 한다.
>   - 상처 부위를 씻고 열을 없애기 위해서 수돗물에 상처 부위를 담근다.
>   - 상처 부위를 깨끗이 한 후 얼음주머니로 적시고 충격을 받지 않도록 감싼다.
>   - 사람을 향해 소화기를 사용하지 않도록 주의한다.
> 4. 유해물질에 의한 화상
>   (1) 유해물질이 묻거나 화상을 입었을 경우 즉각 물로 씻는다.
>   (2) 유해물질에 의하여 오염된 모든 의류는 제거하고 접촉 부위는 물로 씻어 낸다.
>   (3) 유해물질이 눈에 들어갔을 경우 15분 이상 세안장치를 이용하여 깨끗이 씻고 즉각 도움을 청한다.
>   (4) 몸에 유해물질이 묻었을 경우 15분 이상 샤워장치를 이용하여 씻어 내고 전문의의 진료를 받는다.
>   (5) 유해물질이 몸에 엎질러진 경우 오염된 옷을 빨리 벗는다.
>   (6) 보안경에 유해물질이 묻은 경우 시약이 묻은 부분을 완전히 세척하고 사용한다.

① 부상자의 출혈이 심한데 지혈용으로 쓸 패드 같은 도구가 보이지 않으면 그것을 찾으며 시간을 소모하지 말고 옷을 잘라서 사용하는 게 낫습니다.

② 출혈 지점이 파악되면 그 부위가 다른 부위보다 더 높게 위치할 수 있도록 부상자의 자세를 조정해주고, 출혈 지점을 계속 누르도록 해야 합니다.

③ 유해물질이 몸에 묻었을 경우 피부에 흡수되는 시간을 최소화하는 게 중요합니다. 유해물질이 묻은 옷을 바로 벗도록 하고, 샤워장치를 이용하여 15분 이상 씻어주십시오.

④ 화상의 경우 상처 부위가 오염되면 위험하므로 구급차가 도착할 때까지 물을 포함하여 어떤 사물도 닿지 않도록 하는 데 집중해주십시오.

⑤ 만일 부상자가 의식을 잃었을 경우 도움을 청하되, 인공호흡으로 부상자를 소생시키는 처치를 병행해야 합니다.

05 다음 글의 내용과 일치하지 않는 것은?

프랑스 혁명이 한창이던 18세기 말 프랑스 과학자들은 또 다른 혁명을 꿈꾸고 있었다. 도량형 단위를 통일해 이를 전 세계로 확산하겠다는 시도였다. 당시 프랑스에서는 약 800개의 이름으로 25만여 개의 길이, 부피, 무게 단위가 쓰이고 있어 혼란이 극심했다. 파리과학아카데미에 모여든 과학자들은 새로운 도량형 체계를 만들자는 데 합의하고 몇 가지 원칙과 목표를 정했다.

첫째는 모든 단위의 기본이 되는 표준 원기(原器)를 잃어버리더라도 누구나 쉽고 똑같이 잴 수 있어야 한다는 것이다. 그러려면 과학적이어야 한다. 예를 들어 10야드는 영국 왕 헨리 1세가 팔을 쭉 뻗었을 때 코끝에서 엄지손가락 끝까지의 길이에서 비롯됐다고 한다(중세 영국에서 땅의 면적을 측정하는 도구에서 비롯됐다는 설도 있다). 둘째는 십진법을 채택한다는 것이다. 그전까지는 대부분 '야드는 피트의 세 배'식으로 십진법이 적용되지 않았고, 단위 간에 상관관계가 없는 경우가 많았다.

이전까지 프랑스는 '피에 드르와'(약 325mm)라는 단위를 가장 많이 썼다. 기원전 5~6세기 페르시아 다리우스 1세 황제가 정한 '큐비트'(Cubit)의 절반으로, 고대 로마 때 표준 단위로 사용하다가 기원후 8~9세기 샤를마뉴 대제가 새로 정했다.

프랑스과학아카데미는 1790년 적도에서 북극까지 자오선의 1천만 분의 1을 1m로 하자고 제안했다. 전체 자오선 길이가 아닌 적도에서 북극점까지 거리를 기준으로 삼은 까닭은 당시의 기술 수준으로 남반구 지역에 관측소를 설치하기 어려웠기 때문이다. 이에 따라 가로 · 세로 · 높이 각 10cm 정육면체 부피는 1L, 1L 부피의 4℃ 물의 질량을 1kg으로 하는 등의 기준이 제시됐다. 1795년 황동으로 임시 미터 원기를 만든 데 이어 1799년 백금으로 된 표준 미터 원기를 만들었다. 그해 12월 10일 프랑스는 처음으로 미터 단위 사용법을 제정했다. 이를 역사가들은 미터법 혁명이라고 부른다.

여기서 다른 단위도 파생돼 1kg 물체를 초당 1m 가속하는 데 필요한 힘은 1뉴턴(N), 1N의 힘을 가해 물체가 1m 이동했을 때 한 일은 1줄(J), 1기압에서 물 1g을 14.5℃에서 15.5℃까지 올리는 데 필요한 열량은 1칼로리(cal) 등으로 정해졌다.

프랑스 혁명 후 집권한 나폴레옹은 유럽 각국으로 진출하며 미터법을 보급했다. 그러나 영국은 예외였다. 나폴레옹이 트래펄가 해전과 워털루 전투에서 잇따라 패해 영국 진출이 좌절됐기 때문이다. 그래서 영국과 영국 식민지이던 미국은 아직도 미터법 대신 야드-파운드법을 쓰고 있다.

① 길이 단위 중 하나인 야드는 중세 영국의 땅 면적 측정 도구에 기반했거나 헨리 1세가 팔을 뻗었을 때 코끝에서 엄지손가락 끝까지의 길이에서 비롯되었다는 설이 있다.

② 고대 로마의 표준 단위였던 '큐비트'를 현재의 단위로 환산하면 약 65cm이다.

③ 1790년 무렵 프랑스는 남반구 지역에 관측소를 설치하기 어려웠다.

④ 가로 · 세로 · 높이가 각각 10cm인 정육면체에 물이 가득 담겨 있고 온도가 4℃일 경우 물의 질량은 1kg이다.

⑤ 프랑스와 영국의 길이 단위가 다른 이유는 미국이 영국의 식민지였던 것과 관련된다.

06 다음 중 글의 내용과 일치하지 않는 것은?

> 피니어스 게이지(Phineas Gage)는 19세기 미국의 철도건설회사에서 일하던 청년이었다. 1848년 9월 13일 게이지는 버몬트 지역에 철도를 놓는 과정에서 화약으로 바위를 폭파하는 작업을 감독하고 있었다. 당시 그는 바위 구멍에 폭약 가루와 여러 재료를 넣고 다짐대라는 긴 쇠막대를 이용해 누르고 있었다. 그런데 갑자기 내용물이 폭발하면서 들고 있던 쇠막대가 그의 턱과 두개골을 관통했다. 몇 분 후, 죽었을 것이라고 생각했던 그가 놀랍게도 말을 하기 시작했고, 심지어는 병원으로 이동할 마차까지 직접 걸어가기도 했다. 게이지의 머리를 관통한 쇠막대는 제거됐고 부상 부위는 붕대처치를 받았다. 몇 달간 치료를 받은 그는 걸어서 가족의 품으로 돌아갈 수 있었다.
>
> 이후 게이지는 뉴욕의 박물관에서 근무했고, 칠레에서 역마차 운전도 하며 12년을 더 살았다. 문제는 그의 성격이 완전히 변했다는 점이었다. 평소 성실하고 온화한 성격이었던 게이지는 전과 다르게 불경한 행동을 일삼고 변덕스러우며 고집을 부리는 등 큰 변화를 보였다. 그의 표정과 행동은 상황과 동떨어지거나 때로 난폭하기까지 해, 무리와 잘 섞이지 못했다.
>
> 케임브리지대학교의 신리학자 사이먼 배런 코언(Simon Baron Cohen)은 공감 능력과 관련 있는 뇌의 주요 부위들을 연구하고 있다. 그는 뇌 영역에서 공감과 관련하여 가장 중요한 부분은 내측 전전두엽피질이라고 말했다. 전전두엽피질(prefrontal cortex)은 사회적 정보를 처리하고, 자신과 타인의 생각과 감정을 알아차리고 조절하는 중심 역할을 한다. 또한 긍정적이고 보람 있는 행동을 하도록 지름길을 제공한다.
>
> 1994년 배런 코언은 공감 회로의 또 다른 영역인 내측 안와전두피질(orbitofrontal cortex)을 확인했다. 안와전두피질은 마음이 어떻게 기능하는가를 묻는 질문을 받을 때 작동하며 손상되면 사회적 억제력이 감소한다.
>
> 1848년 사고 후 피니어스 게이지의 성격이 어떻게 변했는지는 자세하게 알 수는 없지만, 사고 이후 타인과의 관계에 큰 어려움을 겪었다는 사실만은 분명하다. 그의 두개골에 현대의 뇌 영상 기술을 적용해보면 다짐대가 뇌 두 곳의 중요한 부위에 치명적인 상처를 입혔음을 알 수 있다. 그곳은 행동을 관장하는 부위인 내측 전전두엽피질과 안와전두피질이다.

① 피니어스 게이지는 철도 공사 중 화약 폭발 사고를 당했다.
② 피니어스 게이지는 다짐대에 의해 내측 전전두엽피질과 안와전두피질에 상처를 입은 이후 성격의 변화를 보였다.
③ 피니어스 게이지는 관통사고의 후유증으로 12년간 투병하다 사망하였으나 그가 보인 증상에 대한 연구는 사후에도 지속되었다.
④ 사이먼 배런 코언의 연구는 게이지의 성격 변화를 설명할 수 있는 근거가 된다.
⑤ 다짐대에 의해 뇌 주요 부위가 손상된 게이지는 바람직한 행동을 취하거나 상황에 맞도록 감정을 억제하는 일을 잘 해내지 못했다.

[07~09] 다음 글을 읽고 이어지는 물음에 답하시오.

여러 지자체는 그들의 역할이 단지 쓰레기를 처리하고 도로를 관리하는 등 기본적인 공공서비스를 제공하기 위해 세금을 걷는 것이라고 생각한다. 또는 기업을 유치해서 일자리를 늘리고 조세 기반을 확대하여 지역 경제를 활성화하는 것이라고 생각한다. 그러나 ㅇㅇ시의 시정은 광범위하고 (㉠)인 접근 방식을 취하고 있다. 그들은 미래 세대가 지금 세대만큼 높은 수준의 삶을 누릴 수 있어야 한다는 생각으로 삶의 수준을 높이는 다양한 요소를 고려하고 있는데, 친절함은 그러한 요소 중 하나이다.
국가나 지자체는 범죄를 예방하는 일을 친절함과 협력의 분위기를 조성하는 일보다 (㉡)으로 인식한다. 하지만 친절한 분위기를 조성하는 일은 비교적 쉽고 돈이 많이 들지 않는다. 그리고 시민들의 행복감을 높이는 데 중요한 역할을 한다. ㅇㅇ시 시민들의 높은 행복지수가 이를 증명한다.
사소하지만 (㉢)인 경험만으로도 사람들은 스스로에 대해 더 좋은 느낌을 갖고 타인을 더욱 적극적으로 도우려 한다. 1970년대 미국의 심리학자 앨리스 아이센(Alice Isen)과 폴라 레빈(Paula Levin)은 이와 관련된 실험을 수행했다. 두 사람은 피실험자들에게 공중전화로 전화를 걸게 했다. 여기서 (㉣)으로 선발된 일부 피실험자들에게는 직전에 전화를 건 사람이 10센트짜리 동전 하나를 남겨둔 것을 발견하도록 해뒀다. 다음으로 각각의 피실험자들 앞에서 한 여성이 서류 뭉치를 떨어뜨리도록 했다.
실험 결과 아이센과 레빈은 동전을 발견한 16명 중에서 14명이 여성을 도와줬던 반면 동전을 발견하지 못한 25명 중에서는 오직 한 사람만이 여성을 도와줬다는 결과를 확인했다. 추가 실험에서 두 사람은 공중전화박스에 편지를 놓아뒀고 마찬가지로 동전을 발견했던 피실험자들이 보다 적극적으로 편지를 우체통에 넣었다. 이후 계속된 연구들이 이 같은 (㉤)인 차이에 많은 의문을 제기했다. 하지만 긍정적인 경험이 사람들로 하여금 스스로에 대해 보다 좋은 느낌을 갖고 적극적으로 타인을 도와주게 만든다는 점에는 반론의 여지가 없어 보인다. 심리학자들은 이런 현상을 일컬어 '호의의 불꽃(glow of goodwill)'이라고 한다. 그렇다면 정부는 [ⓐ]

07 다음 중 윗글을 통해 알 수 있는 내용은?

① 여러 지자체는 기본적인 공공서비스 제공을 위하여 기업 유치를 우선으로 추진한다.
② 삶의 수준을 높이는 요소에는 여러 가지가 있으며 ㅇㅇ시의 경우 '친절함'을 가장 중요한 요소로 본다.
③ 아이센과 레빈은 편지와 지폐 등으로 추가 실험을 계속했고 연구 결과는 '호의의 불꽃' 현상을 증명했다.
④ ㅇㅇ시는 친절한 분위기를 조성하는 데는 일정 규모의 예산이 투입되지만 투입할 가치가 있다는 입장이다.
⑤ ㅇㅇ시는 미래를 사는 세대의 삶의 수준이 현재를 사는 세대의 삶의 수준만큼 높아야 한다고 여긴다.

08 다음 중 빈칸 ㉠~㉤에 들어갈 단어를 〈보기〉에서 골라 순서대로 나열한 것은?

> 보기
>
> 정기적　장기적　우선적　대중적　긍정적　미온적　소극적　극적　무작위적

	㉠	㉡	㉢	㉣	㉤
①	정기적	우선적	소극적	무작위적	대중적
②	우선적	긍정적	대중적	극적	장기적
③	장기적	우선적	긍정적	무작위적	극적
④	장기적	우선적	대중적	무작위적	미온적
⑤	우선적	미온적	긍정적	극적	무작위적

09 다음 중 ⓐ에 들어갈 내용으로 가장 어울리지 않는 것은?

① 호의의 불꽃을 만들기 위해 적은 예산으로도 긍정적 경험을 제공할 수 있는 방법을 다양하게 찾아야 하지 않을까?
② 호의의 불꽃을 만들기 위해 작은 실천 방안들을 제시해야 하지 않을까?
③ 호의의 불꽃과 범죄의 증감은 반비례한다는 데 착안하여 선행을 독려하는 예산과 범죄 예방 예산을 재조정해야 하지 않을까?
④ 호의의 불꽃을 피울 불씨로 기능할 실천들을 지원해야 하지 않을까?
⑤ 호의의 불꽃의 릴레이 효과를 유도할 캠페인 등을 구상해야 하지 않을까?

[10~11] 다음 글을 읽고 이어지는 물음에 답하시오.

청석면이라고 불리는 크로시돌라이트(Crocidolite)는 최고의 내열성능을 가지고 있다. 이 광물은 분무식 코팅제, 파이프 절연재, 시멘트 제품에 널리 사용됐으며, 수백만 개의 군용 방독면을 만드는 데도 활용됐다.
청석면은 1917년 해머슬리산맥에서 처음 발견됐다. 1946년 위트눔 협곡에서 채광이 시작됐는데 대단히 성공적이어서 다음 해에 이 회사의 마을이 세워졌다. 마을은 정착민들을 끌어들였으며 인구는 곧 500명이 되었다. 1960년대까지 오스트레일리아의 유일한 석면 광산이었으며 거대한 광맥으로부터 가치 있는 광물을 16만 1,000톤까지 생산할 수 있을 것으로 기대됐다.
하지만 심각한 건강 문제가 수면에 떠오르는 것은 시간문제였다. 광산과 공장에서는 석면 먼지가 푸른색 연기처럼 뜨거운 공기에 떠 있었다. 일찌감치 1948년부터 의사들은 재앙적인 건강 문제가 발생할 것이라 경고했고 위트눔 광산이 문을 연 첫해에 석면증 환자 1명이 발생했다. 그 후에도 부정적인 건강보고서가 증가했다. 1960~1970년대 석면의 위험성은 전 세계 뉴스의 앞머리를 장식했으며 용도도 단계적으로 폐기됐다. 위트눔 광산은 1966년 폐쇄됐는데, 건강에 대한 우려보다는 수익이 급격히 떨어졌기 때문이었다. 대부분의 주민이 병으로 시달리게 된 시기는 회사가 위트눔을 떠나고 한참 지난 후였다.
보상 요구가 빗발치면서 위험의 심각성은 명확해졌다. 연방정부는 1978년부터 이 마을을 단계적으로 폐쇄하기 시작했다. 주민들에게 이주를 권장했으며 그들이 떠나면 집을 철거했다. 1992년 마을에 있던 주택의 3분의 1이 철거됐고 학교, 보건소, 파출소, 공항 역시 폐쇄됐다. 2006년 정부는 마침내 전력 공급을 차단하고 모든 공공서비스도 중단했다. 위트눔은 모든 공식적인 지도와 도로 안내판에서 지워졌다. 경고문이 세워지고 오염지역으로 통하는 도로도 차단됐다.
현재 청석면의 사용은 세계적으로 금지되고 있다. 백석면 역시 52개국에서 사용이 금지됐지만 여전히 러시아, 중국, 브라질, 카자흐스탄, 캐나다에서 채광되고 있다. 매년 200만 톤 정도가 생산되는데, 대부분 한창 호황을 누리고 있는 건설 회사들이 인도, 브라질, 태국, 멕시코, 파키스탄 같은 나라에서 사용하는 방화용 시멘트를 만드는 데 사용하고 있다.

10 다음 중 〈보기〉의 사건들을 일어난 순서대로 바르게 나열한 것은?

보기

㉠ 뉴스에서 석면의 위험성을 보도했다.
㉡ 의사들이 석면의 위험성을 경고하기 시작했다.
㉢ 해머슬리산맥에서 청석면이 발견되었다.
㉣ 위트눔 협곡에서 채광을 시작했다.
㉤ 위트눔 마을의 보건소와 파출소가 폐쇄되었다.

① ㉠－㉢－㉡－㉣－㉤
② ㉡－㉢－㉣－㉤－㉠
③ ㉢－㉣－㉡－㉠－㉤
④ ㉢－㉡－㉠－㉤－㉣
⑤ ㉣－㉡－㉠－㉢－㉤

11 다음 중 제시문을 통해 추론할 수 있는 내용은?

① 위트눔 마을은 1947년에 세워졌고 1978년부터 단계적으로 폐쇄되었다.
② 현재는 진입로가 막혀 있는 위트눔은 오스트레일리아의 유일한 석면 광산이다.
③ 크로시돌라이트로 인한 주민들의 건강 문제가 불거지자 위트눔 광산은 1966년 폐쇄되었다.
④ 현재에는 모든 종류의 석면 사용이 세계적으로 금지되어 있다.
⑤ 현재 위트눔은 거주민이 한 명도 없는, 지도에 이름으로만 남아 있는 닫힌 마을이다.

12 다음 〈보기〉는 ㉠~㉦의 의미를 맥락에 맞게 풀이한 것이다. 옳지 않은 것을 모두 고르면?

"18년 동안 호랑이를 탔으니, 또한 이미 족하다." 태종이 즉위한 지 18년 된 해 8월, 충녕대군에게 ㉠국보를 건넨다. 고려를 무너뜨려 새 나라를 세우고 형제의 피를 흘리며 등극한 태종이 재위 기간에 왕권의 기반을 닦고 셋째 아들인 이도, 즉 충녕대군에게 1418년 8월 10일 왕의 자리를 넘긴 것은 대군의 나이 스물두 살 때였다.

세종은 어린 시절부터 ㉡성군의 ㉢자질이 넘치는 이였다. 일단 조선 선비에게 가장 중요한 가치인 학문에서 ㉣당대를 넘어 조선 시대 전체를 통틀어 ㉤비견할 만한 이가 드물 정도다. 학자 이긍익이 쓴 〈연려실기술〉에는 몸이 아파도 독서를 고집하는 아들이 걱정스러워 태종이 책을 압수한 사태를 전한다. 이때 세종이 병풍 사이에 남은 책 한 권을 발견해 1,100번을 읽었다는 후문이 전해진다. 호기심과 공부는 그의 세계를 무한히 넓혔으며 법제를 정비하고 공학, 철학, 경제, 천문, 지리, 의학, 음악, 군사, 외교, 언어, 농사, 인쇄까지 세종이 손대지 않은 분야가 없었다.

높은 경지의 학문은 물론 자체로 목적이 되지만, 그는 배워서 백성을 줬다. 스스로 공부하고, 집현전에 젊은 학자를 모아 놓고 함께 연구해 백성의 생활을 이롭게 했다. 세종 시대에는 조선 독자적으로 천문을 관측하기 시작해 이에 맞는 농법을 실시함으로써 수확량이 증가했고, 시계를 제작해 백성과 양반이 ㉥시각을 공유할 수 있었다. 백성을 불쌍히 여기는 마음이 낳은 최대 업적은 한글 창제이다. 한글은 백성이 말하고 싶어도 그 뜻을 펴지 못함을 불쌍히 여겨 새로 만든 스물여덟 글자다. 백성이 글자를 몰라 불이익을 당하지 않고 누구나 자기 생각을 자기 손으로 표현하기를 바라는 세종의 마음이 담긴 한글은 쉽고 아름다운 우리말이자 인류의 ㉦유산이다.

보기

㉠ 국보(國寶) : 나라에서 지정하여 법률로 보호하는 문화재
㉡ 성군(聖君) : 어질고 덕이 뛰어난 임금
㉢ 자질(子姪) : 자손
㉣ 당대(唐代) : 당나라 시대
㉤ 비견(鄙見) : 자신의 의견을 겸손하게 이르는 말
㉥ 시각(視角) : 사물을 관찰하고 파악하는 기본적인 자세
㉦ 유산(遺産) : 죽은 사람이 남겨 놓은 재산

① ㉠, ㉡, ㉣
② ㉢, ㉤, ㉥
③ ㉢, ㉣, ㉤, ㉥
④ ㉠, ㉢, ㉣, ㉤, ㉥, ㉦
⑤ ㉠, ㉡, ㉢, ㉣, ㉤, ㉥, ㉦

[13~14] 다음 글을 읽고 이어지는 물음에 답하시오.

플라스틱은 토양과 해양 환경의 오염원으로 손꼽히고 있다. 하지만 플라스틱이 막대한 온실가스를 배출해 기후변화를 일으키는 주범 가운데 하나라는 사실은 잘 알려져 있지 않다. 미국 샌타바버라 캘리포니아주립대 연구팀은 "플라스틱 유래의 온실가스 배출량이 2015년 1.8GtCO_2(기가이산화탄소톤)에서 2050년에는 6.5GtCO_2으로 증가할 것으로 추정된다. 또한 2015년 플라스틱 온실가스 배출량의 비중은 전체의 3.8%이지만, 플라스틱 생산 증가 추세가 지속된다면 2050년에는 세계 잔여탄소배출허용총량(carbon budget)의 15%까지 늘어난다"고 밝혔다. 잔여탄소배출허용총량은 지구 온도가 산업화 이전 대비 1.5도 상승에 그치도록 하기 위해 허용되는 탄소 배출량의 최대치를 말한다.

세계 플라스틱 생산은 1950년 200만 t에서 2015년 4억여 t으로 200배 늘어났다. 연평균 증가율이 8.4%에 이른다. 2015년 현재 플라스틱 폐기물의 58%는 버려지거나 매몰되고 18%만이 재활용되고 있다. 플라스틱 유래 온실가스는 수지 생산 단계에서 61%, 가공 단계에서 30%, 소각 등 영구폐기 과정에서 9%가 배출된다.

연구팀은 10개의 전형적인 플라스틱과 5개의 바이오 기반 플라스틱에 대한 자료를 수집하고 다양한 절감 전략에 의한 온실가스 배출 추세를 분석했다. 최근 6년간(2010~2015년) 플라스틱 생산량은 연평균 4%씩 증가해, 2015년에 4억 700만 t에 이르렀다. 현재 추세대로라면 2050년 생산량은 16억 600만 t에 이를 것이라 추정된다.

플라스틱은 탄소집약적인 생애주기를 갖고 있다. 플라스틱 수지의 대부분은 석유에서 추출 · 증류하여 얻는다. 수지는 제품으로 가공돼 시장으로 운송되는데, 이 전 과정에서 직간접적으로 온실가스를 배출한다. 플라스틱 폐기 과정에도 탄소 배출은 계속되는데 폐기, 소각, 재활용, 퇴비화 과정에서 이산화탄소가 발생한다.

플라스틱 유래 온실가스 배출을 감축하기 위한 가장 간단하고 손쉬운 방법은 재활용이다. 샌타바버라 캘리포니아주립대의 계산에 따르면 2018년 현재 세계 플라스틱의 90.5%는 재활용되지 않고 있다. 그만큼 온실가스 배출을 감축할 수 있는 여지가 있는 것이다.

두 번째 방법은 바이오 기반 플라스틱(친환경 플라스틱)의 비중을 높이는 것이다. 친환경 플라스틱 재료가 되는 작물은 성장 과정에서 이산화탄소를 흡수한다. 친환경 플라스틱을 퇴비화할 경우 다시 이산화탄소가 대기중으로 배출되지만, 친환경 플라스틱은 전반적으로 탄소중립적인 소재이다. 플라스틱 수요의 증가를 제한하는 것도 중요한 전략 중 하나이지만 어려운 작업이다. 플라스틱의 여러 장점을 대체할 소재는 아직 나오지 않고 있다.

연구팀은 화석연료를 재생에너지로 전환하는 것이 플라스틱 유해 온실가스 배출을 감축하는 데 가장 효과적이라는 결론을 내렸다. 이론상 재생에너지로 100% 전환했을 경우 온실가스 배출은 51%까지 줄어드는 것으로 추산됐다. 또한 연구팀은 이러한 모든 전략을 실행했을 때 온실가스 배출의 감축이 이뤄진다고 보았다. 재생에너지 도입과 재활용 및 수요관리 정책을 동시에 적극적으로 펼치면 2050년 온실가스 배출량을 2015년 수준으로 동결할 수 있다는 것이다.

13 다음 중 글의 서술 방식에 해당하지 않는 것은?

① 구체적인 수치를 근거로 상황을 분석하고 대안을 제시하며 설득력을 확보하고 있다.
② 과제에 다각도로 접근하여 해결안을 제시하고 있다.
③ 문제 상황의 진행 추이를 분석하여 현재 추세가 지속될 경우의 미래 상황을 추정하고 있다.
④ 연구팀에서 분석한 자료를 통해 기존 이론의 한계를 넘어서는 대안을 제시하고 있다.
⑤ 해결 전략을 종합하며 최종적 결론을 내리고 있다.

14 **다음 중 제시문과 일치하지 않는 내용은?**

① 샌타바버라 캘리포니아주립대 연구팀은 2050년의 플라스틱 유래 온실가스 배출량은 2015년 대비 약 3배 이상 증가할 것으로 추정한다.

② 플라스틱 생애주기별 온실가스 배출량 분석에 따르면 석유에서 추출과 증류를 통해 플라스틱 수지를 얻는 과정에서 플라스틱 유래 온실가스의 61%가 배출된다.

③ 샌타바버라 캘리포니아주립대 연구팀은 플라스틱 유래 온실가스 배출 감축을 위해 가장 간단하고 효과적인 방법으로서 플라스틱 재활용을 제시한다.

④ 상승 중인 지구 온도가 산업화 이전 온도에서 1.5도만 높아지도록 하기 위해 배출 가능한 탄소의 총량이 정해져 있는데, 현 추세대로라면 2050년 플라스틱 유래 온실가스가 그중 15%를 차지하게 될 수 있다.

⑤ 현재 추세가 유지된다면 2050년의 세계 플라스틱 생산량은 1950년 대비 약 800배에 이를 것이다.

15 **다음은 아래 글을 읽고 토론한 내용이다. 갑~무의 발언 중 적절하지 않은 것은?**

> 경상수지란 다른 나라와의 상품 · 서비스거래와 해외 투자 대가로 벌어들이는 배당금 · 이자 등의 소득거래 및 이전거래의 수지차를 의미한다. 이를 통해 소득, 고용, 통화량 등과 우리나라 경제의 상관관계를 파악할 수 있다.
> 경상수지는 크게 상품수지, 서비스수지, 소득수지, 경상이전수지 4개 항목으로 구분된다. 상품수지와 서비스수지는 각각 상품 · 서비스 수출과 수입의 차이를 말한다. 소득수지는 비거주자 노동자에게 지급되는 급료, 대외금융과 관련된 투자소득이 포함되고, 경상이전수지는 개인 송금, 국제기구 출연금, 무상원조 등이 포함된다. 상품이나 서비스를 외국에 수출하면 그만큼 수요가 증가하므로 생산 확대를 일으켜 일자리와 소득 증대가 발생한다. 따라서 상품수지 및 서비스수지가 우리 경제에 미치는 영향이 가장 크다.
> 경상수지가 흑자일 경우 외국에 판매한 재화와 서비스가 구매한 것보다 많으므로 소득과 일자리가 증가한다. 또한 외화를 벌어들인 만큼 외채 감소 효과를 얻을 수 있고, 물가상승 압력이 있을 때도 무리 없이 수입을 늘릴 수 있어 더 쉽게 물가를 안정시킬 수 있다. 경상수지 적자 상황이 되면 소득이 줄어들고 실업이 늘어나며, 외채 증가로 원금상환과 이자부담이 증가한다. 다만 경상수지 흑자는 국내통화량을 증가시켜 통화관리에 어려움을 발생시킬 수 있고, 대외 수출품에 대한 수입규제를 유발하는 원인으로도 작용할 수 있다.

> 갑 : 경상수지는 결국 대외거래에서 발생하는 금액 차를 말하는 거구나.
> 을 : 맞아. 쉽게 말해서 우리나라가 외국에서 벌어들인 돈과 외국에 지급한 돈의 차이를 나타내는 거지.
> 병 : 응, 그중에서도 실제 경제활동과 밀접한 상품수지와 서비스수지의 중요도가 높네.
> 정 : 경상수지가 흑자를 보이면 소득과 일자리가 증가하는 효과를 거둘 수 있구나.
> 무 : 그렇지, 경상수지 흑자는 경제정책에도 유리하게 활용할 수 있으므로 긍정적인 면만 가지고 있어.

① 갑　　② 을
③ 병　　④ 정
⑤ 무

16 다음 글의 뒷부분에 이어질 내용으로 가장 적절한 것은?

> 태양계 외행성 연구는 천문학계에서 상대적으로 소외된 분야임에도 지난 몇 년 사이 빠르게 성장하였다. 2015년 기준으로 학계는 태양이 아닌 항성 1,100여 개를 도는 1,800개 이상의 행성을 찾아냈다.
> 태양계 외행성 발견의 최대 공로자는 케플러 우주망원경이다. 존재가 확정된 태양계 밖의 행성 1,000여 개를 모두 혼자서 찾아냈고, 현재 인증을 기다리는 후보는 이보다도 훨씬 많다. 행성 수의 집계가 어제오늘 다른 수준이다. 더욱이 관련 연구 전용으로 할애된 온갖 장비들이 쏟아내는 정보 분석도 진행해야 하니, 요즘 천문학자들은 몸이 열 개라도 부족할 지경이다.
> 사실 인류는 아주 오래전부터 태양계 밖 행성의 존재라는 가능성을 열어두었다. 16세기 이탈리아 철학자 조르다노 브루노는 별이 무수히 존재한다는 '세계의 무한성'을 꿈꿨고, 아이작 뉴턴은 우리 태양계처럼 별이 중심이 되는 세상이 여럿이라고 저서 〈프린키피아〉 말미에 적고 있다.
> 태양계 외행성을 찾았다는 주장은 19세기에 처음으로 제기되었다. 1855년 잉글랜드 동인도회사의 마드라스 천문대 소속 과학자들이, 1890년대 미국의 천문학자 토모스 재퍼슨 잭슨 시가 암체를 감지한 사실을 주장하였으나 이는 인정되지 않았다.

① 케플러 우주망원경의 개발　　② 태양계 외행성 발견의 첫 사례
③ 천문학자들의 외행성 연구 현황　　④ 외행성의 종류와 분류 기준
⑤ 태양계 외행성 연구의 의의

17 다음 글을 읽은 후의 반응으로 가장 적절한 것은?

> 이전보다 강화된 잔류농약 기준을 농산물에 적용하는 '농약허용물질목록관리제도(PLS)' 시행을 앞두고 농약 사용을 줄일 수 있는 천적농법에 관심이 쏠리고 있다. 천적농법은 해충의 천적이 되는 곤충들을 사육해 농지에 방사하여 해충 방제 효과를 얻는 방법으로 친환경적이며 가격 면에서도 농약 사용에 비해 효율적인 농법이다.
> 유럽의 농업선진국인 벨기에나 덴마크, 스웨덴 등은 전체 농가의 80~90%가 이를 활용할 정도로 널리 보급되어 있는데, 이는 유럽연합이 일찍부터 농약 사용에 엄격한 기준을 적용해 온 결과이다. 기본적으로 규제 수준이 높고, 일부 국가에서는 일종의 농약세까지 농가에 부과하는 상황에서 친환경 농법인 천적농법이 활성화된 것이다. 유럽에서는 천적 생산 기업이 농가에 천적을 보급하고 농가별로 컨설팅까지 해 주면서 활성화를 돕고 있다.
> 국내는 아직 천적의 생산 기반이 미약한 만큼 정부의 지원과 역할이 중요시되고 있다. 대표적으로 경기도 농업기술원은 '곤충자원산업화지원센터'를 개소, 천적 곤충을 개발해 생산기술을 농가에 보급할 계획이다. 또 경남 거창군은 5년째 직접 천적을 생산해 농가에 무료로 보급함으로써 천적 곤충의 생산 혹은 구입에 부담을 느끼는 많은 농민들에게 직접 도움을 주고 있는데, 주로 딸기 농가에 적합한 마일즈응애, 콜레마니 진디벌 등을 보급한다.
> 지난 2010년 천적 곤충 생산기업인 '세실'의 농업보조금 부정 수급 사건 등으로 인해 400억 원의 예산이 투입된 생물학적 병해충방제사업이 전면 중단되고 관련 산업체도 그 수가 줄어드는 등 전체적인 산업이 위축된 상황이다. 그러나 PLS의 시행을 앞두고 다시 한번 천적산업과 천적농법이 이전의 상승세를 이어 나갈 것으로 기대를 모으고 있다.

① 천적 곤충은 번식이나 사육이 쉬워서 농민들이 쉽게 천적농법을 시도할 수 있어.
② 재배하는 생산물의 종류와 상관없이 천적 곤충을 활용할 수 있다니 효과적이네.
③ 천적농법의 필요성이 높아지는 만큼 정부에서 관련 산업의 육성에 다시 힘을 쏟을 필요가 있겠어.
④ 유럽은 천적농법을 시행한 덕분에 농약 사용량에 대해 엄격한 기준을 적용할 수 있었군.
⑤ 이전처럼 보조금 부정 수급 사건 등이 일어나지 않으려면 우선 관련 산업은 시장에 맡기고 정부는 개입하지 않는 편이 낫겠어.

18 경기 불황에 어떻게 대응하는지 조사한 결과 크게 다음과 같은 유형으로 분류할 수 있었다. 각각의 유형에 적절한 명칭을 붙인 것은?

(가) "불황이라고 해서 갑자기 다 안 쓸 수 있나요? IMF 때도 오래갈 줄 알았는데 결국 나아졌잖아요. 일단 어떻게 될지 지켜봐야죠." 40대 사무직에 종사하는 월 소득 500만 원 이상의 고소득 기혼 남성이 이 케이스에 속한다. 이들은 경기가 어려워도 미래를 위한 소비는 포기할 수 없다며 자녀 학원비와 통신비 등은 그대로 유지하지만, 외식과 레저 등의 여가생활 비용은 줄였다.

(나) "솔직히 지갑이 얇아져서라기보다 불확실하니까 남들 하는 대로 따라가야죠. 장을 보러 가면 전처럼 많이는 못 사겠어요." 중간 소득층의 전업주부의 답변이다. 이들은 자신의 주관을 내세우기보다 대세를 따라가는 모습을 보이며 안전한 선택을 하는 경우가 많았다.

(다) "요즘 장사가 안 돼서 온몸으로 불황을 느끼고 있어요. 통신비, 학원비 가리지 않고 일단 줄이고 포기해야죠." 40대 남성 자영업자들이 이 부류에 속한다. 현재 불황을 가장 심각하게 느껴 소비 패턴을 바꾼 유형이다. 이들은 부채 보유율이 높은 저소득층이 많았으며, 보험을 제외하고 자녀 교육비까지 줄였다.

(라) "불황이라고 남들 신경 쓸 필요가 있나요? 오히려 원래 쓰던 대로 해야 경기 회복에 도움이 될 텐데…." 월 소득 500만 원 이상의 30대 중반 전문직 미혼 여성, 즉 '골드미스'는 불황 무풍지대에 산다. 이들은 타인의 시선을 의식하지 않기 때문에 쇼핑, 여행 등 여가활동도 그대로 유지한다.

	(가)	(나)	(다)	(라)
①	불황 동조형	불황 주시형	불황 복종형	불황 무시형
②	불황 복종형	불황 무시형	불황 주시형	불황 동조형
③	불황 주시형	불황 무시형	불황 동조형	불황 복종형
④	불황 주시형	불황 동조형	불황 복종형	불황 무시형
⑤	불황 복종형	불황 동조형	불황 무시형	불황 주시형

19 다음 글의 내용과 일치하지 않는 것은?

> 유전자의 구성물질인 DNA는 A, C, G, T라고 알려진 염기로 이루어져 있다. 이 염기들은 네 글자짜리 단어를 이루는 알파벳 문자라고 생각하면 쉽다. 신체의 구성과 작동을 위한 세포 단위에서의 지침은 AGT, GAT, AAC 등 세 글자짜리 '단어'의 형태로 유전자 속에 암호화되며, 이를 트리플렛(triplet)이라 한다. 이 단어를 이어 놓은 것들은 정보를 포함하고 있다. 알파벳 문자로 이뤄진 단어들을 이어놓으면 정보를 포함하게 되는 것이나 마찬가지다. 글자들의 서열이 충분히 길 경우 어떤 정보건 '쓸 수' 있다.
>
> DNA 속 문자 서열은 인간의 생명에 필요한 정보를 담을 만큼 길다. 인간 유전체는 약 30억 개의 글자를 포함하고 있다. 컴퓨터 메모리로 환산하면 1기가바이트 정도에 해당하는 양이다. 어떤 의미에서 이것은 놀라울 정도로 적은 정보량이며 그 덕에 인간 유전체 지도 작성 프로젝트가 가능한 것이다. 개별 세포에도 같은 원리가 적용된다. 유전자 지도 덕분에 이제 우리는 2만 개에서 2만 5천 개 사이의 인간 유전자가 있으며, 이것들이 22개의 쌍을 이룬 염색체와 성을 결정하는 X 및 Y 염색체로 배열돼 있다는 것을 알게 됐다.
>
> 유전자 지도 작성을 전문 용어로 서열분석(sequencing)이라고 한다. 서열분석이란 DNA 사슬을 따라 글자의 배열을 찾아내는 것이다. 이를 위해 하나의 염색체를 구성하는 DNA 사슬을 따라 하나의 유전자가 어디서 끝나고 또 다른 유전자가 어디서 시작되는지 알아내야 한다. 과학자들은 이 일에 필요한 모든 작업에 효소를 이용한다. 효소는 일종의 화학적 가위로서 DNA를 정확한 위치에서 작은 조각으로 잘라준다. 정확한 위치를 알려면 글자들의 배열을 정확히 찾아내야 한다. 이 일은 책에서 특정 단어를 찾아내는 것과 같다. 그런 다음 이 조각들을 '겔전기영동(gel electrophoresis)'이라는 기술을 이용해 분류한다. DNA 조각들을 끈끈한 겔로 가득한 관의 한쪽 끝에 놓고 전류를 사용해 이 조각들을 겔 속에서 움직이게 한다. 작은 조각들은 거칠 것이 적어 긴 조각들보다 빨리 움직이기 때문에 조각들이 크기별로 분류된다. 그다음 분류한 조각들을 화학적으로 분석해 염기서열을 찾아낸다. 여기에는 우리 몸이 DNA 복제를 위해 사용하는 것과 동일한 기술을 이용해 다수의 조각들을 복제함으로 써 조각들을 '증폭'시키는 일이 포함된다. 이 작업을 통해 생긴 수많은 동일 DNA 복제물들로 화학자들은 이제 원하는 작업을 할 수 있게 된다.

① 인간 유전체는 A, C, G, T라고 알려진 염기 약 30억 개로 구성되어 있다.

② 서열분석 과정에서 효소는 유전자의 시작과 끝을 찾아 DNA를 자르는 기능을 한다.

③ 인간은 20,000~25,000개의 유전자와 22쌍의 염색체로 구성된다.

④ 겔 전기영동은 DNA 조각들을 크기별로 분류하기 위한 기술이다.

⑤ 트리플렛이란 3개의 염기로 이루어진 유전자 암호를 말한다.

[20~21] 다음 글을 읽고 이어지는 물음에 답하시오.

미국의 멕시칸 음식 체인 타코벨은 2017년 매출 규모만 약 10조 원에 이르는 대형 프랜차이즈이다. 830여 개의 직영점에서 3만 명 이상의 직원들이 근무하고 있으며 이 중 50% 이하는 22살 이하의 젊은 직원들이다. 타코벨 내에서는 직원들의 높은 이직률이 문제가 됐는데 가장 큰 이직 사유는 적은 급여였다. 또한 이직을 염두에 둔 직원들은 대체로 업무에 몰입하지 못했고 이는 고객 서비스 품질 저하로 이어졌다. 이직율과 고객서비스 품질이 반비례 관계를 형성하는 상황에서 타코벨에게 높은 이직율은 반드시 해결해야 할 문제점이었다. 따라서 타코벨은 HR 컨설팅 기업과 프로젝트를 수행했다. 현재의 보상 전략이 타코벨이 처한 환경에 맞게 설계돼 있는지 등을 HR 애널리틱스를 통해 점검한 것이다. 이를 바탕으로 이직률을 낮추기 위한 실행방안을 모색했다.
일단 구성원들을 대상으로 여러 지역에서 포커스그룹 인터뷰를 한 결과 타코벨에서 계속 일하고 싶은 이유로는 가족적인 근무 환경, 조정 가능하고 유연한 스케줄이 꼽혔으며, 떠나고 싶은 이유로는 훈련 불충분, 스트레스, 더 좋은 기회 등으로 나타났다. 타코벨이 HR 애널리틱스를 통해 알고 싶었던 것은 '직원들에게 주는 보너스가 매장의 이익을 늘리는 데 기여할 것인가'였다.
이를 검증하기 위해 일단 보너스와 매장 이익의 상관관계를 살펴봤다. 보너스를 지급하고 시간이 지난 뒤 매장의 이익이 늘었는지 인과관계를 살펴보기 위해 매장 이익에 영향을 줄 수 있는 나머지 변수들을 통제하는 방식으로 분석했다. 성과 변수로는 매장의 이익, 고객 만족도, 서비스 신속성으로 놓았고 인력 변수로는 이직률, 보상(초임, 급여 수준, 보너스), 승진, 오버타임, 고용형태, 근속연수, 평균 나이, 교육 훈련 증서, 준법(푸드 핸들링)을, 외부 변수로는 매장 설립 연도, 규모, 수리, 지역 실업률, 인구밀도 등을 놓고 분석했다. 분석 결과 구성원 이직은 매장 이익, 고객 만족, 서비스 신속성에 부정적 영향을 미쳤으며 보상, 트레이닝 타임, 근속연수는 성과 변수에 긍정적 영향을 줬다. 이직과 관련해 발견한 것은 평균적으로 6개월 안에 50% 이상이 그만두고 있었는데 이직에 가장 영향을 미치는 것은 세후 소득이었다. 오히려 오버타임을 많이 할 수 있는 매장에서의 이직률은 더 낮았다.
이 분석 결과를 바탕으로 타코벨에서는 장기적인 계획을 수립했다. 일단 2016년에는 지점장들을 대상으로 일정 수준 이상의 보너스를 책정해줬고, 이직률이 낮은 지점의 매니저가 보너스를 받을 수 있는 보상 프로그램을 실시했다. 2017년부터는 'Start with us, Stay with us'라는 프로그램을 발족했다. 차별화된 경력 경로를 설계해 기술 습득을 원하는 사회초년생들을 위해서는 Start with us 트랙을, 장기간 일하고 싶은 사람들에게는 더 많은 교육과 기회를 제공하는 Stay with us 트랙을 제공하기로 했다. 결정적으로는 핵심적인 직원들이 한 달에 100시간 이상을 일해서 총 보상이 높아질 수 있도록 스케줄을 재조정했다. ㉠다양한 프로그램의 결과로 타코벨의 이직률이 낮아짐을 확인할 수 있었다.

20 다음 중 HR 애널리틱스를 통해 점검한 내용이 아닌 것은?

① 이직률을 분석한 결과 평균적으로 6개월 안에 50%가 그만두고 있었다.
② 이직율과 고객 서비스의 품질에는 유의미한 상관관계가 있었다.
③ 오버타임 근무를 많이 할 수 있는 매장의 경우 이직률이 낮은 편이었다.
④ 구성원의 이직은 매장 이익, 고객 만족, 서비스 신속성에 부정적 영향을 끼쳤다.
⑤ 보상, 트레이닝 타임, 근속연수는 매장 이익, 고객 만족, 서비스 신속성에 긍정적 영향을 주었다.

21 다음 중 밑줄 친 ㉠에 해당하지 않는 것은?

① 지점장들이 일정 수준 이상의 보너스를 받을 수 있도록 했다.
② 이직률이 낮은 지점의 경우 매니저에게 보너스를 지급하도록 했다.
③ 사회초년생들이 기술을 익힐 수 있도록 했다.
④ 장기간 근로를 원하는 직원들이 스케줄을 조정할 수 있도록 했다.
⑤ 핵심적인 직원들이 한 달에 100시간 이상 근무할 수 있도록 했다.

22 다음 글에 대한 설명으로 옳은 것은?

태평양의 섬들은 냉전 동안 역사상 가장 강력한 무기의 시험대가 되었다. 미국이 마셜 제도에 위치한 비키니 섬에서 원폭 실험을 한 이야기는 유명하다. 프랑스는 1960~1993년 폴리네시아 제도에서 거의 200차례나 핵실험을 행했다. 영국도 1957~1962년 키리바시 동쪽 끝에 있는 크리스마스 섬에서 30차례 이상 핵실험을 했다. 특히 다른 실험과 달리 크리스마스 섬에서는 실험 동안 주민들에게 대피령조차 내려지지 않았다. 주민들은 그저 폭발로부터 등을 돌리라는 지시만 받았을 뿐이다. 이 때문에 많은 이들이 위험 수위의 방사능에 노출되었다.

인산염 채굴 문제도 심각했다. 키리바시의 바나바 섬과 바나바 섬에서 서쪽으로 483km 떨어진 나우루라는 독립국이 대표적인 사례이다. 나우루는 지구상에서 제일 작은 도서국으로 1960년대에는 섬 중심부에서 채굴하는 인산염 덕분에 사우디아라비아에 이어 세계 제2의 GDP를 뽐내던 나라였다. 그러나 거듭되는 채굴로 인산염이 바닥나고 가격도 하락한 데다 정부가 여러 건의 투자에서 실패하면서 나우루 경제는 파탄 지경에 이르렀고, 해안선 주변을 제외한 대부분의 땅은 거주 불가 지역이 되었다.

서양식 식단도 섬나라 사람들의 건강을 악화시켰다. 키리바시의 전통 먹거리는 빵나무 열매, 코코넛, 생선 등으로 가짓수는 적지만 건강에 매우 유익하다. 하지만 지금 이 섬에는 싸구려 밀가루가 넘쳐나고 주민들의 비만도 순위는 세계 8위이다. 키리바시, 사모아, 투발루 성인 인구의 20%가 당뇨병 환자라는 연구도 있다. 수백 년 동안의 고립으로 세계화 · 산업화된 식사에 적응하지 못한 결과이다.

① 미국은 비키니 섬에서 200회에 가까운 핵실험을 자행했다.
② 크리스마스 섬에서 행해진 핵실험으로 섬 주민들 모두 방사능에 피폭되어 사망하였다.
③ 바나바 섬 주민들은 인산염 채굴로 다른 곳으로 이주했다.
④ 투발루와 나우루 인구의 20%는 당뇨병 환자라는 통계가 발표되었다.
⑤ 키리바시의 전통 먹거리가 서양식 식단으로 대체되면서 주민들의 건강에 악영향을 끼쳤다.

[23~24] **다음 글을 읽고 이어지는 물음에 답하시오.**

영국령 사우스조지아의 리스항은 1909년부터 세계에서 가장 분주한 고래잡이 기지였다. 이곳에는 500명의 인력이 거주하면서 연간 1,000마리의 고래를 가공했다. 이웃에 위치한 그리트비켄에서는 58년 동안 작업하면서 모두 5만 3,761마리의 학살된 고래를 처리했다.
가장 큰 규모의 고래잡이 회사는 크리스티안 살베센에 의해 설립됐다. 1872년 해운중개상으로 시작한 그는 훗날 사업을 고래잡이로 다양화시켰으며, 1914년 두 척의 고래가공선, 다섯 척의 보급선, 열여덟 척의 포경선으로 사업을 진행하고 있었다.
고래잡이 및 가공은 노동집약적 · 시간집약적인 산업에서 [ⓐ]의 기계화 산업으로 변모해 갔고 효과적인 결실을 거두었다. 강력한 금속제 케이블, 포로 발사하는 작살, 증기로 작동하는 윈치 등이 속도가 월등한 증기선에 장착됐다. 한편 고래가공선은 효율성을 극대화한 결과물이었지만 동시에 리스항의 가공 산업에 대한 나쁜 조짐이기도 했다.
1920년대 말 선미에 경사로가 설치되자 가공선은 아무리 먼 바다라도 고래를 쫓아가 현장에서 즉각 가공할 수 있게 되었기 때문에 해변으로 돌아올 필요가 없어졌다. 이로 인해 리스항의 기지들은 점차 [ⓑ]된 설비가 되어갔다. 그것은 또한 고래잡이들이 지나치게 작업에 뛰어나다는 것을 의미했다. 그 결과 바다에서 고래는 점점 사라져갔다.
1950년대 후반에는 연간 5만 마리의 고래들이 죽임을 당했는데, 이는 대체 가능한 개체 수를 훨씬 상회하는 수준이었으며 2차대전이 끝날 무렵에는 개체 수가 눈에 띄게 고갈됐다. 1946년 고래의 국제 교역을 제한하는 첫 번째 쿼터가 시행됐지만 큰 효과를 거두지는 못했다.
1966년 마침내 흰긴수염고래의 포획이 금지됐다. 이때까지 남극에서만 무려 33만 마리의 흰긴수염고래를 포획했고 지구에서 가장 거대한 이들의 개체 수는 0.15퍼센트 수준으로 하락했다. 마가린을 식물성 기름으로 대체하고 비료도 보다 효율적인 방식으로 생산하며 고래 가공품에 대한 수요가 줄어든 요인과 더불어 고래 포획과정에 대한 [ⓒ]의 반감이 일어나면서 1986년 국제포경협회는 모든 상업적 포경을 금지시켰다.
영국의 포경산업은 1960~1961년 시즌을 끝으로 막을 내렸는데 그해에 리스항에서 1,055마리의 고래를 가공처리했다. 1965년 마침내 마지막으로 가동하던 고래잡이 기지마저 버려졌고, 그리트비켄에는 교회, 박물관 등의 몇 개 건물만이 보존되었다.

23 다음 중 글을 통해 알 수 없는 내용은?

① 1900년대 초중반에는 항구를 중심으로 고래를 가공했으나 점차 가공선에서 포경과 가공이 함께 진행되었다.
② 고래가공업으로 융성했던 리스항은 상업적 고래잡이 금지령으로 인해 쇠퇴하였다.
③ 1986년 무렵에는 고래를 가공하지 않고도 비료를 생산할 수 있었다.
④ 고래의 개체 수 보존을 위하여 고래의 국제 교역 제한을 시작으로 흰긴수염고래 포획 금지, 상업적 포경 전면 금지가 순차적으로 시행되었다.
⑤ 세계에서 가장 분주한 고래잡이 기지였던 리스항은 1965년을 끝으로 더는 가동되지 않았다.

24 다음 중 빈칸 ⓐ~ⓒ에 들어갈 단어를 〈보기〉에서 골라 순서대로 나열한 것은?

보기

과도 고도 과다 과잉 잉여 다량 대량 대규모

	ⓐ	ⓑ	ⓒ
①	과도	과다	다량
②	고도	잉여	대량
③	고도	과잉	대규모
④	대규모	과잉	대량
⑤	과잉	대량	과다

25 다음 빈칸에 들어갈 단어로 가장 적절한 것은?

폭등 : 급락=낙공 : (   )

① 비화
② 낙명
③ 성취
④ 낙상
⑤ 명공

[26~27] 다음 글을 읽고 이어지는 물음에 답하시오.

우리는 전문가의 의견을 따를 필요가 있지만 전문가라고 주장하는 모든 사람들이 실제로 전문가인 것은 아니다. 전문가의 의견을 바탕으로 어떤 전문가를 따를지 결정할 경우, 우리는 신뢰할 만한 전문가를 결정하는 목적을 이루기 위해 그에 합당한 전문가를 또 골라야 하는 ⓐ난감한 역설에 빠지게 된다. 결국 전문가에 대한 우리의 선택은 어쩔 수 없이 실제로는 우리 자신의 주관적 판단을 바탕으로 한 것이 된다. 그 판단이 온전한 정보에 입각한 판단이 아님을 알고 있어도 어쩔 수 없다. 요컨대 우리는 누구의 판단이 권위 있는 것인지 결정하기 위해 우리 자신이 내리는 판단의 권위를 받아들여야만 하는 것이다.
이 악순환을 빠져나갈 방법은 사실상 없다. 인간 이성의 비밀은 우리가 자신의 판단을 이성적으로 완벽하게 정당화할 수 없는 상태에서도 결국 ⓑ자신의 판단에 의지할 수밖에 없다는 것이다. 그렇지만 체념하라는 의미는 아니다. ⓒ타당한 근거에 주의를 기울이면 자기 혼자만의 통찰이 수행하는 역할을 최소화하고 사실과 증거 그리고 건전한 추론의 역할을 최대화할 수 있다. 사실들의 ⓓ논리성을 확인한 후 이를 따르는 방식은 안이한 접근일 수 있다. 우리 자신의 판단과 다른 전문가들의 증언 사이에서 ⓔ올바른 균형을 찾는 일은 지극히 어렵고, 탈진실의 세계는 무리한 줄타기를 감행하려고 하지 않는다.
오늘날에는 전생애를 바쳐 특정 분야를 연구해온 진정한 전문가들의 식견이 충분한 대접을 받지 못하고 있다. 과거와 다른 이런 세계는 합리적인 세계와 완전히 결별한 다른 세상이 아니라, 여러 가지의 균형이 맞지 않게 되어버린 세상일 뿐이다. 진짜 진실에 관심이 있다면 우리를 진실로 인도하는 듯 보이는 권위자들을 완전히 거부해서도 그렇다고 지나치게 수용해서도 안 된다. 오히려 자신이 권위를 부여하는 인물에 관해, 그리고 어떤 근거에서 그 같은 권위를 부여하는지에 대해 더 많은 주의를 기울여야 한다.

26 ⓐ~ⓔ 중 밑줄 친 '악순환'과 가장 거리가 먼 것은?

① ⓐ
② ⓑ
③ ⓒ
④ ⓓ
⑤ ⓔ

27 다음 중 글의 내용과 일치하지 않는 것은?

① 어떤 전문가의 의견은 다른 전문가의 의견을 지지하는 이유가 된다.
② 자신의 판단을 완벽하게 정당화할 수 없지만 스스로의 판단에 의지할 수밖에 없는 상황에 인간 이성의 비밀이 있다.
③ 우리 자신의 판단과 다른 전문가들의 증언 사이에서 올바른 균형을 찾는 일은 쉽다.
④ 과거에 특정 분야를 꾸준히 연구해온 전문가들은 현재의 경우보다 더욱 존중받았다.
⑤ 어느 전문가의 의견을 따르기로 결정한 경우, 그렇게 결정한 근거를 생각해보아야 한다.

28 다음 글에서 알 수 있는 것은?

체험사업을 운영하는 이들은 아이들에게 다양한 직업의 환경과 삶의 실상, 즉 현실을 체험하게 해준다고 홍보한다. 직접 겪지 못하는 현실을 잠시나마 체험함으로써 미래에 더 좋은 선택을 할 수 있게 한다는 것이다. 체험은 생산자에게는 홍보와 돈벌이 수단이 되고, 소비자에게는 교육의 연장이자 주말 나들이 거리가 된다. 이런 필요와 전략이 맞물려 체험사업이 번성한다. 그러나 이때의 현실은 체험하는 사람의 필요와 여건에 맞추어 미리 짜놓은 현실, 치밀하게 계산된 현실이다. 다른 말로 하면 가상현실이다. 아이들의 상황을 고려해서 눈앞에 보일 만한 것, 손에 닿을 만한 것, 짧은 시간에 마칠 수 있는 것을 잘 계산해서 마련해 놓은 맞춤형 가상현실인 것이다. 눈에 보이지 않는 구조, 손에 닿지 않는 제도, 장기간 반복되는 일상은 체험행사에서는 제공될 수 없다.

경험 대신 체험을 제공하는 가상현실은 실제와 가상의 경계를 모호하게 할 뿐만 아니라 우리를 현실에 순응하도록 이끈다. 여기서 주목해야 할 것은 경험과 체험의 차이이다. 경험은 타자와의 만남이다. 타자들로 가득한 현실을 경험함으로써 인간은 스스로 변화하는 동시에 현실을 변화시킬 동력을 얻는다. 반면 체험 속에서 인간은 언제나 자기 자신만을 볼 뿐이다. 이처럼 가상현실에서는 그것을 체험하고 있는 자신을 재확인하는 것으로 귀결되기 마련이다. 요즘 미래 기술로 각광받는 디지털 가상현실 기술은 경험을 체험으로 대체하려는 오랜 시도의 결정판이다. 버튼 하나만 누르면 3차원으로 재현된 세계가 바로 눈앞에 펼쳐진다. 한층 빠르고 정교한 계산으로 구현한 가상현실은 우리에게 필요한 모든 것을 눈앞에서 체험할 수 있는 본격 체험사회를 예고하는 것만 같다.

① 현실을 변화시킬 수 있는 동력은 체험이 아닌 현실을 경험함으로써 얻게 된다.
② 가상현실은 실제와 가상 세계의 경계를 구분하여 자기 자신을 체험할 수 없도록 한다.
③ 체험사업은 장기간의 반복적 일상을 가상현실을 통해 경험하도록 해준다.
④ 디지털 가상현실 기술은 체험을 경험으로 대체하려는 오랜 시도의 결정판이다.
⑤ 체험사업은 아이들에게 타자와의 만남을 경험하게 해줌으로써 경제적 이윤을 얻고 있다.

29 다음 〈보기〉에서 수정이 필요한 문장을 모두 고르면?

보기

㉠ 저는 요리를 처음 배우는 와중이라서 맛있게 만들 자신이 없어요.
㉡ 백인과 동양인의 피부색은 다르다.
㉢ 남북의 응원단들은 응원 방법이 틀려서 조금은 어색했다.
㉣ 그가 바쁜 생활 중에도 꾸준히 자격증 시험을 준비하여 합격하였다는 것은 그가 성실하다는 것을 방증한다.

① ㉠, ㉣
② ㉡, ㉢
③ ㉠, ㉡, ㉢
④ ㉡, ㉢, ㉣
⑤ ㉠, ㉡, ㉢, ㉣

30 다음 중 ㉠에 관한 설명으로 옳지 않은 것은?

> ㉠상업적 농업이란 전통적인 자급자족 형태의 농업과 달리 판매를 위해 경작하는 농업을 말한다. 농업이 상업화된다는 것은 산출할 수 있는 최대의 수익을 얻기 위해 경작이 이루어짐을 의미한다. 이를 위해 쟁기질, 제초작업 등과 같은 생산 과정의 일부를 인간보다 효율이 높은 기계로 작업하게 되고, 농장에서 일하는 노동자도 다른 산업 분야처럼 경영상의 이유에 의해 쉽게 고용되고 해고된다. 이처럼 상업적 농업의 도입은 근대 사회의 상업화를 촉진시킨 측면이 있다.
>
> 이에 역사학 박사인 홉스봄은 18세기 유럽에 상업적 농업이 도입되면서 일어난 몇 가지 변화에 주목했다. 중세 말기 장원의 해체로 인해 지주와 소작인 간의 인간적이었던 관계가 사라진 것처럼, 농장주와 농장 노동자 간의 친밀하고 가까웠던 관계가 상업적 농업의 도입으로 인해 사라졌다. 토지는 삶의 터전이 아닌 수익의 원천으로 여겨지게 되었고, 농장 노동자는 시세대로 고용되어 임금을 받는 존재로 바뀌었다. 또한 대량 판매 시장을 위한 대규모 생산이 점점 더 강조되면서 기계가 인간을 대체하기 시작했다.
>
> 더 나아가 상업적 농업의 도입은 계급의 양극화라는 중요한 사회적 결과를 가져왔다. 저임금 구조의 고착화로 농장주와 농장 노동자 간의 소득격차는 갈수록 벌어졌고, 농장 노동자의 처지는 위생과 복지의 양 측면에서 이전보다 더욱 열악해졌다.
>
> 나아가 상업화로 인해 그동안 호혜성의 원리가 적용되어왔던 대상들의 성격이 변화하였는데, 특히 돈과 관련된 재산권이 그러했다. 수익을 얻기 위한 토지 매매가 본격화되면서 재산권은 공유되기보다는 개별화되었으며, 이에 따라 이전에 평등주의 가치관이 우세했던 일부 유럽 국가에서조차 자원의 불평등한 분배와 사회적 양극화가 심화되었다.

① 토지의 개념이 변화되어 수익을 창출하는 근원으로 여겨지게 되었다.

② 계급의 격차가 벌어지기 시작했으며 노동자들의 근무 환경은 더욱 열악해졌다.

③ 최대의 수익을 산출하고자 생산 과정의 일부를 사람이 아닌 기계로 작업하게 되었다.

④ 다른 산업 분야와는 달리 농장 노동자들은 경영상 이유로 쉽게 해고되지 않았다.

⑤ 재산권이 개별화됨에 따라 일부 유럽 국가에서는 사회적 양극화가 심화되었다.

최종 점검 모의고사 2회

01 다음 밑줄 친 단어와 가장 유사한 의미로 사용된 문장은?

> 지금은 출장 중인 관계로 빠른 회신이 어려우니 양해 부탁드립니다.

① 인터넷은 우리 생활에서 떨어질 수 없는 관계에 있다.
② 공사 관계로 통행에 불편을 끼쳐 대단히 죄송합니다.
③ 두 사람은 친구에서 연인 관계로 발전하게 되었다.
④ 농민과 노동자 사이의 유대 형성으로 농촌과 도시의 동맹 관계가 이루어졌다.
⑤ 집단 간 이해관계가 얽혀 논쟁은 갈수록 격화되었다.

02 다음 밑줄 친 ㉠~㉤을 대체할 수 없는 것은?

> 구글, 페이스북, 아마존, 넷플릭스 등은 최근 가장 ㉠주목받는 기업으로, 2018년 4월 기준 구글 등 4개사의 시가 총액은 총 1조 9,650억 달러에 달했다. 놀라운 것은 이 회사들 대부분이 30년 전에는 존재하지도 않았다는 사실이다.
> 워싱턴대 올린경영대학원의 연구에 따르면 2025년까지 포춘 500대 기업 중 40%가 디지털화에 적응하지 못하고 사라질 것으로 ㉡전망됐다. 10년 동안 40%의 기업이 사라진다니 공포에 가까운 예언이지만, 30년 전에 존재하지도 않았던 기업들이 미국 경제를 좌지우지하며 그 영향력을 ㉢막대하게 키우고 있는 것을 보면 이 연구 결과가 ㉣터무니없다고 보기도 어렵다.
> 2017년 초만 해도 한국에서는 4차 산업혁명에 대해 '실체가 없다', '한국만 호들갑이 심하다' 등의 비판적 평가가 존재했다. 그러나 글로벌 경영 환경의 변화 속도는 상상을 넘어섰고, 구글 등 4개사의 시가총액은 최근 1~2년간 40%가 넘는 성장세를 보였다.
> 이들의 성장은 인재와 데이터를 독점하는 압도적인 기반, 즉 '플랫폼'에 있다. 이들 기업은 초연결, 초지능, 초경쟁으로 대표되는 4차 산업혁명 인프라를 독점하고 회사들을 사들이며 그 ㉤영역을 무한대로 확장하고 있다.

① ㉠ 각광
② ㉡ 예견
③ ㉢ 지대
④ ㉣ 근거
⑤ ㉤ 업종

03 다음은 아래 기사를 읽은 ○○사 직원들의 대화이다. E가 발언할 내용으로 가장 적절한 것은?

> **□□일보**
>
> 드론은 무선파로 조종할 수 있는 무인항공기이다. '드론'이라는 영어는 벌이 웅웅거리는 소리를 뜻하는데, 작은 항공기가 소리를 내며 비행하는 모습에서 이러한 명칭이 붙은 것이다.
>
> 초창기 드론은 공군의 미사일 폭격 연습 대상으로 쓰였는데 점차 정찰기와 공격기로 그 용도가 확장되었다. 군사용으로 만들어져 활용되고 있지만 최근에는 고공 촬영, 배달, 범인 추적 등 용도가 확대되고 있다. 카메라, 센서, 통신시스템 등을 탑재할 수 있음은 물론이고, 25g부터 1.2kg까지 무게와 부피도 다양해졌으며, 농약을 살포하거나 공기의 질을 측정하는 등 다방면에 활용되고 있다. 특히 추락이나 약품 중독 등 사고 발생 위험이 높았던 작업들을 대체하는 데 우선적으로 투입되어 긍정적 평가를 받고 있다.

> A : 드론이 처음에는 군사용으로 제작되었지만 현재 기업이나 미디어에서 활용되는 것은 물론 개인용 제품도 생산된다고 하네.
> B : 하지만 드론의 사용처를 살펴보면 여전히 군사용 드론의 비중이 높은 것 같아.
> C : 현재는 그렇지만 다양한 분야에 적용할 수 있으니까 드론의 활용 가능성은 더 커질 거야. 대중화되면서 비용도 저렴해졌고.
> D : 농약 살포나 다리 하부 점검, 화재 현장에서 발화지점을 체크하는 일에도 활용된다고 해.
> E : ( )

① 맞아. 오락용 드론의 판매량이 높아지고 있다던데, 나도 마트 완구 코너에서 드론을 파는 걸 봤었어.

② 맞아. 사람이 수행하기엔 위험한 일들을 드론이 처리해줘서 사고 위험이 줄어든다는 건 참 다행스러워.

③ 맞아. 드론은 인공 비행물의 경우 그 기체를 조종하는 사람이 반드시 탑승해야 한다는 편견을 깨뜨려줬어.

④ 맞아. 드론의 대중화로 인해 비용이 꽤 낮아졌어. 그래서 아마존은 드론으로 배송할 경우 배송비가 무료이고 제작 · 운용비만 광고비로 충당한다고 해.

⑤ 맞아. 내 지인 중에도 드론 조종 능력을 인증하는 자격증을 취득한 사람이 있어.

04 다음 중 제시문과 일치하지 않는 내용은?

1859년 6월, 스위스의 청년 사업가 앙리 뒤낭(1828~1910)은 알제리에 세운 제분회사가 자금난에 시달리자 도움을 요청하러 알제리를 식민통치하던 프랑스 황제 나폴레옹 3세를 찾아갔다. 그러나 나폴레옹 3세는 북이탈리아 전선에서 오스트리아와 격전을 치르는 중이어서 만나지 못했다.

돌아오는 길에 뒤낭은 솔페리노에서 죽어가는 부상병들을 보고 마을 주민들을 모아 긴급구호에 나섰다. 교회에 임시 병원을 설치해 프랑스군과 오스트리아군을 치료한 그는 이때 목격한 참상을 토대로 1862년 11월에 펴낸 책 '솔페리노의 회상'에서 이렇게 털어놓았다. "만일 국제구호단체가 존재하고 자원봉사 간호사들이 있었다면 우리는 얼마나 더 많은 목숨을 구할 수 있었을까."

뒤낭은 전시에 적군과 아군을 가리지 않고 돕는 중립적인 민간 봉사단체를 만들고 이 단체 요원들의 활동을 보장하는 국제조약을 체결하자고 제안했다. 이에 동조하는 사람들을 모아 뒤낭을 비롯한 5명의 위원으로 구성된 1863년 국제적십자위원회(ICRC ; International committee of the Red Cross)가 창설된 데 이어 이듬해 10월 29일 유럽 16개국 대표가 스위스 제네바에 모여 '전지(戰地)에 있는 군대의 부상자 및 병자의 상태 개선에 관한 조약'을 체결했다.

골자는 "무기를 버리고 전투행위를 중지한 부상자와 병자는 인종 · 성별 · 종교 · 정치적 이념이나 다른 기준에 근거를 둔 차별 없이 인도적으로 대우받아야 한다"는 것이었다. 부상병 호송 차량과 야전병원은 중립 시설로 간주해 공격하지 않고, 적군을 간호했다는 이유로 박해받지 않는다는 조항도 있었다. 적십자조약(제네바협약)은 두 차례 세계대전을 거치며 일부 개정됐고 '해상에 있는 군대의 부상자 · 병자 · 난선자의 상태 개선에 관한 조약', '포로 대우에 관한 조약', '전시 민간인 보호에 관한 조약'이 추가됐다.

뒤낭은 적십자 운동을 주도한 공로로 1901년 제1회 노벨평화상을 받았다. ICRC와 1919년 설립된 국제적십자사연맹(IFRC)은 1948년 그의 생일인 5월 8일을 세계적십자의 날로 제정하고 해마다 기념행사를 펼치고 있다. 현재 IFRC 회원국은 187개국이다.

우리나라는 대한제국 시절인 1903년 1월 8일 적십자조약에 가입하고 1905년 10월 27일 고종 황제 칙령에 따라 대한적십자사가 창설됐다. 초대 명예총재는 고종이고 사도세자의 후손인 의양군 이재각에 이어 순종의 이복동생인 의친왕 이강이 차례로 총재를 맡았다. 1909년에는 일본적십자사에 강제 합병됐다가 1919년 임시정부 수립 후 대한적십자회를 발족했으며 1949년 정식으로 재건됐다. IFRC에는 1955년 74번째 회원국으로 가입했다.

① 1863년 창설된 국제적십자위원회와 1919년 설립된 국제적십자사연맹이 세계적십자의 날로 제정한 5월 8일은 앙리 뒤낭의 생일이다.

② 앙리 뒤낭은 나폴레옹 3세를 만나러 갔다가 돌아오는 길에 알제리 전선에서 죽어가는 프랑스군을 치료하며 국제구호단체의 필요성을 느꼈다.

③ 노벨평화상의 첫 수상자인 앙리 뒤낭이 주도했던 적십자 운동은 오늘날까지 이어져 현재 국제적십자사연맹 회원국은 187개국이고, 우리나라는 74번째 회원국이다.

④ ICRC 창설 후 '전지(戰地)에 있는 군대의 부상자 및 병자의 상태 개선에 관한 조약'이 체결되었고 이후 '전시 민간인 보호에 관한 조약'이 추가되었다.

⑤ 1905년 창설된 대한적십자사는 일본적십자사에 강제합병되었으나 1949년 정식으로 재건되었다.

[05~06] 다음 글을 읽고 이어지는 물음에 답하시오.

인공지능, 사물 인터넷, 나노 기술, 그라핀 등의 신소재, 3D 프린팅 기술 등은 21세기라는 긴 과정을 통과하는 데 보다 집중적인 단계로 들어서고 있음을 나타낸다. 한편 셰일가스 혁명과 재생 가능 에너지의 발전은 에너지 공급량을 확보하고 있다. 또 협력적 공유사회(collaborative commons, 제레미 리프킨이 내세운 자본주의와 사회주의를 넘어선 새로운 경제 패러다임) 및 공유 경제와 같은 새로운 사회 형태는 또 다른 형태의 경제 성장을 열어가고 있다.

이처럼 새로운 기술 및 사회 형태는 이전에 없었던 새로운 모습의 성장을 가속화하면서 산업 전체에 혁신적 변화를 불러오고 있다. 생산성의 향상은 언제나 범용 기술, 즉 증기나 전기처럼 사회 변혁의 동인이 되는 기술에 의해 좌우됐다. 환영할 만한 일이지만, 한편으로는 불안한 마음을 감출 수 없는 것이 현실이다.

컴퓨터 기술이 제3차 산업혁명을 상징하는 것이라면, 위에서 언급한 각종 신기술 및 사회 형태는 제4차 산업혁명의 ㉠징후임을 알 수 있다. 실제로 일부 사상가들은 이 같은 새로운 인프라가 생산성에 급격한 변화를 가져올 것이라고 언급하면서 제4차 산업혁명의 시대에는 생산 한계비용이 거의 제로에 가까워지며 결국 자본주의 의미 자체가 퇴색될 것이라고 내다봤다. 지구상에 모든 사람이 3D 프린터를 갖고 있어 무엇이든 넣고 뚝딱 만들어낼 수 있다고 상상해보자. 전 세계 경제에는 어떤 일이 벌어지겠는가?

여전히 우리는 매일 같이 긴 호황의 강력한 ㉡여파 속에 살아가고 있다. 풍족한 것은 전반적으로 긍정적인 작용을 한다. 현재 우리는 이전에는 꿈조차 꿀 수 없었던 양질의 삶을 이어가고 있다. '선진국 사람들의 고민' 같은 해시태그까지 ㉢등장했다. 여전히 후진국 환경에서 성장하는 사람들도 바로 전 세대보다는 훨씬 나은 삶을 영위하고 있다. 모두 긴 호황이 이어진 덕분에 나타난 결과이다. 하지만 긴 호황이 모든 이의 삶을 풍족하게 바꿔 놓은 것은 아니다. 여전히 수십억의 인구는 새로운 모델의 휴대전화나 유행하는 패션은 고사하고, 제대로 된 약이나 먹을 것이 없어 각종 질병과 빈곤에 시달리고 있다.

긴 호황이 낳은 부작용은 사회 곳곳에 상당한 영향을 끼치고 있다. 긴 호황은 21세기를 이루는 하나의 사회현상이자 배경이다. 긴 호황은 부족함이 지배하던 우리 사회의 수많은 ㉣영역, 이를테면 데이터의 양이나 인구수, 새로운 음악이나 플라스틱 장난감의 개수 등이 이제 풍요로 넘쳐나게 된 것이다. 그리고 그것은 경제성장과 기술발전이 조화를 이뤘기 때문에 가능한 일이었다. 요컨대 긴 호황으로 많은 사람들이 이런저런 것을 너무 '적게'가 아니라 너무 '많이' 가지게 되었다는 ㉤의미이다. 큐레이션이 박물관이나 인터넷 콘텐츠 관련 용어가 아닌 보다 다양한 의미로 사용되기 시작한 것은 바로 이런 맥락에서 살펴봐야 한다.

05 다음 중 ㉠~㉤을 대체할 수 없는 어휘는?

① ㉠ : 조짐
② ㉡ : 영향력
③ ㉢ : 출현
④ ㉣ : 분야
⑤ ㉤ : 취지

06 다음 중 글에 대한 반응으로 적절하지 않은 것은?

① A : 모든 사람이 3D 프린터를 갖고 있어 무엇이든 뚝딱 만들어낼 수 있다면, 제조와 유통 분야에 어떤 변화가 올지 궁금해.

② B : 셰일가스 혁명과 재생 가능 에너지 발전 등으로 확보되는 에너지 공급량이 에너지 고갈 위기를 타개하기에 충분한 분량일지 궁금해.

③ C : 경제 성장과 기술 발전의 조화로 세계는 풍요로워졌지만, 긴 호황에는 부작용도 따른다는 것을 저자는 지적하고 있구나.

④ D : 저자는 긴 호황에도 불구하고 식량이나 약이 부족해서 질병과 빈곤에 시달리며 전 세대보다 열악해진 후진국의 상황도 간과하지 않는구나.

⑤ E : 저자는 인공지능, 3D 프린팅 같은 기술이 이전 산업혁명들을 견인한 증기나 전기와 같은 기술이라고 언급하면서도, 4차 산업혁명은 이전에 없던 변화를 불러올 거라 예상하구나.

07 다음 글을 통해 추론 가능한 진술로 가장 적절한 것은?

지난 2017년 한국의 성인 남성 비만율이 처음으로 40%를 돌파하는 등 국민 건강에 비상등이 들어오는 상황에서 비만율을 줄이기 위한 각종 대책들이 대두되고 있다. 현재 대부분의 지자체들은 성인이나 유아를 대상으로 하는 운동 프로그램 혹은 식습관 개선 프로그램 등을 운영하여 지역 주민들의 비만율을 감소시키기 위해 노력하고 있는데, 그중에서도 아침밥을 먹고 1km가량을 걸어 등교하도록 하는 제주도교육청의 '와바' 캠페인은 시행 6개월 만에 목표 실천율(50%)을 조기 달성하는 등 긍정적인 반응을 얻고 있다.
한편 정부에서는 연구기관과 협력하여 비만의 원인 분석을 통해 정책의 기반 자료로 활용하고자 하는데, 현재까지의 연구에서 비만에는 식습관뿐만 아니라 사회 · 경제적인 요소가 복합적으로 영향을 미치고 있음이 밝혀져 이에 따른 정책 방향 설정이 필요하다는 의견이다. 특히 소득 19분위의 비만율이 31.05%로 최고를 기록한 반면 소득수준이 높은 4분위의 비만율이 25.18%로 최저를 기록하는 등 상대적으로 소득수준이 높을수록 비만율이 높은 경향을 보였고, 지속적인 스트레스를 받는 이들이 그렇지 않은 이들보다 비만율이 55.3% 더 높게 나타나기도 해 비만 문제를 좀 더 다양한 관점에서 바라볼 필요가 있음이 밝혀졌다.
비만율 감소에는 가정의 역할도 매우 중요한데, 최근 조사 결과 기존에 알려진 대로 패스트푸드나 군것질을 자주 하는 아이들의 비만율이 높게 나타났음은 물론, 아침을 거르는 아이들 혹은 식후 바로 자리에 앉거나 눕는 습관을 가진 아이들의 비만율이 그렇지 않은 아이들에 비해 매우 높게 나타나 식습관뿐 아니라 생활습관의 개선도 필수적이라는 사실이 밝혀졌다. 이에 따라 정부 역시 비만 유발 가능성이 있는 식품에 추가적인 세금을 부과하는 소위 비만세 부과 방침을 재고하고, 온 · 오프라인을 통해 비만을 방지할 수 있는 식습관 및 생활습관을 체득할 수 있도록 각종 지원 사업을 시행하고 있다.

① 지자체별 비만 치료 프로그램이 제주도를 시작으로 점차 늘고 있다.
② 정부는 비만세의 도입을 고려하고 있다.
③ 소득분위가 가장 높은 집단의 비만율이 가장 낮다.
④ 적당한 스트레스는 비만율 감소에 도움이 된다.
⑤ 비만율 감소를 위한 가정의 역할은 등한시되어 왔다.

[08~09] 글을 읽고 이어지는 물음에 답하시오.

자료 수집 시 널리 활용되는 방법으로 질문지법, 면접법, 참여관찰법, 문헌연구법, 실험법이 있다. 우선 질문지법은 조사 내용을 설문지로 작성하여 조사 대상자에게 보내 기입하게 하는 방법이다. 많은 사람으로부터 비슷한 정보를 얻으려 할 때 적합하며, 시간과 비용을 절약할 수 있고, 자료 분석 시 비교가 쉽고 분석 기준이 명백하다. 그러나 회수율이 낮고 문맹자에게 실시하기가 곤란한 점은 단점으로 꼽히며, 응답자가 무성의하고 거짓된 응답을 하거나 질문의 내용을 오해할 소지도 있다.

질문지를 작성할 때는 다음과 같은 사항에 유의해야 한다. 첫째, ㉠뜻이 모호하거나 상이한 해석의 여지가 있는 단어 사용을 자제해야 한다. 둘째, ㉡한 문항에 한 가지 내용만 묻고, 복잡한 질문은 피해야 한다. 셋째, ㉢의도한 결과를 얻기 위해 특정 대답을 유도하거나 편견이 들어가도록 해서는 안 된다. 넷째, ㉣선택지의 항목이 중복되지 않도록 상호 배타적이어야 한다. 다섯째, ㉤선택지에 응답 가능한 모든 경우의 수를 포함해야 한다.

면접법은 조사 대상자와 대면하면서 직접 대화를 통해 자료를 수집하는 방법이다. 소수의 표본으로부터 깊이 있는 정보를 얻으려 할 때 적합하며, 문맹자에게도 실시할 수 있다. 또 필요한 문제를 자세히 질문할 수 있고, 응답률과 응답의 정확성이 높은 점은 장점이다. 그러나 시간과 비용이 많이 소모되고, 많은 표본을 확보하기 어려우며, 조사자의 편견이 개입될 수 있다.

참여관찰법은 조사자가 연구 대상자들의 생활공간에 직접 들어가 관찰하며 조사하는 방법이다. 언어 소통이 어려운 경우 유용하고, 현실성 있게 관찰할 수 있어 자료의 실제성이 높다. 그러나 면접법과 마찬가지로 조사자의 편견이 개입될 수 있고, 피실험자가 관찰 도중 변화하는 등 예상치 못한 변수가 발생할 수 있다.

문헌연구법은 기존의 자료들을 수집 · 분석하는 방법으로 흔히 2차 분석이라 한다. 시간과 경비의 절약이 가능하고, 기존의 연구 동향 파악에 유리하나 문헌의 신뢰성의 문제가 발생할 수 있으며, 해석 시 연구자의 편견이 개입될 수 있다.

실험법은 실험 집단에 일정한 조작을 가하여 나타나는 행동의 변화를 통제 집단과 비교하는 방법이다. 사회 · 문화 현상의 원인과 결과에 대한 정확한 자료를 수집할 수 있고, 비교 관찰과 측정이 용이하다. 그러나 엄격하게 통제된 실험이 어려울 뿐만 아니라 인간을 대상으로 할 경우 윤리적 문제가 발생할 수 있다.

08 다음 중 윗글의 내용과 일치하는 것은?

① 질문지법은 원하는 정보를 깊이 있게 조사할 때 적절하나 표본 확보에 어려움을 겪을 수 있다.
② 면접법은 생생한 자료를 얻을 수 있으나 예상치 못한 변수가 발생할 수 있다.
③ 참여관찰법은 비교와 측정이 용이하나 사람을 대상으로 할 경우 윤리성이 제기될 수 있다.
④ 문헌연구법은 기존의 자료를 수집 · 분석하는 방법으로 기존 연구의 동향을 파악하기에 좋다.
⑤ 실험법은 다른 조사법에 비해 정보 수집이 쉬운 편이나 답변을 100% 신뢰하기 어렵다.

09 글의 이해를 돕기 위해 질문지 작성 시 잘못된 사례를 첨부하려 한다. 다음 중 적절하지 않은 것은?

① ㉠ : 귀하는 뉴스를 정기적으로 보고 있습니까?
② ㉡ : 희망하는 직업과 연봉은 어느 정도입니까?
③ ㉢ : 고등학교 평준화는 학생들의 학력수준을 무시하고 학교 결정의 자유를 박탈한다는 비판의 목소리가 많습니다. 평준화 확대 실시에 대해 어떻게 생각하십니까?
④ ㉣ : 평가제 도입에 대해 어떻게 생각하십니까? Ⓐ 찬성 Ⓑ 반대 Ⓒ 현행대로 Ⓓ 잘 모름
⑤ ㉤ : 귀하의 연령은? Ⓐ 20세 미만 Ⓑ 20~29세 Ⓒ 30~39세 Ⓓ 40세 이상

10 밑줄 친 ㉠~㉤ 중 바르게 쓰인 문장은?

프린스턴대학 연구팀이 1만 1천 곳의 쇼핑사이트 텍스트와 코드를 조사한 결과 1,200개가 넘는 사이트들이 다크 패턴을 활용하고 있는 것으로 조사되었다. ㉠이 사이트들에서는 마감 임박을 알리는 근거 없는 정보를 무작위로 생성되고 있었다.
'다크 패턴(Dark Pattern)'이란 쇼핑 사이트 등의 소셜미디어 플랫폼에서 이용자가 정확히 정보를 인식하지 못하게 속이고 원치 않는 행동을 하도록 유도하는 사용자 인터페이스 등을 이르는 말이다.
프린스턴대학 연구진은 15가지의 다크 패턴을 목록화했다. ㉡'남아 있는 상품은 단 한 개'라거나 '이 상품을 232명이 함께 보고 있다' 등이 흔한 다크 패턴이므로 이용자들이 충동을 느낄 만한 정보를 제공한다. ㉢또 고객이 결제할 의사가 없는 물품이 장바구니에 몰래 끼워 넣는 경우도 있다. 예를 들어 여행상품 판매 앱 '톰슨'에서 휴가상품을 예약하면 한 단체에 기부하는 항목이 저절로 추가된다.
다른 사람도 샀다는 가짜 공지를 제공해 거짓 정보로 사용자들을 현혹하는 방법을 쓰기도 한다. ㉣중고 거래사이트 '스레드업'에서는 가짜 정보를 조합해 이용자들의 구매를 유도한다. 거짓 후기를 올려 제품을 홍보하는 것이다.
혼란스러운 디자인으로 구매 버튼을 눈에 띄게 만들고 취소 버튼은 눈에 띄지 않게 디자인하기도 한다. ㉤'라스트미닛'의 여행상품 구매 여부를 묻는 팝업창에 사겠다는 버튼은 굵은 글씨로 눈에 띄게 보이고 선택지는 옅은 글씨로 되어 있다.

① ㉠ ② ㉡
③ ㉢ ④ ㉣
⑤ ㉤

11 다음 중 (가)~(라)에 들어갈 적절한 문장을 〈보기〉에서 골라 바르게 연결한 것은?

홀든 카노프스키와 엘리 하센펠드는 많은 자선단체와 기부자들이 지원 대상을 선정하는 과정에서 합리적인 의사결정을 내리기 위한 충분한 정보를 갖추지 못하고 있다는 사실을 알고 목표를 세웠다. 바로 정보를 수집해서 대중에 공개하는 것이었다. 이를 위해 두 사람은 기브웰, 그리고 기브웰과 연계된 모금단체인 더 클리어펀드를 운영하였다. (가)
아프리카에서 생명을 구하고 환경을 보존하는 사업에 어떤 단체가 가장 많은 영향력을 실천하고 있는지에 대한 첫 번째 보고서는 기브웰 홈페이지에서 확인이 가능하다. 목록에서 1위를 차지한 단체는 PSI로 이들은 HIV 감염 예방을 위해 피임 기구를 보급하고, 말라리아 예방을 위해 모기장을 제공 · 판매하고 있다. 2위는 가난한 시골 지역에서 의료 서비스를 제공하는 파트너스인 헬스, 3위는 구개열 같은 선천성 기형 치료에 집중하는 인터플래스트가 차지했다.
자선단체에 대한 평가는 투자 결정보다 어렵다. 투자자들은 수익률에만 관심을 갖기 때문에 객관적인 평가에 어려움이 없다. 결국 모든 게 돈 문제인 셈이다. 하지만 안면 기형으로 고통받는 사람들을 치료하는 사업과 빈곤층 아이들의 목숨을 살리는 사업의 중요도를 비교하기는 어렵다. (나)
또한 자선단체에 대한 평가 작업은 종종 많은 시간이 걸리고 비용도 만만치 않게 든다. 이러한 이유로 아프리카에서 빈곤 문제를 해결하기 위해 활동 중인 유명 단체들을 포함한 많은 자선단체가 기브웰의 요청에 응답하지 않았을 수도 있다. 그들은 25,000달러의 후원금을 받기 위해 그만한 노력을 기울일 가치가 없다고 판단했을지도 모른다. (다)
미국의 개인 기부자들은 매년 2,000억 달러를 자선단체에 기부하고 있다. 하지만 그 금액이 그들이 원하는 사업에 얼마나 효과적으로 쓰이고 있는지 아는 사람은 없다. (라)

보기

㉠ 가치를 평가할 객관적인 기준이 없기 때문이다.
㉡ 이런 상황에서 기브웰은 투명성과 효율성을 높여야 할 이유를 자선단체들에게 부여함으로써 기부금이 예전보다 더 많은 선을 이룩할 수 있도록 격려하고 있다.
㉢ 둘은 모금한 자원을 각 분야에서 가장 효율적인 곳으로 선정된 자선단체에 기부하면서 사업의 투명성과 평가의 객관성을 강화하고자 했다.
㉣ 하지만 앞으로 많은 기부자가 기브웰의 추천에 따라 선행을 실천하게 된다면 기브웰이 발표한 순위는 후원금보다 훨씬 더 중요한 동기로 기능하게 될 것이다.

	(가)	(나)	(다)	(라)
①	㉠	㉡	㉢	㉣
②	㉢	㉡	㉠	㉣
③	㉡	㉢	㉠	㉣
④	㉢	㉠	㉣	㉡
⑤	㉣	㉠	㉡	㉢

12 다음 글의 내용과 일치하지 않는 것은?

마을 크기의 거대한 배들이 쓸모없어지면 그 다음에는 어떻게 될까? 그 배들은 벵갈만 해안에 버려진다. 배들이 치타공의 얕은 대륙붕 덕분에 쉽게 진흙투성이 해변까지 끌려오고 나면 선박해체 작업자들이 나서서 선박을 조각으로 쪼갠다.

선박해체사업은 방글라데시 치타공에서 1964년 사고로 연안에 좌초된 배 한 척을 해체하면서 시작됐다. 이후 사업은 적절한 환경과 이 지역에 풍부한 값싼 노동력이 더해져 급속도로 성장했다. 현재 8킬로미터 길이의 해안에 선박해체 작업장 20개소가 몰려 있다.

대부분의 선박들은 25~30년 정도 바다를 누비면 무거운 망치질을 받게 되어 있다. 수리, 보수, 보험비용이 새로운 선박을 장만하는 것보다 많이 들어가서 결국 해체에 이르게 되는 것이다. 어떤 면에서 보면 선박해체 작업은 재활용의 궁극적인 단계이다. 배를 분해해서 조각으로 만들면 이것만으로 방글라데시가 한 해 동안 소비하는 철의 80% 정도를 공급할 수 있다. 화학약품, 공학적 장비, 그리고 남아 있는 원유나 연료의 마지막 한 방울까지 모두 회수할 수 있다. 때문에 300만 명의 사람들이 이 산업에 의존하고 있지만, 여기에 얽힌 문제는 엄청나게 많다.

검은 기름은 파도를 기름 찌꺼기로 바꿔놓았다. 진흙은 녹 때문에 붉은 오렌지색으로 변했다. 물이 빠지면 화학약품들로 채워진 웅덩이의 녹색 광택이 드러난다. 매주 한두 척 정도의 선박이 도착하기 때문에 이곳 환경은 회복할 기회를 얻지 못하고 있다.

선박은 대양의 요동을 견딜 수 있도록 강하게 만들어져 해체하기가 쉽지 않다. 그래서 4만 톤의 중간 크기 선박 한 척을 해체하는 데 50명의 인원이 일주일에 6일을 꼬박 매달려도 평균 석 달이 걸린다. 안전관리는 실질적으로 존재하지 않는다. 작업자들은 샌들을 신고 보호 장구도 착용하지 않은 채 맨손으로 거대한 선박들을 해체한다. 다수의 선박에는 인체에 유해한 독성 화학물질이나 석면, 납 같은 중금속도 포함되어 있다. 이곳의 작업자들은 매년 평균 15명이 사망하고 50명 이상이 심각한 부상을 입는다. 작업자 대부분의 팔과 다리에는 사고로 생긴 십자 모양의 보기 흉한 흉터가 있는데, 이를 구슬픈 유머로 '치타공 문신'이라고 한다. 손가락을 잃거나 한쪽 눈을 실명한 사람도 상당수이다. 이렇게 힘들고 위험한 작업을 하면서 그들이 받는 한 달 평균 임금은 고작 300달러다. 이 중 절반 정도는 작업장의 소유주가 운영하는 판잣집 같은 오두막의 월세로 내야 한다. 높은 위험성과 낮은 보수에도 불구하고 25만 명의 사람들이 방글라데시 전역에서 몰려와 이곳에서 생계를 찾고 있다.

① 25~30년 정도 항해한 선박은 유지 비용이 새 선박을 구입하는 비용보다 큰 경우가 대부분이다.
② 치타공의 8km 길이 해안에서는 방글라데시가 연간 소비하는 철의 80%를 공급할 수 있다.
③ 매주 한두 척 정도의 선박이 치타공에 도착하며, 300만 명의 사람들이 선박해체산업에 의존하고 있다.
④ 치타공의 선박해체사업은 1964년에 배 한 척을 수리하면서 시작되었다.
⑤ 부실한 안전관리로 인해 매년 평균 15명이 사망하고 50명 이상이 심각한 부상을 입는다.

13 다음 중 글의 내용과 일치하지 않는 것은?

헬싱키에서 북서쪽으로 250km 떨어진 에우라요키시는 인구 6,000여 명이 사는 작은 도시이다. 에우라요시키 내 올킬루오토 지역에는 세계에서 유일한 사용후핵연료 영구처리시설인 온칼로 건설을 위한 굴착 작업이 한창이다. 2004년부터 시작된 공사는 15년이 지난 지금까지 현재 진행형이다. 이곳에서 불과 수 km 떨어진 해안가에는 올킬루오토원전 1 · 2호기가 전력을 생산 중이다. 내년 9월엔 3호기가 상업가동에 들어간다. 올킬루오토는 원시림이 우거진 리클란카리 국립공원 등 4개 자연보존 지역과 인접해 있다.
사용후핵연료인 고준위 방사성폐기물은 수만 년 동안 방사능을 방출하기 때문에 10만 년 이상 영구 격리해야 한다. 2018년 기준 우리나라를 포함한 29개국이 총 448기의 원전을 운영하고 있지만 아직까지 사용후핵연료 영구처리시설을 보유한 나라는 단 한 곳도 없다. 부지 선정 과정에서 발생하는 지역 갈등과 기술 안전성 논란 등에 해법을 제시하기 어렵기 때문이다.
1954년 가장 먼저 상업운전을 시작한 러시아, 세계에서 가장 많은 99기의 원전을 운영 중인 미국도 아직 영구처리시설을 갖고 있지 않다. 원전 선진국인 미국 · 영국뿐 아니라 탈원전을 진행하는 독일도 아직 영구처리시설은 갖추지 못했다. 현재 운영 중인 원전이 4기에 불과한 핀란드가 다른 원전 선진국보다 먼저 영구처리시설을 갖게 된 이유는 정부와 기업이 일찍부터 사용후핵연료 처리의 중요성을 인식했기 때문이다. 핀란드 정부는 이 프로젝트에 100년간 35억 유로(약 4조 5,500억 원)를 투입할 계획이다. 핀란드어로 '동굴'이라는 뜻의 온칼로는 말 그대로 깊고 거대한 동굴과 같은 형태다. 2억 년 이상 된 화성암층 437m 깊이에 지하 터널을 만들고, 터널 바닥에서 5.2m 깊이 구덩이를 파 폐연료봉이 담긴 밀봉용기를 묻는다. 완공은 2023년경이며, 시설이 완성되면 약 100년치의 사용후핵연료를 저장할 수 있으며, 이를 10만 년간 보관할 예정이다.

① 핀란드 올킬루오토 지역에서는 사용후핵연료 영구처리시설 온칼로 건설을 위하여 지하 437m 깊이에 터널을 만드는 굴착 작업이 진행 중이다.
② 올킬루오토원전 1 · 2호기는 15년 전부터 전력을 공급하고 있으며, 내년 9월에는 3호기의 상업가동이 예정되어 있다.
③ 러시아는 원전 상업운전을 가장 먼저 시작했고, 독일은 탈원전을 준비 중이다.
④ 2018년 기준 미국은 전 세계 원전 중 약 20%에 해당하는 원전을 운영하고 있다.
⑤ 핀란드 정부는 2023년경 완공 예정인 온칼로 관련 프로젝트에 35억 유로를 투자할 계획이다.

14 **다음 상사의 말을 참고하여 보도자료를 수정할 때, 밑줄 친 ㉠~㉤ 중 수정해야 할 곳을 모두 고르면?**

> 보도자료는 여러 사람이 널리 보는 자료이니, 내용을 이해하기 쉽도록 써야 해요. 외국어는 우리말로 순화하고, 외국 문자는 한국어로 쓰거나 우리말로 다듬으세요. 외국어를 쓸 때 이해하기 더 쉬운 경우 우리말을 먼저 쓰고 괄호 안에 표기하시고요. 그리고 공적인 문서이므로 띄어쓰기나 맞춤법 등 문법이 틀리지 않도록 주의하세요.

보건○○부		보도자료	
배포일	2023. 11. 17(금)	담당	정책통계담당관 과장 김○○

한국 보건의료의 질 전반적으로 향상

–「국가별 보건의료 질 수준」 결과 분석 –

□ 보건복지부(㉠박○○ 장관)는 ㉡경제협력개발기구(OECD)에서 발표한 보건의료 성과(2017년 기준)에 대한 우리나라 및 각 국가의 수준 · 현황 등을 분석하였다고 밝혔다.

※ OECD는 "보건의료의 질과 성과(Health Care Quality and Outcome)" ㉢프로젝트를 통해 회원국으로부터 핵심 지표를 수집 · 분석하고 있다.

□ OECD가 발표한 「2019 ㉣한눈에 보는 보건(Health at a Glance)」의 자료* 중 보건의료의 질과 성과를 분석한 결과는 다음과 같다.

※ 이 자료는 경제협력개발기구(OECD)에서 ㉤2019년11월7일(프랑스 현지시각) 발표

이하 생략

① ㉢, ㉤
② ㉠, ㉡, ㉣
③ ㉠, ㉢, ㉤
④ ㉡, ㉢, ㉣
⑤ ㉠, ㉢, ㉣, ㉤

15 **다음 글의 내용과 일치하는 것은?**

화력발전소나 제철소 등 산업 시설에서 배출되는 이산화탄소를 포집하고 처리하는 CCS(Carbon Capture and Storage, 이산화탄소 포집 및 저장) 기술이 에너지 전환 과정에서 주목을 받고 있다. CCS 기술은 중장기적인 관점에서 산업 공정 등 탄소 배출을 감축하기 어려운 부문의 문제를 비교적 저렴한 가격으로 해결해 줄 수 있으며, CCS가 장착된 발전소는 관성, 주파수 제어 및 전압 제어와 같은 그리드 안정화 서비스뿐만 아니라 급전 가능한 저탄소 전기를 공급한다.
또한 태양광 발전(PV) 또는 풍력 발전은 그리드 안정화 서비스를 제공하지 않지만 CCS는 재생 에너지를 보완해 미래의 저탄소 그리드를 탄력적이고 신뢰할 수 있도록 지원할 수 있다. 특히 시멘트, 철강 및 화학 부문 등 탄소 감축이 까다로운 산업에서도 CCS를 통해 탈탄소화를 달성할 수 있다. 에너지 전환 위원회(Energy Transition Commission)와 국제에너지기구(IEA)는 탄소배출 저감이 어려운 산업에서 CCS 없이는 순 제로 배출 달성이 불가능하며, 가능하다고 해도 훨씬 더 많은 비용이 들 것이라고 예측했다.
최근 코로나19로 인한 경기 침체로 온실가스 저감 정책과 투자가 위축될 것이라는 우려가 있었지만, 각국 정부는 기후 변화와 관련해 도전적 정책 목표를 제시하고 새 프로젝트 시원 계획을 발표했다. 특히 미국은 CCS 프로젝트의 규모와 기술을 주도하고 있고, 유럽 국가들도 노르웨이를 중심으로 많은 신규 프로젝트 계획을 제시하고 있다.

① CCS 기술은 탄소 배출 감축이 어려운 부분을 비교적 많은 비용을 들여 해결할 수 있다.
② 각국 정부는 코로나19로 인한 경기침체로 온실가스저감 정책과 투자가 위축되었다.
③ CCS가 장착되지 않은 발전소도 급전 가능한 저탄소 전기를 공급할 수 있다.
④ 국제에너지기구는 CCS 외에도 탄소배출 저감을 할 수 있는 기술이 많다고 하였다.
⑤ 노르웨이를 포함한 유럽과 미국은 세계적으로 CCS 프로젝트를 이끌고 있다.

16 다음 중 문단 (가)~(마)를 순서대로 바르게 나열한 것은?

(가) 그런데 해방 이후 한국 사회에 널리 유포된 자유의 개념은 대체로 서구의 고전적 자유주의 전통에서 비롯된 것이다. 이 전통에 따르면 자유란 '국가의 강제에 대립하여 자신의 사유 재산권을 자기 마음대로 행사할 수 있는 것'을 의미한다. 이 같은 자유 개념에 기초하고 있는 자유민주주의에서는 개인의 자유를 강조할수록 사회적 공공성은 약화될 수밖에 없다.

(나) 공동의 번영과 조화를 뜻하는 공화(共和)에서 비롯된 공화국이라는 용어는 국가라는 정치 공동체 전체를 위해 때로는 개인의 양보가 필요할 수 있음을 전제하고 있다는 점에서 사회적 공공성 개념과 연결된다. 이미 1919년 임시정부가 출범하면서 '민주공화국'이라는 표현이 등장하였고 헌법 제1조에도 '대한민국은 민주공화국'이라고 명시되어 있다.

(다) 그 결과 공동체 전체의 번영을 위한 사회 전반의 공공성이 강화되기보다는 개인 사유 재산의 증대를 위해 국가의 간섭을 배제해야 한다는 논리가 강화되었던 것이다.

(라) 그러나 분단 이후 북한도 '공화국'이라는 용어를 사용함에 따라 한국에서는 이 용어의 사용이 기피됐다. 냉전 체제의 고착화로 인해 반공이 국시가 되면서 '공화국'보다는 오히려 '자유민주주의'라는 용어가 훨씬 더 널리 사용되었고, 이때도 마찬가지로 민주주의보다는 자유가 강조되었다.

(마) 자유민주주의와 1960년대 이후 급속히 팽배하기 시작한 개인주의가 결합함에 따라 사회적 공공성은 더욱 후퇴하였다. 이 시기 군사정권이 내세웠던 '잘 살아보세'라는 표어는 우리 공동체 전체가 다 함께 잘 사는 것이라기보다는 사실상 '나' 또는 '내 가족만큼은 잘 살아보자'는 개인적 욕망의 합리화를 의미했다.

① (가) – (마) – (다) – (나) – (라)
② (나) – (라) – (가) – (마) – (다)
③ (나) – (라) – (마) – (다) – (가)
④ (라) – (가) – (마) – (다) – (나)
⑤ (라) – (나) – (다) – (가) – (마)

17 다음 중 제시문의 밑줄 친 ㉠과 가장 유사한 의미로 사용된 것은?

사무실의 방충망이 낡아서 파손되었다면 세입자와 사무실을 빌려준 건물주 중 누가 고쳐야 할까? 이 경우, 민법전의 법조문에 의하면 임대인인 건물주가 수선할 의무를 ㉠<u>진다</u>. 그러나 사무실을 빌릴 때, 간단한 파손은 세입자가 스스로 해결한다는 내용을 계약서에 포함하는 경우도 있다.

① 친구에게 계속 신세만 <u>지기</u>가 미안하다.
② 선생님께 하해와 같은 은혜를 <u>지었다</u>.
③ 옷에 얼룩이 <u>진</u> 상태로 집으로 향했다.
④ 감당하기 어려운 빚을 <u>지고</u> 있다.
⑤ 당신이 한 말에 책임을 <u>지어야</u> 한다.

18 다음 글과 관련된 사자성어로 가장 적절한 것은?

> 시장경제를 구성하는 수많은 다양한 주체들 간의 끊임없는 상호작용, 그리고 이런 과정에서 발생하는 피드백(feedback)을 고려할 때 고작 한두 사람의 아이디어로 난마처럼 얽힌 문제를 해결하려는 것은 자기 분수도 모르고 무모하게 덤벼드는 격이다.

① 당랑거철(螳螂拒轍)
② 득롱망촉(得隴望蜀)
③ 만시지탄(晩時之歎)
④ 도청도설(道聽塗說)
⑤ 사생취의(捨生取義)

19 다음 밑줄 친 단어와 바꾸어 쓰기에 가장 적절한 것은?

> 어떤 이유(으)로도 폭력을 정당화할 수는 없다.

① 유래
② 곡절
③ 계기
④ 요인
⑤ 명목

20 다음 중 문법에 맞지 않는 문장을 모두 고르면?

> ㉠ 그 집을 한번 바라다본 순간 나는 견딜 수 없는 침울한 감정이었다.
> ㉡ 이 사람에게 도대체 어떻게 응대를 해야 할는지 도무지 갈피가 안 잡혔다.
> ㉢ 서럽고 원통하다는 생각이 차츰 원망으로 변해져 갔다.
> ㉣ 인간은 자연을 지배하기도 하고 복종하기도 한다.
> ㉤ 정부에서는 각계의 의견을 수렴하여 정책을 수립하기로 하였다.

① ㉠, ㉡, ㉢
② ㉠, ㉢, ㉣
③ ㉠, ㉣, ㉤
④ ㉡, ㉢, ㉣
⑤ ㉡, ㉣, ㉤

21 다음 글을 통해 알 수 없는 것은?

4차 산업혁명의 여러 서비스는 다방면에서 우리 일상을 점령하고 있다. 모바일, 클라우드, 빅데이터, 사물인터넷, 블록체인, 인공지능, 디지털 트윈 등은 4차 산업혁명의 다른 얼굴들이다.
1차 산업혁명은 석탄과 증기기관을 이용한 기계산업, 2차 산업혁명은 컨베이어 벨트와 전력을 사용하는 대량생산, 3차 산업혁명은 컴퓨터 기반의 자동화 생산시스템, 4차 산업혁명은 가상 물리 환경 기반의 정보기술 활용과 스마트 서비스 발전으로 대변된다. 4차 산업혁명의 가장 근본적인 특징은 모든 서비스가 디지털로 변환되어 공유될 수 있다는 점인데, 이는 연결되고 공유할 수 있어야만 구현되는 서비스이기 때문이다.
모바일은 노트북이나 데스크톱의 활용성을 넘어 스마트폰 컴퓨팅으로 성숙됐고, 스마트폰은 AR · VR 서비스로 진화하고 있다. 스마트폰의 론칭은 관심이 높지만 새로운 노트북이나 최신 데스크탑의 론칭은 흥미를 부르지 못한다. 홈페이지로 지원하는 서비스는 빗살무늬 토기나 민무늬 토기처럼 단조롭게 느껴진다.
앱은 원 소스 멀티 유즈(One Source Multi-Use)로 개발되고 안드로이드나 iOS, 윈도우나 리눅스에서 한 번에 서비스될 수 있게 된다. 사용한 언어가 무엇인지 중요하면서도 중요하지 않게 된다. 결국은 타임 투 마켓(Time to Market)이기 때문이다.
현대에는 컴퓨터가 고장나서가 아니라 느려져서 바꾸고 있다. 스마트폰도 마찬가지이다. 실행 속도가 더 빠른 5G 서비스를 누리기 위해 바꾸는 것이지 폰이 망가져서 바꾸는 게 아니다. 사회는 빠른 것이 느린 것을 잡아먹는 시대에 진입해 있다.
클라우드는 아직도 많은 우려를 갖고 진행된다. 정보재의 특성이 가장 큰 우려를 만들고 있는데, 중요 정보의 소유와 관리, 보안에 대하여 상이한 관점이 존재하기 때문이다. 그러나 이 또한 선택의 문제이다. 궁극적으로 대부분의 자료는 클라우드로 가게 된다. 데이터는 연결되고 공유되어야 가치가 완성되기 때문이다.

① 4차 산업혁명의 여러 서비스는 디지털 변환을 통하여 연결 · 공유 · 구현된다.
② 증기기관, 컨베이어 벨트, 모바일, 인공지능은 각각 1~4차 산업혁명을 상징한다.
③ 현대인이 컴퓨터를 교체하는 이유는 고장이 아니라 속도 때문이다.
④ 중요 정보재를 활용하는 방식에 있어서 서로 다른 관점이 존재하기 때문에 클라우드는 현재에도 많은 우려 속에 있다.
⑤ 스마트폰에서 구동되는 앱은 다양한 OS의 차이에 구애받지 않고 서비스된다.

22 다음 밑줄 친 ㉠에 대한 설명으로 적절하지 않은 것은?

> ㉠클라우드 컴퓨팅이란, 컴퓨터를 활용하는 작업(자료 처리, 저장, 전송, 감상 등)에 필요한 다양한 요소들을 인터넷상의 서비스를 통해 다양한 종류의 컴퓨터 단말 장치(휴대폰, TV, 노트북, PC 등이 모두 해당)로 제공하는 것을 말한다. 컴퓨터를 활용하기 위해서는 소프트웨어(응용 프로그램), 데이터 파일, 운영체제, CPU, 메모리 디스크 스토리지, 네트워크 등의 컴퓨터를 구성하는 요소 자체가 필요하다. 클라우드 컴퓨팅은 이러한 모든 요소들을 자기 컴퓨터에 설치하지 않고 인터넷상의 어딘가에 두어 전화기나 TV, 컴퓨터나 스마트폰으로 접근해서 활용하면 필요한 모든 것들을 사서 꾸미지 않아도 원하는 컴퓨터 작업을 언제 어디서든 할 수 있다.
>
> 예를 들면, 내 컴퓨터의 하드 디스크가 모자랄 경우 인터넷에 연결된 어떤 컴퓨터의 디스크를 빌려 거기에 자료를 저장한다거나, 내 컴퓨터에 설치되지 않은 통계 프로그램을 필요할 때만 인터넷을 통해 받아와 통계처리를 한다거나, 심지어는 컴퓨터 없이 TV로 통계 프로그램이 설치된 컴퓨터에 접속해 원하는 통계 작업을 하는 것 등이 있다.
>
> 클라우드 컴퓨팅에서는 사용자가 원하는 요소를 인터넷을 통해 유료 혹은 무료로 제공하는데, 이때 사용자가 몇 만 명이 되어도 사용자의 필요에 따라 원하는 크기와 성능을 제공할 수 있어야 한다. 이를 위해 해당 서비스가 몇 대의 컴퓨터나 디스크 스토리지 등의 장치로 구성되든 간에 사용자는 자기만의 컴퓨터 한 대를 가지고 있는 것처럼 자유롭게 쓸 수 있어야 한다.
>
> 클라우드 컴퓨팅을 사용하면 다양한 이점이 있다. 특히 사용자 입장에서는 자신이 사용하는 디스크 스토리지 서비스나 컴퓨팅 서비스, 응용 프로그램 서비스 등이 어떻게 구현되는지 몰라도 되고, 관리하지 않아도 되므로 쉽게 원하는 일을 할 수 있게 되어 비용을 아끼고 효율을 높일 수 있다. 또한 자주 사용되지 않는 희귀한 프로그램도 사용할 때만 돈을 내면 되므로 비용 절감에 효과적이다. 서비스 제공자의 경우 가치 있는 데이터나 희귀한 정보, 혹은 데이터 가공 · 접근 · 열람 수단과 같은 다양한 응용 프로그램을 만들어 인터넷을 통해 배포, 공급함으로써 큰 수익을 낼 가능성을 얻게 된다.

① 자주 사용하지 않는 프로그램의 경우 사용할 때에만 돈을 내면 되므로 비용 절감의 효과가 있다.
② 컴퓨터를 활용하기 위해서는 메모리 디스크, CPU 등의 컴퓨터 구성 요소 자체가 필요하다.
③ 서비스 제공자는 인터넷을 통해 각종 응용 프로그램을 만들어 배포함으로써 큰 수익을 얻게 된다.
④ 사용자는 자신이 사용하는 디스크 스토리지 서비스, 컴퓨팅 서비스 등을 직접 관리할 수 있어야 한다.
⑤ 사용자의 인원수와 상관없이 각자가 원하는 크기와 성능에 맞는 요소를 제공할 수 있어야 한다.

23 다음 글의 내용과 일치하는 것은?

> 검은 도로 아스팔트 위에 얼음이 생겼다 하여 붙여진 이름의 '블랙아이스(Black Ice)'는 '어는 비'라고 부르는 강수 형태가 나타날 때 많이 발생한다. '어는 비'란 높은 하늘에서 내리기 시작한 눈이 지상에 가까워지면서 상대적으로 따뜻해진 공기 때문에 비로 변했다가 땅에 닿자마자 다시 얼음이 되어 얼어붙는 비를 말한다. 이 비는 지상 1.5km 상공을 중심으로 그보다 높은 고도의 기온은 영상, 그 아래는 영하의 온도 조건이 만들어지면 내릴 확률이 높아진다. 다시 말해 지상 5km 혹은 그보다 높은 고도에서 만들어져 떨어지던 눈은 기온이 영상인 구간을 통과하면서 비로 바뀌게 된다. 이 비는 지면 근처에서 다시 영하의 공기를 만나지만 미처 다시 얼어 붙지 못한 채 그대로 땅바닥으로 철벅하고 떨어지며 곧바로 얼어붙고 만다. 이 비가 처마에 떨어지면 고드름이 되고, 나무에 떨어지면 나뭇가지에 얼음꽃이 피고, 도로에 떨어지면 악명 높은 '블랙아이스'가 되는 것이다.
>
> 이 같은 조건으로 인해 블랙아이스는 주로 해 뜨는 시간을 전후로 한 새벽에 가장 많이 생긴다. 최근 잇따라 보도된 블랙아이스 추돌 사고들이 모두 출근 시간대에 발생한 이유도 바로 이 때문이다. 여기에 교각이나 길 아래로 도로가 교차하는 입체도로 등에서는 더욱 블랙아이스의 발생 가능성이 높아진다. 이런 곳들은 밤사이 더욱 지표면 기온이 낮고 확실하게 떨어지기 때문이다. 특히 교각에 만들어진 블랙아이스는 해가 높이 솟은 오전 시간까지도 계속 이어질 수 있다. 2005년 1월 미국에서 도로와 교각의 표면 온도와 실제 기온을 시간대별로 비교한 결과 교각의 기온은 정오쯤 되어서야 실제 기온보다 높아지는 것으로 나타났다. 이는 새벽까지 따뜻하다가 낮이 되면서 갑자기 강추위가 몰아치는 날이라면, 새벽에 생긴 블랙아이스가 하루 종일 사라지지 않을 수도 있다는 뜻이다.
>
> 일부에서는 블랙아이스의 판별 조건으로 '노면이 젖은 것처럼 보이는 상태'를 내세우고 있지만, 블랙아이스에 대한 여럿 연구 결과를 살펴보면 꼭 그렇지만은 않다. 얼어붙은 얼음이 매우 투명하고 반사할 빛이 없을 경우 그냥 말라붙은 도로처럼 보이기도 하기 때문이다. 각종 교통 기관에서는 고속도로에서 시속 100km로 달리는 경우 안전거리 100m를 확보하라고 권고하고 있다. 하지만 빙판길은 상황이 전혀 다르다. 고속도로에서 달리는 속도를 감안할 경우 빙판길에서 자동차가 멈춰서기 위해 필요한 거리는 눈길의 3배, 마른 도로의 5배 이상이며, 거리상으로는 권고기준보다 최소 200m 이상 더 필요하다.

① 고드름이 형성되기 위한 조건은 블랙아이스가 만들어지는 원리와는 조금 차이가 있다.
② 미국에서 실험한 결과 교각의 표면 온도가 실제 기온보다 높아지는 시기는 출근 시간대였다.
③ 블랙아이스는 항상 노면이 젖어 있는 것 같은 효과를 나타내므로 눈으로 식별하기 쉽다.
④ 빙판길에서 시속 100km로 달리는 자동차가 지켜야 할 안전거리는 200m이다.
⑤ 블랙아이스로 인한 사고가 많이 발생하는 시간대 및 장소의 조건은 모두 온도와 연관이 있다.

24 다음은 개인정보 수집 원칙에 관한 가이드를 설명하는 글이다. 전체 내용에서 주장하고 있는 개인정보 수집 원칙에 해당하지 않는 것은?

1. 정보주체의 동의를 받거나 법령에 따른 개인정보 수집 또는 계약의 체결 · 이행 등을 위해 불가피하게 개인정보를 수집하는 경우에도 필요 최소한의 개인정보만을 수집하여야 함
2. 주민등록번호 대체수단도 법령에서 본인확인을 요구하거나 서비스 과정에서 본인 특정이 필요한 경우 등에 한정하여 사용하여야 함
3. 개인정보의 수집관련 현행 법령에 원칙과 세부내용에 대한 구체적인 안내를 통해 그간 잘못된 수집 관행을 개선 유도하고, 동의내용에 대한 명확한 안내 및 선택권 부여로 실질적 동의권을 보장하여야 함
4. 정보주체의 동의 여부는 정보주체가 직접 판단하여 선택하는 것을 전제로 하여야 하며, 선택적으로 동의할 수 있는 사항을 동의하지 아니한다는 이유로 재화 또는 서비스의 제공을 거부해서는 아니 됨
5. 개인정보처리자가 정보주체의 동의를 받아 개인정보를 수집하는 때에는 정보주체에게 동의의 내용과 동의를 거부할 권리가 있다는 사실 및 동의 거부에 따른 불이익이 있는 경우 그 불이익의 내용을 구체적으로 알리고 동의를 받아야 함
6. 주민등록번호를 제외한 고유식별정보 및 민감정보는 법령에 근거가 있거나 별도로 동의를 받은 경우에만 수집할 수 있음
   ※ 주민등록번호는 법률 · 시행령 · 헌법기관 규칙에서 허용한 경우만 처리 가능
7. 개인정보를 수집하고자 하는 목적에 필요한 범위 내에서 최소한의 개인정보를 수집하여야 하며 필요 최소한의 개인정보라는 입증책임은 개인정보처리자가 부담함

① 업계의 자율적인 관행 개선 및 형식적 동의에 따른 국민 불편 해소
② 필요 최소한의 개인정보 수집
③ 개인정보의 유출 소지 차단 및 온라인 정보 제공의 위험성 홍보
④ 정보주체의 실질적 동의권 보장
⑤ 고유식별정보 및 민감정보 처리 제한

25 다음 글의 제목으로 가장 적절한 것은?

> 최근 암 조기발견 증가와 함께 다양한 기능보존수술이 활발히 시행되고 있다. 위암의 경우에는 내시경을 이용한 점막절제술, 위의 절반 이하만 절제하는 축소 수술 등이 시도되고 있으며, 유방암의 경우 유방보존수술, 감시 림프절 생검을 이용한 선택적 림프절 절제술 등이, 대장암의 경우 항문을 통해서 암을 절제하는 수술법, 각종 항문보존수술 등이 시행되고 있다.
> 배에 큰 상처를 내지 않고 몇 개의 구멍만을 낸 후 그 구멍을 통해 작고 특수한 기구를 넣어서 수술을 하는 복강경 수술은 최근 빠르게 발전하고 있는 분야인데, 대장암, 위암, 자궁암, 전립선암, 신장암 등 다양한 수술에 시도되고 있다. 하지만 이러한 각종 기능보존수술이 모든 암 환자에 적용 가능하지는 않고 일부 조기 암 환자에게만 선택적으로 시행할 수 있다.
> 다소 진행된 암의 경우 다양한 복합요법이 시도되고 있다. 복합요법이란 수술, 항암제, 방사선 요법 등을 하나만 사용하는 것이 아니라 복합적으로 사용하는 것을 의미한다. 대장암을 예로 들면 수술 전 방사선 치료, 수술, 수술 후 항암제 치료 등 다양한 방법을 통해 수술 범위를 줄이고 생존율을 높이는 것이다.
> 현대 의학에서 암 치료는 '맞춤 치료'라는 말로 대변할 수 있다. 각 개인에 발생한 암에 맞는 항암제의 선택, 암 부위 및 진행 정도에 따른 수술 방법의 선택, 림프절 전이 가능성 예측에 따른 선택적 림프절 절제술 등이 암 치료 연구에 있어서 주목받고 있다.

① 암 수술의 종류
② 암 치료 방법의 발전
③ 기능보존수술의 효과
④ 기능보존수술의 활용 범위
⑤ 복합요법의 효과

26 다음 중 띄어쓰기가 잘못된 것은?

① 그 사람이 떠난 지가 오래되었다.
② 물품을 분배할 때는 필요한데 보내도록 주의하자.
③ 그 사람은 변덕이 죽 끓듯 하다.
④ 이제부터 먹을 만큼 덜어서 먹으면 돼.
⑤ 시장을 지나다 본 치킨이 정말 먹음직해 보였다.

27 다음 글에서 제시된 문제점에 대한 해결 방안으로 가장 거리가 먼 것은?

> 우리 사회는 급격한 고령화를 경험하였고, 향후 초저출산 현상이 지속될 것이라는 우려 때문에 사회의 지속가능성에 대한 사회적 관심이 높다. 때문에 노인은 보호받아야 하는 의존적인 존재가 아니라 스스로 자신을 돌볼 수 있는 독립적인 존재가 되는 것이 기본적인 역할이라는 인식이 공유되고 있다. 그러나 압축적인 사회경제적 발전으로 인하여 현세대 노인들의 교육수준과 소득수준이 낮기 때문에 이러한 기대에 부응하기가 용이하지 않은 상황이다.
> 한편, 전통적으로 가족 내에서 노인에게 기대되었던 역할에는 변화가 발생하고 있고, 우리 사회가 가진 연령분리적 특성으로 인하여 연령 차별적 인식이 강한 편이다. 또한 우리사회는 사회구성원의 시민사회참여의 경험이 많지 않았기 때문에 현재 노인들의 시민참여율도 낮을 뿐만 아니라 활동 내용도 제한적이다. 아직 한국사회에서 노인의 역할은 자신과 가족 및 이웃과 같이 협소한 영역에 한정되는 경우가 많으며 자발성에 기초하여 예산을 확보하고 활동내용을 개발해가지는 못하고 있다.

① 출산율을 제고할 수 있는 방안 모색
② 이러닝 등의 평생교육을 사회적으로 확대
③ 다양한 일자리 창출로 경제활동 가능 연령 연장
④ 다양한 사회 계층의 참여를 유도할 수 있는 사회구조적 제도 개선
⑤ 노령층에 보다 적합한 특화된 일자리 마련

28 다음 글의 문맥상 빈칸에 들어갈 가장 적절한 문장은?

> 글을 쓰다 보면 어휘력이 부족하여 적당한 단어를 찾지 못하고 고민을 하는 경우가 많이 있다. 특히 사용빈도가 낮은 단어들은 일상적인 회화 상황에서 자연스럽게 익힐 기회가 적다. 대개 글에서는 일상적인 회화에서 사용하는 것보다 훨씬 고급 수준의 단어를 많이 사용하게 되므로 이런 어휘력 습득은 광범위한 독서를 통해서 가능하다.
> 그러므로 (   )

① 평소 국어사전을 활용하여 어휘력을 습득하는 습관이 필요하다.
② 사용빈도가 낮은 단어들은 사용하지 않는 것이 좋다.
③ 고급수준의 단어들을 사용하는 것 보다는 평범한 단어를 사용하는 것이 의미전달을 분명히 한다.
④ 평소에 수준 높은 좋은 책들을 많이 읽는 것이 필요하다.
⑤ 무분별한 독서보다 양질의 서적을 구별하여 읽을 줄 아는 능력을 키울 필요가 있다.

[29~30] 다음 글을 읽고 이어지는 물음에 답하시오.

고대 이후 화폐의 사용, 은행 같은 금융서비스 산업의 발달, 기회주의적 행위를 방지하기 위한 회계제도의 발달 등은 거래비용을 줄이기 위해 ㉠고안/개발된 것이다. 또한 거래비용으로 ㉡창출/창안되는 직업은 중개업, 법률서비스업, 신용 평가업, 광고업, 정보 제공업 등 공식적 · 합법적인 직업 외에도 비공식적이고 불법적인 직업도 무수히 많은 예를 들 수 있다. 교육업의 경우 거래비용 축소가 교육업의 본래 목적은 아니지만 거래비용의 축소에 크게 기여하는 직업이라 할 수 있다. 정보지식의 ㉢함양/연마를(을) 통해 인간의 정보 부재를 보완시킬 수 있고 인성교육이나 사회규범에 대한 교육은 인간행동의 불확실성을 감소시키는 역할을 한다는 점을 고려한다면 교육수준이 높아질수록 거래비용을 감소시켜 경제발전에도 유리하다는 교육의 새로운 의의도 발견할 수 있다.

국가의 존재도 거래비용으로 설명 가능하다. 사회계약설의 요점은, 각 개인이 자신의 생명과 재산을 지키기 위해 국가에 권력을 ㉣위탁/부탁하면서 국가가 존재했다고 한다. 경제학적인 관점에서는 재산을 지키기 위해, 재산권 거래를 원활히 하기 위해 국가가 존재하여 불확실성을 감소시키고 경제의 효율을 높인다고 할 수 있다. 유사한 견해로, 일부 학자들 사이에서는 최고 통치자 외에 국가공무원도 거래비용을 감소시키기 위해 존재한다는 주장이 ㉤제기/제의되기도 하였다.

29 윗글의 내용을 논거로 삼을 수 있는 주장으로 가장 적절한 것은?

① 거래비용은 매우 다양한 방식으로 정의될 수 있다.
② 거래비용은 용어 사용 전부터 암묵적으로 대부분의 경제주체가 인지하던 개념이다.
③ 거래비용의 의미는 우리가 생각하는 것 이상으로 매우 오래 전부터 존재하던 개념이다.
④ 거래비용이란 개념은 사회의 많은 분야에서 매우 유용한 개념으로 자리하고 있다.
⑤ 사회계약설에서도 알 수 있듯이 거래비용의 개념은 국가 근간을 유지하는 중요한 의미이다.

30 밑줄 친 ㉠~㉤ 중 문맥상 서로 혼용하기 어려운 것은?

① ㉠
② ㉡
③ ㉢
④ ㉣
⑤ ㉤

최종 점검 모의고사 3회

01 다음 문장의 밑줄 친 어휘 중 외래어 표기법에 의한 올바른 한글 표기가 아닌 것은?

① 디지털 정보와는 달리 아날로그 정보는 전기가 켜져 있든 꺼져 있든 상관없는 순간 볼트의 계속적인 변화와 흐름을 의미한다.

② 우리 전통 음식 중 하나인 떡에 크림과 아이스크림, 카스테라 등 양식 재료를 더해 만든 신메뉴가 인기이다.

③ 로스앤젤레스 교외로 영화 산업이 들어오기 전까지 할리우드는 인구가 1천 명도 안 되는 곳이었다.

④ 여자 3,000m 계주 결선 경기장에 '금메달 아니어도 괜찮아'라는 플래카드가 등장했다.

⑤ 도로 위의 주행 차량들은 마치 모세의 기적처럼 앰뷸런스를 위해 길을 터주었다.

02 다음 중 밑줄 친 단어의 의미가 〈보기〉와 동일한 것은?

> 보기
>
> 그는 자신의 얼굴로 날아오는 공을 쳐 냈다.

① 어렸을 때는 바다에서 헤엄을 치며 놀곤 했다.

② 연주가 끝나자 관객들이 박수를 치기 시작했다.

③ 오랜만에 친구들이 모여 트럼프를 쳤다.

④ 권투 경기에서 하반신을 치는 것은 반칙이다.

⑤ 할아버지께서는 돼지를 쳐서 아버지를 학교에 보내셨다.

03 다음은 근로 시간 단축이 근로자와 근로환경에 미치는 영향에 관한 글의 일부를 발췌한 것이다. 문맥상 〈보기〉의 문장이 들어갈 문단으로 가장 적절한 것은?

법정 근로 시간 단축 효과를 분석한 대부분의 연구들은 고용 구조, 임금 수준에 집중되어 왔다. 또한 일자리 창출의 중요성이 확대되면서 거시적인 측면에서 경제 성장과 고용 창출의 효과를 분석하는 연구가 주를 이루었다. 그러나 근로 시간 단축은 근로자의 재량 시간과 기업의 노동 생산성 향상 유인을 증대시킨다는 측면에서 근로자의 생활과 근로 환경에도 영향을 준다. (가)
근로 시간이 단축되면 근로자들은 늘어난 재량시간을 다른 활동에 배분하게 된다. 법정 근로 시간 단축으로 인한 시간 사용의 효과를 분석한 연구에 따르면 일본은 개인의 여가 시간이 증가하는 반면 한국은 수면 등 개인 관리 시간이 증가한다. 근로 시간 단축은 일과 생활이 양립할 수 있는 여건이 조성된다는 측면에서 근로자의 삶의 만족도를 높일 수 있다. 근로 시간이 감소하면 삶의 질과 가족 관계 등 전반적인 삶의 만족도에 긍정적 영향을 미친다. 또한 노동 시간이 감소하면 근로 만족도와 업무 성과가 향상될 뿐만 아니라 근로 유연성이 커져 생산성과 자체 성과 평가도 개선된다. (나)
근로 시간은 근로자의 생활 습관과 건강에 영향을 미친다. 근로 시간이 길면 흡연, 음주, 나쁜 식습관은 늘어나는 반면 운동량은 줄어들게 되고 건강에도 부정적 영향을 준다는 연구가 다수 존재한다. 근로 시간이 감소하면 흡연율, 비만율, 육체적 비활동률이 감소한다고 보고되었으며, 프랑스에서는 법정 근로 시간이 단축되면서 근로자의 흡연과 음주, 무기력증 등이 감소했다는 연구도 있다. 반면 한국의 경우 근로 시간이 단축되면서 흡연 가능성은 감소한 반면 음주 가능성은 증가한 것으로 보고되고 있다. (다)
근로 시간은 근로자의 근로 환경에도 영향을 미치는데 이는 고용주(기업)와 근로자의 행동 변화가 복합적으로 작용하면서 나타난다. 기업의 비용최소화 모형에 따르면 고용주는 근로 시간을 줄여야 하는 상황이 발생하면 노동 비용을 축소하려는 행동을 하게 된다. (라) 이러한 과정에서 근로자들은 작업에 대한 추가적인 압력을 받게 된다. 이것은 근로 시간의 감소는 노동 강도가 약화되는 현상을 상쇄한다는 것을 의미한다. OECD에서는 법정 근로 시간 단축의 영향은 국가별 경제 상황과 기업문화 등에 따라 다양하게 나타나지만 기업 측면에서는 실근로 시간 감소와 시간당 노동 생산성 향상이 일관되게 나타났다고 보고하고 있다.
근로 시간 단축으로 인해 근로자에게 주어지는 노동 강도가 강화된다는 연구들이 존재함에도 근로자들이 심리적으로 체감하는 전반적인 만족도는 향상될 가능성이 존재한다. 이는 노동 강도가 강해져도 근로자가 작업장에 존재하는 절대적인 시간은 축소되어 시간 사용의 유연성이 증대되기 때문이다. 또한 근로 시간이 적정선을 넘어서면 생산성뿐만 아니라 작업의 안정성도 급격히 감소한다는 측면에서 근로 시간 감소는 근로자에게 긍정적인 영향을 미칠 수 있다. (마)

보기

고용주는 근로자의 근무 집중도가 제고될 수 있도록 관리 · 감독 체계를 개선하는 등 추가적인 노동 구입 없이 기존 작업량을 해소하려고 할 것이다.

① (가)
② (나)
③ (다)
④ (라)
⑤ (마)

04 다음 글을 고쳐 쓰기 위한 방안으로 적절하지 않은 것은?

소설 작가인 김영하는 한 방송에서 자신이 가르치는 학생들에게 졸업할 때까지 '짜증난다'는 말을 ㉠쓰지 못하도록 금지했다고 이야기했다. 그는 "'짜증난다'라는 표현은 너무나 많은 감정을 표현할 수 있다."라고 말하며 '서로 완전히 다른 감정들도 모두 짜증난다는 말로 표현해 다양한 감정의 무늬를 단순하게 뭉뚱그리게 된다'고 그 이유를 설명했다. 생일에 미역국을 끓여주지 않은 어머니에게 느끼는 서운함도, 화장실에 휴지가 없어 느끼는 당황스러움도 모두 '짜증난다'라는 모호한 말로 ㉡구체화함으로써 우리가 스스로 우리의 감정을 깊이 있게 들여다보는 것을 방해한다는 것이다.
그러나 이것은 글을 쓰는 이들에게만 중요한 것이 아니다. ㉢글을 쓰는 이들은 인물의 감정은 물론 외형과 배경 요소까지 정확하게 묘사하여야 한다. 정신건강의학에서도 자신의 감정이 어떤 감정인지, 왜 그러한 감정이 생긴 것인지를 정확하게 인지하고, 또 그것을 정확한 단어로 표현하는 연습이 필요하다고 이야기한다. 이것이 자신의 감정을 이해하고, 나아가 자기 자신을 이해하는 데 큰 도움이 되기 때문이다.
지금 우리 사회는 개인주의와 사회적 소외, 각종 스트레스 등으로 우울증과 같은 정신적 질환을 겪는 이들이 늘어나고 있다. ㉣우울증 진료 환자는 2019년 79만 8,000여 명 수준으로 증가하였다. 게다가 2020년에 들어서는 코로나로 인한 비대면 상황과 직업 활동 장애 등으로 상반기에만 우울증 치료 인원이 60만 명에 달하는 상황이다. 그렇기 때문에 자신의 감정을 정확히 알고 마주하는 것은 우리 모두의 정신적 · 심리적 안정을 위해 ㉤반드시 필요로 한다.

① ㉠에는 의미상 불필요한 중복이 있으므로 '쓰지 못하도록 했다고'로 수정한다.
② ㉡은 의미상 적절하지 않으므로 '치부해버림으로써'로 수정한다.
③ 앞뒤의 내용을 고려하여 ㉢은 앞의 문장과 순서를 바꾼다.
④ ㉣은 주장의 근거로 활용하기에 적절하지 않으므로 비교 대상이 되는 연도의 통계를 추가한다.
⑤ 주술 관계가 자연스럽지 않으므로 ㉤을 '반드시 필요한 일이다.'로 고친다.

05 다음은 L공단에서 시행 중인 연금보험료 관련 안내문이다. 안내문의 내용을 참고할 때, 문서의 제목으로 가장 적절한 것은?

<table>
<tr><th colspan="2">구분</th><th>변경 전(~2017년)</th><th colspan="3">변경 후(2018년~)</th></tr>
<tr><td colspan="2">소득수준</td><td>140만 원 미만</td><td colspan="3">190만 원 미만</td></tr>
<tr><td rowspan="3">신규
가입자</td><td>정의</td><td>• 1년 이내 가입 이력이 없는 근로자
• 보험료 지원 이력이 없는 근로자</td><td colspan="3">1년 이내 사업장 가입 이력이 없는 근로자</td></tr>
<tr><td rowspan="2">지원수준</td><td rowspan="2">사업주 및 근로자 보험료의 각 60%</td><td rowspan="2">사업
규모</td><td>5인 미만</td><td>사업주 및 근로자 보험료의 각 90%</td></tr>
<tr><td>5~10인 미만</td><td>사업주 및 근로자 보험료의 각 80%</td></tr>
<tr><td rowspan="2">기존
가입자</td><td>정의</td><td>신규가입자에 해당하지 않는 자</td><td colspan="3">신규가입자에 해당하지 않는 자(1년 이내 사업장 가입 이력이 있는 근로자)</td></tr>
<tr><td>지원수준</td><td>사업주 및 근로자 보험료의 각 60%</td><td colspan="3">사업주 및 근로자 보험료의 각 40%</td></tr>
</table>

• 지원 대상 : 사업장 가입자 중 사용자(법인 대표이사)를 제외한 근로자가 10명 미만인 사업장에 근무하며 기준소득월액이 고시소득 미만인 근로자로 재산 및 종합소득 요건 충족자
• 근로자 10명 미만 판단 기준 : 지원신청일이 속하는 달의 말일 기준 근로자 수가 10명 미만이어야 하고, 전년도 월평균 근로자 수가 10명 미만이어야 함(10명 이상인 경우, 신청월 직전 3개월 연속 근로자 수가 10명 미만이면 가능함)
• 지원 제외 대상 : 다음의 어느 하나라도 해당되는 경우 지원 제외 대상임
① 지원 신청일이 속한 보험 연도의 전년도 재산의 과세표준액 합계가 6억 원 이상인 근로자
② 지원 신청일이 속한 보험 연도의 전년도 근로소득이 연 2,508만 원 이상인 근로자
③ 지원 신청일이 속한 보험 연도의 전년도 근로소득을 제외한 종합소득이 연 2,280만 원 이상인 근로자

① 연금보험료 인하에 따른 지원 대상 안내문
② 연금보험료 적용 대상 사업장 기준 안내문
③ 연금보험료 지원기준 변경 안내문
④ 사업장별 연금보험료 적용 기준 안내문
⑤ 연금보험료 지원기준 축소 변경 안내문

[06~07] 다음은 S사의 해외주재원 근무에 관한 내부 규정 중 일부이다. 이어지는 물음에 답하시오.

제3장 해외주재원

제15조(해외주재원의 임무) 해외주재원은 다음 각 호의 임무를 수행한다.

1. 해외 각종 동향 및 정보 자료의 수집
2. 현지 조사 연구 활동 및 유관기관과의 유대 강화
3. 기타 본사에서 지시하는 사항

제16조(해외주재원의 임기) 해외주재원의 임기는 3년을 원칙으로 하되 현지 업무 추진상 특별한 사유가 있거나 본사에서 필요하다고 인정할 때에는 이를 연장 또는 단축할 수 있다.

제17조(업무활동보고) 해외주재원은 다음 각 호의 사항을 별도의 소정서식에 의거, 본사에 보고하여야 한다.

1. 월별 사업 활동 결과 보고 : 익월 15일까지
2. 분기별 경비정산내역서 : 본사 회계부서를 거쳐 매 분기 초 15일까지

제19조(세수낭 능의 지급) ① 본사 인사팀장은 해외주재원에게 제수당 등 필요한 경비를 예산의 범위 내에서 지급할 수 있다.

② 전항의 제수당 등 필요 경비라 함은 주택수당, 가족수당, 재외근무수당, 특수지 근무수당 및 사무관리비, 조사활동비 등을 말한다.

③ 해외주재원에게 지급하는 제수당 등 각종 경비 지급기준은 별도로 정한다.

제20조(조사연구사업비) 해외주재원이 별도의 특수한 프로젝트사업을 수행할 경우, 그 사업추진에 필요한 조사연구사업비를 지급할 수 있다.

제21조(급여의 지급 방법) 이 규정에 따른 급여지급은 본사에서 지정하는 통화로 환산 지급하거나 국내 거주자에게 원화로 지급할 수 있다.

제22조(급여의 지급 시기) 해외주재원에게 지급되는 각종 급여는 해외파견일을 기준으로 지급한다. 다만, 가족수당은 다음 각 호의 계산 방법에 의한다.

1. 배우자수당은 배우자가 주재국에 도착한 날, 기타 그 지급 사유가 발생한 날이 속하는 달의 다음 달부터 지급한다.
2. 자녀수당은 자녀의 출발을 불문하고 해외주재원이 주재국으로 출발한 날, 자녀가 출생한 날, 기타 그 지급 사유가 발생한 날이 속하는 달의 다음 달부터 지급한다.
3. 퇴직, 본국으로의 전보, 자녀의 연령 초과, 기타 사유로 그 지급요건이 상실된 때에는 그 사유가 발생한 날이 속하는 달분까지 지급한다.

제23조(급여의 선급) ① 해외주재원에게 외환관리법이 정하는 기간 내에서 급여를 선급할 수 있다.

1. 본인 및 가족에 대한 의료보험 또는 상해보험
2. 현지 법령 등에 따라 그 가입이 강제되어 있는 보험

② 전항 제1호의 경우 본인은 보험료의 전액, 가족은 50%를 본사가 부담하고 제2호의 경우에는 해당 보험료의 전액을 해당 주재원이 부담한다.

제25조(준용규정) 이 규정이 정하지 않은 사항은 따로 정하는 바에 의하며 그 외의 사항은 급여규정, 여비규정 및 외환관리법 등을 준용한다.

06 **다음 중 위 규정에 부합하는 것은?**

① 해외주재원은 자녀나 배우자 등 가족에 의한 사유로 인하여 임기가 조정될 수 있다.
② 사업 활동 시행에 따른 경비 정산 내역을 매달 15일 본사에 보고하여야 한다.
③ 모든 종류의 제수당은 지급 방법과 금액이 규정에 의해 정해져 있다.
④ 배우자수당과 자녀수당이 지급되는 시점이 다를 수 있다.
⑤ 주재국 법령에 의한 현지의 보험료와 국내 의료보험료는 본사에서 선급할 수 있다.

07 **다음은 S사의 해외주재원으로 근무하게 된 김 대리와 본사 이 팀장의 대화이다. 규정에 의한 적절한 응답이라고 볼 수 없는 것은?**

이 팀장 : 김 대리, 본사 사정이 좋지 않은 상황이라는 건 자네도 잘 알 테니까 연구 활동에 필요한 비용은 급여에서 잘 운용해서 쓰도록 하게.
김 대리 : ① 연구 활동비용은 별도 예산에서 지급되는 것 아닌가요 팀장님? 아무튼 가자마자 급한 연구 활동이 예정되어 있으니 정신없겠어요.
이 팀장 : ② 그러게 말이야. 아무튼 다음 달 15일까지는 이달 사업 활동 보고서를 꼭 제출해야 하네.
김 대리 : 제 아내는 집 정리를 좀 하고 두 달 후에 현지에 올 것 같습니다. 그럼 배우자수당도 두 달 후부터 나오겠죠?
이 팀장 : ③ 두 달 후 가게 되면 배우자수당은 3달 후부터 나오겠지.
김 대리 : 그럼 제 딸에게 지급되는 자녀수당도 있으니 아내에게 애를 데리고 한 달이라도 좀 일찍 출발하라고 해야겠어요.
이 팀장 : ④ 배우자수당뿐 아니라 자녀수당도 고려하면 아무래도 그러는 게 낫겠지. 헌데 거긴 해외 인력이 파견 나온 경우라도 T보험은 꼭 가입해야 한다면서
김 대리 : ⑤ 그렇다고 하더라고요. T보험료는 회사 지원이 안 되니 제 비용으로 부담해야죠 뭐.

08 다음 제시된 글의 제목으로 가장 적절한 것은?

우리는 양자역학의 토대 위에 살고 있다. 유명한 물리학자 아인슈타인도 끝내 인정하지 못했을 정도로 복잡하고 난해한 이 이론은 그저 과학자들의 연구 대상으로만 느껴지는 것이 사실이다. 그러나 양자역학이 없었다면, 오늘날 우리 생활의 근간을 이루는 반도체의 탄생은 불가능했을 것이다. 한편 양자역학은 단순히 과학 기술 분야에만 영향을 미친 것이 아니다. 양자역학의 '중첩'과 '얽힘'의 개념은 예술가들에게도 큰 영향을 미쳐 새로운 회화 기법을 탄생시키기도 하였다. 또한 '퀀텀 클라우드(Quantum Cloud, 1999)'와 같은 작품은 양자역학이 묘사하는 세계에서 영감을 받은 작품으로 알려져 있다. 이 외에도 양자역학은 "우리는 무엇으로 이루어져 있는가."라는 근원적인 물음을 던짐으로써 문학과 철학 등의 분야에도 지대한 영향을 미쳤다.

흔히 과학과 예술은 완전히 분리된 분야이며, 심지어는 서로 대척점에 서 있는 것으로 여겨지기도 한다. 과학이 반복적인 실험과 검증을 통해 명확한 진실을 찾고자 하는 분야라면, 예술은 순간적인 영감으로 말미암아 추상적인 감정을 표현하는 분야로 인식되기 때문일 것이다. 그러나 과학과 예술은 서로 밀접하게 영향을 미쳐 왔다. 천문학의 발달과 지동설의 확립은 예술의 주체를 신에서 인간으로 변모시켰다. 앞서 설명한 양자역학의 탄생에는 세계대전 이후 일어났던 다다이즘과 초현실주의 등 예술 사조의 영향도 있었을 것으로 여겨진다. 아인슈타인이 음악에서 시간과 공간을 결합한 상대성 이론의 영감을 얻었다는 일화는 잘 알려져 있다. 반대로 과학 기술이 실현시킨 대량 생산 체제는 마르셀 뒤샹의 '샘(Fountain)'을 탄생시켰고, TV와 같은 영상 매체는 그 자체로서 '비디오 아트(Video art)'로 변모하였다. 그리고 오늘날, 과학 기술의 발달과 함께 예술은 그 기법과 개념의 확장을 도모하고 있다.

① 양자역학이 예술에 미친 영향
② 과학과 예술의 근본적 차이
③ 첨단 과학기술로 만들어진 예술 작품
④ 과학과 예술, 그 불가분의 관계
⑤ 현대 물리학의 탄생과 예술

09 다음 자료를 토대로 〈보기〉의 설명을 해당 장애 유형과 바르게 연결한 것은?

장애 유형별 권장 스포츠

거동이 어려운 장애인일지라도 체육을 통한 건강 증진과 인간 능력의 한계를 뛰어넘어 자신의 기량을 스포츠를 통해 발휘할 수 있다. 장애 유형별로 권장하는 스포츠는 다음과 같다.

■ 소아마비장애인

소아마비장애인들을 위한 신체활동 프로그램은 근력, 지구력, 유연성, 그리고 협응력을 향상시키는 데 중점을 두어야 한다. 하지마비를 가진 소아마비 장애인들이 할 수 있는 운동 종목으로는 육상트랙과 필드, 수영, 사격, 양궁, 농구, 배구, 역도, 테니스, 탁구, 펜싱, 론볼 등의 하계스포츠 종목과 빙상, 스키 등의 동계스포츠 종목이 있다. 또한, 수상스키, 요트, 행글라이딩과 같은 레저 스포츠 종목도 약간의 수정된 경기 규칙과 신체적 장애를 보완해주는 보조 기구만 준비된다면 충분히 안전하게 즐길 수 있다.

■ 절단장애인

운동은 절단 부위의 상처가 완전히 치료된 후에 시작하여야 한다. 절단장애인이라도 스포츠 활동에 참여하여 운동 능력을 발휘할 수 있는 잠재력이 있다는 것을 명심한다. 스포츠 활동 시 가장 중요한 것은 자신감을 고취시키는 것이다. 무릎 위가 절단된 사람들도 적절한 보철 기구를 이용하면 걷는 것은 물론이고 수영, 육상, 양궁, 사격, 사이클, 배구, 탁구, 스키 등 여러 가지 스포츠에 참여할 수 있다. 상지에 절단이 있다면 축구나 육상 종목 등 다리만을 이용하는 경기에 참여할 수 있다.

■ 척수장애인

신체의 마비되지 않은 모든 부위를 사용할 수 있는 균형 잡힌 활동을 제공해야 하며 이 활동들은 근력, 유연성, 근지구력, 심폐 지구력 그리고 협응력을 발달시키는 데 중점을 두어야 한다. 수영과 수중 경기는 부력으로 인해 신체 지지의 부담을 줄일 수 있으므로 척수장애인들이 쉽게 적응할 수 있어 권장되는 스포츠다. 척수장애인이 시행할 수 있는 경기 종목은 양궁, 사격, 탁구, 역도, 럭비, 테니스, 핸드볼 등 하계종목과 알파인스키, 노르딕 스키, 슬레이지 하키 등 동계종목이 있다. 단, 신체 기능에 맞춰 장비나 경기 규칙은 약간의 수정 조항이 있다.

보기

㉠ 수중 부력으로 신체 지지의 부담을 줄일 수 있는 수중 경기가 적절하다.
㉡ 장애 부위가 상지라면 축구, 육상 등의 경기에 참여할 수 있다.
㉢ 약간 수정된 경기 규칙과 보조 기구가 준비되면 행글라이딩, 요트 등도 안전하게 즐길 수 있다.

	㉠	㉡	㉢
①	소아마비장애인	절단장애인	척수장애인
②	소아마비장애인	척수장애인	절단장애인
③	척수장애인	절단장애인	소아마비장애인
④	척수장애인	소아마비장애인	절단장애인
⑤	절단장애인	척수장애인	소아마비장애인

[10~11] 다음은 ○○기업의 경영혁신계획서 중 성과측정 및 보상 관련 내용이다. 이어지는 물음에 답하시오.

성과 측정 및 보상

1. 성과 측정
   1) '경영혁신' 관련 평가지표 신설
      • 기관의 혁신 추진 동력 확보 및 성과 창출 측정을 위해 '경영혁신' 내부 평가 지표 신설
        – '열린혁신' 지표 폐지 → '경영혁신' 지표로 대체

구분	지표 내용	배점
계량지표	중점과제 선정 건수, 제출 과제 총 건수, 7개 주요 과제별 제출 건수	80
비계량지표	사회적 가치, 혁신 등 정부 정책 추진 노력도, 과제 달성도	20

   2) '사회적 가치' 관련 평가 지표 개선
      • 사회적 가치 창출 실적에 대한 평가항목 개선을 통해 정부 정책 방향 구현 및 성과 관리

	구성 및 운영	역할 및 기능
신설	일자리 창출 노력	• '정부 정책 이행 노력도' 중 '일자리 창출'을 분리하여 지표 신설 • 평가 항목 : 일자리 창출 아이디어 공모, 홍보실적 등
	산업안전 관리 지수	일반지표 '재해 예방 강화지수' 중 산업안전 부분을 분리하여 지표 신설
	투명경영 및 사회적 책무	• 정부 경영평가 편람 중 '사회적 기본책무 위반 조치'를 반영하여 지표 신설 • 평가항목 : 경영 공시+원문 정보 공개+책임경영 감점
고도화	사회적 가치 정부 정책 이행	• 지표명 변경 : 정부 권장 정책 이행 → 사회적 가치 정부 정책 이행 • '사회적 기업 제품' 구매를 본사군 지표에 추가
	삶의 질 제고	• 지표명 변경 : GWP 지수 → 삶의 질 제고 • 평가 항목 조정 : 연차휴가 사용+근로 시간 단축(시간선택제 등)
	책임경영 감점	기존 '경영목표 달성 노력도' 중 감점 사항에 성희롱(성폭력) 발생(은폐), 화학물질관리법 등 위반 등의 정부 경영평가 사회적 책무 위반 조치 감점 사항 신규 반영

2. 보상 체계
   1) 우수 성과에 대한 보상으로 사기 진작 및 혁신 추진 동력 확보
      • 개인 포상 : 경영혁신 우수 과제 제출자, 혁신 업무 추진에 공로가 탁월한 자를 선발하여 해외 연수 프로그램 참여 기회 제공 및 사장상 포상
        – 해외 혁신 관련 교육 연수 : 회사의 3대 중점 과제로 선정된 과제(3명)
        – 사장상 포상 : 공공기관 워크숍(7월 중) 시 기재부로부터 발표 자료로 선정된 과제
      • 부서 포상 : 혁신 우수 부서 포상금 지급 검토 및 매월 혁신 우수부서 선정 추진

10 다음 중 자료를 잘못 이해한 것은?

① ㅇㅇ기업은 '경영혁신' 관련 내부평가 지표를 신설하며 '열린혁신' 지표를 폐지하였다.

② 제출 과제 총 건수 등의 '경영혁신' 관련 계량지표 평가 배점은 80점이다.

③ 비계량지표 중 '사회적 가치' 관련 평가 지표는 총 3가지 지표가 신설되었다.

④ 경영혁신 우수과제 제출자 중 기재부로부터 발표 자료로 선정되면 해외 연수 프로그램에 참여할 수 있다.

⑤ 매월 혁신 우수 부서를 선정하여 포상금을 지급하는 보상 체계가 검토 중이다.

11 다음 중 사회적 가치 창출 실적에 대한 평가항목 개선에 대하여 잘못 이해한 것은?

① 일자리 창출 아이디어 공모 및 홍보 실적 등에 대한 평가 지표가 신설되었다.

② 투명 경영 및 사회적 책무 항목에서 신설된 지표에는 '사회적 기본 책무 위반 조치'가 반영되었고, 감점이 적용된다.

③ 기존의 '정부 권장 정책 이행' 지표가 '사회적 가치 정부 정책 이행' 지표로 변경되었으며 평가 항목에 사회적 기업 제품 구매 여부가 추가되었다.

④ '삶의 질 제고' 지표는 기존 'GWP 지수'에서 명칭이 바뀐 것으로 연차 휴가 사용과 시간선택제 등을 통한 근로 시간 단축 여부가 평가 항목에 포함된다.

⑤ 책임경영을 위하여 성폭력이 발생 · 은폐되었거나 화학물질관리법을 위반하였을 경우 기존보다 엄격한 감점이 적용된다.

[12~13] **다음 글을 읽고 이어지는 질문에 답하시오.**

글로벌 금융위기 직후인 2008년 0.6%까지 추락했던 일본 기업의 ROE(자기자본이익률)가 지난해 10%를 돌파하며 유럽과 비슷한 수준까지 회복했다. 한 해에 1만 3,000~1만 9,000개의 기업들이 문을 닫아야 했던 고통을 거치면서 일본 기업들의 생사는 극명하게 갈렸다. 읍참마속의 자구노력을 실현한 끝에 글로벌 무대에 복귀한 소니 · 르네사스가 있는 반면, 도시바나 샤프처럼 시대의 흐름을 읽지 못해 과거의 명성이 무색해진 기업들도 있다. ⓐ7년가량 적자의 늪에서 헤어나오지 못해 몰락의 길을 걷는 듯 보였던 소니는 2015 회계 연도부터 3년 연속 흑자(순이익 기준)를 낸 데 이어, 지난해에는 매출 8조 5,439억 엔(약 84조 500억 원)을 올리며 20년 만에 최대 실적을 달성했다. 지난해 영업이익은 전년 대비 2.5배 급증한 7,348억 엔(약 7조 2,300억 원)을 기록했다. 소니는 과거 소니를 대표했지만 더 이상의 차별화가 어렵다고 판단되는 PC · 바이오 등을 과감하게 정리하고, 부동산 · 주식 같은 보유 자산도 대거 매각했다. 대신 '이미지 센서'를 성장 산업으로 꼽고 집중 투자한 결과, 글로벌 시장에서 압도적인 1위로 올라서며 수익과 성장성을 동시에 확보했다.

르네사스일렉트로닉스는 일본 반도체의 르네상스를 다시 불러올 '희망'으로 불린다. 2010년 르네사스테크놀로지와 NEC일렉트로닉스가 합병해 만들어진 이 회사는 ⓑ설립 당시 매출 기준 세계 6위였지만 2011년 동일본 대지진으로 타격을 입으면서 경영난에 처했고 2013 회계 연도까지 적자가 계속됐다. 이후 강도 높은 구조조정을 단행하고 생산 및 개발 거점 통합 등 경영 효율성을 높이기 위해 노력한 결과 2014 회계 연도에는 흑자 전환에 성공했으며, 지난해에는 매출 7,802억 엔(약 7조 6,800억 원)의 실적을 올렸다. 특히 주력 분야인 자동차용 반도체와 시너지를 낼 수 있는 기업들을 과감하게 인수하며 경쟁력을 키웠다. 2016년 차량용 반도체 개발업체 미국 인터실을 32억 달러(약 3조 5,900억 원)에 사들였고, 최근에는 60억 달러(약 6조 7,300억 원)를 들여 미국의 통신용 반도체 기업인 IDT를 인수한다고 밝혔다. ⓒ자율주행 기술 확산으로 인해 향후에도 르네사스의 성장은 계속될 전망이다.

일본 가전기업으로 전 세계에 이름을 날렸지만 변화에 발 빠르게 대응하지 못해 해외 자본에 맥없이 팔려나간 기업들도 있다. 130년 전통의 도시바는 가전과 PC, 반도체 등의 원천 기술을 다수 보유하고 있는 유서 깊은 가전 명문 기업이다. 하지만 ⓓ경쟁 업체들의 성장과 수요 둔화에 아랑곳 않고 제품 차별화보다 고가 전략을 고수하면서 가전과 PC 사업에서 손실이 점차 확대됐다. 여기에 2006년 인수한 미국 원전회사 웨스팅하우스의 사업 실패와 회계 부정으로 치명타를 입었다. 도시바는 이후 심각한 재정난으로 상장 폐지의 위기에 몰리게 되자, 그제야 울며 겨자 먹기 식으로 돈 되는 사업들을 하나둘 정리하기 시작했다. 2016년에는 가전 사업을 중국 메이디 그룹에, 2017년에는 TV 사업을 하이센스 그룹에 매각했다.

한때 글로벌 디스플레이 업계를 장악했던 샤프 역시 외국계 자본에 흡수된 사례이다. 폭스콘은 대규모 자본을 앞세워 2016년 샤프를 집어삼켰다. 샤프는 중소형 LCD 사업에만 편중하며 무리하게 생산라인 증설을 단행하다, 새롭게 부상하는 한국과 중국의 디스플레이 업체들과의 가격 경쟁에서 참패했다. ⓔ2013년에는 일본 D램 제조업체인 엘피다가 경영난을 겪으며 미국 마이크론에 인수됐고, 일본 가전의 한 축을 담당했던 산요도 2011년 중국 하이얼에 인수됐다. 이들은 하나같이 당시의 시장 장악력이 영원할 것으로 믿었지만, 사업 구조 개편과 새로운 동력 마련에 대한 고민의 부재로 결국 업계에서 물러나게 되었다.

12 다음 중 ⓐ~ⓔ와 어울리는 한자성어가 아닌 것은?

① ⓐ – 권토중래(捲土重來)
② ⓑ – 수주대토(守株待兎)
③ ⓒ – 붕정만리(鵬程萬里)
④ ⓓ – 망양보뢰(亡羊補牢)
⑤ ⓔ – 권불십년(權不十年)

13 다음 중 글을 읽은 후의 반응으로 가장 적절한 것은?

① A : 글로벌 금융위기로 인한 긴 암흑기를 통과한 일본 기업들의 회복 · 성장 국면을 분석한 글이구나.

② B : 혹독한 구조조정을 거쳐 회복세에 들어선 캐논은 미러리스 기술 개발을 기점으로 글로벌 무대에 복귀했구나.

③ C : 도시바는 미국 반도체 회사 인터실을 인수한 후 인터실의 부정 회계로 큰 타격을 입었구나.

④ D : 상장 폐지 위기에 처한 샤프는 자회사들을 중국의 메이디 그룹, 하이센스 그룹에 매각했구나.

⑤ E : 미국 회사 마이크론과 중국 회사 하이얼은 각각 일본 회사 엘피다와 산요를 인수했구나.

14 다음 글을 읽은 후의 반응으로 옳은 것은?

지급준비정책은 금융기관으로 하여금 채무의 일정 비율 해당액을 중앙은행에 의무적으로 예치토록 하는 것으로서 당초에는 예금자 보호를 목적으로 도입되었다. 그러나 지급준비율 변경이 금융기관의 가용 자금에 영향을 미쳐 통화량을 변동시킨다는 사실이 알려지면서 1930년대부터는 유동성 조절을 위한 주요한 수단으로 활용되기 시작하였다. 지급준비정책은 법적 강제력이 뒷받침되기 때문에 금융기관의 유동성을 직접적으로 조절할 수 있는 장점이 있으나 금융기관 수지에 미치는 영향이 매우 커서 지급준비율을 신축적으로 변경하는 데에는 상당한 제약이 따른다.

지급준비정책이 한국은행의 통화 조절 수단으로서 중요한 지위를 차지하게 된 것은 1965년 금리현실화 조치 이후이다. 그전까지만 해도 지급준비정책은 융자사전승인제, 금융기관대출한도제 등 직접규제수단을 보완하는 수단 정도로만 활용하고 있었다. 특히 해외 부문의 통화 증발 압력이 가중된 1980년대 후반에는 지급준비정책을 기조적인 유동성 조절 수단으로 적극 활용하였다. 그러나 1990년대 들어 금융 자유화 진전 및 금융시장 발전으로 공개시장조작을 주된 통화정책수단으로 활용함에 따라 지급준비제도의 역할은 크게 축소되었다. 특히 1996년 이후 금융기관의 대외경쟁력 제고와 공정 경쟁을 위해 9%를 상회했던 지급준비율을 대폭 인하함으로써 통화정책 수단으로서 지급준비율의 유용성은 크게 낮아졌다.

현재 한국은행이 수행하고 있는 지급준비정책을 개략적으로 살펴보면 금융기관은 지급준비금 적립 대상 채무에 한국은행이 정하는 지급준비금의 최저율, 즉 지급준비율을 곱한 금액을 지급준비금으로 한국은행에 예치해야 한다. 현재 지급준비금을 보유하여야 하는 금융기관은 일반은행과 특수은행(한국수출입은행 제외)이다. 금융통화위원회는 50% 이하에서 지급준비율을 결정할 수 있으며 현저한 통화팽창기에는 적립 대상 채무 증가액 전액까지를 지급준비금으로 보유하도록 할 수 있다. 지급준비율은 모든 금융기관에게 똑같이 적용하지만 금융통화위원회의 결정에 따라 채무의 종류별 또는 규모별로는 서로 다르게 정할 수 있다.

① 금융기관이 보유한 총 자산의 일정한 비율에 해당하는 금액을 반드시 예치해야 하는 것이 지급준비정책이구나.

② 지급준비정책은 금융기관의 수익성을 조절할 수 있는 정부 통화정책의 유용한 수단이 되는구나.

③ 지급준비정책은 과거보다 최근에 그 실효성이 더욱 증대되고 있군.

④ 금융기관의 채무액이 1천억 원인 경우 최대 지급준비금은 500억 원을 넘지 못하는군.

⑤ 통화팽창이 현저히 심한 경우 금융통화위원회의 판단으로 채무 전액에 대한 지급준비금 보유를 결정할 수 있구나.

15 다음 글에 대한 반응으로 가장 적절하지 않은 것은?

1790년 무렵 뉴욕과 보스턴을 상태가 좋은 도로를 이용하여 이동할 경우 5~6일이 걸렸다. 그러나 양 옆으로 배수구를 갖춘 자갈을 깐 포장도로가 등장하면서 5~6km/h였던 이동 속력이 13~15km/h로 빨라졌다. 1790년대에 태어난 어린이들은 50대가 되어 노인 세대로 접어들었을 때 엄청나게 빨라진 이동 속력을 목격하고 놀라움을 금치 못했다. 완전히 다른 세상이 도래한 것이었다. 하지만 사람들이 모두 철도와 증기선을 이용하면서 관심 밖으로 멀어진 도로는 쇠퇴일로를 걸었다. 국지적 운송에만 이용되는 용도로 전락해버린 것이다. 이러한 도로의 몰락은 2세대가 지난 후 자동차가 등장해 붐을 일으키기 전까지 계속됐다. 이후 자동차가 등장하자 사람들은 자동차를 그 당시 환경적 문제를 해결해 줄 구세주로 여기며 열광적으로 반겼다. 수많은 말들이 풍기는 악취와 파리떼 그리고 말의 배설물로 인한 질병 때문이었다. 또한 자갈길을 달리는 끊이지 않는 말발굽 소음을 완전히 없애줄 것으로 기대되었다. 그러나 오늘날 자동차를 친환경적이라고 말하는 사람은 거의 없다.

① 시대별 주요 교통수단에 따라 교통로도 성쇠를 반복했구나.
② 같은 거리에 대한 이동 속력을 구체적 수치를 활용하여 비교해 주니, 기술의 속력 단축 효과가 잘 느껴져.
③ 기술 발전에 따라 이동 시간이 줄어들었지만 당시에는 변화에 대한 거부감도 상당했구나.
④ 환경 문제 등을 신기술을 통해 개선하려 한다면 장기적 관점에서 접근할 필요가 있겠구나.
⑤ 동일 구간의 이동 시간이 약 2배 빨라지는 데 약 50여 년이 걸렸는데, 지금은 어떨까?

16 다음 '호주제 헌법 불합치 결정문'의 주요 내용을 보고 판단한 〈보기〉의 내용 중 옳은 것만을 모두 고르면?

재판관 6인의 다수 의견

(1) 헌법은 국가 사회의 최고 규범이므로 가족 제도가 비록 역사적, 사회적 산물이라는 특성을 지니고 있다 하더라도 헌법의 우위로부터 벗어날 수 없으며, 가족법이 헌법 이념의 실현에 장애를 초래하고 헌법 규범과 현실의 괴리를 고착시키는 데 일조하고 있다면 그러한 가족법은 수정되어야 한다.

(2) 우리 헌법은 제정 당시부터 특별히 혼인의 남녀동권을 헌법적 혼인 질서의 기초로 선언함으로써 우리 사회 전래의 가부장적인 봉건적 혼인 질서를 더 이상 용인하지 않겠다는 헌법적 결단을 표현하였으며, 현행 헌법에 이르러 양성평등과 개인의 존엄은 혼인과 가족 제도에 관한 최고의 가치 규범으로 확고히 자리 잡았다. 한편, 헌법 전문과 헌법 제9조에서 말하는 '전통', '전통문화'란 역사성과 시대성을 띤 개념으로써 헌법의 가치 질서, 인류의 보편 가치, 정의와 인도 정신 등을 고려하여 오늘날의 의미로 포착하여야 하며, 가족 제도에 관한 전통과 전통문화란 적어도 그것이 가족 제도에 관한 헌법 이념인 개인의 존엄과 양성의 평등에 반하는 것이어서는 안 된다는 한계가 도출되므로, 전래의 어떤 가족 제도가 헌법 제36조 제1항이 요구하는 개인의 존엄과 양성평등에 반한다면 헌법 제9조를 근거로 그 헌법적 정당성을 주장할 수는 없다.

보기

㉠ 호주제는 전통적인 가족 제도를 유지하는 데 기여한다.
㉡ 호주제는 여성을 소외시킴으로써 인권 침해의 소지가 있다.
㉢ 호주제를 보완하는 제도가 이미 존재한다.
㉣ 호주제는 가부장적 가족 제도로서 양성평등에 관한 헌법 규정에 위배된다.
㉤ 호주제는 가족 제도를 법제화하는 과정에서 부득이하게 생긴 것이다.

① ㉠, ㉡
② ㉡, ㉣
③ ㉡, ㉤
④ ㉢, ㉣
⑤ ㉢, ㉤

17 다음 글을 읽고 추론할 수 있는 내용이 아닌 것은?

퇴행성 관절염은 신체 각 부분 중 체중을 많이 받는 부위인 무릎과 척추, 발목 등에 주로 생기는데, 이는 류머티스 관절염과는 다른 질병이다. 류머티스는 주로 젊은 연령층에서 시작하고, 관절염 외에도 다른 증상을 동반하는 경우가 많다. 이 두 질환은 발병 부위나 증상 등이 서로 달라 어렵지 않게 구별될 수 있다. 대략 40세를 전후하여 시작하고 위에서 언급한 관절 부위에 주된 증세가 있는 것은 거의 퇴행성 관절염이라고 본다.

흔히 퇴행성 관절염으로 오인되는 것이 골다공증이다. 골다공증은 관절이 아닌 뼈가 퇴화되어 조직이 약해지는 병이다. 통증이 없고, 쉽게 뼈가 부러지는 것이 골다공증의 주 증세이다. 폐경기 즈음하여 보통은 이 두 질환이 비슷한 시기에 나타나기도 하지만, 통증의 원인은 주로 퇴행성 관절염이다.

퇴행성 관절염의 두 가지 주요 원인은 과체중과 부족한 운동량이다. 체중이 정상 수치보다 올라갈수록 당연히 관절이 받는 압력은 비례하여 심해진다. 또한 운동 없이 장시간 일을 위해 서 있거나 걷는 사람도 관절염에 쉽게 노출된다. 신발과 구두도 많은 영향을 미치는데 딱딱한 바닥이나 하이힐 등도 관절염을 악화시키는 요인으로 작용한다. 관절 통증 때문에 약물이나 건강기능식품, 주사 등을 사용하는 경우가 많으나 이런 외적인 약물치료는 대개 통증과 염증만을 줄여주어 단기적으로는 아픈 것을 개선시켜 주지만, 관절의 마모를 지속시켜 관절염을 악화시킬 수 있어 장기적이고 근본적인 치료라고 볼 수 없다.

따라서 퇴행성 관절염의 가장 좋은 치료 방법은 적절한 체중 유지와 체중을 덜 싣는 운동이다. 앞으로 올 퇴행성 변화를 줄이기 위해서도 적절한 수준의 정상 체중까지 꾸준히 감량하는 것이 필요하다. 이미 관절에 통증이 있거나, 비만인 사람은 반드시 체중을 덜 싣는 운동을 전체 운동량의 상당 부분 수준으로 할애해야 한다. 체중을 덜 싣게 되는 운동에는 대표적으로 수영, 자전거 타기, 고정식 헬스 자전거 타기 등이 있고, 수영을 하지 못하는 경우 물속에서 걷기나 제자리 뛰기 등으로도 큰 효과를 볼 수 있다.

① 나이가 들면서 다양한 운동을 고루 접하게 되면 골다공증 및 퇴행성 관절염 예방에 큰 도움이 된다.
② 연령대별 적절 체중을 확인하고 이를 유지하는 것이 퇴행성 관절염 예방에 도움이 된다.
③ 달리기나 구기 종목 등은 퇴행성 관절염 예방에 좋은 운동으로 볼 수 없다.
④ 목욕탕이나 사우나 냉탕에서 헤엄을 쳐보는 것도 퇴행성 관절염 예방에 도움이 된다.
⑤ 약물이나 건강식품 등은 일시적인 치료법일 뿐, 퇴행성 관절염 예방의 근본 대책일 수는 없다.

18 ㉠~㉤ 중 내용상 <보기>의 문장이 들어갈 알맞은 위치는?

많은 이들이 우리 사회 민주주의의 문제점들을 관계와 소통의 회복을 통해 극복하고자 노력하고 있다. 이들은 네트워크 시대가 만들어낸 시민들의 개인화 · 개별화 경향에 우려를 표한다. 네트워크 시대의 개인은 복합적 네트워킹을 통해 너무나 다양하고 폭넓은 관계를 맺고 살고 있지만, 개인들 간의 유대감은 낮기 때문에 그 관계는 지속적이기보다는 매우 유동적이고, 관계를 맺은 개인들 간에 합의되어 나오는 행동들도 매우 일시적인 경향을 띤다. 즉, 온라인 공론장은 개별 주체들의 모임으로서 그 개별화된 개인들의 선택에 의해 유동적으로 움직인다. (㉠) 예를 들어, 같은 사이트라도 이슈에 따라 공론장이 형성될 수도 형성되지 않을 수도 있으며, 이 공론장 형성 여부는 멤버들의 개인적 · 사적 이해관계에 따라 결정되는 경우가 많다. 나와 내 자녀의 먹거리이기 때문에 쇠고기 수입에는 지대한 관심을 가지던 사람들은 나와는 아무런 관련이 없어 보이는 계약직 근로자의 부당한 대우에는 관심을 갖지 않고 대화의 장을 마련할 이유를 찾지 못한다. 즉, 온라인 공론장은 때로는 시민사회를 포획하려는 지배 권력과 정치적 세력 또는 사적 영역에 대한 대안적 채널 역할을 하지만 또 다른 경우에는 공공영역으로서의 역할을 전혀 하지 못하기도 한다. 이러한 점에서 분절적이고 분산된 네트워크를 보다 유기적으로 조직화하여 공공영역으로서의 지속성을 가질 수 있도록 하는 시도들이 필요하다. (㉡) 특히, 기존의 전통적 미디어들이 정치적 영역이나 경제적 영역에 포획되어 제 역할을 하기가 어려운 상황에서 대안으로서의 온라인 네트워크가 대항적 미디어로 가능하기 위해서는 네트워크 자체가 일정 수준의 유대를 전제로 하여야 한다. 네트워크를 구성하는 개인들이 단순히 기계적 상호작용을 벌이는 차원을 넘어 서로 결속할 수 있는 무언가가 있어야 하는 것이다. (㉢) 이러한 유대감이 없이는 하버마스가 말하는 합리적 의사소통의 장으로서의 역할을 담당하기는 버거울 것이다. 유대감 없이는 인터넷 공간의 자율성이나 공개성이 신뢰성으로 연결되기 힘들고, 신뢰성이 바탕되지 않고는 합의된 절차적 규범에 입각한 토론을 통해 상호이해에 이른다는 공론장의 목표를 달성하기가 어려워진다. 또한 유대감을 통한 지속성이 없으면 온라인 공간의 개인은 그 정체성이 단기적이고 일회적일 수 있기 때문에 다양성을 연결하고 사회적 결합을 이루기 힘들다. (㉣) 그러나 한편으로는 온라인 공간의 유대감은 때로 매우 독특한 방법으로 형성되기도 한다. (㉤) 온라인상에서는 정보의 진위 여부를 떠나 정보를 대하는 집단 간 혹은 개인 간 분노나 감정적 동조화가 급격히 일어나 집단 감성으로 발현되기 쉽다. 집단 감성은 감정에 동조하는 구성원들 간에 강한 유대감을 형성하지만, 많은 경우에 정보와 지식의 진위 여부에 대한 토론이나 이슈에 대한 합리적 논쟁 과정 없이 감정에 바탕한 파괴적이고 자극적인 액티비즘으로 급격히 연결되기 쉽다.

보기

이러한 의미에서 복합적 형태로 얽혀있는 관계의 강화는 네트워크 시대의 합리적 소통을 통한 민주주의의 발전을 위하여 선행되어야 할 조건이다.

① ㉠
② ㉡
③ ㉢
④ ㉣
⑤ ㉤

19 다음 밑줄 친 ㉠~㉥의 상황을 시간 순서대로 나열한 것은?

1884년 10월 13일 ㉠국제 자오선 회의에서 영국의 그리니치 자오선이 본초 자오선으로 채택되었다. 이로써 지구상 모든 지역이 하나의 시간을 공유하게 되었다. 본초 자오선을 결정하기 전에는 인류 대부분이 태양의 위치를 통해 시간을 파악했다. 이전에는 그림자가 생기지 않는 ㉡정오를 시간의 기준점으로 삼았는데, 관측하는 지점마다 시간이 다르게 계산될 수밖에 없었다. 지역 간 이동이 활발하지 않았던 시절이라서 지구상에 수많은 시간이 공존할 수 있었던 것이다. 하지만 사람들이 지역과 지역을 넘나들기 시작하면서 문제가 발생했다.

변화의 시초는 ㉢기차의 발명이었다. 공간을 빠르고 편리하게 이동할 수 있게 하는 기차는 산업혁명의 바탕이 되었지만 지역마다 서로 다른 시간들이 충돌하는 계기가 되기도 했다. 기차역마다 시계를 다시 맞추어야 했고, 지역별 시간이 엉키면 기차 충돌 등 대형 사고가 발생할 가능성도 컸다. 이러한 문제를 공식적으로 제기하면서 세계 표준시의 필요성을 주창한 인물이 샌퍼드 플레밍, 바로 '세계 표준시의 아버지'이다. 그는 1876년 아일랜드의 어느 시골 역에서 그 지역의 시각과 본인의 손목시계가 말해주는 시각이 달라 기차를 놓쳤고 다음 날 런던에서 출발하는 배까지 놓쳤다. 샌퍼드 플레밍은 그 경험을 바탕으로 경도를 기준으로 하는 기준시를 정하자고 제안했고 그 주장은 받아들여졌다. 그 결과 1884년 10월 미국 워싱턴에서 시간을 하나로 통일하기 위한 국제 자오선 회의가 열렸다. 회의장에서는 그리니치 표준시를 주장하는 영국과 파리 표준시를 주장하는 프랑스가 충돌했다. 자존심을 건 시간전쟁이었다. 그러나 회의는 그리니치 표준시의 승리로 끝났다. 영국이 이미 30년 이상을 그리니치 표준시를 기준 삼아 기차 시간표를 사용해 왔고, ㉣미국의 철도 회사도 이를 따르기 시작했다는 게 그리니치 표준시가 채택된 이유였다. 원자시계를 도입하면서 당시에 정해졌던 그리니치 표준시(GMT)가 ㉤협정세계시(UTC)로 대체된 것이 1972년이지만, 여전히 GMT 표기를 사용하는 경우도 많다. 두 시각의 차이는 1초보다 짧다.

표준시를 도입했다는 것은 전혀 새로운 세상이 열렸다는 것을 뜻했다. 세계 모든 인구가 하나의 표준시에 맞추어 일상을 살아가고, 국가마다 서로 달랐던 철도 · 선박 · 항공 시간을 체계적으로 정리할 수 있게 되었다. 지구상에 파편처럼 흩어져서 살아가던 인류가 하나의 기준, 하나의 세계로 통합된 것이다.

한국의 표준시는 UTC+9:00이다. 이는 영국 그리니치보다 9시간 빠르다는 의미이다. ㉥우리나라가 표준시를 처음 도입한 것은 대한제국 시절(1897~1910)이었다. 동경 127.5도를 기준으로 UTC+8:30, 그러니까 지금보다 30분 빠른 표준시를 썼다. 지금은 일제강점기를 지나고 현대사를 거치면서 박정희 군사정부가 채택한 동경 135도의 표준시를 따르고 있다.

① ㉠－㉡－㉢－㉣－㉤－㉥
② ㉡－㉢－㉣－㉠－㉤－㉥
③ ㉡－㉢－㉣－㉠－㉥－㉤
④ ㉢－㉣－㉡－㉠－㉤－㉥
⑤ ㉢－㉠－㉡－㉣－㉥－㉤

[20~21] **다음 글을 읽고 이어지는 물음에 답하시오.**

■ 사마귀란?

사마귀는 피부 또는 점막에 사람 유두종 바이러스(Human Papilloma Virus ; HPV)의 감염이 발생하여 표피의 과다한 증식이 일어나 표면이 오돌토돌한 구진(1cm 미만 크기로 피부가 솟아오른 것)으로 나타납니다. 피부 어느 부위에나 발생할 수 있으나 주로 외부에 노출되는 손, 발, 다리, 얼굴 등에 발생하고, 성접촉을 통해 성기에도 발생할 수 있습니다.

■ 티눈과 사마귀의 차이점

사마귀는 티눈으로 오인하기 쉽습니다. 사마귀는 바이러스성 질환이고, 티눈은 피부의 변형으로 손과 발 등 피부가 자극을 받아 작은 범위의 각질이 증식돼 원뿔 모양으로 피부에 박혀 있는 것을 말합니다. 사마귀는 각질을 깎아냈을 때 여러 개의 검은 점이 보이거나 점상 출혈을 보이며, 티눈은 출혈이 없고 중심핵이 관찰됩니다. 또한 사마귀는 바이러스에 의해 피부 여러 곳으로 옮겨가지만 티눈은 그렇지 않습니다.

■ 발생 원인 및 종류

- 보통 사마귀 : 가장 흔한 유형으로, 거칠고 융기된 표면을 가진 다양한 크기의 구진이 손등, 손톱 주위, 얼굴 등에 발생합니다. 성인이 되면 발생 빈도도 낮아지고 병변의 수도 줄어듭니다.
- 편평 사마귀 : 표면이 편평한 작은 구진으로 나타나며 각각의 병변이 합쳐져 불규칙한 판이 되기도 합니다. 치료가 어렵지만 자연 치유의 빈도도 높은 형입니다.
- 손발바닥 사마귀 : 발바닥 사마귀는 체중에 의해 눌려서 티눈처럼 보이기도 하는데 실제로 발바닥 사마귀와 티눈을 감별하기는 쉽지 않습니다. 표면의 각질층을 깎아내고 관찰하여 진단할 수 있습니다.
- 음부 사마귀 : 흔한 성인성 질환의 하나로 전염력이 매우 높으며 성관계 후 2~3개월 뒤에 피부 병변이 나타납니다. 특히 여성의 경우 음부 사마귀가 자궁경부암 발생과 관련이 있기 때문에 증상이 나타나면 즉시 검사와 치료를 받을 필요가 있습니다.

■ 제거 방법

가장 대표적인 사마귀 치료법은 냉동 치료이며, 이외에 블레오마이신(bleomycin) 병변 내 주입 요법, 5-FU 연고 도포, 이미퀴모드(imiquimod) 도포, DPCP 면역 치료, 레이저 제거 등의 방법이 있습니다. 소아 환자의 경우 냉동 치료를 할 때 통증에 대한 두려움으로 반복 치료가 어려운 경우가 많아, 병변이 광범위하지 않다면 5-FU 연고 등의 국소 도포를 먼저 고려하는 것이 좋습니다. 하지만 치료 기간이 오래 걸린다는 단점이 있습니다. 블레오마이신 병변 내 주입 요법의 경우 통증이 심하고 조갑 변형의 위험이 있습니다. 레이저 치료는 단기간에 제거할 수 있지만 다시 재발하는 경우가 흔하고 흉터가 잘 남게 됩니다.

■ 관리를 위한 팁

하나, 사마귀는 원인이 바이러스이므로 바이러스와의 직접적인 접촉을 피하는 것이 가장 좋은 예방법입니다.

둘, 다른 부위에 옮겨갈 수 있으므로 될 수 있으면 병변을 자극하지 않습니다. 특히 어린이의 경우 손에 발생한 사마귀를 입으로 빨지 않도록 해야 합니다.

셋, 치료하여 눈에 보이는 병변이 없어진 후에도 전염성은 존재할 수 있으므로 주의해야 합니다.

20 사마귀 환자가 위 내용을 읽고 이해한 내용으로 옳지 않은 것은?

① 사마귀는 손등에만 발생하는 것이 아니구나. 접촉에 의해 전염될 수도 있는 질환이라는 건 몰랐네.

② 치료 시 통증에 대한 우려를 없애려면 연고를 발라 치료해 보는 방법을 고려해봐야겠군.

③ 바로 증상이 나타나지 않고 몇 개월 후에 나타나는 사마귀도 있다던데 청결한 생활을 유지하도록 신경을 써야겠어.

④ 어쩐지 발바닥에 난 사마귀가 티눈과 잘 구분이 안 되더라니. 원래 식별이 어렵구나. 그래도 자연 치유가 잘 된다니 곧 낫겠지.

⑤ 티눈은 한자리에만 발생하지만 사마귀는 전이가 될 수도 있다는 사실을 알고 나니 무서워지네.

21 K대리는 윗글을 사마귀에 대한 보고서의 참고 자료로 활용하려 한다. 보고서에 포함될 중심 내용으로 가장 거리가 먼 것은?

① 사마귀와 티눈의 구별법과 차이점

② 사마귀의 발생 원인과 치료

③ 사마귀 치료법의 종류와 장단점

④ 일상생활에서의 사마귀 질환의 관리

⑤ 사마귀와 암의 상관관계

22 **다음 신재생 에너지의 보급과 관련된 글을 참고할 때, 밑줄 친 부분에서 언급된 '솔루션'이 갖추어야 할 특성과 가장 거리가 먼 것은?**

> 신재생 에너지란 태양, 바람, 해수와 같이 자연을 이용한 신 에너지와 폐열, 열병합, 폐열 재활용과 같은 재생 에너지가 합쳐진 말이다. 현재 신재생 에너지는 미래 인류의 에너지로서 다양한 연구가 이루어지고 있다. 특히 과거에는 이들의 발전 효율을 높이는 연구가 주로 이루어졌으나 현재는 이들을 관리하고 사용자가 쉽게 사용하도록 하는 연구와 개발이 활발히 진행되고 있다. 신재생 에너지는 화석연료의 에너지 생산 비용에 근접하고 있으며 향후 유가가 상승하고 신재생 에너지 시스템의 효율이 높아짐에 따라 신재생 에너지의 생산 비용이 오히려 더 저렴해질 것으로 보인다.
>
> 따라서 미래의 신재생 에너지의 보급은 지금보다 훨씬 광범위하게 이루어질 것이며 현재의 전력 공급체계를 변화시킬 것이다. 신재생 에너지는 현재 중앙집중식 전력공급 체계가 사용되는데 미래에는 다양한 곳에서 발전이 이루어지는 분산형으로 변할 것으로 보인다. 이를 위해 분산형 전원 시스템 체계에서 가장 중요한 기술인 스마트그리드는 전력과 IT가 융합한 형태로서 많은 연구가 이루어지고 있다.
>
> 스마트그리드란 기존 전력망에 정보통신기술을 더해 전력 생산과 소비 정보를 실시간으로 주고받는 차세대 전력망이다. 스마트그리드를 구축하기 위해서는 에너지관리시스템(EMS), 스마트 계량기(AMI), 양방향 정보통신기술 등 다양한 설비가 필요한데, 그 핵심은 에너지 저장장치(ESS)이다. ESS에 전기를 저장했다가 나중에 사용함으로써 버려지는 에너지를 최소화할 수 있다.
>
> 미래에는 스마트그리드 기반의 분산형 전원 보급이 활발해질 것이며, 곳곳에 중소 규모의 신재생 에너지 시스템이 설치될 것으로 예상된다. <u>따라서 이들을 통합적으로 관리하고 정보 교환 기술을 갖춘 다양한 솔루션이 등장할 것으로 보인다</u>.
>
> 신재생 에너지 시스템의 보급은 인류의 에너지 문제를 해결하는 유일한 방안이지만 화석 에너지와 달리 발전량을 쉽게 제어할 수 없다는 문제점을 가지고 있다. 또한 같은 시스템일지라도 지역의 환경에 따라 발전량이 서로 다르므로 스마트그리드를 기반으로 한 마이크로그리드 시스템이 구축될 때 신재생 에너지 시스템 관리 측면에서 정보 처리 기술이 중요한 인자가 될 것이다.
>
> 신재생 에너지 시스템을 관리하기 위해선 에너지 데이터 처리가 중요할 것으로 보인다. 특히 미래 신재생 에너지 관리 시스템은 관리가 체계적으로 진행될 발전단지보다는 비교적 관리 체계가 확립되기 힘든 주택, 빌딩 등에서 필요할 것으로 보인다. 다시 말해 주택, 빌딩에 신재생 에너지 시스템이 설치되면 이들을 관리할 수 있는 솔루션도 함께 설치되어야 하며 이들을 운용하기 위한 애플리케이션도 함께 등장해야 한다.

① 소비자가 에너지의 생산과 소비를 모두 고려할 수 있는 지능형 에너지 서비스
② 잉여 에너지가 발생하지 않도록 하는 수요와 공급 맞춤 발전량 자동 조절 기능
③ 다양한 OS로 기능을 구현할 수 있는 웹 서비스 기반의 범호환적인 플랫폼 기술
④ 생성된 에너지 데이터를 종합, 분석한 맞춤형 서비스 제공
⑤ 모니터링 및 제어가 가능한 모바일 컨트롤 기능

23 **다음 제시된 글의 (가)~(라)를 순서대로 적절하게 배열한 것은?**

(가) 그리고 2003년 린든 랩(Linden Lab)이 출시한 3차원 가상현실(VR ; Virtual Reality) 기반의 게임 '세컨드 라이프(Second life)'가 인기를 끌면서 널리 알려지게 되었다.

(나) 메타버스(Metaverse)는 '가상', '초월' 등을 의미하는 메타(Meta)와 우주를 의미하는 유니버스(Universe)의 합성어로, 일반적으로 '현실세계와 같은 사회적 · 경제적 활동이 통용되는 3차원 가상공간' 정도의 의미로 사용되고 있다.

(다) 최근 IT 기술의 발달로 가상현실(VR) · 증강현실(AR) · 혼합현실(MR) 등의 더욱 정밀한 구현이 가시화되고 코로나 19 팬데믹 상황으로 비대면 · 온라인 추세가 확산되면서 메타버스는 더 큰 주목을 받고 있다.

(라) 이는 본래 1992년 미국 SF 작가 닐 스티븐슨의 소설 『스노 크래시(Snow crash)』에서 처음 등장한 개념으로, 여기서는 아바타를 통해 들어갈 수 있는 가상의 세계를 지칭하는 말이었다.

① (가) – (다) – (나) – (라)
② (나) – (라) – (가) – (다)
③ (나) – (라) – (다) – (가)
④ (다) – (나) – (라) – (가)
⑤ (다) – (라) – (나) – (가)

[24~25] 다음 글을 읽고 이어지는 물음에 답하시오.

우리나라의 합계 출산율은 OECD 회원국 중 가장 낮은 수준으로, 2016년 합계 출산율은 1.17명에 불과하다. 저출산 · 고령화의 심화로 인한 노동 공급 감소, 노동 생산성 저하 등에 대응하고 지속 가능한 발전을 위해서는 여성의 노동시장 참여가 절실히 요구되고 있다. 우리나라의 여성 경제활동 참가율은 2008년 54.7%, 2009년 53.9%로 계속 낮아지다가 2010년 54.5%, 2011년 54.9%, 2012년 55.2%, 2013년 55.6%, 2014년 57.0%, 2015년 57.9%, 2016년 58.4%로 상승하여 2000년 이후 가장 높은 수준을 보이나 다른 선진국보다 여전히 낮은 수준이다.

정부는 저출산 위기를 극복하고 여성의 경제활동 참여를 증진하기 위해 '일 · 가정 양립'을 핵심 개혁 과제로 선정하여 여성고용률 제고 및 일 · 가정 양립 문화 확산을 적극적으로 추진하였고 이러한 범국가적 정책 방향은 제3차 저출산 · 고령사회 기본계획('5.12월)에도 반영되었다. 정부는 우선 여성의 경제활동 참여를 촉진하기 위해 시간선택제 일자리를 확산하는 한편, 여성이 경력단절 없이 계속 일할 수 있는 여건 조성을 위하여 아빠의 달 기간 확대(1개월 → 3개월), 둘째 자녀부터 아빠의 달 상한액 인상(월 150만 원 → 200만 원), 임신기 근로시간 단축제도 전 사업장 확대 등 법 · 제도를 개선하였다. 또한 중소기업의 직장어린이집 설치를 유도하기 위해 산업단지 등 중소기업 밀집 지역에 입주한 사업주 단체 등이 직장어린이집을 설치하는 경우 최대 20억 원까지 지원할 수 있도록 제도를 확대하였다.

또한 우리나라 청년 고용률(15~24세 기준)은 OECD 회원국 중 낮은 수준으로 2015년 기준 OECD 평균은 38.7%인 반면, 한국의 청년 고용률은 26.9%이며, OECD 34개국 중 27위이다. 한국의 청년 고용률은 2013년 24.2%, 2014년 25.8%로 매년 조금씩 상승하고 있지만 2000년 29.4%에 비하면 낮은 수준을 못 벗어나고 있다. 아울러 청년층이 노동시장에 진입하는 연령이 점차 늦춰지고 있는 것을 감안해서 청년층을 15~29세로 확대해서 살펴보면 2015년 OECD 평균 고용률은 51.4%이고 한국은 41.5%로, 15~24세의 OECD 평균 고용률의 격차 11.8%보다는 작은 9.9%의 차이를 보인다.

이처럼 우리나라 청년 고용률이 낮은 이유는 높은 대학 진학률과 함께 제한된 일자리에 선호가 집중됨에 따라 과도한 스펙 쌓기로 인해 노동시장 진입이 늦어지는 등 15~24세 비경제활동 인구가 증가함에 따른 것으로 볼 수 있다. 저출산 고령화 사회 우리 경제의 지속성장을 위해 대규모 은퇴가 예정된 베이비부머를 청년층이 대체할 필요가 심각한데도, 청년층의 취업 시기의 지연은 임금소득 감소 및 불안정한 고용 상태로 귀착될 우려가 있다. 따라서 청년층의 교육 · 직업훈련, 구직 · 취업, 직장 유지 및 이동 등 전 단계에 대한 실태 분석을 통해 맞춤형 대책을 중점 추진할 필요가 있다.

24 다음 중 윗글의 제목으로 가장 적절한 것은?

① 저출산 및 여성 고용률 저하의 원인 분석
② 우리나라와 OECD 회원국의 여성 및 청년 고용률 비교
③ 여성의 경제활동 참여를 독려하기 위한 정부 대책의 실효성 파악
④ 대학 진학과 특정 일자리 선호가 청년 고용률에 미치는 영향
⑤ 여성 및 청년의 고용률 제고를 위한 정부 정책

25 다음 중 윗글에서 언급되지 않은 내용은?

① 우리나라 여성의 연도별 경제활동 참가율
② 여성의 경제활동 참여를 위한 정부의 지원 정책
③ 청년층에 대한 중소기업 지원 유인책
④ 청년층 범위 규정에 따른 OECD 회원국 평균과의 고용률 차이
⑤ 우리나라의 청년 고용률이 낮은 원인

[26~27] 다음 글을 읽고 이어지는 물음에 답하시오.

현재 우리의 교육과정에서는 '고전 교육'이 제대로 이루어지지 않는 동시에 '고전' 자체가 교육의 내용에서 큰 비중을 차지하지 못하고 있다. 산업화에 따른 성장에 필요한 인력을 키우기 위해 새로운 과학 기술과 정보를 습득하는 쪽에 많은 비중을 두었다는 것을 부인할 수는 없을 것이다. 또한 서구 문물을 단기간 안에 요령 있게 소화할 수 있는 '요점 정리식' 교육과 평가 방식이 주를 이루었다고 진단할 수 있다. 긴 호흡의 고전을 차분하게 읽는 교육은 초 · 중 · 고등학교 교육 현장 어디에서도 찾아보기 힘들며, 학교 내의 각종 평가와 대학 입학시험에서도 고전에 관한 깊은 이해를 요구하는 경우는 거의 없다. '고전 교육의 부재', 그 결과는 어떻게 평가할 수 있을까? 결론적으로 말하자면, 부정적인 것만은 아니다. 고전 교육이 없이도 한국의 현대 교육은 산업화와 민주화의 측면에서 고도 성장의 결실을 일구어내었다고 해도 딱히 반박할 수 없을 것 같다.
그렇다고 해서 호평만 할 수는 없는 일이다. 화려한 성장의 빛에서 드리워진 그늘에서 우리의 성숙도가 희생되었기 때문이다. 숨 가쁘게 성공과 성장을 목적으로 달려오면서 치열한 경쟁에 몰입하다 보니, 삶과 행복에 대한 깊은 숙고, 상호 이해와 배려, 타인에 대한 존중을 바탕으로 한 공동체 의식은 뒷전으로 밀려났으며, 역사에 대한 진지한 통찰과 미래에 대한 입체적인 조망의 여유를 갖지 못한 채 근시안적인 분주함으로 스스로를 소외시켰다. 삶의 의미를 잃고 자살을 택하는 사람들이 늘어나고, 경쟁에서 밀려난 사람들과 약자들의 고통이 증폭되면서 빈부격차와 이에 따른 사회적 계층 갈등이 심화되어 왔다. 치유책과 돌파구를 찾지 못한다면, 우리가 지금까지 이루어 놓은 성장의 금자탑은 토대의 분열로 쓰러지거나 껍질만 번지르르하게 남고 속은 곪아 터진 허위의 아성으로 전락하고 말 것이다.
고전은 인류의 역사를 만들어 온 지도자적인 책이고 시대의 문제에 맞서 싸운 전면적인 지적 투쟁의 결과이며, 새로운 현재와 미래를 구상하는 데에 가장 유효한 검증된 텍스트이다. 인류가 끊임없이 지켜오고 재해석 · 재생산했기 때문에 시대적 · 공간적 한계를 넘어 인류의 다양한 문제들에 대한 보편적인 지침과 통찰을 제공하는 텍스트이다. 지난 시절 우리가 자체적인 고전 교육 없이도 산업화와 민주화의 측면에서 고도 성장의 결실을 일구어낼 수 있었던 것도 실은 고전 교육을 통해 선진성을 일구고 이를 국가적 · 국제적 차원에서 실현한 서구 선진국의 장점에 기댔기에 가능했다. 역사적 차원에서만 그러했던 것이 아니다. 고전은 학생들에게 자기 삶을 근본적으로 통찰하며 인간 공동체의 속성과 그 속에서의 개인의 역할에 대한 깨달음을 줄 것이다.

26 다음 중 윗글의 내용과 일치하지 않는 것은?

① 고전 교육의 부재는 삶의 곳곳에서 문제점을 양산하였다.
② 고전 교육의 부재로 우리의 성숙도가 희생되었다.
③ 고전 교육 없이도 산업화와 민주화의 고도 성장을 이루어낸 게 사실이다.
④ 고전 위주의 교육에도 불구하고 고전은 점차 교육 현장에서 밀려나고 있다.
⑤ 고전은 삶을 통찰하며 개인의 역할에 대해 깨닫게 해줄 것이다.

27 윗글을 전체 글의 서론으로 간주할 경우, 본론이나 결론에서 필자가 중점적으로 역설하게 될 내용으로 가장 적절한 것은?

① 서양 고전 교육의 역할과 시사점
② 교육 현장의 고전 교육 실태 파악
③ 고전 교육의 필요성 강조 및 부재에 따른 대책 연구
④ 고전 교육과 사회적 갈등의 상관관계 분석
⑤ 고전 교육 부재로 인한 외국의 사례 제시

28 다음은 G사의 건설공사 입찰 관련 내부 규정의 일부이다. 다음 규정의 내용과 부합하는 설명은?

입찰의 종류 및 방법

1. 당사에서 시행하는 경쟁입찰의 종류와 방법은 다음과 같다.
   가. 일반경쟁입찰 : 사업종류별로 관련 법령에 따른 면허, 등록 또는 신고 등을 마치고 사업을 영위하는 불특정 다수의 희망자를 입찰에 참가하게 한 후 그중에서 선정하는 방법
   나. 제한경쟁입찰 : 사업종류별로 관련 법령에 따른 면허, 등록 또는 신고 등을 마치고 사업을 영위하는 자 중에서 계약의 목적에 따른 제한 요소('사업실적, 기술능력, 자본금의 하한')를 정하여 입찰에 참가하게 한 후 그중에서 선정하는 방법
      1) '사업실적'은 해당 공동주택의 세대수를 기준으로 계약목적물과 같은 종류의 완료 건수(공사의 경우 입찰 대상 공사와 동일한 규모 이상의 완료 건수, 주택관리업과 용역의 경우 해당 입찰과 동일한 계약기간 이상의 완료 건수를 의미하고, 금액으로 제한하지 못함)로 제한하여야 하고, 입찰공고일의 전년도 말일 기준으로 3년간의 실적으로 제한하여야 한다.
      2) '기술능력'은 계약 목적을 수행하기 위해 필요한 기술(공법 · 설비 · 성능 · 물품 등을 포함) 보유 현황으로서, 입찰대상자가 10인 이상인 경우 제한할 수 있다.
   다. 지명경쟁입찰 : 계약의 성질 또는 목적에 비추어 특수한 기술(공법 · 설비 · 성능 · 물품 등을 포함)이 있는 자가 아니면 계약의 목적을 달성하기 곤란하며 입찰 대상자가 10인 미만인 경우에 입찰 대상자를 지명한 후 선정하는 방법. 이 경우 5인 이상의 입찰 대상자를 지명하여야 한다.
   다만, 입찰 대상자가 5인 미만인 경우에는 대상자를 모두 지명하여야 함
2. 제한경쟁의 제한요소(기술능력, 자본금)의 결정과 지명경쟁입찰 시 특수기술의 필요 여부는 입찰공고 전 자문을 거쳐 결정하여야 한다.

① 일반경쟁입찰을 실시할 경우에는 반드시 5인 이상의 입찰 대상자가 있어야 한다.
② 해당 입찰에 따르는 법적 면허 요건을 입찰 참여 조건으로 내세우는 것은 제한경쟁입찰에 해당된다.
③ 규모가 현저히 큰 공사 실적이 있는 유자격의 제한경쟁입찰 대상자라도 '사업실적' 제한 요소에 있어 혜택이 적용될 수 없다.
④ '기술능력'은 모든 제한경쟁입찰 시 제한 요소로 적용될 수 있다.
⑤ 특수한 기술이 필요한 공사에 있어 해당 기술 보유자가 7인인 경우, 7인을 모두 지명한 지명경쟁입찰을 시행하여야 한다.

29 **다음은 N공동주택의 전출입자 의무사항에 대한 규정 중 일부이다. 다음 규정을 참고할 때, N공동주택의 전출입 시 각 주체의 준수 사항으로 옳지 않은 것은?**

> 제4조(전입 시)
> ① 관리주체는 전입세대에게 관리사무소를 방문하여 입주자 명부를 작성하도록 안내하고 입주자 등은 이에 응해야 한다.
> ② 관리주체는 전입세대에게 전입세대 체크리스트를 교부하고 전입세대가 전출세대와 해당 사항을 점검하도록 안내해야 한다.
> ③ 차량용 RF카드에 대해서는 주차장 관리규정에 의해 관리한다. 카드 교부 시 입주민 등의 서명을 받아야 한다.
> ④ 관리주체는 전입세대의 입주자 등에 입주자 생활 안내 책자를 5,000원에 교부하며 홈페이지에서 PDF 파일을 무상으로 다운받거나 이메일로 무상 전송 요청이 가능함을 안내하여야 한다.
> ⑤ 전입세대는 '이사신고서'를 작성하여 보안대원에게 제출하고 보안대원은 관제실에 보관하도록 전달해야 한다.
>
> 제5조(전출 시)
> ① 전출세대는 전출 일주일 전에 미리 관리주체에 연락을 하여 중간정산을 할 수 있도록 고지해야 한다.
> ② 관리주체는 전출세대에 전출 시 필요한 사항을 안내하고 전출 당일 정산 업무가 원활하게 진행되도록 협조한다.
> ③ 전출세대는 차량용 RF카드를 관리주체에게 반납하여야 한다. RF카드의 멸실 및 분실 그리고 훼손의 경우에 35,000원의 카드 실비를 변상해야 한다. 단, 자연발생적 고장 시 무상 교환한다.
> ④ 관리주체는 전출세대의 중간관리비 정산 내역을 작성하여 전출세대가 전입세대 또는 세대 소유주에게 중간관리비를 직접 전달하도록 안내하여야 한다. 관리주체가 중간관리비 내역을 전출세대와 전입세대 또는 세대 소유주에게 안내했음에도 불구하고 관리비가 전달되지 못한 부분에 대해서는 전입세대 또는 세대 소유주가 책임을 진다.
> ⑤ 전출세대는 '이사신고서'를 작성하여 보안대원에게 제출하고 보안대원은 관제실에 보관하도록 전달해야 한다.

① 입주민의 서명이 되어 있지 않은 RF카드는 관리주체가 준수 사항을 소홀히 한 것이다.
② 전출입세대의 이사신고서가 관제실에 보관되어 있지 않는 것은 전출입세대의 의무사항 미준수에 해당된다.
③ 관리주체의 안내에도 불구하고 중간관리비가 제대로 전달되지 못한 것은 전출세대의 준수 사항에 해당되지 않는다.
④ 전입세대가 입주자 생활 안내를 온라인으로 받을 수 있음을 모르고 책자를 5,000원에 구매하였다면 관리주체가 준수 사항을 소홀히 한 것이다.
⑤ 관리주체가 중간관리비 정산에 필요한 일주일간의 시간을 확보하지 못하였다면 전출세대가 준수사항을 소홀히 한 것이다.

30 다음은 K공사 홍보팀 임 대리가 작성한 안내문의 초안이다. 이를 본 홍보팀장이 임 대리에게 문서의 수정과 관련하여 내린 〈보기〉의 지침 ㉠~㉤ 중 적절하지 않은 것은?

K공사는 우리나라 물기업의 기술경쟁력을 높이고 물산업을 육성하기 위하여 K공사의 물관리 지식 · 시설을 물기업과 공유하는 '물산업 오픈 플랫폼'을 구축 · 운영하고 있습니다.

ㅁ참여 대상 : 수자원, 상하수도, 수력 등 물산업 全분야 기업

ㅁ공모 기간 : 2024.1.15(월)~2024.1.29(월)

ㅁ공모 분야

- 테스트베드 : K공사의 전국 현장 및 연구시설을 활용, 참여기업이 직접 기술의 실 · 검증 시행
- 기술 성능 확인 : K공사의 시설 및 전문 인력을 활용한 물기업의 기술성능 확인 시행
- 맞춤형 연구 : 물기업의 제안을 받아 K공사가 기술개발을 시행하고 성과를 물기업과 공유

ㅁ접수 방법 : 참여 희망 분야별 신청서 작성 후 On-Line 또는 Off-Line을 통해 제출

- (On-Line) 'K공사 마중물센터 - 소통광장 - 고객지원'에 등록
- (Off-Line) 우편(공모 기간 최종일 16:00 도착분에 한함) 또는 직접 방문하여 제출

※ 주소 : ㅇㅇ광역시 ㅇㅇ구 ㅇㅇ로 200 K공사 물산업 오픈 플랫폼 수요 조사 담당자 앞

ㅁ유의사항

- 테스트베드 및 기술성능 확인에 소요되는 일체의 비용은 참여 기업이 부담하며, K공사는 어떠한 경우에도 해당 기술(제품)에 대한 구매 의무가 없습니다.
- 맞춤형 연구의 성과(지식재산권 등)는 모두 K공사에 귀속되며, 제안 기업은 K공사와 별도의 기술 이전 협약 시 기술료를 경감할 계획입니다.

보기

"임 대리, 안내문에 수정할 곳이 좀 많네. 우선, 공모 안내문인데 ㉠응모자들이 문의할 수 있는 연락처와 담당자를 쓰는 건 기본이겠지. 그리고 날짜를 쓸 때에는 ㉡'2024.1.15.'와 같이 연월일 숫자 뒤에는 모두 마침표를 찍어야 해. 오후 4시를 24시각제 원칙에 의해 표기한 것은 잘했지만 ㉢숫자 가운데 쌍점(:)이 있을 때에는 앞뒤를 모두 띄어 써야 하네. ㉣마지막 문장은 비문이니 잘 살펴보고 수정하도록 하고, ㉤'공모를 시행하오니 많은 참여를 부탁합니다.'라는 문장도 잊지 말고 넣도록 하게."

① ㉠ ② ㉡
③ ㉢ ④ ㉣
⑤ ㉤

MEMO

MEMO

MEMO

MEMO

MEMO

MEMO

MEMO

최종 점검 모의고사 1회

성 명

수 험 번 호							
①	①	①	①	①	①	①	①
②	②	②	②	②	②	②	②
③	③	③	③	③	③	③	③
④	④	④	④	④	④	④	④
⑤	⑤	⑤	⑤	⑤	⑤	⑤	⑤
⑥	⑥	⑥	⑥	⑥	⑥	⑥	⑥
⑦	⑦	⑦	⑦	⑦	⑦	⑦	⑦
⑧	⑧	⑧	⑧	⑧	⑧	⑧	⑧
⑨	⑨	⑨	⑨	⑨	⑨	⑨	⑨
⓪	⓪	⓪	⓪	⓪	⓪	⓪	⓪

감독위원 확인

번호						번호						번호					
1	①	②	③	④	⑤	11	①	②	③	④	⑤	21	①	②	③	④	⑤
2	①	②	③	④	⑤	12	①	②	③	④	⑤	22	①	②	③	④	⑤
3	①	②	③	④	⑤	13	①	②	③	④	⑤	23	①	②	③	④	⑤
4	①	②	③	④	⑤	14	①	②	③	④	⑤	24	①	②	③	④	⑤
5	①	②	③	④	⑤	15	①	②	③	④	⑤	25	①	②	③	④	⑤
6	①	②	③	④	⑤	16	①	②	③	④	⑤	26	①	②	③	④	⑤
7	①	②	③	④	⑤	17	①	②	③	④	⑤	27	①	②	③	④	⑤
8	①	②	③	④	⑤	18	①	②	③	④	⑤	28	①	②	③	④	⑤
9	①	②	③	④	⑤	19	①	②	③	④	⑤	29	①	②	③	④	⑤
10	①	②	③	④	⑤	20	①	②	③	④	⑤	30	①	②	③	④	⑤

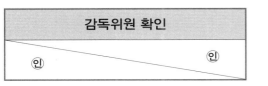

※ 본 답안지는 마킹 연습용입니다.

최종 점검 모의고사 2회

성 명

수 험 번 호							
①	①	①	①	①	①	①	①
②	②	②	②	②	②	②	②
③	③	③	③	③	③	③	③
④	④	④	④	④	④	④	④
⑤	⑤	⑤	⑤	⑤	⑤	⑤	⑤
⑥	⑥	⑥	⑥	⑥	⑥	⑥	⑥
⑦	⑦	⑦	⑦	⑦	⑦	⑦	⑦
⑧	⑧	⑧	⑧	⑧	⑧	⑧	⑧
⑨	⑨	⑨	⑨	⑨	⑨	⑨	⑨
ⓞ	ⓞ	ⓞ	ⓞ	ⓞ	ⓞ	ⓞ	ⓞ

감독위원 확인	
㊞	㊞

1	①	②	③	④	⑤	11	①	②	③	④	⑤	21	①	②	③	④	⑤
2	①	②	③	④	⑤	12	①	②	③	④	⑤	22	①	②	③	④	⑤
3	①	②	③	④	⑤	13	①	②	③	④	⑤	23	①	②	③	④	⑤
4	①	②	③	④	⑤	14	①	②	③	④	⑤	24	①	②	③	④	⑤
5	①	②	③	④	⑤	15	①	②	③	④	⑤	25	①	②	③	④	⑤
6	①	②	③	④	⑤	16	①	②	③	④	⑤	26	①	②	③	④	⑤
7	①	②	③	④	⑤	17	①	②	③	④	⑤	27	①	②	③	④	⑤
8	①	②	③	④	⑤	18	①	②	③	④	⑤	28	①	②	③	④	⑤
9	①	②	③	④	⑤	19	①	②	③	④	⑤	29	①	②	③	④	⑤
10	①	②	③	④	⑤	20	①	②	③	④	⑤	30	①	②	③	④	⑤

※ 본 답안지는 마킹 연습용입니다.

최종 점검 모의고사 3회

성 명

수 험 번 호							
①	①	①	①	①	①	①	①
②	②	②	②	②	②	②	②
③	③	③	③	③	③	③	③
④	④	④	④	④	④	④	④
⑤	⑤	⑤	⑤	⑤	⑤	⑤	⑤
⑥	⑥	⑥	⑥	⑥	⑥	⑥	⑥
⑦	⑦	⑦	⑦	⑦	⑦	⑦	⑦
⑧	⑧	⑧	⑧	⑧	⑧	⑧	⑧
⑨	⑨	⑨	⑨	⑨	⑨	⑨	⑨
⓪	⓪	⓪	⓪	⓪	⓪	⓪	⓪

감독위원 확인

1	①	②	③	④	⑤	11	①	②	③	④	⑤	21	①	②	③	④	⑤
2	①	②	③	④	⑤	12	①	②	③	④	⑤	22	①	②	③	④	⑤
3	①	②	③	④	⑤	13	①	②	③	④	⑤	23	①	②	③	④	⑤
4	①	②	③	④	⑤	14	①	②	③	④	⑤	24	①	②	③	④	⑤
5	①	②	③	④	⑤	15	①	②	③	④	⑤	25	①	②	③	④	⑤
6	①	②	③	④	⑤	16	①	②	③	④	⑤	26	①	②	③	④	⑤
7	①	②	③	④	⑤	17	①	②	③	④	⑤	27	①	②	③	④	⑤
8	①	②	③	④	⑤	18	①	②	③	④	⑤	28	①	②	③	④	⑤
9	①	②	③	④	⑤	19	①	②	③	④	⑤	29	①	②	③	④	⑤
10	①	②	③	④	⑤	20	①	②	③	④	⑤	30	①	②	③	④	⑤

※ 본 답안지는 마킹 연습용입니다.

NCS 의사소통능력의 기초부터 실전까지 완벽 대비

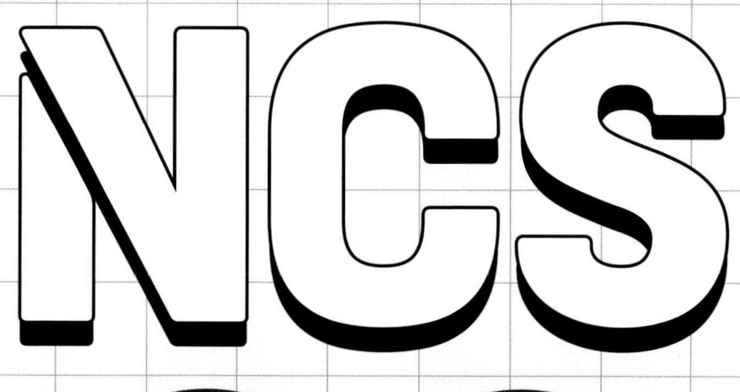

NCS 고졸채용 의사소통능력

정답 및 해설

NCS 공기업연구소 편저

NCS 의사소통능력의 기초부터 실전까지 완벽 대비

NCS 고졸채용 의사소통능력

정답 및 해설

NCS 공기업연구소 편저

PART 01 유형별 학습

CHAPTER 01 | 일치 · 추론

01	02	03	04	05	06	07	08	09	10
④	②	④	①	①	⑤	④	④	③	②

01

정답 ④

2문단 중반부에서 일본 대기업의 최고 중역들 중 60%가 넘는 사람들이 명문대 출신이고, 미국 100대 기업의 최고 중역들 중 명문대 출신은 10%가 안 된다고 하였다. 하지만 이는 비율일 뿐 실제 중역들의 수는 알 수 없으며, 따라서 일본 100대 기업의 명문대 출신 중역이 미국의 100대 기업의 명문대 출신 중역의 6배임을 뜻하지는 않는다.

오답 분석

① 1문단에 의하면 중국의 수나라(581~618)는 과거제도 급제자에게 특권을 주는 방식으로 국가의 권력과 수직적 조직을 유지했는데, 이 시험은 세계에서 최초로 표준화된, 즉 시험의 조건과 기회가 모든 사람에게 다 똑같이 주어지는 시험이었다.

② 1문단 후반부에 의하면 '개천에서 난 용'도 있었지만 대부분은 오랜 세월 동안 시험을 볼 여유가 있었던 고소득층 출신자가 과거에 급제했다.

③ 2문단 전반부에 의하면 중국이 1905년에 과거제도를 공식적으로 폐지한 뒤에도 중국을 포함한 여러 동양 국가들에서 대학입시로 이어졌다.

⑤ 2문단 후반부에 의하면 '시험지옥'은 아이가 높은 시험 점수를 따도록 만들기 위해 각 가정이 수단과 방법을 가리지 않고 사교육에 돈을 쏟아붓는 동양의 지나치게 높은 교육열을 의미한다. 이런 교육열은 1980년대에 일본, 한국, 대만 홍콩, 싱가포르의 엄청난 경제 성장을 이끌었고 이는 '동양의 다섯 마리 용의 기적'이라고 불렸다.

Tip

제시문과 선택지의 일치 여부를 판단하는 문제의 경우 선택지가 제시문의 문장이나 문단을 변형한 경우가 많다. 따라서 키워드를 중심으로 선택지의 내용이 중점적으로 서술된 대목을 빠르게 찾아서 비교하는 '키워드 중심의 독해력 강화'가 필요하다.

02

정답 ②

첫 번째 문단에 피렌체 대성당의 정식 명칭은 산타 마리아 델 피오레 대성당이라고 나와 있다.

오답 분석

① 바티칸 시국의 성 베드로 대성당 돔이 세워지기 전까지 피렌체 대성당의 '돔'이 세계에서 가장 큰 규모였다.

③ 세인트 폴 대성당은 피렌체 대성당 건축의 필요성을 논하며, 특정 도시를 대표하는 성당의 사례로 언급되었을 뿐이다.

④ 브루넬레스키는 메디치가의 후원을 받아 피렌체 성당의 돔을 설계하였다. 피렌체 성당을 설계한 인물은 아르놀포 디 캄비오이다.

⑤ 피렌체 성당 자체의 무게가 3만 7천 톤이다.

03

정답 ④

5문단에 의하면 자가면역질환이라는 용어가 의학계에 데뷔한 지 60여 년이 되었고, 3문단에 의하면 자가면역질환 목록에 오른 질병이 80가지가 넘는다고 하였으므로, 약 60년 동안 80가지 이상의 자가면역질환이 등록되었다고 할 수 있다.

오답 분석

① 2문단에서 알레르기와 자가면역질환은 모두 면역계의 이상으로 인한 질병이지만 작동 원리는 다르다고 설명한다.

② 2문단에서 알레르기는 외부 물질에 의한 결과지만, 자가면역질환은 면역계가 내 몸의 물질을 외부 물질로 인식한 데 대한 결과라고 설명한다. 따라서 자가면역질환은 외부에서 유입된 물질에 대한 이상 반응이라고 볼 수 없다.

③ 3문단에서 알레르기는 유발 물질과 접촉하지 않으면 증상의 발현을 피할 수 있으나 자가면역질환은 신체 자체가 항원이기 때문에 예방할 방법이 없다고 설명한다.

⑤ 4문단에서 자가면역질환 환자 수가 매년 증가하고 홍콩의 경우 수십 년 사이 30배 증가하였으며 이러한 추세는 전 세계적으로 비슷한 양상을 보인다고 하였으나, 알레르기 환자 수의 증가 추세에 대한 언급은 없다.

04

정답 ①

2문단에 의하면 자연환기설비의 경우 입자크기 6.6~8.6㎛ 이하인 미세먼지 포집률을 60%에서 70%로 강화한다.

오답 분석

② 1문단에 의하면 미세먼지 농도가 높을 일수가 많아지면서 관련 제도 개선에 나선 것이며, 2문단에서 이러한 개선의 일환으로 100세대 이상 공동주택 · 주상복합 건축물에 의무화되었던 환기설비 설치를 30세대 이상의 건축물로 확대한다고 밝히고 있다.

③ 2문단에서 영화관(300m² 미만) 등의 다중이용시설에 대한 환기설비 설치도 의무화한다고 설명한다.

④ 3문단에 의하면 환기설비 유지관리기준을 마련하여, 2020년 5월 1일에 시행되는 건축물관리법에 따른 정기점검 시 환기설비 유지관리의 적정성도 확인한다.

⑤ 2문단 후반부에 의하면 명확한 기준이 없었던 도서관 등 다중이용시설의 기계환기설비 공기여과기 성능기준도 공동주택 환기설비와 동등하게 변경된다.

05

정답 ①

시속 252킬로미터의 풍속은 사피르심슨 분류법에서 허리케인을 5급으로 분류하는 기준이다.

06

정답 ⑤

100만 명의 사람들은 중앙 걸프해안지대로 대피한 것이 아니라 중앙 걸프해안지대를 떠나서 다른 곳으로 대피하였다.

오답 분석

① 4문단에서 해일로 인해 뉴올리언스 전체 제방에서 모두 53개의 구멍이 뚫렸다고 언급한다.

② 4문단에 의하면 카트리나가 뉴올리언스를 덮친 지 몇 시간 만에 도시의 80%가 침수됐다.

③ 6문단 의하면 1,833명이 허리케인과 이어진 홍수로 사망했다.

④ 6문단에 의하면 카트리나는 미국 역사상 가장 큰 손해를 입힌 자연재해로, 재산 피해액이 1,080억 달러에 달했는데, 이 중에 뉴올리언스 지역의 피해가 750억 달러였다.

07

정답 ④

4문단 후반부에 의하면 캣멀은 3D 애니메이션의 소재로 장난감을 택한 이유가 당시 가장 잘 구현할 수 있는 소재였기 때문이라고 말했다. 또한 기술적으로 보면 이 애니메이션은 가장자리가 여전히 거칠고 공간은 딱딱했으며 모서리가 날카로워 사실감이 다소 떨어지기도 했지만 등장인물들이 장난감이기 때문에 큰 문제가 되지는 않았다고 하였다.

오답 분석

① 1986년 스티브 잡스가 픽사를 사들였고, 1995년 첫 3D 애니메이션 '토이스토리'가 개봉했다.

② 3문단 초반부에서 에드윈 캣멀이 1974년 박사학위를 마쳤음이 언급된다. 그리고 3문단 후반부에서는 스티브 잡스가 픽사를 인수했을 때(12년 후인 1986년) 이미 3D 애니메이션의 한계를 뛰어넘는 최고 기술자였다고 언급된다.

③ 2문단 후반부에 의하면 1990년대 초반 픽사는 (81명의 직원 중) 42명의 직원만 남겨둔 채 39명(약 49%)을 해고했다.

⑤ 3문단 전반부에서 캣멀이 박사 과정을 마쳤던 1974년 자신의 손을 소재로 한 단편 애니메이션을 제작했음을 알 수 있고, 4문단 마지막 문장에 의하면 캣멀이 1995년 개봉한 '토이스토리'의 제작에 참여했음을 알 수 있다.

08

정답 ④

4문단에 '스웨덴의 한 배터리 제조사는 폐배터리에서 추출한 양극재 소재인 니켈 · 코발트 · 망간을 100% 재활용한 배터리를 만드는 데 성공했다'고 나와 있다.

오답 분석

① 1문단에 '최근 전기자동차 시장의 급성장과 함께 배터리(이차전지) 수요가 빠른 속도로 늘어나면서 배터리에 들어가는 광물이 부족할 수 있다는 우려가 커지고 있다'고 나와 있다.

② 2문단에 '미국 지질조사국(USGS)은 니켈과 아연을 핵심 광물 목록에 포함할 것을 제안했다'고 나와 있다.

③ 3문단에 '올해 1~9월 세계 80개국에 판매된 순수전기자동차(EV)는 총 297만 6,000대로 전년 동기 대비 138.3% 증가했다'고 나와 있다.

⑤ 4문단에 '국내 배터리 제조사 L사는 북미 최대 배터리 재활용 기업과 함께 폐배터리 재활용을 추진하고 있으며, S사는 수산화리튬 추출 기술을 세계 최초로 개발하며 파일럿 공정에 돌입했다'고 나와 있다.

09

정답 ③

3문단에 의하면 가스발전 주기기인 가스터빈은 전통적으로 미국, 독일, 일본 등이 주도해 왔고, 원자력이나 석탄발전과는 달리 가스발전의 국내 산업 생태계는 상당히 미흡했다고 나와 있다.

오답 분석

① 1문단에 의하면 가스공사는 2025년부터 15년 동안 연간 158만 t 수준에 이르는 미국산 액화 천연가스 도입을 계약했고, 가격은 기존 계약의 70% 수준으로 알려져 있다.
② 1~2문단에 의하면 미국 셰일가스 혁명의 영향으로 구매자 중심 시장이 지속되고 과거 대비 경제적으로 가스를 확보할 수 있다. 하지만 전력은 원자력 · 석탄발전과 비교하여 비싸기 때문에 전기요금 인상과 연결될 수 있다.
④ 4문단에서 설명하는 가스발전 확대에 따른 전력 부문의 준비 사항으로 가스 파동 대비가 있다. 또한 대만의 정전이나 캘리포니아 가스 저장시설 파손과 유사한 상황에서의 안정적 전력을 공급할 수 있도록 해야 한다고 언급한다.
⑤ 4문단 후반부에서 우리나라와 같이 고립된 전력망에서 대규모 블랙아웃이 발생할 경우 피해가 상상을 초월한다고 설명하였으므로, 안정적 전력 공급을 위한 대책 중 전력망 해외 연계로 전력망 고립 상황을 개선할 수 있음을 알 수 있다.

10

정답 ②

1문단에 따르면 나베시마 나오사마와 토마스 글로버가 세운 합작회사는 다카시마의 탄광이고, 미쓰비시는 설립 당시 글로버의 도움을 받았다고만 설명하고 있다. 따라서 옳지 않은 진술이다.

오답 분석

① 1문단에 의하면 미쓰비시는 1870년 해운회사로 설립되어 필요한 분야로 사업을 다각화했고, 탄광에 투자하고 조선소를 사들였으며 제철소까지 매입했다.
③ 4문단 중반부에 의하면 하시마에서 채굴된 석탄은 야하타의 대규모 제철단지로 공급되었다.
④ 4문단에 의하면 하시마의 석탄 채굴은 섬 깊숙이 네 개의 수직 갱도를 뚫었는데 깊이가 해저로부터 최대 1km에 달했으며, 석탄을 캐면 지하에서 이를 분쇄하고 세척한 다음 창고시설까지 운반했다.
⑤ 3문단에서 하시마가 군함도라고도 불린다고 언급하고, 5문단 후반부에서 하시마의 인구밀도는 마닐라의 현재 인구밀도보다 약 150퍼센트 높았다고 설명한다.

CHAPTER 02 | 주제 · 제목 찾기

01	02	03	04	05	06	07	08	09	10
④	②	①	⑤	④	④	②	③	④	③

01

정답 ④

현재 대학의 교육은 교수가 이미 정립된 학문을 학생들에게 전달하는 상황이지만, 시대적 변화에 맞춰 대학교육 역시 변화가 필요하다는 것이 이 글의 요지이므로, ④가 글의 주제로 적절하다.

오답 분석

① 지문에서 찾을 수 없는 내용이다.
② 대학 교수가 시대 변화에 맞는 교육을 제공하기 위해 고민해야 한다는 점은 맞으나 이것을 학생들의 성장을 돕기 위한 행위라고 바꿔 말하기는 어렵다.
③ 4차 산업혁명으로 변화하는 시대에 맞춰 인문사회학계에 융합교육이 필요하다는 내용은 맞지만, 이는 단순한 사실 언급일 뿐 글쓴이가 궁극적으로 말하고자 하는 바를 포괄할 수 없다.
⑤ 글쓴이가 말하고자 하는 바와 동떨어진 내용이다.

02

정답 ②

지문은 제너럴일렉트릭의 CEO였던 잭 웰치가 재임 중 회사를 성장시킨 전력과 은퇴한 과정을 간단히 소개한다. 4~5문단에 이 글에서 강조하고자 하는 바가 잘 나타나 있는데, 특히 마지막 문장 '리더십의 완성은 곧 잘 물러나는 데 있다'라고 강조한다. 그러므로 부합하는 제목으로는 '성공적인 리더의 조건'이 가장 적절하다.

03

정답 ①

TV 토론 프로그램이 현대 사회의 공론장 역할을 하고 있는 것으로 여겨지고 있으나, 사실은 시민의 관심을 사회적 의제로부터 멀어지게 만들거나, 방송사의 의도대로 논의의 방향을 조절함으로써 시민을 방관자로 전락시키는 등, 제대로 된 공론장의 역할을 하고 있지 않다고 주장하는 글이다.

오답 분석

④ 글의 전체가 아닌 일부 주장만을 이야기하는 문장으로 글 전체를 아우르는 주제로 보기 어렵다.

04

정답 ⑤

제시된 글에서는 사회의 경제 · 정치 · 제도적 수준에 따라 해당 사회에서 사용하는 언어에도 차이가 있음을 밝히고, 글의 말미에서 해당 사회가 발전할수록 언어도 그에 맞게 변화해 나갈 것이라고 예측하고 있다. 즉 사회의 요소들이 언어에 영향을 미침을 이야기하고 있으며 이를 가장 잘 나타낸 주제는 ⑤이다.

오답 분석

① 제시된 글에서는 언어와 사회가 서로 미치는 영향을 일방적인 것으로 보고 있지는 않으며, 오히려 사회가 언어에 미치는 영향을 주로 이야기하고 있다.

② 제시문은 선택지의 내용과 반대로 언어의 질적인 발전을 위해서는 경제 · 정치 · 제도적 발전이 필요하다고 보는 견해에 가깝다.

05

정답 ④

샐러드 드레싱과 노트북의 예를 통해 '합리적인 소비'를 위해서는 단순히 물건의 가격뿐만이 아니라 물건의 양과 용도, 사용 시기 등을 종합적으로 고려한 구매 활동이 필요함을 주장하고 있다.

06

정답 ④

이 글의 중심 소재는 밀레니얼 세대이며, 실제 조사 결과를 토대로 밀레니얼 세대의 특징에 관해 설명하고 있다. 또한 밀레니얼 세대가 향후 기업의 주축이 될 것이며, 이 세대를 어떻게 관리하느냐에 따라 기업의 성패가 좌우되므로 기존의 조직 문화를 개선 및 변화시켜야 함을 주장하고 있다. 따라서 조직의 성공을 위해 미래 기업의 주축이 될 밀레니얼 세대를 잘 관리해야 한다는 내용의 ④가 가장 적절하다.

07

정답 ②

글의 전체적인 내용을 보면 비전통가스의 등장 및 개발로 인해 신재생 에너지로의 완벽한 전환 시점이 늦춰질 수 있으나, 현재 유럽의 경우 환경오염 가능성을 내포한 비전통가스 대신 청정 에너지인 신재생 에너지 사업에 적극적으로 투자할 가능성이 높음을 설명하고 있다. 또한, 글의 마지막 부분을 보면 비전통가스의 부상으로 인해 신재생 에너지 시대로의 완벽한 전환 시점이 지연될 뿐, 신재생 에너지 사업 개발은 지속될 것이라고 언급하며, 기업은 신재생 에너지 사업 투자 시 지속적인 동향 파악은 물론 이에 알맞은 투자 계획을 수립하는 등의 신중한 자세가 필요함을 설명하고 있다. 따라서 이를 모두 아우르는 제목으로는 ②가 가장 적절하다.

08

정답 ③

해당 제시문은 사물인터넷 시대를 맞이하여 기업이 주의해야 할 사항들과 해결해야 할 과제들에 대해 설명하고 있다. 1문단은 사물인터넷 시대에 맞는 혁신적인 사업모델과 운영모델 개발의 필요성, 2문단은 혁신적 사업모델 및 운영모델 적용과 경쟁력 확보를 위해 핵심 역량을 도출하고 이의 확보 방안을 찾는 것의 중요성을 설명하고 있다. 3문단은 사물인터넷 확산에 따른 데이터 관리 프로세스를 아우르는 포괄적 정책 및 기준 수립의 필요성에 대해 설명하고 있고, 4문단은 신규사업 또는 지속적 운영 혁신을 위한 시스템 개발과 통합적인 실행계획 수립의 필요성에 대해 설명하고 있다. 따라서 1문단과 4문단 모두 사물인터넷 시대에 대응하기 위한 기업의 과제에 관한 내용이므로 이를 모두 아우르는 주제로는 ③이 가장 적절하다.

09

정답 ④

필자가 말하고자 하는 바는 3문단에 잘 드러나 있다. 국가균형발전의 정책은 다양한 삶의 가치를 실현할 기회의 땅을 발굴하는 것이다. 이 맥락과 일치하는 주제는 ④이다.

10

정답 ③

'후 채택 이론'에 따르면 정보 격차는 다차원으로 존재하며 지속되는데, 정보 격차는 크게 디지털 매체를 활용하는 능력의 부족, 그리고 디지털 매체에 대한 이용 기회의 균등성 부족 등으로 인해 나타나며, 이는 다양한 사회적 변인과 결합되어 더욱 복합적인 유형으로 나타날 수 있음을 이야기하고 있다.

오답 분석

④ 글 전체의 주제로 삼기에는 지엽적인 내용이다.

CHAPTER 03 | 빈칸 추론

01	02	03	04	05	06	07	08	09	10
⑤	②	④	②	④	③	④	③	④	②

01
정답 ⑤

1문단에서 집값 안정을 위한 근본적인 답은 공급과 수요의 법칙에 있다고 보았다. 또한 빈칸 바로 뒤에 이어지는 문장에서 규제 완화와 함께 공급을 늘려야 한다고 강하게 주장하였다. 따라서 빈칸에 들어갈 가장 적절한 내용은 ⑤이다.

오답 분석

① 필자의 주장과 상반된 내용이다.
② 어느 정도 연관성이 있으나 같은 단락 후반부 내용과 겹치므로 빈칸에 들어가기에 적절치 않다.
③, ④ 지문에서 그 근거를 찾기 어렵다.

02
정답 ②

㉠의 앞뒤 문장은 '엑소 글러브 폴리'에 폴리머 소재가 사용된 이유를 설명하고 있다. 또한 ㉠과 ㉠ 뒷 문장은 접속사 '그래서'로 이어지고 있으므로 인과 관계를 맺고 있다. 폴리머가 저렴하고 손 모양 그대로 밀착되는 형태로 사용자의 심리적 부담감을 해소할 수 있다는 데에서, ㉠에는 폴리머를 사용하여 만든 장갑과는 달리 일반 의족이나 의수는 값이 비싸고 미관상 어색하다는 한계가 있다는 점을 언급하는 내용이 들어가야 할 것임을 알 수 있다.

03
정답 ④

(가)~(다)의 주제를 파악한 후 ㉠~㉢의 앞뒤 두 문장을 매끄럽게 연결해야 한다는 점을 염두에 두고 제시문을 읽는다.

㉠ ㉠의 앞문장은 여성들이 틀 안 사고에 익숙하다고 언급하므로 이를 확장해주는 내용인 (다)로 이어지는 것이 자연스럽다. 또한 ㉠의 뒷문장인 '반면에 남성들은 틀 밖 상상력에 능하다'는 내용과 도 잘 연결된다. 남은 선택지인 (가)와 (나) 모두 '그러나'로 시작하므로 ㉡, ㉢에는 앞문장을 반박하는 내용이 삽입될 것을 알 수 있다.

㉡ ㉡의 앞문장은 여성이 틀 안 사고에 능한 이유가 가부장적 문화 때문일 수 있다고 언급하므로, 이를 반박할 문장으로는 어느 쪽도 다른 성(性)보다 더 창의적으로 태어나지 않는다는 내용의 (가)가 적절하다. ㉡의 뒷문장 또한 (가)를 보완함을 알 수 있다.

㉢ ㉢을 중심으로 앞문장에서는 혁신적 사고를 위해서 전통적으로 남성적으로 여겨졌던 특성과 여성적으로 여겨졌던 특성 모두가 필요하다고 설명하였고, ㉢의 뒷문장에서는 실제로는 남성과 여성의 비율이 차이가 있음을 설명하였다. 이 두 장의 내용을 고려했을 때, ㉢에는 (나)가 들어가는 것이 가장 적절하다.

04
정답 ②

뉴질랜드 법원은 테이티오타의 사례가 UN 난민협약의 난민 자격 부여 기준에 부합하지 않아서가 아니라, 국제사회 자체는 박해자가 될 수 없다는 이유로 테이티오타의 난민 자격 요구를 기각하였다. 따라서 제시문에서 UN 난민협약의 난민 자격 부여 기준을 편파적이라고 볼 근거는 충분하지 않다.

05
정답 ④

빈칸의 앞 내용을 보면 첩보위성에 관해 설명하고 있으며, 첩보위성이란 군사 정보 수집 위주로 활동하며, 주 임무는 지구 위에서의 다양한 군사 활동을 감시하는 것이라고 나와 있다. 따라서 군사 활동과 관련된 내용으로 우주 강국이 국지전에서 승리할 수 있는 중요한 요인이 바로 첩보위성의 활동임을 설명하는 ④가 빈칸에 들어가는 것이 가장 적절하다.

06
정답 ③

빈칸의 앞부분을 보면 기업의 윤리 시스템 구축의 필요성에 관해 설명하고 있으며, 비윤리적 행위로 인한 위험을 최소화하기 위해서는 윤리경영의 제도화 · 시스템화가 중요함을 언급하고 있다. 따라서 내부고발제도와 내부고발자의 보호를 언급하며, 이는 앞서 말한 비윤리적 행위로 인한 위험에서 기업이 생존할 수 있는 필수 요소임을 설명하고 있는 ③이 빈칸에 들어가는 것이 가장 적절하다.

07
정답 ④

빈칸의 뒤 문장에서는 '몸속에서 이 반응이 일어나면 산소 이온이 세포를 파괴'한다고 하였다. 따라서 빈칸에는 '이 반응'에 해당하는 내용이 제시되어야 한다. 그러므로 산소 원자 3개로 구성된 오존이 분해되면서 산소 이온이 발생한다는 내용의 ④가 빈칸에 들어가는 것이 가장 적절하다.

08
정답 ③

빈칸에는 통화정책에 따라 중앙은행이 궁극적으로 원하는 바가 무엇인지를 설명하는 내용이 들어가야 가장 적절하다. 글의 첫 문장에서 '통화정책의 의도가 실현되도록'이라고 언급하였으므로 통화정책에 따라 시장 참여자들이 중앙은행이 유도한 대로 경제활동을 영위하게 하는 것이 통화정책의 궁극적인 목표가 되며, 따라서 ③의 내용이 빈칸에 들어가야 한다.

오답 분석

① 통화정책 커뮤니케이션 확대에 따라 경제 활성화라는 결과를 얻을 수도 있으나, 금융시장 안정화라는 목적과는 다소 거리가 있다고 할 수 있다.
② 중앙은행이 통화정책 커뮤니케이션을 실시하게 된 근본 이유가 통화정책에 대한 신뢰 회복을 위한 것은 아니다.
④ 주어진 글을 통해 논리적으로 판단할 수 있는 내용이 아니다.
⑤ 글의 마지막 문장에 중앙은행이 명확한 시그널링(signaling)을 통해 금융시장을 안정화시키는 역할을 해야 한다는 인식이 확산되기 시작하였다고 나와 있다.

09 정답 ④

주어진 글에서는 '어휘력 습득'을 핵심 수제로 이야기하고 있으며, 이를 위한 방법으로 광범위한 독서를 언급하였다. 따라서 '다독'을 언급한 ④와 같은 결론이 가장 적절하다.

오답 분석

⑤ 양질의 서적을 구별해 내는 능력을 기르는 것은 어휘력 습득을 위한 방법으로 볼 수 없다.

10 정답 ②

3문단 후반부에 의하면 아리스토텔레스는 번개와 천둥의 실제 발생 순서와, 사람이 인지하는 순서가 다른 까닭을 천둥은 소리로 듣고 번개는 눈으로 보기 때문이라고 주장했다. 이는 소리와 빛의 전달 속도는 다르며, 소리(천둥)의 전달 속도가 빛(번개)의 전달 속도보다 느리다는 의미를 내포한다.

오답 분석

① 2문단에 의하면 아리스토텔레스 이전에도 탈레스, 아낙시만드로스, 아낙시메네스가 제우스가 번개창을 던진다는 식의 신화적 접근법에서 벗어난 새로운 시각으로 천둥·번개 현상을 바라보려고 시도했다.
③ 아리스토텔레스의 주장은 빛이 소리보다 빠르다는 개념을 내포하고 있었지만 이를 입증할 목적의 주장은 아니었다.
④ 2문단에서 아낙사고라스가 천둥이 번개가 급히 꺼지는 과정에서 나는 소리라고 주장했음이 언급되지만 이 주장이 당대의 권위적인 학설이었다는 내용은 찾아볼 수 없다.
⑤ 제시문에서 구름과 구름의 충돌 때문에 발생하는 자연현상에 대한 수많은 가설이 있었다는 내용은 찾을 수 없다.

CHAPTER 04 | 삽입 및 배열

01	02	03	04	05	06	07	08	09	10
③	⑤	④	⑤	③	④	⑤	④	③	②

01 정답 ③

〈보기〉는 농업의 공익적 가치에 관한 국민들의 의식과 소비 성향을 정리하는 문장이다. ⓒ을 기준으로 앞부분은 농업·농촌에 대한 의식 조사의 실질적인 수치를 제시하고, 뒷부분은 농업의 공익적 가치를 중시해야 한다는 필자의 주장이 이어진다. 따라서 〈보기〉가 위치할 가장 적절한 곳은 ⓒ이다.

02 정답 ⑤

지문은 '페르마의 마지막 정리라는 난제'의 사례처럼 간단해 보이는 수학적 증명조차 아주 오랜 시간이 걸린다는 내용으로 요약된다.
우선 ⓔ은 이 글의 주제인 동시에 '페르마의 마지막 정리'가 무엇인지 호기심을 불러일으키는 역할을 하므로 글의 서두에 위치할 때 가장 안정적이다. 이어 페르마의 마지막 정리가 무엇인지를 설명한 ⓒ이 이어지고, 수많은 수학자들이 간단해 보이는 이 명제를 푸는 데 실패했음을 설명한 ⓐ이 연결된다. 이어 ⓜ은 ⓐ을 부연하며, 마지막으로 이 난제가 1994년에서야 해결됐음을 서술한 ⓛ이 뒤따르면 적절한 배열이 된다.

03 정답 ④

1문단이 잠시도 가만있지 못하고 몸을 활발하게 움직이거나, 느릿느릿 움직이며 멍하게 있는 증상을 설명하며 끝나므로 이런 현상의 원인을 설명하며 시작되는 (다)가 이어지는 것이 자연스럽다.
(다)가 1문단과 같은 현상의 원인인 '각성 편향'에 대해 본격적으로 설명하기 전 '생체행동'의 가장 낮은 상태와 가장 높은 상태에 대해 언급하며 끝나므로, 이 두 상태를 바탕으로 '각성 편향'에 대해 직접적으로 설명하는 (가)가 이어질 때 자연스럽다.
(가)는 사람은 누구든 생체행동의 낮은 상태와 높은 상태 중 한쪽으로 편향되어 있으며, 자폐증이 있는 사람은 둘 중 한쪽으로 치우치는 정도가 과도하다고 설명한다. 그리고 편향이 급변할 때가 있다는 내용에서 끝나므로, 각성 상태를 오가는 것, 즉 편향의 변화를 힘들어한다는 설명으로 시작되는 (라)가 이어지는 것이 자연스럽다.
(라)는 자폐증이 있는 사람이 각 활동에 적합한 상태로 있을 수 있는 시간을 최대화하도록 도와야 한다는 언급으로 끝나므로, 이를 위해 자폐증이 있는 사람의 각성 편향을 염두에 두기를 권하는 (나)로 이어지는 것이 자연스럽다.
덧붙여 마지막 문단이 '에너지가 넘치거나 부족한 사람, 행동이 과하거나 무기력해 보이는 사람'에 대해 서술하며 시작되므로 이런 성향을 보이는 경우에 대해 자세히 설명하며 끝나는 (나)가 마지막 문단의 바로 앞에 위치하는 것이 적절하다.

04

정답 ⑤

페드로 마리주안(Pedro Marijuan)과 조지 나바로(Jorge Navarro)를 중심으로 배열하면 좀더 빠른 풀이가 가능하다. (나)에서 두 사람을 처음으로 소개하고, (가)와 (라)에서 두 사람의 이론을 설명하므로 (나)가 (가)와 (라)보다 앞 순서임을 파악할 수 있다.
1문단은 많은 사람들이 함께 웃는 장면을 상상하도록 하면서 끝나므로, 함께 웃는 일에 대한 내용이 이어지는 것이 자연스럽다. (가)와 (다)가 웃음에 대한 내용으로 시작되나 (가)는 (나)의 뒤에 와야 하므로 (다)가 2문단이 된다.
남은 문단은 (가), (나), (라)인데, (나)는 (가)와 (라)보다 앞에 놓여야 하므로 (나)가 3문단이 된다. 이 경우 사회적 유대감의 한 형태인 '물결처럼 번지는 웃음'에 대해 서술하는 (다)의 후반부가 이런 웃음의 시작 지점을 질문하는 (나)의 전반부와 자연스럽게 연결됨을 확인할 수 있다.
남은 (가), (라)의 순서는 6문단의 바로 앞에 놓이기 적절한 5문단을 찾는 방식으로 결정할 수 있다. 6문단은 '하지만'이라는 접속사로 시작되고 첫 문장은 유인원이 웃는 현상이 인간의 경우와 다르다는 내용이므로 유인원과 관련된 내용의 뒤에 붙는 것이 자연스럽다. 따라서 (가)~(라) 중 유일하게 유인원이 웃는 상황을 서술한 (가)가 5문단이 된다.

05

정답 ③

이 글은 눈이나 얼음 위에서 미끄러지는 이유를 과학적으로 설명한 글이다. 먼저 ⓛ에서 눈과 얼음이 왜 미끄러운지 문제를 제기하며, '수막 이론'을 소개하였다. 그러나 이 이론이 타당하지 않음을 ⓒ에서 설명한다. 이어 수막 이론을 보충하는 또 다른 이론인 '마찰열 이론'을 ⓜ에서 소개하나 이전과 마찬가지로 ⓡ에서 이 이론의 근거가 부족함을 설명한다. 그리고 마지막으로 ⓖ에서 현재 정설로 인정되는 '표피층 이론'으로 연결할 수 있다.

06

정답 ④

'핑커'를 키워드 삼아 문단 구조를 분석하면, 스티븐 핑커의 주장을 설명하는 (라), 핑커의 주장을 반박하는 (나), 핑커의 설명보다 냉소적인 다른 설명을 소개하는 (다) 순서로 전개됨을 알 수 있다. 그리고 전쟁 비용 증가가 전쟁 감소의 원인이라는 주장의 근거로 쓰일 수 있는 (가)가 마지막 문단으로 적절함을 알 수 있다.

07

정답 ⑤

제시문은 태양광 사업의 장점과 문제점을 설명하고 해결안을 제시하는 글이다. 태양광 기술의 경제적 장점을 설명하는 (다)를 처음에 놓고, (다)의 마지막에서 언급한 주민수용성 문제를 구체화하는 (나)를 두 번째 위치에, 이에 대한 해법으로 농가 태양광을 제안하는 (가)를 마지막에 놓으면 글의 맥락이 자연스럽게 이어진다.

08

정답 ④

'그러자면', '그러나', '이런 측면에서', '나아가'로 시작되는 (가), (나), (다), (마)를 제외한 (라)를 첫 문단으로 놓는다. (라)는 로마 가도의 장점을 설명하므로, 로마 가도의 장점을 추가 설명하는 (마)가 이어지는 것이 자연스럽다. 남은 (가)~(다) 중 (가)는 포장 도로망이 게르만족의 이동에 이용된 이유 등을 설명하고, (나)는 게르만족 등의 이동이 빈번해진 이유 등을 설명하므로 (나)-(가) 순서로 이어짐을 알 수 있다. (다)는 로마 가도의 장점과 단점을 포괄하며 글을 정리하는 내용이므로 마지막에 배열한다.

09

정답 ③

일단 ⓖ을 마지막에 위치시켜 '트레몰리노스 효과'에 대한 언급이 이후 문장과 연결되도록 한다. 남은 ⓛ, ⓒ, ⓡ 중에서는 결론에 해당하는 ⓡ을 세 번째 위치에 놓는다. 결론 ⓡ의 이유로 제시되는 ⓛ, ⓒ 중 문장 ⓛ의 첫머리에 등장하는 접속어 '이후'에 주목하여 ⓒ을 앞으로, ⓛ을 그다음으로 위치시킨다. 순서를 종합하면 ⓒ-ⓛ-ⓡ-ⓖ이 된다.

10

정답 ②

〈보기〉의 문장이 '그러나 검사에서 정상 판정을 받았더라도 ~'로 시작하므로 검사에서 정상 판정을 받지 못한 경우에 대한 내용의 뒤에 놓이는 것이 자연스럽다. ⓛ의 앞 문장이 검사에서 정상 판정을 받지 못한 상황에 대한 설명이다.

오답 분석

③ ⓒ의 앞 문장이 청각 관련 검사의 중요성을 설명하므로 검사 결과에 대처하는 방법을 설명하는 〈보기〉가 뒤에 올 수 있다고 여길 수 있으나, ⓒ의 뒷문장이 검사 진행 방법에 대한 내용이므로 〈보기〉의 문장이 가운데에 삽입되는 것이 부자연스럽다.

CHAPTER 05 | 실용문 이해 · 도표 해석

01	02	03	04	05	06	07	08	09	10
④	④	⑤	④	④	⑤	③	③	③	②

01

정답 ④

제24조 ①에 의하면 주관부서장은 연구개발 중간 및 최종 결과에 관한 평가업무를 주관하고, ③에 의하면 외부기관으로부터 수주받아 수행하는 연구과제의 평가는 발주기관의 기준에 따르지만 주관부서장이 필요하다고 인정하는 경우 별도로 자체기준에 따라 평가할 수 있다.

오답 분석

① 제20조 ③~④에 의하면 연구과제를 제안받을 수 있고, 매년 연구과제 제안에 관한 공통지침을 수행부서에 통보하는 사람은 수행부서장이 아닌 주관부서장이다.
② 제21조 ②~③에 의하면 수행부서장과 활용부서장이 연구개발기본계획을 수립한 연구과제를 실무위원회가 심의를 거쳐 선정한다.
③ 제22~23조에 의하면 연구과제는 사장이 확정하고, 확정된 연구과제에 대하여 수행부서장은 연구책임자가 연구개발시행계획서에 따라 수행하도록 하여야 한다.
⑤ 제25조 ③에 따르면 활용부서장이 아니라 주관부서장이 연구결과가 활용부서에 인계된 시점으로부터 2년간 활용실적을 연구수행부서와 공동으로 실사하여야 한다.

02

정답 ④

○○공사는 Moody's가 아니라 S&P에 의해 투자 부적격 등급에 해당하는 BB+(1998년 4월), B+(1997년 12월) 등급을 받은 적이 있다. Moody's의 신용등급 체계에서 ○○공사가 투자 부적격 등급에 해당되었던 적은 없다.

오답 분석

① 2015년 두 평가기관에 의한 ○○공사의 신용등급은 각각 Aa2, AA-로, 등급의 의미가 '모든 기준에서 우수하며 투자위험이 상급등급보다 약간 높은 등급임'이라고 풀이되어 있다.
② S&P의 신용등급 추이를 보면 1997년 1월 A+등급에서 1997년 11월 A-등급으로 하락했음을 확인할 수 있다.
③ S&P의 신용등급 추이를 보면 1999년 1월에서 11월 사이 1등급 상승, 2002년 6월에서 7월 사이 1등급 상승한 내역을 확인할 수 있다.
⑤ Moody's의 경우 Caa1등급 이하, S&P의 경우 CCC+등급 이하를 부도위험이 있는 하위등급으로 정의하나 공사의 경우 해당 등급을 받은 적이 없으므로 부도위험에 처한 적이 없다고 할 수 있다.

03

정답 ⑤

㉡은 수평적인 조직문화(23.2%), 자유로운 조직문화(11.6%)의 수치가 바뀌어 표기되었다. 따라서 ㉡을 바르게 수정한 그래프는 다음과 같다.

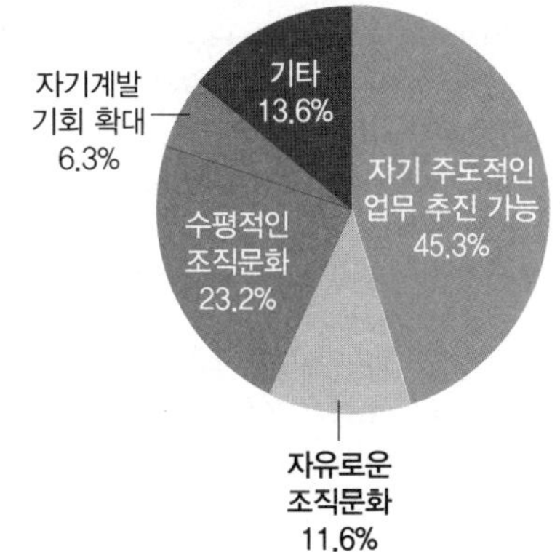

04

정답 ④

소득분위에서 1분위보다 5분위의 소득수준이 더 높다. 소득 5분위의 문화여가비 지출비율이 더 높으므로 비중도 더 크다.

05

정답 ④

제3절 제17조 제3항에서 수탁 연구과제 및 기술용역과제의 연구개발비 계상은 예산편성지침을 따르되, 발주기관에서 정한 기준이 있을 경우에는 그 발주기관의 기준에 따른다고 하였다. 우선적으로 적용하는 계상 기준은 예산편성지침이 아니라 발주기관에서 정한 기준이다.

오답 분석

① 제2절 제15조 제1항에서 주관부서장은 이 규정이 정하는 바에 따라 연구과제의 선정 · 변경 및 연구개발사업계획 심의 등을 위해 필요한 경우에는 연구개발실무위원회를 설치 · 운영한다는 조항을 확인할 수 있다.
② 제2절 제15조 제2항에서 실무위원회의 설치 · 운영에 관한 세부사항은 따로 정한다는 조항을, 제3절 제16조 제2항에서 연구개발비 사용에 관한 세부사항은 따로 정한다는 조항을 확인할 수 있다.
③ 제3절 제17조 제1항에서 연구개발 활동을 촉진하고 효율적으로 추진하기 위하여 연도 연구개발사업계획에 따른 연구개발비는 예산 편성 시 우선적으로 계상함을 원칙으로 한다고 하였다.
⑤ 제3절 제18조 제2항에서 수행부서장은 단위사업별 예산집행 현황을 파악 · 관리하여야 하고, 주관부서장이 요구할 경우 이를 종합하여 제출하여야 한다고 하였다. 따라서 주관부서장은 연구과제 수행부서장에게 단위사업별 예산집행 현황을 요구할 수 있음을 유추할 수 있다.

06

정답 ⑤

무상 보증기간이 끝난 뒤 부품 재고가 없을 때 수리불가 판정이 내려질 수 있다.

오답 분석

① 제품 보증기간은 구입일자를 우선으로 하나 구입증빙을 할 수 없는 경우 제품 자체에 부착된 제조 시리얼 번호를 기준으로 기간을 산정한다.
② A/S는 서비스센터 방문과 택배 접수만 가능하며, 출장 서비스는 불가하다.
③ 제품 보증기간은 A메인보드 3년, S메인보드 4년으로 다르다.
④ 무상 보증기간이 지난 제품은 수리비가 청구된다. 또한 택배접수 시 무상 보증기간이 남아 있는 제품의 운송비용은 U에서 부담하나 보증기간이 지난 제품은 고객이 부담한다.

07

정답 ③

2) 기기폐액에 의하면 기기폐액탱크에 수집된 폐액은 폐액의 화학 및 방사능 특성을 분석한 뒤 바닥배수폐액과 같은 공정으로 처리된다. 역삼투압설비 패키지 중 일부 구성기기를 우회하여 처리할 수 있다는 언급과 바닥배수탱크에 수집되는 폐액의 경우 일반적으로 전기전도도가 높은 폐액이고, 대부분 부유물질이 많이 함유되어 제거하기 위해서는 전처리설비로 이송한다는 내용이 있으나 전처리설비를 거치지 않는다는 내용은 찾을 수 없다.

① 1) 바닥배수에 의하면 정상 운전 시 바닥배수탱크에는 핵연료취급지역, 보조건물, 복합건물 내 바닥 및 기기배수와 원자로건물 내 바닥배수들이 수집된다. 또한 복수탈염기 재생폐액과 증기발생기 취출계통 오염폐액도 바닥배수탱크에 수집된다. 또한 2) 기기폐액에 의하면 필요시 기기폐액탱크는 바닥배수탱크의 보조탱크로도 사용될 수 있다.
② 1) 바닥배수에 의하면 바닥배수탱크가 만수위 또는 예정수위에 이르러 탱크 내 폐액 처리가 시작되면 전처리설비, 역삼투압설비를 거쳐 최종적으로 감시탱크로 이송된다. 감시탱크에서 수집된 폐액이 환경으로 방출할 수 있을 만큼 충분히 농도가 낮고 수질요건을 만족할 경우 액체방사성폐기물처리계통, 고체방사성폐기물처리계통 및 화학체적제어계통의 사용처로 이송한다.
④ 2) 기기폐액에 의하면 폐수지탱크로부터의 분리수 및 수지 이송수도 기기폐액탱크에 수집된다. 또한 기기폐액탱크에 수집된 폐액은 먼저 충분히 재순환시켜 균질하게 섞은 후 시료채취를 하여 폐액의 화학 및 방사능 특성을 분석한다.
⑤ 3) 화학폐액에 의하면 화학폐액탱크는 방사화학 실험실과 제염시설로부터 발생된 폐액을 수집하고, 복수탈염기 재생폐액과 증기발생기 취출계통 오염폐액도 수집될 수 있다. 또한 2) 기계폐액에 의하면 기계폐액은 화학 및 방사능 특성 분석 후 바닥배수폐액과 같은 공정으로 처리되지만, 화학폐액은 고용존고형물폐액과 같은 공정으로 처리된다.

08

정답 ③

4. 출산휴가·배우자출산휴가 사용자 수 표에 의하면 배우자출산휴가 사용자 수는 2020년 521명에서 2021년 404명으로 감소하였으므로, 사용자 수가 꾸준히 늘었다고 볼 수 없다.

오답 분석

① 3. 출산휴가·배우자출산휴가 제도 운영 현황에서 둘 이상의 자녀를 임신한 경우 최대 120일의 출산휴가를 쓸 수 있고, 배우자출산휴가의 최대 사용가능 일수는 10일이라고 안내한다.
② 2. 육아휴직 사용자 수 표를 참고하면 남성 사용자 수는 2018년 19명에서 2022년 110명으로 약 6배 증가했고, 2018년 147명에서 2022년 기준 412명으로 전체 사용자 수도 2.5배 이상 증가했다.
④ 1. 육아휴직 제도운영 현황 표에 의하면 최대 육아휴직 가능 기간은 3년이며, 자녀 1명에 대한 총 휴직기간이 1년을 넘는 경우에는 최초 1년까지 근속연수에 산입한다.
⑤ 5. 유산·사산휴가 제도운영 현황 표에 의하면 임신기간이 12~15주 이내인 경우 유산·사산휴가 최대 사용 가능 일수는 10일이다.

Tip

표의 내용이 크게 휴직과 휴가로 나뉨을 파악하고 휴직 기간과 휴가 일수의 상황별 적용 기준을 이해한 후 풀면 선택지의 내용을 자료에서 찾아 확인하는 시간을 줄일 수 있다.

09

정답 ③

부품 관련 전자제어, 보안 등에 관한 업무는 부품연구처의 10번 업무이고 부품자기인증적합조사 총괄 관리 업무는 부품연구처의 3번 업무이다.

오답 분석

① 자동차 안전기준 연구개발은 부품연구처의 8번 업무이고, 안전도평가 관련 정부 협업과제 수행은 안전연구처의 3번 업무이다.
② 자동차 에너지·환경분야 시험시설 관련 업무는 친환경연구처의 12번 업무이고, 운행기록계 시험 등 관련 업무는 부품연구처의 11번 업무이다.
④ 건설기계 소음도 검사 관련 업무는 부품연구처의 12번 업무이고 자동차 및 건설기계 배출가스에 관한 업무는 친환경연구처의 11번 업무이다.
⑤ 도로교통 에너지, 온실가스 대기오염물질 저감기술 개발은 친환경연구처의 7번 업무이고, 도로안전시설 성능평가에 대한 업무는 안전연구처의 4번 업무이다.

10

정답 ②

2)에 의하면 도로변 차량정차 작업 시 작업장 주변에 경광등, 작업안내표지 및 라바콘 등 교통안전표지물을 설치해야 하고, 〈표〉에 의하면 제한속도 70km/h인 도시 고속국도의 경우 200m 간격으로 설치해야 한다.

오답 분석

① 1)에 의하면 작업차량은 차량통행 방향과 일치하게 정차하고 차량의 전조등, 후미등, 비상등 등을 점등하여 작업 중임을 알려야 한다.
③ 3)에 의하면 차량통행이 많은 도로에서는 원활한 작업을 위하여 교통신호수 배치 등 작업인력을 보강하여 작업하여야 하고, 5)에 의하면 차량 통행이 많은 대도시 및 도심지역에서 도로변 정차하여 작업할 경우 인근 파출소 및 경찰서에 교통통제 협조를 요청하여 작업하여야 한다.
④ 2)에 의하면 안전 확보를 위하여 작업장 주변에 안전삼각대, 라바콘 등 교통안전표지물을 〈표〉의 간격으로 설치하여야 하고, 4)에 의하면 야간작업 시 음주, 졸음운전 가해사고 등 제3자에 의한 안전사고 예방을 위하여 작업구간을 식별할 수 있는 교통안전 표지물(경광등, 점멸등)을 〈표〉의 간격으로 반드시 설치하고 작업하여야 한다.
⑤ 〈표〉를 참고할 때 제한속도 80km/h인 지방지역 일반도로와 제한속도 100km/h인 자동차 전용도로의 교통안전 표지물 설치 간격은 300m로 동일함을 알 수 있다.

CHAPTER 06 | 어휘 · 문법

01	02	03	04	05	06	07	08	09	10
②	⑤	③	⑤	⑤	⑤	②	①	③	②
11	12	13	14	15					
⑤	②	⑤	④	③					

01

정답 ②

'막연하다'는 '갈피를 잡을 수 없이 아득하다'는 뜻과 '뚜렷하지 못하고 어렴풋하다'의 두 가지 뜻으로 쓰인다. 이는 문맥으로 구분할 수 있으나 헷갈리기 쉬우므로 다른 단어로 대체하면 답을 찾기에 용이하다. 첫 번째 뜻은 '막막하다', 두 번째 뜻은 '어렴풋하다'로 놓고 문장에 대입할 때, ②를 제외한 나머지는 전부 '어렴풋하다'로 통한다.

02

정답 ⑤

'아둔하다'는 '슬기롭지 못하고 머리가 둔하다'라는 뜻이며, '몽매하다'는 '어리석고 사리에 어둡다'를 뜻한다. 따라서 이 둘은 유의어 관계이다.

03

정답 ③

오답 분석

① 배에 승선 → 승선
② 돌이켜 회고해 보니 → 회고해 보니
④ 짧게 약술하면 → 약술하면
⑤ 고향으로 돌아가는 귀성객들로 → 귀성객들로

04

정답 ⑤

'생때같다'는 아무 탈 없이 멀쩡하다 혹은 공을 많이 들여 매우 소중하다는 뜻의 단어이다. '생떼같다'라고 쓰는 경우가 있으나 '생때같다'가 옳은 표기이다.

오답 분석

① 내로라하다 : 어떤 분야를 대표할 만하다.
② 파투 : 잘못되어 판이 무효가 됨. 또는 그렇게 되게 함
③ 눈살을 찌푸리다 : 마음에 못마땅한 뜻을 나타내어 양미간을 찡그리다.
④ 깨트리다 : '깨다'를 강조하여 이르는 말('깨뜨리다'와 동일)

05 정답 ⑤

'방치하다'는 '내버려두다'를 뜻한다. 이와 비슷한 단어로 '참견하지 않고 앉아서 보기만 하다'를 뜻하는 '좌시하다'와 '돌보지 않고 버려두다 또는 일 따위에서 손을 놓다'를 뜻하는 '내팽개치다'를 들 수 있다.

오답 분석

㉠ 포기하다 : 하려던 일을 도중에 그만두어 버리다.
㉢ 방출하다 : 비축하여 놓은 것을 내놓다.
㉣ 대기하다 : 때나 기회를 기다리다.

06 정답 ⑤

'-경'은 '그 시간 또는 날짜에 가까운 때'의 뜻을 더하는 접미사로 앞말에 붙여 쓴다. 따라서 '1592년경', '20세기경', '오후 3시경' 등과 같이 사용해야 한다.

07 정답 ②

'배당(配當)'은 주식회사가 이익금의 일부를 현금이나 주식으로 할당하여 자금을 낸 사람이나 주주에게 나누어 주는 일을 말한다.

오답 분석

① 배정(配定) : 몫을 나누어 정함
③ 배임(背任) : 주어진 임무를 저버림
④ 배상(賠償) : 남의 권리를 침해한 사람이 그 손해를 물어 주는 일
⑤ 배급(配給) : 상품 따위를 생산자에서 소비자에게 옮김. 또는 그런 유통 과정

> **Tip**
>
> **단어 선택**
>
> 맥락상 적절한 언어를 선별한다. 빈칸의 전후 내용을 고려하여 내용이 매끄럽게 연결되는 단어로 선택한다.

08 정답 ①

㉠ '일'을 의미하는 의존명사로 사용되었으므로 '빼는 데'로 표기한다.
㉥ 앞뒤 문맥에 따라 체중과 허리둘레가 줄어드는 데 도움이 되었다는 의미가 되어야 하므로 증감이 아닌 '감소'를 사용하는 것이 더 적절하다.
㉧ '같은'은 '다른 것과 비교하여 그것과 다르지 않다'는 의미의 형용사로 앞말과 띄어 쓴다.

09 정답 ③

'취합하다'는 모아서 합친다는 뜻으로 가려서 따로 나눈다는 뜻의 '선별하다'와 반의어 관계이다.

오답 분석

① 버리다 : 가지거나 지니고 있을 필요가 없는 물건을 내던지거나 쏟거나 하다.
② 제하다 : 덜어 내거나 빼다.
④ 섞다 : 두 가지 이상의 것을 한데 합치다.
⑤ 도리다 : 둥글게 빙 돌려서 베거나 파다.

10 정답 ②

'가늠하다'는 '목표나 기준에 맞고 안 맞음을 헤아려 보다'라는 의미의 단어이다. 흔히 '간음하다'로 잘못 사용하는데, 간음하다는 '부정한 성관계를 하다'라는 의미이다.

오답 분석

① '질서가 정연하여 조금도 흐트러지지 아니함'을 의미하고자 할 때는 '일사불란'이라고 한다. '일사분란'은 일사불란의 잘못이다.
③ '볼품이 없어 만족스럽지 못하다'라는 의미의 단어는 '시덥잖다'가 아닌 '시답잖다'이다.
④ '마구 쑤셔 넣거나 푹 밀어 넣다'라는 의미의 단어는 '쳐박다'가 아닌 '처박다'이다.
⑤ '사기충전'은 '사기충천'의 잘못이다. 사기충천은 '사기가 하늘을 찌를 듯이 높음'이라는 의미이다.

11 정답 ⑤

제시문에서 밑줄 친 어휘는 '(사람이나 동물이) 양쪽 다리를 번갈아 떼어 내딛으며 몸을 옮겨 나아가다'라는 의미로 쓰였다. 유사한 의미로 쓰인 선택지는 ⑤이다.

오답 분석

① 밑줄 친 '걸다'는 '벽이나 못 따위에 어떤 물체를 떨어지지 않도록 매달아 올려놓다'라는 의미로 제시문의 경우와 다르다.
② 밑줄 친 '걸다'는 '기계 장치가 작동되도록 하다'라는 의미로 제시문의 경우와 다르다.
③ 밑줄 친 '걸다'는 '목숨, 명예 따위를 담보로 삼거나 희생할 각오를 하다'라는 의미로 제시문의 경우와 다르다.
④ 밑줄 친 '걸다'는 '다리나 발 또는 도구 따위를 이용하여 상대편을 넘어뜨리려는 동작을 하다'라는 의미로 제시문의 경우와 다르다.

12
정답 ②

'고무'와 '독려'는 유의어 관계이므로 '알력'의 유의어인 '불화'가 적절하다.

- 고무(鼓舞) : 힘을 내도록 격려하여 용기를 북돋움
- 독려(督勵) : 감독하며 격려함
- 알력(軋轢) : 서로 의견이 맞지 아니하여 사이가 안 좋거나 충돌하는 상태
- 불화(不和) : 서로 관계가 좋지 아니하거나 좋지 않게 지냄

오답 분석

① 주목(注目) : 관심을 가지고 주의 깊게 살핌
③ 반박(反駁) : 남의 의견이나 비난에 대하여 맞서 공격함
④ 평화(平和) : 평온하고 화목함. 전쟁이나 분쟁 따위가 없이 평온함. 또는 그런 상태
⑤ 정쟁(政爭) : 정치상의 주의 · 주장 등에 관한 싸움

Tip

주어진 식에서 단어의 관계를 파악하여 빈칸에 적절한 어휘를 삽입하는 유형이다. 유의어뿐만 아니라 반의어, 상위어와 하위어 등 다양한 어휘 관계에 적용할 수 있다.

13
정답 ⑤

〈보기〉에 제시된 문장의 술어 '사다'는 목적어를 반드시 필요로 하는 동사지만 목적어가 생략되어 있다. 이와 마찬가지로 ⑤ 또한 무엇을 먹었는지에 대한 목적어가 생략되었다.

오답 분석

① '를(을)'은 어떤 행위가 미친 직접적인 대상이나 목적지가 되는 장소를 나타내는 조사이다. 단, 이 용법으로 쓰일 때는 서술어 '출발하다, 떠나다, 나오다, 벗어나다, 내려오다'에만 어울려 쓸 수 있다. 따라서 행위의 목적지를 나타내는 조사 '에'로 바꾸어 '기대에 못 미쳐'와 같이 써야 한다.
② 참고서와 펜 각각의 수량이 정확하지 않아 의미가 모호한 문장이다.
③ '기재 내용의 정정'과 '기관의 인이 없으면'이 '또는'으로 연결된 구조인데, '또는'을 전후로 문장 성분이 달라 어색하다. 따라서 '기재 내용을 정정하거나 기관의 인이 없으면'과 같이 수정한다.
④ 주어와 서술어의 호응이 어색한 문장으로 '지금 나에게 중요한 것은 열심히 공부하는 것이다'와 같이 고쳐야 한다.

14
정답 ④

통념(通念)은 '일반 사회에 널리 퍼져 있는 생각'을 의미하며, 어디에도 들어갈 수 없다.

오답 분석

(가), (바) 통용(通用) : 일반적으로 두루 쓰임. 서로 넘나들어 두루 쓰임
(나), (마) 통칭(通稱) : 일반적으로 널리 이름 또는 그런 이름이나 언설
(다) 통상(通常) : 특별하지 아니하고 예사임
(라) 통달(通達) : 익히 알고 있어 막힘이 없음

15
정답 ③

㉠ '낟알'은 껍질을 벗기지 아니한 곡식의 알을 뜻한다. 이 문장에서 는 하나하나 따로따로인 알을 의미하는 '낱알'이라고 써야 한다.
㉡ '늘렸다'는 물체의 넓이, 부피 따위를 본디보다 커지게 한다는 의미의 '늘리다'의 활용형이다. 길이를 연장한다는 의미의 단어는 본디보다 더 길어지게 한다는 뜻의 '늘이다'를 써야 한다. 따라서 그 활용형인 '늘였다'라고 써야 한다.
㉢ '벌린'은 둘 사이를 넓히거나 멀게 한다를 뜻하는 '벌리다'의 활용형이다. 이 문장에는 일을 계획하여 시작하거나 펼쳐 놓는다는 의미의 '벌이다'의 활용형인 '벌인'이라고 써야 한다.
㉣ '빼앗다'의 피동사 '빼앗기다'의 준말은 '뺏기다'이고, 과거형은 '뺏겼다'이다.

오답 분석

㉤ '돋구다'는 '안경의 도수 따위를 더 높게 하다'를 뜻한다. '돋우다'와 헷갈리는 경우가 있으므로 주의한다.

01	02	03	04	05	06	07	08	09	10
②	④	①	②	⑤	④	④	③	④	②

01

정답 ②

옛 것을 익히고 이를 바탕으로 새 것을 안다는 뜻의 사자성어는 '溫故知新(온고지신)'이다.

오답 분석

① 草綠同色(초록동색) : 같은 처지의 사람들끼리 어울림
③ 換腐作新(환부작신) : 낡은 것을 바꾸어 새 것으로 만듦
④ 起死回生(기사회생) : 거의 죽을 뻔하다가 도로 살아남
⑤ 附和雷同(부화뇌동) : 자기 소신이나 주장 없이 다른 사람들의 행동을 따라함

02

정답 ④

일장춘몽(一場春夢)은 인생의 모든 부귀영화가 꿈처럼 덧없이 사라지는 것을 비유하는 말로 인생이 덧없음을 뜻하는 인생무상(人生無常)과 의미가 유사하다.

오답 분석

① 상전벽해(桑田碧海) : '뽕나무밭이 푸른 바다가 되었다'라는 뜻으로, '세상이 몰라 볼 정도로 바뀐 것, 세상의 모든 일이 엄청나게 변해버린 것'을 의미한다.
② 무위도식(無爲徒食) : '하는 일 없이 헛되이 먹기만 함', '게으르거나 능력이 없는 사람'을 의미한다.
③ 견강부회(牽强附會) : '이치에 맞지 않는 말을 억지로 끌어 붙여 자기 주장의 조건에 맞도록 함'을 의미한다.
⑤ 간어제초(間於齊楚) : 약자가 강자들 틈에 끼어서 괴로움을 겪음을 의미한다.

03

정답 ①

파부침선(破釜沈船)은 '솥을 깨뜨려 다시 밥을 짓지 아니하며 배를 가라앉혀 강을 건너 돌아가지 아니한다'는 뜻으로, 죽을 각오로 싸움에 임함을 비유적으로 이르는 말이다.

오답 분석

② 혼정신성(昏定晨省) : '밤에는 부모의 잠자리를 보아 드리고 이른 아침에는 부모의 밤새 안부를 묻는다'는 뜻으로, 부모를 잘 섬기고 효성을 다함을 이르는 말이다.
③ 조령모개(朝令暮改) : '아침에 명령을 내렸다가 저녁에 다시 고친다'는 뜻으로, 법령을 자꾸 고쳐서 갈피를 잡기가 어려움을 이르는 말이다.
④ 교왕과직(矯枉過直) : '굽은 것을 바로잡으려다가 정도에 지나치게 곧게 한다'는 뜻으로, 잘못된 것을 바로 잡으려다가 너무 지나쳐서 오히려 나쁘게 됨을 이르는 말이다.
⑤ 토사구팽(兎死狗烹) : '사냥하러 가서 토끼를 잡으면 사냥하던 개는 쓸모가 없게 되어 삶아 먹는다'는 뜻으로, 필요할 때 요긴하게 써먹고 쓸모가 없어지면 가혹하게 버린다는 뜻이다.

04

정답 ②

제시된 사례는 중견 1차 협력사들이 대기업 고객사의 위세에 힘입어 2차 협력사들에게 횡포를 부리는 실태에 관한 것이다. 따라서 사례와 관련 있는 사자성어로는 '여우가 호랑이의 위세를 빌려 호기를 부리다'는 뜻으로 '남의 세력을 빌어 위세를 부림'을 뜻하는 호가호위(狐假虎威)가 적절하다.

오답 분석

① 공명지조(共命之鳥) : '목숨을 공유하는 새'라는 뜻으로, '상대방을 죽이면 결국 함께 죽는다'를 의미한다.
③ 전후불계(前後不計) : '한 가지 일에만 마음을 쏟고 다른 사정을 헤아리지 않음'을 뜻한다.
④ 면종복배(面從腹背) : '겉으로는 순종하는 체하고 속으로는 딴 마음을 먹음'을 뜻한다.
⑤ 각골난망(刻骨難忘) : '입은 은혜에 대한 고마운 마음이 뼈에까지 사무쳐 잊히지 아니함'을 뜻한다.

05

정답 ⑤

적공(積功)은 '많은 힘을 들여 애를 씀'이라는 의미로, '십 년 적공이면 한 가지 성공을 한다.'는 무슨 일이든지 오랫동안 꾸준히 노력하면 마침내는 성공하게 됨을 이르는 말이다.

오답 분석

① '도둑의 집에도 되는 있다.'는 못된 짓을 하는 사람에게도 경위와 종작이 있음을 비유적으로 이르는 말이다.
② '큰 방죽도 개미구멍으로 무너진다.'는 작은 결점이라 하여 등한히 하면 그것이 점점 더 커져서 나중에는 큰 결함을 가져오게 됨을 비유적으로 이르는 말이다.
③ '봄에 깐 병아리 가을에 와서 세어본다.'는 이해타산이 어수룩함을 이르는 말이다.
④ '비는 데는 무쇠도 녹는다.'는 자기의 잘못을 잘 변명하고 사과하면 아무리 완고한 사람이라도 용서함을 비유적으로 이르는 말이다.

06

정답 ④

감탄고토(甘呑苦吐)는 사리에 옳고 그름을 보지 않은 채 자신의 비위에 맞으면 취하고 그렇지 않으면 버리는 모습을 나타낸다.

오답 분석

① 탐소실대(貪小失大) : 작은 것을 탐하다 큰 것을 잃다.
② 단사표음(簞食瓢飮) : 대그릇의 밥과 표주박의 물. 가난을 의미한다.
③ 권토중래(捲土重來) : 흙먼지를 날리며 다시 오다. 실패에 굴하지 않고 몇 번이고 다시 일어나다.

⑤ 가렴주구(苛斂誅求) : 가혹하게 세금을 거두거나 백성의 재물을 억지로 빼앗다.

07

정답 ④

제시된 기사는 사고가 발생한 뒤에야 관련 규정을 손보고자 하는 일본 정부의 대처를 비판하고 있다. 이를 빗대어 표현할 수 있는 가장 적절한 한자성어는 '소 잃고 외양간 고친다'는 의미의 '망우보뢰(亡牛補牢)'이다.

오답 분석

① 일촉즉발(一觸卽發) : 한 번 건드리기만 해도 폭발할 것같이 몹시 위급한 상태를 이르는 말이다.
② 상산구어(上山求魚) : 도저히 불가능한 일을 굳이 하려 함을 비유적으로 이르는 말이다.
③ 오리무중(五里霧中) : 무슨 일에 대하여 방향이나 상황을 알 길이 없음을 이르는 말이다.
⑤ 우공이산(愚公移山) : 쉬지 않고 꾸준하게 한 가지 일만 열심히 하면 마침내 큰 일을 이룰 수 있음을 비유한 말이다.

08

정답 ③

제시된 기사에서는 축산업 관련 문제를 해결하기 위해 정부가 내놓은 방안이 실제 문제의 원인을 해결하는 것이 아니라 일시적인 미봉책에 불과하다고 비판하는 관계자의 말을 인용하고 있다. 이를 가장 잘 나타내는 것은 '아주 잠시만 효력을 나타낼 뿐 금방 사라지는 대책'을 의미하는 '언 발에 오줌 누기'이다.

오답 분석

① 내 코가 석 자 : 내 사정이 급하고 어려워서 남을 돌볼 여유가 없음을 비유적으로 이르는 말이다.
② 호랑이 없는 골에 토끼가 왕 노릇 한다. : 뛰어난 사람이 없는 곳에서 보잘 것 없는 사람이 득세함을 이르는 말이다.
④ 빛 좋은 개살구 : 겉모양은 좋은 것 같지만 실속이 없다는 의미이다.
⑤ 달면 삼키고 쓰면 뱉는다. : 옳고 그름이나 신의를 돌보지 않고 자기의 이익만을 꾀함을 비유적으로 이르는 말이다.

09

정답 ④

사면초가(四面楚歌)는 '누구의 도움도 받을 수 없는 고립된 상태, 곤란한 상황 등에 빠짐'을 이르는 말이다. '고래 싸움에 새우 등 터진다'는 속담과 관련이 있는 한자성어는 '경전하사(鯨戰蝦死)'이다.

10

정답 ②

②의 손발은 관용어가 아니라 신체의 손과 발을 뜻한다.

오답 분석

① 발이 넓다 : 사귀어 아는 사람이 많아 활동하는 범위가 넓다.
③ 귀가 따갑다 : 너무 여러 번 들어서 듣기가 싫다.
④ 간을 졸이다 : 매우 걱정되고 불안하여 마음을 놓지 못하다.
⑤ 입을 맞추다 : 서로의 말이 일치하도록 하다.

CHAPTER 08 | 내용 및 개요 수정

01	02	03	04	05	06	07	08	09	10
③	③	③	④	③	④	⑤	④	③	④

01

정답 ③

공모 안내문은 공모전 시행을 홍보하고 공모전 참석을 유도하기 위해 쓰인 문서이다. 따라서 의문문, 인용문, 반어문 등의 다양한 문장을 사용하여 주의를 끌 수 있도록 작성하는 것도 좋은 방법이다.

오답 분석

①, ②, ⑤ 이메일 주소, 연락 전화번호 등이 누락되어 있어 응모자들이 궁금해 할 소지가 있으며, 최우수상, 우수상, 장려상이 각각 몇 명에게 수여되는지도 불분명하다.
④ 4차 산업혁명에 대한 아이디어로 사진을 공모하는 것인지, 표어인지, 글인지, 기술적 자료인지 공모 대상을 기재하지 않았다.

02

정답 ③

㉡ 시간은 24시간제로 표기하도록 고쳐야 하나, 기간을 나타낼 때는 '~'를 사용해야 하므로 '13:30~16:30'으로 수정해야 한다.
㉢ 번호 체계는 1.-가.-㉠ 순이므로 ㉮가 아닌 ㉠으로 수정해야 한다.

03

정답 ③

'적의하다(適宜하다)'의 뜻은 '무엇을 하기에 알맞고 마땅하다'로 우리나라에서는 사용이 드문 한자어이다. 따라서 '적절한 조치' 또는 '필요한 조치'로 순화하는 것이 적절하다. '적법하다'는 '법규에 맞다.'라는 의미이므로 의미상 적절한 수정이 아니다.

04

정답 ④

㉡ 현재 농민들의 영농자재 수요 현황을 설명하고 있으므로 본론이 아닌 서론에 들어가야 한다.
㉣ 자재유통센터 건립의 기대 효과 중 '농민 1인당 경작 가능 농지 확대'에 대한 내용이다. 따라서 결론이 아닌 본론에 위치해야 한다.

05

정답 ③

발표는 토론의 안건과 토론 방향 등에 대한 의견이 될 것이며, 토론은 발표된 내용을 구체적으로 협의하여 바람직한 결과를 도출하는 과정이 될 것이므로 주요 발표 내용을 먼저 기재하고 그에 따른 세부 토론 내용을 기재하는 것이 올바른 보고서 작성 순서이다. 전 팀원이 예산을 들여 외부에서 행사를 진행할 경우 가급적 세부적인 사항까지 상급자에게 보고하는 것이 바람직하다. 따라서 업무 회의뿐 아니라 이동방법, 식사, 운동, 복귀 등의 진행 내역까지 포함한 표를 만들어 첨부하는 것이 좋은 보고서 작성법이다. 따라서 주어진 내용을 다음과 같이 정리하는 것이 가장 바람직한 보고서의 개요이다.

Ⅰ 워크숍 개요
- 일시/장소
- 참석 인원
- 주요 내용 및 목적

Ⅱ 주요 내용
- 발표 내용
- 토론 내용

Ⅲ 향후 일정

06

정답 ④

농업의 지속가능성 문제를 다루는 글이며, 농촌지역으로 인력이 유입되어야 한다는 점을 강조하고 있다. 따라서 인력 유입은 의미상 적절하게 쓰인 표현이다.

오답 분석

① 이도향촌은 도시를 떠나 농촌으로 향한다는 의미이므로 '이촌향도'로 수정해야 문맥상 적절하다.
② 지속적으로 고령화되는 농촌 인구의 현실을 감안할 때 지역 내 재생산 비중이 '감소하고' 있다고 판단할 수 있다.
③ 인력 유입이 필요한 상황을 감안할 때 향후 증가하게 될 수치는 농업 인력에 대한 수요이므로 '초과 수요'가 적절하다.
⑤ 정부의 귀농귀촌 정책이 시행되기 시작한 시기에 자산을 가진 고령층을 중심으로 귀농이 이루어졌고, 현재는 노동력을 보유한 청년들의 유인이 중요하다고 하였으므로, '노동력'이 아닌 '자산'이 적절하다.

07

정답 ⑤

㉤의 경우 '빌려주다'는 합성어로 붙여쓰는 것이 원칙이다. 또한 '뿐'이 조사가 아닌 의존명사로 사용되었으므로 '빌려줬을 뿐이라며'와 같이 고쳐야 한다.

08

정답 ④

청소년 비만의 요인 중 하나로 '입시 과목의 과중한 학습으로 인한 신체활동 감소'가 있는 만큼 수능 필수과목을 추가 선정하는 방법은 올바른 해결방법으로 보기 어렵다. 올바른 영양 지식 학습을 위한 방안은 '가.'에서 이미 제시하고 있다.

09

정답 ③

수정이 필요한 어휘는 ㉠갯수와 ㉡한 눈이다.

㉠ 개수 : 개수(個數)는 사이시옷 표기 조건 중 하나인 '앞 뒤 명사 중 최소한 하나는 우리말일 것'을 충족하지 못하는 어휘로 '개수'가 올바른 표기이다.

㉡ 한눈 : 기사에서의 '한눈'은 '한 번 봄 또는 잠깐 봄'의 의미로 사용되었으며, '한눈' 자체가 하나의 명사이므로 붙여서 표기하는 것이 올바른 표기이다.

오답 분석

㉢ 피해율 : 모음이나 'ㄴ' 받침 뒤에 이어지는 '렬/률'은 '열/율'로 적으므로 '피해율'이 올바른 표기이다.

㉣ 돼 : 어간 '되-'에는 어미 '-어'가 결합되어야 하므로 '되어'의 줄어든 형식인 '돼'가 올바른 표기이다.

10

정답 ④

출품작과 관련 서류가 반환되지 않는다는 의미는 권리 일체가 산림청에 귀속된다는 뜻이므로 괄호에 들어갈 내용은 ④가 가장 적절하다. ①, ③, ⑤는 공지에 이미 명기되어 있는 내용이고 ②의 경우 출품작 및 서류의 반환과는 무관한 내용으로 그 뒤에 이어질 내용으로 보기 어렵다.

최종 점검 모의고사

CHAPTER 01 | 최종 점검 모의고사 1회

01	02	03	04	05	06	07	08	09	10
④	④	①	④	⑤	③	⑤	③	③	③
11	12	13	14	15	16	17	18	19	20
①	④	④	③	⑤	②	③	④	③	②
21	22	23	24	25	26	27	28	29	30
④	⑤	②	③	③	④	③	①	③	④

01 정답 ④

제시문의 '높다'는 품질, 수준, 능력, 가치 따위가 보통보다 위에 있다는 의미로 ④번 문장의 '높다'와 동일한 의미로 쓰였다.

오답 분석

① 아래에서 위까지의 길이가 길다.
② 아래에서부터 위까지 벌어진 사이가 크다.
③ 수치로 나타낼 수 있는 온도, 습도, 압력 따위가 기준치보다 위에 있다.
⑤ 어떤 의견이 다른 의견보다 많고 우세하다.

02 정답 ④

'묵직이'가 올바른 표현이다.

Tip

'-이'와 '-히'로 끝나는 부사의 맞춤법을 혼동하는 경우가 많다. 다음 6가지는 '이'로 적어야 하는 경우이며, 이에 해당하지 않는 것은 '히'로 적는다.

- '-하다'가 붙는 어근의 끝소리가 'ㅅ'인 경우 예 깨끗이, 느긋이, 버젓이 등
- '-하다'가 붙는 어근의 끝소리가 'ㄱ'인 경우 예 깊숙이, 고즈넉이, 끔찍이, 멀찍이 등
- '-하다'가 붙지 않는 용언 어간 뒤 예 같이, 굳이, 깊이, 높이, 많이, 헛되이 등
- 'ㅂ' 불규칙 용언의 어간 뒤 예 가까이, 기꺼이, 너그러이, 번거로이 등
- 첩어 또는 준첩어인 명사 뒤 예 겹겹이, 곳곳이, 나날이, 번번이, 틈틈이 등
- 부사 뒤 예 곰곰이, 더욱이, 일찍이 등

03 정답 ①

제시문에서 밑줄 친 '쓰다'는 '(사람이 돈이나 시간, 물자 따위를) 어떤 일이나 목적을 위하여 들이거나 소모하다'라는 의미로 쓰였다. 이와 유사한 의미로 쓰인 선택지는 ①이다.

오답 분석

② (사람이 모자를) 머리에 얹어 덮다.
③ (사람이 힘이나 마음을) 무엇을 하는 데에 들이거나 기울이다.
④ (음식이) 소태나 쓸개의 맛과 같다.
⑤ 연필 등으로 획을 그어 모양을 이루다.

04 정답 ④

매뉴얼의 '3. 화상' 항목에 의하면 화상 상처 부위를 씻고 열을 없애기 위해 수돗물에 상처 부위를 담그도록 지시하고 있다.

05 정답 ⑤

프랑스의 길이 단위가 미터이고 영국의 길이 단위가 야드인 것은 프랑스 혁명 후 집권한 나폴레옹이 유럽 각국으로 진출하며 미터법을 보급했으나 영국과의 전쟁에서는 패배하여 보급하지 못했기 때문이다. 미국이 영국의 식민지였던 것은 '미국이 미터법이 아닌 야드-파운드법을 쓰는 이유'와 관련된다.

06 정답 ③

게이지의 사후에도 그가 보인 행동 변화에 대한 연구는 지속되었으나, 사고 이후 12년 동안 투병했다는 내용은 찾아볼 수 없다. 그가 사고 후 12년 동안 박물관에서 근무하거나 역마차를 운전했다는 내용을 통해, 사고 후에도 비교적 건강한 생활을 했음을 짐작할 수 있다.

오답 분석

① 1문단에 의하면 게이지가 철도를 놓는 과정에서 화약으로 바위를 폭파하는 작업을 감독하던 중 다짐대에 관통당하는 사고가 일어났다.
② 2, 5문단에 의하면 사고 전 온화했던 게이지는 사고 이후 타인과의 관계에 큰 어려움을 겪었다. 그의 두개골에 현대의 뇌 영상 기술을 적용해보면 다짐대가 내측 전전두엽피질과 안와전두피질을 손상시켰음을 알 수

있으므로, 게이지는 두 부위에 상처를 입은 이후 성격의 변화를 보였다고 할 수 있다.

④ 3~4문단에 의하면 1994년 배런 코언이 확인한 공감 회로의 또 다른 영역인 내측 안와전두피질(orbitofrontal cortex)은 게이지가 다짐대로 인해 손상을 입은 뇌 부위이므로, 게이지의 성격 변화를 설명할 근거가 된다.

⑤ 게이지는 자신과 타인의 감정을 알아차려 조절하고, 긍정적이고 보람 있는 행동을 선택하도록 하는 전전두엽 피질에 손상을 입었으므로 상호 감정을 알아차려 적절한 행동을 취하는 데 서툴렀으리라 짐작할 수 있다. 또한 손상 시 사회적 억제력이 감소하는 안와전두피질에 상처를 입었으므로 감정 억제에도 서툴었을 것이다. 2문단의 '그의 표정과 행동이 상황과 어울리지 않았고 난폭해지기도 했다'는 설명도 그가 적절한 행동을 취하거나 감정을 억제하는 일에 서툴렀음을 드러낸다.

07

정답 ⑤

1문단 후반부에 의하면 ㅇㅇ시의 시정은 미래 세대가 지금 세대만큼 높은 수준의 삶을 누릴 수 있어야 한다는 생각으로 삶의 수준을 높이는 다양한 요소를 고려하고 있다.

오답 분석

① 제시문에 언급되지 않은 내용이다.

② 1문단에 의하면 ㅇㅇ시는 친절함을 삶의 수준을 높이기 위한 다양한 요소 중 하나로 보고 있다. 그러나 이것만으로 친절함을 가장 중요한 요소라고 판단할 수 없다.

③ 3, 4문단에 따르면 아이센과 레빈은 피실험자를 대상으로 먼저 10센트짜리 동전을 이용한 실험을 진행한 후, 추가 실험으로 편지를 이용한 연구를 통해 '호의의 불꽃' 현상을 증명했다. 즉, 추가 실험에서는 편지만 사용되었을 뿐 지폐는 사용되지 않았다.

④ ㅇㅇ시에서 친절한 분위기를 조성하는 데 예산을 투입했다는 내용은 제시되어 있지 않다. 또한 2문단에서는 친절한 분위기를 조성하는 일에는 돈이 많이 들지 않는다고 언급한다.

08

정답 ③

㉠ ㅇㅇ시의 두 가지 접근 방식 중 하나인 '광범위함'과 어울리는 표현을 〈보기〉에서 고르면 '장기적'이 가장 적절하다. '광범위하고 장기적인 접근 방식'이란 범위를 넓게 잡고 긴 안목으로 정책을 편다는 의미이므로, '단지 쓰레기를 처리하고 도로를 관리하는 등 기본적인 공공 서비스를 제공하기 위해 세금을 걷는 여러 지자체'와 다르게 시민의 행복을 위해 친절함을 포함한 다양한 요소를 고려하는 ㅇㅇ시의 접근 방식에 대한 설명으로 적절하다.

㉡ '친절한 분위기를 조성하는 일은 비교적 쉽고 돈이 많이 들지 않는다'라는 2문단 두 번째 문장이 '하지만'으로 시작되므로 2문단 첫 번째 문장은 국가나 지자체가 친절함과 협력의 분위기를 조성하는 일을 중시하지 않는다는 내용이어야 한다. '범죄 예방'과 '친절함과 협력의 분위기를 조성하는 일'의 경중을 비교하는 구도에서 후자가 후순위가 되어야 하므로 전자를 '우선적'으로 인식한다는 표현이 적절하다.

㉢ 3문단 첫 번째 문장과 4문단 두 번째 문장은 긍정적 경험이 타인을 적극적으로 돕게 한다는 내용으로 맥락상 유사하다. 따라서 ㉢에는 '긍정적'이 적절하다.

㉣ 제시문과 같은 실험에서 피실험자들을 선발하는 방식은 통계의 표본 추출에서 모든 일이 동등한 확률로 발생하게 한다는 '무작위적'이 적합하다.

㉤ 4문단 첫 번째 문장은 16명 중 14명(88%)과 25명 중 1명(4%)이라는 실험 결과에 대해 언급한다. 88%와 4%라는 결과를 해석하는 표현으로 '극적' 차이가 적절하다.

09

정답 ③

제시문에서 호의의 불꽃, 즉 긍정적인 경험을 한 사람이 타인을 적극적으로 돕게 되는 현상이 범죄율을 낮춘다는 내용은 찾아볼 수 없다. ㅇㅇ시의 시정이 친절한 분위기를 조성하고자 하는 이유 또한 범죄 예방이 아니라 삶의 수준 향상과 행복감 증진을 위해서이다.

오답 분석

① 2문단에 의하면 친절한 분위기를 조성하는 일은 비교적 쉽고 돈이 많이 들지 않으며 시민들의 행복감을 높이는 데 중요한 역할을 하므로, 이러한 상황을 구현하는 다양한 방법을 찾는 일은 호의의 불꽃을 만드는 일과 연결될 수 있다.

10

정답 ③

㉠~㉤을 일어난 순서대로 나열하면 다음과 같다.

㉢ 1917년 해머슬리산맥에서 청석면이 발견되었다.

㉣ 1946년 위트눔 협곡에서 채광이 시작되었다.

㉡ 1948년부터 청석면과 관련하여 의사들은 재앙적인 건강 문제가 발생할 것이라 경고했다.

㉠ 1960~1970년대 석면의 위험성은 전 세계 뉴스의 앞머리를 장식했다.

㉤ 1992년 위트눔 마을에 있던 주택의 3분의 1이 철거됐고 학교, 보건소, 파출소, 공항 역시 폐쇄됐다.

11

정답 ①

2문단에서 1946년 위트눔 협곡에서 채광이 시작됐고 다음 해에 이 회사의 마을이 세워져 정착민들을 끌어들였다고 하였으므로 위트눔 마을은 1947년에 세워졌음을 알 수 있다. 그리고 4문단에서는 연방정부가 1978년부터 이 마을을 단계적으로 폐쇄하기 시작했다고 언급한다. 3문단에서 1966년에 청석면 채굴 회사가 위트눔 광산을 폐쇄했다고 언급되지만 이는 위트눔 광산에 대한 내용으로, 위트눔 마을의 폐쇄 시기는 위트눔 광산의 폐쇄 시기와 다르다.

오답 분석

② 4문단에서 현재 위트눔을 향하는 도로는 차단되었다고 하였고, 2문단에서 위트눔은 1960년대까지 오스트레일리아의 유일한 석면 광산이었다고 제시되어 있다. 그러나 1960년대 이후에도 위트눔이 오스트레일리아의 유일한 석면 광산인지에 대한 정보는 제시된 지문에 나타나지 않았으므로 확인할 수 없는 내용이다.

③ 3문단 후단에 의하면 위트눔 광산은 1966년 폐쇄됐는데, 건강에 대한 우려보다는 수익이 급격히 떨어졌기 때문이었다. 이후 연방정부에 의해 위트눔 마을이 단계적으로 폐쇄되었다.

④ 5문단에 의하면 청석면 사용은 세계적으로 금지되었지만 백석면 사용은 52개국에서 금지되었다. 러시아, 중국 등에서 백석면을 채광 중이며 인도, 브라질 등에서 방화용 시멘트를 만드는 데 사용되고 있다.

⑤ 4문단에 의하면 위트눔은 모든 공식적인 지도와 도로 안내판에서 지워졌으므로 '지도에 이름만 남아 있는 마을'이라는 부분은 제시문과 일치하지 않는다.

12

정답 ④

밑줄 친 어휘 ㉠, ㉢, ㉣, ㉤, ㉥, ㉦의 맥락에 맞는 풀이는 다음과 같다. ㉠과 ㉦의 경우 한자 표기는 옳지만 풀이한 의미가 맥락과 어울리지 않는다.

㉠ 국보(國寶) : 국가적 문서에 사용하던 임금의 도장으로 국권을 상징. 국새(國璽)
㉢ 자질(資質) : 타고난 성품이나 소질
㉣ 당대(當代) : 일이 있는 바로 그 시대
㉤ 비견(比肩) : 낫고 못할 것이 없이 정도가 서로 비슷하게 함을 이르는 말
㉥ 시각(時刻) : 시간의 어느 한 시점
㉦ 유산(遺産) : 앞 세대가 물려준 사물 또는 문화

Tip

대표적인 다의어가 아니더라도 대부분의 어휘는 2가지 이상의 의미를 가지고 있다. 평소에 한 가지 어휘가 갖는 의미들의 세부적 차이를 잘 알아두는 것도 도움이 되지만, 맥락에 가장 적절한 의미를 유추하면 어렵지 않게 정답을 고를 수 있다.

13

정답 ④

제시된 지문은 미국 샌타바버라 캘리포니아주립대 연구팀이 분석한 플라스틱 온실가스 배출 현황과 이에 따른 해결 방안을 설명하고 있을 뿐, 기존 이론의 한계에 대한 언급은 나타나지 않았다.

오답 분석

① 연도에 따른 플라스틱의 생산량과 플라스틱 유래 온실가스 배출량 등의 구체적 수치를 제시하며 주장의 근거로 활용하고 있다.

② 5~6문단에서 플라스틱 유래 온실가스 배출 감축 과제에 대한 네 가지 해결안이 제시된다.

③ 3문단에서 2010~2015년의 플라스틱 생산량 증감률을 기반으로 2050년의 생산량을 예측하는 등 변화 추이를 토대로 미래 양상을 추정하는 부분을 확인할 수 있다.

⑤ 마지막 문단에서 연구팀은 앞서 제시된 모든 전략이 종합적으로 실행되었을 때 온실가스 배출량이 감소할 것이라고 주장하고 있다.

14

정답 ③

샌타바버라 캘리포니아주립대 연구팀은 플라스틱 유래 온실가스 배출 감축을 위해 4가지 해법(첫 번째 플라스틱 재활용, 두 번째 친환경 플라스틱 비중 강화, 세 번째 플라스틱 수요 증가 제한, 네 번째 화석연료의 재생에너지 전환)을 제시한다. 이 중 첫 번째 '플라스틱 재활용'을 가장 간단하고 손쉬운 방법이라고 설명하고, 네 번째 '화석연료의 재생에너지 전환'이 가장 효과적인 방법이라고 결론 내린다.

오답 분석

① 1문단에서 샌타바버라 캘리포니아주립대 연구팀은 플라스틱 유래의 온실가스 배출량이 2015년 1.8GtCO_2에서 2050년에는 6.5GtCO_2으로 증가할 것으로 추정된다고 언급한다.

② 4문단에서 플라스틱의 탄소집약적 생애주기 중 플라스틱 수지를 얻는 과정에 대해 설명하고, 2문단에서 주요 과정별 온실가스 배출량을 설명한다. 플라스틱 유래 온실가스는 수지 생산단계에서 61%가 배출된다고 하였으므로 ②는 제시문과 일치하는 내용이다.

④ 1문단에서 플라스틱 생산 증가 추세가 지속된다면 2050년에는 세계 잔여탄소배출허용총량(carbon budget : 상승 중인 지구 온도가 산업화 이전 온도에서 1.5도만 높아지도록 하기 위해 배출 가능한 탄소의 총량)의 15%까지 늘어난다고 언급한다.

⑤ 2문단에서 세계 플라스틱 생산량은 1950년 200만 t, 2015년 4억여 t으로 200배 늘어났다고 하였으며, 3문단에서 2050년 생산량은 16억 600만 t으로 추정한다. 이는 2015년 생산량의 약 4배로, 1950년 생산량 200만 t 대비 약 800배이다.

15

정답 ⑤

3문단에 따르면 경상수지 흑자는 경제에 긍정적인 영향이 훨씬 크지만, 통화 관리의 어려움과 수입규제 유발의 가능성도 가지고 있으므로 유의해야 한다. 따라서 반드시 긍정적인 면만 가지고 있는 것은 아니다.

16 정답 ②

지문은 태양계 외행성 연구에 관하여 소개하고 있다. 첫 번째와 두 번째 문단에서는 태양계 외행성 연구 현황을 언급하였다. 이어 세 번째 문단에서 태양계 외행성 존재 가능성을 제기하기 시작한 사례를 들고, 네 번째 문단에서 태양계 외행성을 발견했다는 주장을 소개하였다. 이를 종합할 때 후속 내용으로 태양계 외행성 발견의 첫 번째 사례에 관한 내용이 이어지리라 추론할 수 있다.

17 정답 ③

제시된 글은 천적농법의 개념과 긍적적인 효과를 설명하고 있다. 2문단에 따르면 유럽 사회에서는 천적농법을 활성화하여 친환경적인 해충 방제 효과를 보고 있지만, 국내의 경우 아직 천적의 생산 기반이 미약하여 정부의 지원과 역할이 중요함을 언급한다. 따라서 친환경적인 해충 방제 효과 및 농약 사용의 감소를 위해 정부가 천적농법 보급에 힘을 쏟아야 한다는 필요성을 언급한 ③이 글을 읽은 후의 반응으로 적절하다.

오답 분석

① 3문단에서 천적 곤충의 생산 혹은 구입에 부담을 느끼는 농민들이 많다고 하였으므로 번식이나 사육이 쉽다는 반응은 적절하지 않다.
② 3문단 후단에서 거창군에서 '딸기 농가에 적합한' 천적 곤충들을 주로 생산 · 공급한다고 하였으므로 생산 작물에 따라 천적 곤충들이 달라질 수 있음을 추론할 수 있다.
④ 2문단에 따르면 유럽은 농약 사용량에 대해 엄격한 기준을 적용했기 때문에 천적농법이 정착 · 발달할 수 있었다.
⑤ 3문단의 첫 문장에서 '정부의 지원과 역할이 중요시되고 있다'고 직접적으로 언급하였으므로 적절하지 않은 반응이다.

18 정답 ④

내용상 (가)는 불황을 주시하며 그에 따르는 대책을 세우고, (나)는 불황이라는 대세를 따르고 동조하며, (다)는 불황에 복종해 소비패턴을 전반적으로 변형했고, (라)는 불황을 무시하고 기존의 소비 방식을 유지한다. 따라서 (가)는 불황 주시형, (나)는 불황 동조형, (다)는 불황 복종형, (라)는 불황 무시형에 해당한다.

Tip

선택지에 등장하는 '주시', '동조', '복종', '무시'라는 각각의 개념을 먼저 파악하고 제시문에서 설명하는 인물별 행동 성향을 차이점 위주로 독해한 후 4가지 개념과 매치해보는 방식의 풀이가 가장 효과적이다.

19 정답 ③

2문단 후반부에서 유전자는 22쌍의 염색체 그리고 성을 결정하는 X 및 Y 염색체로 배열되어 있다고 하였으므로 총 46개의 염색체, 즉 23쌍의 염색체로 구성된다.

오답 분석

① 1문단에서 DNA를 구성하는 염기 A, C, G, T를 글자로 비유하고, 2문단에서 인간 유전체는 약 30억 개의 글자를 포함하고 있다고 설명한다.
② 3문단에 의하면 서열분석을 위해서는 DNA 사슬을 따라 유전자의 시작과 끝을 알아내야 한다. 그리고 이 과정에서 필요한 모든 작업에 효소를 이용하는데, 효소는 DNA를 자르는 역할을 해주며 일종의 화학적 가위로 불린다.
④ 3문단을 통해 겔 전기영동 기술은 전류를 사용해 DNA 조각들이 겔속에서 움직이게 함으로써 크기별로 분류하는 기술임을 알 수 있다.
⑤ 1문단에서 염기 4개 중 3개가 단어 형태로 유전자 속에 암호화되는데, 이것을 트리플렛이라 지칭한다고 하였다.

20 정답 ②

1문단에서 이직율과 고객 서비스 품질이 반비례 관계를 형성하는 상황에서 타코벨은 높은 이직율을 반드시 해결해야 할 문제점으로 인식하여 HR 컨설팅 기업과 프로젝트를 수행했다고 설명한다. 즉 ②의 내용은 HR 애널리틱스 점검의 계기 중 하나일 뿐 점검 결과는 아니다. HR 애널리틱스 점검 결과는 3~4문단에 언급되어 있으며 ①, ③, ④, ⑤의 내용은 3문단에서 확인할 수 있다.

21 정답 ④

4문단에서 장기간 일하고 싶은 사람들에게는 더 많은 교육과 기회를 제공하는 Stay with us 트랙을 제공하기로 했다고 언급한다.

22 정답 ⑤

3문단에서 서양식 식단은 섬나라 사람들의 건강을 악화시켰다고 설명하며 그 예로 키리바시의 빵나무 열매, 코코넛, 생선 등의 건강한 전통 먹거리가 싸구려 밀가루로 대체되며 주민들의 비만도 순위가 세계 8위가 되었다고 하였다.

오답 분석

① 1문단에서 미국은 비키니 섬에서 원폭 실험을 하였다고 설명할 뿐 그 횟수는 제시되지 않았으며, 200회에 가까운 핵실험을 행한 나라는 미국이 아닌 프랑스이다.
② 1문단에 의하면 영국은 크리스마스 섬에서 30차례 이상 핵실험을 했으나 주민들에게 대피령을 내리지 않았다. 이 때문에 많은 이들이 위험 수위의 방사능에 노출되었을 것이라고 예측하였으나 섬 주민들 모두가 방사능에 피폭되어 사망하였다고 볼 명확한 근거는 없다.

③ 2문단에서 나우루는 인산염 채굴로 해안선 주변을 제외한 대부분의 땅이 거주 불가 지역이 되었다고 하였으나, 바나바 섬 주민들의 상황은 알 수 없다.
④ 3문단에서 키리바시, 사모아, 투발루 성인 인구의 20%가 당뇨병 환자라는 연구 결과가 있다고 하였으나 나우루는 해당되지 않는다.

23 정답 ②

제시된 글에 따르면 고래잡이를 위한 기계화 산업이 발달함에 따라 대규모의 고래잡이가 진행되었고, 이로 인해 고래의 수가 점차 줄어들게 되었다. 또한 마가린을 식물성 기름으로 대체하고 비료를 보다 효율적인 방식으로 생산함에 따라, 고래 가공품에 대한 수요가 하락하게 되며 리스항의 고래가공업이 쇠퇴하게 되었다. 따라서 상업적 고래잡이 금지령을 리스항의 고래가공업이 쇠퇴한 원인으로 보는 것은 적절하지 않다. 또한 국제포경협회가 상업적 포경을 금지시킨 시기는 1986년이지만 영국의 포경산업이 막을 내린 것은 그보다 앞선 1960~1961년이므로 시기상으로도 리스항의 쇠퇴와 상업적 고래잡이 금지령은 직접적인 관련이 없음을 알 수 있다.

오답 분석

① 1문단에서 영국령 사우스조지아의 리스항은 1909년부터 세계에서 가장 분주한 고래잡이 기지였다고 언급한다. 3~4문단에서는 1920년대 말, 금속제 케이블, 작살, 윈치, 경사로 등이 장착된 고래가공선으로 먼 바다에서 고래를 포획하고 즉각 가공했음을 언급한다. 따라서 항구를 중심으로 이루어지던 고래 가공이 점차 가공선에서 포경과 함께 진행되었음을 알 수 있다.
③ 6문단에서 1986년 국제포경협회가 모든 상업적 포경을 금지시킨 이유에 비료를 보다 효율적인 방식으로 생산하게 되어 고래 가공품에 대한 수요가 감소한 것도 포함됨을 알 수 있다.
④ 5문단에 의하면 1946년 고래의 국제 교역을 제한하는 첫 번째 쿼터가 시행되었으나 큰 효과를 거두지 못했고, 1950년대 후반에 대체 가능한 개체수를 훨씬 상회하는 수준의 고래들이 죽임을 당했다. 또한 6문단에 의하면 1966년 흰긴수염고래의 포획이 금지되었고, 1986년에는 국제포경협회가 모든 상업적 포경을 금지시켰다.
⑤ 1문단에 의하면 영국령 사우스조지아의 리스항은 1909년부터 세계에서 가장 분주한 고래잡이 기지였고, 7문단에 의하면 1965년 리스항에서 마지막으로 가동하던 고래잡이 기지가 버려졌다.

24 정답 ③

<보기>의 어휘들의 의미는 다음과 같다.

- 과도(過度) : 일정한 정도나 한도를 넘어섬
- 고도(高度) : 수준이나 정도 따위가 높거나 뛰어남
- 과다(顆多) : 보통을 훨씬 넘긴 정도로 많음
- 과잉(過剩) : 예정하거나 필요한 수량보다 많은 상태
- 잉여(剩餘) : 쓰고 난 나머지
- 다량(多量) : 많은 양
- 대량(大量) : 아주 많은 분량이나 수량
- 대규모(大規模) : 범위가 넓고 크기가 큰 규모

ⓐ 3문단의 맥락을 살펴보면 ⓐ에는 '기계화 산업'을 꾸며주는 어휘가 삽입되어야 한다. 3문단에서는 '기계화 산업'이 노동집약적 · 시간집약적 산업과 대조적임을 암시하고, 그 예로 고래가공선이 효율성을 극대화한 결과물이라고 언급한다. 따라서 기존의 산업과 차별화되는 뛰어난 수준의 산업이라는 내용을 '고도의 기계화 산업'이라고 표현할 수 있다.
ⓑ ⓑ에는 고래가공선이 고래를 바다에서 즉시 가공하게 되면서 리스항의 고래 가공 설비들의 상태를 설명하는 어휘가 삽입되어야 한다. 가공 설비는 그대로인데 설비를 가동시킬 고래가 들어오지 않아서 가공 대상에 비해 가공 설비가 많은 상황은 '과잉된 설비'라고 표현할 수 있다. '잉여'는 '과잉'과 유사한 의미이나 '잉여된'이라는 표현은 쓰이지 않는다.
ⓒ ⓒ에는 고래 포획과정에 대한 반감이 모든 상업적 포경을 금지시키게 될 정도였음을 표현하는 어휘가 삽입되어야 하며, <보기>의 단어로는 '대규모'가 적절하다. '다량'과 '대량'은 '반감'이나 '반대여론'을 수식하기에 적절하지 않고, 반감의 정도가 지나치지 않았으므로 '과도', '과다'도 어울리지 않는다.

25 정답 ③

'폭등'과 '급락'은 반의어 관계이므로 '낙공'의 반의어인 '성취'가 적절하다.

- 폭등(暴騰) : 물건의 값이나 주가 따위가 갑자기 큰 폭으로 오름
- 급락(急落) : 물가나 시세 따위가 갑자기 떨어짐
- 낙공(落空) : 계획이나 바라던 것이 수포로 돌아감
- 성취(成就) : 목적한 바를 이루어 냄

오답 분석

① 비화(飛火) : 어떤 일의 영향이 직접 관계가 없는 장소나 사람에게까지 미침
② 낙명(落命) : 목숨을 잃음
④ 낙상(落傷) : 떨어지거나 넘어져서 다침
⑤ 명공(名工) : 기술이 뛰어난 장인

26

정답 ④

'악순환'은 잘 결정하기 위해 자신의 판단이 아닌 전문가들의 의견을 따르려 하지만, 어떤 전문가의 판단을 따를지 결정하기 위해 자신의 판단에 의지해야 하는 순환을 의미한다. ⓐ, ⓑ, ⓒ는 '악순환'을 이루는 요소들이고 ⓔ는 '악순환'과 유사한 의미로 쓰인 표현이다. 악순환은 잘 결정하기 위해 참고할 만한 전문가의 의견을 선택하기 위해 참고할 만한 다른 전문가의 의견을 선택해야 하는 '난감한 역설(ⓐ)'적 상황에서 '타당한 근거에 주의(ⓒ)'하면서 그 의견들을 참고하고 '자신의 판단에 의지(ⓑ)'하여 따를 의견을 결정하면서 '올바른 균형을 찾는 일(ⓔ)'이라고 볼 수도 있다. 이러한 과정을 거치지 않고 '사실들의 논리성을 확인(ⓓ)'한 후 이를 따르는 방식은 '악순환'과 거리가 멀다.

27

정답 ③

2문단에서 우리 자신의 판단과 다른 전문가들의 증언을 찾는 일은 지극히 어렵다고 언급한다.

오답 분석

① 1문단에서 신뢰할 만한 전문가를 결정하는 목적을 이루기 위해 그에 합당한 전문가를 또 골라야 한다고 하였으므로, 특정 전문가를 신뢰할 만하다는 의견을 제시하는 다른 전문가가 있음을 유추할 수 있다.
② 2문단에서 인간 이성의 비밀은 우리가 자신의 판단을 이성적으로 완벽하게 정당화할 수 없는 상태에서도 결국 자신의 판단에 의지할 수밖에 없다는 것이라고 설명한다.
④ 3문단에서 오늘날 전 생애를 바쳐 특정 분야를 연구해온 진정한 전문가들의 식견이 충분한 대접을 받지 못하고 있으며, 이는 과거와 다르다고 언급한다.
⑤ 3문단에서 자신이 권위를 부여하는 인물에 관해, 그리고 어떤 근거에서 그 같은 권위를 부여하는지에 대해 더 많은 주의를 기울여야 한다고 언급한다.

28

정답 ①

제시문은 체험사업이 지닌 한계를 언급하며 '경험'과 '체험'의 차이에 대해 설명하는 글이다. 두 번째 문단에 따르면 인간은 타자와의 만남을 통해 경험을 얻으며 스스로 변화하는 동시에 현실을 변화시키는 동력을 얻게 된다. 즉, 직접적인 경험이 현실에서의 변화와 발전을 이끄는 것이다. 반면, 체험이란 필요한 것만을 선택하여 간접 체험하는 일정의 가상현실을 의미하는 것으로서, 이는 실제와 가상의 경계가 모호하게 만들 뿐만 아니라 우리를 현실에 순응하게 만든다. 따라서 현실을 변화시킬 수 있는 동력은 가상현실과 같은 체험이 아닌 현실을 경험함으로써 얻게 되는 것이다.

오답 분석

② 두 번째 문단에서 현실 체험을 제공하는 가상현실은 실제와 가상의 경계를 모호하게 할 뿐만 아니라 우리를 현실에 순응하도록 이끈다고 설명한다. 따라서 가상현실은 실제와 가상 세계의 경계를 구분하는 것이 아니라 그 경계를 모호하게 만드는 것이라 할 수 있다.
③ 첫 번째 문단에서 장기간 반복되는 일상은 체험행사에서는 제공될 수 없다고 설명하였다.
④ 두 번째 문단에 따르면 디지털 가상현실 기술은 '경험'을 '체험'으로 대체하려는 오랜 시도의 결정판이다.
⑤ 두 번째 문단에 "경험은 타자와의 만남"이라고 하였으며, 이와 반대되는 체험에서의 인간은 언제나 자기 자신만을 볼 뿐이라고 설명하고 있다. 따라서 체험사업은 타자와의 만남을 경험하게 하는 것이 아니라, 직접 겪지 못하는 현실에서의 경험을 체험함으로써 경제적 이윤을 얻고 있는 것이다.

29

정답 ③

㉠ '와중'이란 '복잡한 일이 벌어진 가운데'라는 뜻이므로 '요리를 처음 배우는 중이라서'로 수정하는 것이 적절하다.
㉡ 백인은 피부색에 따른 분류이고 동양인은 지역에 따른 분류이다. 분류 기준을 일치 시켜 '백인과 흑인은~' 혹은 '서양인과 동양인은~' 등으로 수정하는 것이 적절하다.
㉢ 문장의 맥락을 보면 응원이 어색했다는 뜻이지만, 주어와 술어를 정리하면 '응원단들은 ~ 어색했다'는 구도가 되므로 주어와 술어의 호응이 바르지 않다. 또한 '틀려서'는 '달라서'로 수정하는 것이 적절하다.

오답 분석

㉣ 사실을 직접 증명할 수 있는 증거가 되지는 않지만, 주변의 상황을 밝힘으로써 간접적으로 증명에 도움을 주는 증거를 이르는 말인 '방증(傍證)'을 썼으므로 적절하다.

Tip

꾸준한 준비로 합격할 수 있었다는 사실을 증명한다는 맥락에서 흔히 '어떤 사실과 모순되는 것 같지만, 오히려 그것을 증명한다고 볼 수 있는 사실'을 뜻하는 '반증(反證)'이라는 표현을 쓰는데, 이는 잘못된 표현이다.

30

정답 ④

1문단 "농장에서 일하는 노동자도 다른 산업 분야처럼 경영상의 이유에 의해 쉽게 고용되고 해고된다."를 통해 경영상의 이유로 인한 해고는 상업적 농업에서의 농장 노동자와 다른 산업 분야의 노동자 모두에게 해당되는 것임을 알 수 있다.

오답 분석

① 2문단, "토지는 삶의 터전이 아닌 수익의 원천으로 여겨지게 되었고,"를 통해 확인할 수 있다.
② 3문단, "저임금 구조의 고착화로 농장주와 농장 노동자 간의 소득격차는 갈수록 벌어졌고, 농장 노동자의 처지는 위생과 복지의 양 측면에서 이전보다 더욱 열악해졌다."를 통해 확인할 수 있다.
③ 1문단, "쟁기질, 제초작업 등과 같은 생산 과정의 일부를 인간보다 효율이 높은 기계로 작업하게 되고,"를 통해 확인할 수 있다.
⑤ 4문단, "수익을 얻기 위한 토지 매매가 본격화되면서 재산권은 공유되기보다는 개별화되었으며, 이에 따라 이전에 평등주의 가치관이 우세했던 일부 유럽 국가에서조차 자원의 불평등한 분배와 사회적 양극화가 심화되었다."를 통해 확인할 수 있다.

CHAPTER 02 | 최종 점검 모의고사 2회

01	02	03	04	05	06	07	08	09	10
②	⑤	②	②	⑤	④	②	④	⑤	④
11	12	13	14	15	16	17	18	19	20
④	④	②	③	⑤	②	⑤	①	⑤	②
21	22	23	24	25	26	27	28	29	30
②	④	⑤	③	②	②	①	④	②	④

01

정답 ②

제시문에서 '관계'는 '까닭', '때문'을 의미하는 말로, ②번 문장의 '관계'와 동일한 의미로 쓰였다.

오답 분석

① 어떤 방면이나 영역에 관련을 맺고 있음
③, ④, ⑤ 둘 이상의 사람, 사물 현상 따위가 서로 관련을 맺거나 관련이 있음

02

정답 ⑤

'업종'은 '영업이나 직업의 종류'를 뜻하는 단어로, '영역'을 대체하여 '무한대로 확장하고 있다'의 주체로 쓰이기에는 적절하지 않다.

03

정답 ②

①~⑤ 모두 이전 발언에 동조하는 표현으로 시작된다. 따라서 D의 발언과 자연스럽게 이어지는지를 기준 삼아 E의 발언으로 적절한 내용을 선택해야 한다. D는 살포 중 살포하는 사람이 농약에 오염될 위험이 있는 농약 살포 작업, 점검하는 사람의 추락 가능성이 상존하는 다리 하부 점검 작업, 화상 및 유해가스 흡입 위험이 상존하는 화재 현장의 발화지점 체크 작업 등을 언급하고 있다. 따라서 드론이 이러한 작업을 대체할 경우 사고 위험이 감소한다는 내용으로 D의 발언을 보완하는 의사 표현이 적절하다.

04

정답 ②

앙리 뒤낭이 국제구호단체의 필요성을 느낀 곳은 알제리가 아닌 솔페리노로, 그곳에서 목격한 참상을 토대로 책 '솔페리노의 회상'을 펴냈다.

오답 분석

① 3문단에서 1863년 국제적십자위원회(ICRC)가 창설되었다고 언급하며, 5문단에서 ICRC와 1919년 설립된 국제적십자사연맹(IFRC)가 앙리 뒤낭의 생일인 5월 8일을 세계적십자의 날로 제정하고 해마다 기념행사를 펼치고 있다고 설명한다.
③ 5문단에 앙리 뒤낭이 1901년 제1회 노벨평화상을 받았고, 현재 IFRC 회원국이 187개국이라는 내용이, 마지막 문단에서 우리나라는 1955년 74번째 회원국으로

가입했음이 언급된다.

④ 3, 4문단을 통해 1864년 10월 29일 유럽 16개국 대표가 스위스 제네바에 모여 '전지(戰地)에 있는 군대의 부상자 및 병자의 상태 개선에 관한 조약'을 체결한 이후, 두 차례 세계대전을 거치며 '전시 민간인 보호에 관한 조약'이 추가되었음을 알 수 있다.

⑤ 마지막 문단에서 1905년 10월 27일 고종 황제 칙령에 따라 대한적십자사가 창설되었고, 1909년 일본적십자사에 강제 합병됐다가 1919년 임시정부 수립 후 대한적십자회를 발족했으며 1949년 정식으로 재건됐음을 확인할 수 있다.

05

정답 ⑤

'의미'는 어떤 말이나 글이 나타내고 있는 내용을 뜻하고 '취지'는 어떤 일에 대한 기본적인 목적이나 의도를 뜻한다. ⓜ은 데이터의 양, 인구수 등이 풍요로 넘쳐나게 된 상황의 이유가 긴 호황임을 설명하기 위해 쓰였으므로 '의미'라는 단어는 적절하지만, 풍요로 넘치는 상황의 목적이나 의도를 설명하고 있지는 않으므로 '취지'라는 단어는 적절하지 않다.

오답 분석

① '징후'는 어떤 일이 일어날 조짐이나 겉으로 드러나는 낌새를 뜻한다. '조짐'은 나중 일이 벌어지는 양상을 추측할 수 있게 하는 그 이전 단계의 움직임이나 변화를 뜻하므로, 유사한 두 어휘는 대체 사용될 수 있다.

② '여파'는 어떤 일이 끝난 뒤에 남아 미치는 영향을 일컫는다. '영향력'은 어떤 사물의 효과나 작용이 다른 것에 미치는 힘을 뜻하는 말로 '여파'의 의미와 유사하므로 대체 가능하다.

③ '등장'은 사물이나 이론, 인물들이 새로이 세상에 나옴을 뜻하고 '출현'은 나타나거나 나타나서 보임을 뜻하는 말이므로 '등장'을 대체할 수 있다.

④ '영역'은 관계되는 분야나 범위를 뜻하고, '분야'는 여러 갈래로 나누어진 범위나 부문을 뜻하므로 유사한 두 어휘는 대체 사용될 수 있다.

06

정답 ④

4문단에서 긴 호황이 이어진 덕분에 여전히 후진국 환경에서 성장하는 사람들도 바로 전 세대보다는 훨씬 나은 삶을 영위하고 있다고 언급하므로 ④는 제시문과 부합하지 않는다.

07

정답 ②

글 전반에서 국민의 비만율 감소를 위해서 시행되는 제도와 연구 등을 소개하고 있다. 마지막 문단 "정부 역시 비만 유발 가능성이 있는 식품에 추가적인 세금을 부과하는 소위 비만세 부과 방침을 재고"라는 부분을 볼 때, 비만율을 낮추기 위한 대책으로 비만세 도입을 재차 고려하고 있음을 유추할 수 있다.

오답 분석

① 제주도의 '와바' 캠페인이 긍정적인 반응을 얻고 있으나 이것이 지자체별 비만 치료 프로그램의 시작점이라고 볼 근거는 없다.

③ 상대적으로 소득분위가 높을수록 비만율이 낮은 경향을 보였지만 비만율이 가장 낮은 것은 소득수준이 가장 높은 소득 1분위 집단이 아닌 소득 4분위 집단이다.

④ 스트레스가 높을수록 비만율이 더 높게 나타났다는 내용이 있을 뿐, 적당한 정도의 스트레스가 비만에 어떤 영향을 미치는지는 제시된 글을 통해 알 수 없다.

⑤ 비만율 감소에는 가정의 역할도 매우 중요하다는 언급이 있지만, 이 역할이 등한시되어왔다는 내용은 글을 통해 알 수 없다.

08

정답 ④

①은 면접법, ②는 참여관찰법, ③은 실험법, ⑤는 질문지법에 해당한다.

09

정답 ⑤

'연령'이라는 선택지에 응답 가능한 모든 경우의 수가 포함되므로 질문과 선지 모두 문제가 없다. 만약 ⓓ가 40~50세라고 되어 있고, 더 이상의 선택지가 없다면 응답 연령의 경우의 수를 모두 고려하지 않은 사례가 될 수 있다.

오답 분석

① '정기적'이라는 표현은 뜻이 모호하다. '일주일에 3번 이상'과 같이 정확한 표현으로 바꾸어야 한다.

② 직업과 연봉 두 가지 정보를 한 번에 묻고 있으므로 바람직하지 않다.

③ 유도성 질문이므로 타당하지 않다.

④ '현행대로'라는 선택지는 찬성 또는 반대와 상호 배타적이지 않으므로 제외해야 한다.

10

정답 ④

ⓔ은 '스레드업에서는 ~ 유도한다'로 주어와 술어가 연결되고, 다른 성분들도 적절하게 쓰였다.

오답 분석

㉠ 주어와 술어가 호응하지 않으므로 '정보를 ~ 생성되고 있었다'는 '정보를~생성하고 있었다' 혹은 '정보가 ~ 생성되고 있었다'로 고쳐야 한다.

㉡ '~이므로'는 앞 내용이 뒷 내용의 원인이 될 때 쓰이는 표현이다. '남아 있는 상품은 단 한 개'라거나 '이 상품을 232명이 함께 보고 있다' 등이 흔한 다크 패턴이기 때문에 정보를 제공하는 것은 아니므로 '흔한 다크 패턴이므로'를 '흔한 다크 패턴이며' 또는 '흔한 다크 패턴으로'와 같이 수정해야 한다.

㉢ 이 문장의 서술절은 '있다'이고, 이를 제외한 나머지 부분은 주절이다. 주절의 주어는 주격조사 '이'로 보아 '~물품'이고 서술어는 '~끼워 넣음'이다. 하지만 '물품'은

속성상 '넣다'는 동작을 직접 하는 주체가 될 수 없으므로 '물품이'가 아닌 '물품을'로 고치거나 '넣는'이 아닌 피동사 '넣어진'으로 고쳐야 한다.

ⓜ 팝업창의 버튼과 선택지의 상태가 병렬 구조로 이어지므로 둘을 수식하는 표현에도 일관성이 필요하다. '버튼은~잘 보이지만 선택지는~잘 보이지 않는다'로 연결되는 것이 자연스럽다.

11

정답 ④

㉠은 기준이 없어서 발생하는 상황을 부연하는 문장이다. 따라서 기준이 없기 때문에 판단이나 비교가 어렵다는 내용과 이어지는 (나)에 위치하는 것이 적절하다.

㉡은 '이런 상황에서'라는 말로 시작되므로 자선단체의 효율성 · 투명성을 높여야 하는 상황 다음에 위치해야 한다. 따라서 후원금이 어떻게 쓰이고 있는지 모르고 있다는 내용과 이어지는 (라)에 위치하는 것이 적절하다.

㉢은 특정 기관의 설립 목적을 설명하므로 홀든과 엘리가 기브웰과 더클리어펀드를 운영하였다는 내용 다음인 (가)에 위치하는 것이 적절하다.

㉣은 향후 기브웰의 추천을 따르는 기부자가 많아지면서 기브웰의 자선단체 평가 및 추천의 긍정적 영향력의 확대를 전망하는 내용이다. 현재 자선단체 평가 및 추천 작업이 수월하지 않을 수 있고 비용이 소요된다는 내용인 (다)의 마지막에 위치하는 것이 적절하다.

12

정답 ④

2문단에 의하면, 선박해체사업은 방글라데시 치타공에서 1964년 사고로 연안에 좌초된 배 한 척을 수리했던 것이 아니라 해체하면서 시작되었다.

오답 분석

① 3문단에서 대부분의 선박들은 25~30년 정도 바다를 누비면 수리, 보수, 보험 비용이 새로운 선박을 장만하는 것보다 많이 들어가서 결국 해체에 이르게 된다고 언급한다.

② 2문단에서 8km 길이의 해안에 선박해체 작업장이 몰려 있다고 하였고, 3문단에서 배를 분해해서 조각으로 만들면 방글라데시가 한 해 동안 소비하는 철의 80% 정도를 공급할 수 있다고 하였다.

③ 3문단에서 선박해체사업이 시작된 방글라데시 치타공에서 300만 명의 사람들은 이 산업에 의존 중이며, 4문단에서 매주 한두 척 정도의 선박이 도착한다고 언급했다.

⑤ 5문단에서 선박해체 작업 시 안전관리가 존재하지 않는다고 하였으며, 6문단에서는 매년 평균 15명의 작업자들이 사망하고 50명 이상이 심각한 부상을 당하고 있다고 언급한다.

13

정답 ②

1문단에서 온칼로 공사가 15년여간 진행 중이며, 올킬루오토원전 1 · 2호기가 전력을 생산 중이라고 언급하지만 올킬루오토원전의 운영 시작 시기가 15년 전이라는 언급은 찾아볼 수 없다.

오답 분석

① 1문단에 의하면 에우라요키시의 올킬루오토 지역에 사용후핵연료 영구처리시설인 온칼로 건설을 위한 굴착작업이 진행 중이며, 4문단에 의하면 이는 화성암층 437m 깊이에 지하 터널을 만들고 터널 바닥에 구덩이를 파서 밀봉용기를 묻는 프로젝트이다.

③ 3문단에 의하면 러시아는 1954년 가장 먼저 상업운전을 시작했고, 독일은 탈원전을 진행하고 있다.

④ 2문단과 3문단에 의하면 의하면 2018년 기준 총 29개국에서 총 448기의 원전을 운영하며, 미국은 99기를 운영한다. 따라서 미국의 원전은 전 세계 원전의 약 20%라고 볼 수 있다.

⑤ 4문단에 의하면 핀란드 정부는 온칼로 프로젝트에 100년간 약 35억 유로를 투입할 계획이며 완공은 2023년 경이다.

14

정답 ③

㉠ 상대를 직접 부를 때는 직함이 뒤에 오지만, 소개할 때는 직함이 앞에 오는 것이 원칙이므로 '장관 박○○'와 같이 쓴다.

㉢ 외래어나 외국어는 우리말로 다듬어 써야 하므로 '연구과제'와 같이 순화한다.

ⓜ 단위를 나타내는 말은 각각 띄어 쓰므로 '2019년 11월 7일'과 같이 쓴다.

오답 분석

㉡ 외국 문자 대신 한글로 쓰거나 우리말로 바꿔 쓰며, 이해를 돕기 위해 외국 문자를 표기할 경우 괄호 안에 표기해야 하므로 '경제협력개발기구' 혹은 '경제협력개발기구(OECD)'와 같이 쓴다.

㉣ '한눈'은 '한 번 봄' 또는 '한꺼번에'라는 뜻의 한 단어이므로 붙여 '한눈에'라고 붙여 쓴다.

15

정답 ⑤

3문단에서 미국은 CCS 프로젝트의 규모와 기술을 주도하며, 노르웨이를 중심으로 유럽 국가들도 많은 신규 프로젝트 계획을 제시했다고 설명하였다.

오답 분석

① 1문단에서 "CCS 기술은 중장기적인 관점에서 산업공정 등 탄소 배출을 감축하기 어려운 부문의 문제를 비교적 저렴한 가격으로 해결해 줄 수 있다"라고 설명하였으므로 적절하지 않다.

② 3문단에서 "코로나19로 인한 경기 침체로 온실가스 저감정책과 투자가 위축될 것이라는 우려가 있었지만, 각국 정부는 기후 변화와 관련해 도전적 정책 목표를 제시하고 새 프로젝트 지원 계획을 발표했다"라고 설명하였으므로 적절하지 않다.

③ 1문단을 보면 "CCS가 장착된 발전소는 관성, 주파수 제어 및 전압 제어와 같은 그리드 안정화 서비스뿐만 아니라 급전 가능한 저탄소 전기를 공급한다"고 나와 있을 뿐, CCS가 장착되지 않은 발전소에 대해서는 알 수 없다.

④ 2문단을 보면 "에너지 전환 위원회(Energy Transition Commission)와 국제에너지기구(IEA)는 탄소배출 저감이 어려운 산업에서 CCS 없이는 순 제로 배출 달성이 불가능하며, 가능하다고 해도 훨씬 더 많은 비용이 들 것이라고 예측했다"고 나와 있으므로 옳지 않다.

16

정답 ②

해당 글은 국가 명칭을 시대와 가치관의 흐름에 따라 설명하고 있다. 따라서 맨 처음 '공화국'이라는 용어에 관해 설명하고 있는 문단 (나)가 첫 번째로 오는 것이 적절하다. 이어서 분단 이후 북한도 '공화국'을 사용하게 되었고, 냉전 체제가 고착화됨에 따라 '공화국'보다는 '자유민주주의'라는 용어가 널리 사용되었음을 설명하고 있는 문단 (라)가 두 번째 문단으로 오는 것이 맥락상 자연스럽다. 문단 (라)의 마지막 부분을 보면 '자유민주주의'라는 용어가 사용되기 시작한 때에도 민주주의보다는 자유가 강조되었다고 나와 있다. 따라서 이 '자유'의 개념에 대해 설명하고 있는 문단 (가)가 세 번째 문단으로 오는 것이 적절하다. 또한 문단 (가)의 마지막 부분을 보면 자유민주주의에서는 개인의 자유를 강조할수록 사회적 공공성은 약화된다고 언급되어 있다. 문단 (마) 또한 이 자유민주주의에 개인주의가 결합하여 사회적 공공성이 더욱 후퇴하였음을 설명하고 있으므로 문단 (가) 다음인 네 번째 문단에 위치하는 것이 적절하다. 마지막으로 이러한 개인주의로 인해 개인 사유 재산의 증대를 위해 국가의 간섭을 배제해야 한다는 논리가 강화되었다는 내용의 문단 (다)가 이어지는 것이 자연스럽다.

17

정답 ⑤

제시문의 밑줄 친 ㉠과 ⑤ 모두 '책임이나 의무를 맡다'의 의미이다.

오답 분석

①, ② 신세나 은혜를 입다.
③ (어디에 무늬가) 나타나게 되다.
④ 빌린 돈을 갚아야 할 의무가 있다.

18

정답 ①

당랑거철(螳螂拒轍)이란 '제 역량을 생각하지 않고, 강한 상대나 되지 않을 일에 덤벼드는 무모한 행동거지'를 비유적으로 이르는 말을 뜻한다. 해당 제시문에서 고작 한 두 사람의 아이디어로 난마처럼 얽힌 문제를 해결하려는 것은 자기 분수도 모르고 무모하게 덤벼드는 격이라고 설명하므로, 이는 당랑거철(螳螂拒轍)의 의미와 유사하다.

오답 분석

② 득롱망촉(得隴望蜀) : '만족할 줄을 모르고 계속 욕심을 부리는 경우'를 비유적으로 이르는 말
③ 만시지탄(晚時之歎) : '때늦은 한탄'이라는 뜻으로, '시기가 늦어 기회를 놓친 것이 원통해서 탄식함'을 이르는 말
④ 도청도설(道聽塗說) : '길에서 듣고 길에서 말한다'는 뜻으로, '길거리에 퍼져 돌아다니는 뜬 소문'을 이르는 말
⑤ 사생취의(捨生取義) : '목숨을 버리고 의리를 좇는다'는 뜻으로, '목숨을 버릴지언정 옳은 일을 함'을 이르는 말

19

정답 ⑤

명목은 '구실이나 이유'를 뜻한다.

오답 분석

① 유래는 '사물이나 일이 생겨남 또는 그 사물이나 일이 생겨난 바'를 뜻한다.
② 곡절은 '순조롭지 아니하게 얽힌 이런저런 복잡한 사정이나 까닭'을 뜻한다.
③ 계기는 '어떤 일이 일어나거나 변화하도록 만드는 결정적인 원인이나 기회'를 뜻한다.
④ 요인은 '사물이나 사건이 성립되는 까닭 또는 조건이 되는 요소'를 뜻한다.

20

정답 ②

㉠ 주어 '나는'과 서술어 '감정이었다.'가 호응하지 않으므로 주어 '나는'에 호응하는 서술어 '감정이 들었다.'로 수정하여 '그 집을 한 번 바라다본 순간 나는 견딜 수 없는 침울한 감정이 들었다.'라고 표현해야 한다.

㉢ '-어지다' 피동법은 능동문의 서술어에 '-아/-어지다'를 붙여 피동문을 만드는 방법을 말한다. '-어지다' 피동법은 접미피동법과 마찬가지로 서술어가 타동사인 경우에만 가능하다. 하지만 '변하다'는 자동사이므로 문장에서는 '변하게 되었다' 또는 '변해 갔다'와 같이 표현해야 한다.

㉣ 목적어 '자연을'과 서술어 '복종하기도 한다.'가 호응하지 않으므로 '복종하기도 한다.'에 호응하는 목적어 '자연에'를 넣어주어 '인간은 자연을 지배하기도 하고 자연에 복종하기도 한다.'라고 표현해야 한다.

21 정답 ②

1문단에 의하면 '모바일'과 '인공지능'은 4차 산업혁명의 다른 얼굴 중 하나이다.

오답 분석

① 2문단 "4차 산업혁명의 근본적인 특징은 모든 서비스가 디지털로 변환되어 공유될 수 있다는 점인데, 이는 연결되고 공유될 수 있어야만 구현되는 서비스를 갖기 때문"의 대목에서 확인할 수 있다.
③ 5문단에서 "현대에는 컴퓨터가 고장나서가 아니라 느려져서 바꾸고 있고 스마트폰의 경우도 폰이 망가져서가 아니라 실행 속도가 빠른 서비스를 누리기 위해 교환한다"고 언급한다.
④ 마지막 문단에서 클라우드에 대한 우려를 설명하며 정보재의 특성이 가장 큰 우려를 만들고 있고, 이는 중요 정보의 소유와 관리, 보안에 대하여 상이한 관점이 존재하기 때문이라고 언급한다.
⑤ 4문단에서 앱은 원 소스 멀티 유즈(One Source Multi-Use)로 개발되고 안드로이드나 iOS, 윈도우나 리눅스에서 한번에 서비스된다고 언급한다.

22 정답 ④

4문단에서 "사용자 입장에서는 자신이 사용하는 디스크 스토리지 서비스나 컴퓨팅 서비스, 응용 프로그램 서비스 등이 어떻게 구현되는지 몰라도 되고, 관리하지 않아도 되므로 쉽게 원하는 일을 할 수 있게 되어 비용을 아끼고 효율을 높일 수 있다"라고 하였다. 따라서 사용자가 각종 서비스를 직접 관리할 수 있어야 한다는 설명은 옳지 않다.

오답 분석

① 4문단을 보면 "자주 사용되지 않는 희귀한 프로그램도 사용할 때만 돈을 내면 되므로 비용 절감에 효과적"이라고 설명한다.
② 1문단을 보면 "컴퓨터를 활용하기 위해 컴퓨터를 구성하는 요소 자체가 필요하며, 소프트웨어(응용 프로그램), 데이터 파일, 운영체제, CPU, 메모리 디스트 스토리지, 네트워크 등이 이에 해당한다"고 설명한다.
③ 4문단의 마지막 문장을 보면 "서비스 제공자는 가치 있는 데이터나 희귀 정보, 혹은 데이터 가공 · 접근 · 열람 수단과 같은 각종 응용 프로그램을 만들어 인터넷을 통해 배포, 공급함으로써 큰 수익을 낼 가능성을 얻게 된다"고 설명한다.
⑤ 3문단을 보면 "클라우드 컴퓨팅에서는 사용자가 원하는 요소를 인터넷을 통해 유료 혹은 무료로 제공하는데, 이때 사용자가 몇 만 명이 되어도 사용자의 필요에 따라 원하는 크기와 성능을 제공할 수 있어야 한다"고 설명한다.

23 정답 ⑤

1문단을 보면 '어는 비'가 형성될 만한 온도 조건이 갖추어진 해 뜨는 시간을 전후로 한 새벽에 블랙아이스가 가장 많이 발생한다고 나와 있다. 또한 2문단을 보면 교각이나 입체도로 등은 밤사이 지표면 기온이 낮고 확실하게 떨어지기 때문에 블랙아이스의 발생 가능성이 높은 장소에 해당한다고 나와 있다. 따라서 블랙아이스가 많이 발생되는 시간대와 장소 모두 온도와 영향이 있으므로 ⑤는 옳은 설명이다.

오답 분석

① 1문단을 보면 고드름과 얼음꽃, 블랙아이스 모두 '어는 비'의 영향으로 발생되며, 단지 비가 떨어지는 장소에 의해 종류가 달라지는 것이므로 발생 원리는 동일하다고 볼 수 있다.
② 2문단을 보면 2005년 1월 미국에서 도로와 교각의 표면 온도와 실제 기온을 시간대별로 비교한 결과 교각의 기온은 정오쯤이 되어서야 실제 기온보다 높아지는 것으로 나타났다고 설명한다.
③ 3문단을 보면 일부에서 주장하는 블랙아이스의 판별 조건은 '노면이 젖은 것처럼 보이는 상태'이지만 다른 연구 결과에서는 얼음이 매우 투명하고 반사할 빛이 없을 경우 그냥 말라붙은 도로처럼 보이기도 한다고 설명한다.
④ 3문단을 보면 빙판길의 경우 자동차가 멈춰서기 위해 필요한 거리는 눈길의 3배, 마른 도로의 5배 이상이며, 거리상으로는 권고기준보다 최소 200m 이상이 더 필요하다고 나와 있다. 따라서 빙판길에 시속 100km로 달리는 자동차가 지켜야 할 안전거리는 최소 300m 이상이다.

24 정답 ③

제시된 7가지의 가이드는 다음과 같은 개인정보 수집 원칙을 내포하고 있다.

- 1, 7 → 필요 최소한의 개인정보 수집
- 2, 6 → 고유식별정보 및 민감정보 처리 제한
- 3 → 업계의 자율적인 관행 개선 및 형식적 동의에 따른 국민 불편 해소
- 4, 5 → 정보주체의 실질적 동의권 보장

③의 '개인정보의 유출 소지 차단' 원칙은 글 전체에 포함되어 있다고 볼 수 있으나, '온라인 정보 제공의 위험성 홍보' 원칙은 제시된 글의 내용과는 거리가 멀다.

25

정답 ②

글의 전반부에서는 다양한 형태의 기능보존수술을 설명하고 후반부에서는 한층 복잡한 방법인 복합요법을 설명한다. 말미에서는 각 개인의 상태에 따른 맞춤형 치료가 새롭게 주목받는 연구라는 점을 언급하고 있다. 따라서 단순히 암 수술의 종류나 특정 치료 방법의 효과 등을 나열한 것이 아니라 개인의 질병 상태에 따라 치료 방법을 달리 할 수 있을 정도로 암 치료 방법이 발전하고 있다는 점을 서술하는 글이다.

26

정답 ②

'일이나 것'을 뜻하는 의존 명사 '데'는 '필요한 데'와 같이 띄어 써야 한다.

27

정답 ①

글이 제시하는 문제점은 고령화 시대의 노인의 역할 또는 그와 관련한 향후의 나아갈 방향 등으로 볼 수 있다. 저출산 문제 해결은 장기적 · 근본적으로 노인 문제와 연관되어 있다고 볼 수 있으나 현재의 노인 문제를 해결할 수 있는 직접적인 방안이라고 보기는 어렵다. 언급된 바와 같이, 교육수준과 소득수준이 낮은 노인을 위한 일자리 창출, 평생교육, 사회 참여 유도 등이 노인의 역할을 창출하는 직접적인 방안이다.

28

정답 ④

주어진 글에서 '어휘력 습득'을 핵심 주제로 이야기하고 있으며, 이를 위한 방법으로 광범위한 독서를 언급하였다. 따라서 '다독'을 언급한 ④와 같은 결론이 가장 적절하다.

오답 분석

⑤ 양질의 서적을 구별해 내는 능력을 길러야 하는 것은 어휘력 습득을 위한 방법으로 볼 수 없다.

29

정답 ②

제시된 글의 내용에서 거래비용과 관련된 직업은 헤아릴 수 없을 정도로 많다는 것을 알 수 있다. 이것은 곧, 거래비용이란 용어가 경제학에서 주로 사용되고 있지만 사회생활을 하는 모든 개인은 거래비용이란 용어를 사용하지 않을 뿐이지 암묵적으로 거래비용의 존재를 알고 있다는 사실에 대한 근거가 된다고 볼 수 있다. 따라서 ②와 같은 주장의 근거가 될 수 있다.

30

정답 ④

'위탁'은 '남에게 사물이나 사람의 책임 또는 법률 행위나 사무의 처리 등을 맡기다.'는 의미로 사용된 반면, '부탁'은 '어떤 일을 해달라고 청한다.'의 의미로 보아야 하므로 문맥상 유사한 의미로 보기 어렵다.

오답 분석

① • 고안 : 연구하여 새로운 안을 생각해 냄. 또는 그 안
 • 개발 : 산업이나 경제 따위를 발전하게 함

② • 창출 : 전에 없던 것을 처음으로 생각하여 지어내거나 만들어 냄
 • 창안 : 어떤 방안, 물건 따위를 처음으로 생각하여 냄. 또는 그런 생각이나 방안

③ • 함양 : 능력이나 품성 따위를 길러 쌓거나 갖춤
 • 연마 : 학문이나 기술 따위를 힘써 배우고 닦음

⑤ • 세기 : 의견이나 문제를 내어놓음
 • 제의 : 의견이나 의논, 의안을 내놓음. 또는 그 의견이나 의논, 의안

01	02	03	04	05	06	07	08	09	10
②	④	④	③	③	④	④	④	③	④
11	12	13	14	15	16	17	18	19	20
⑤	②	⑤	④	③	②	①	④	③	④
21	22	23	24	25	26	27	28	29	30
⑤	②	②	⑤	③	④	③	③	②	③

01

정답 ②

밀가루에 설탕, 달걀, 물엿 따위를 넣고 반죽하여 오븐에 구운 빵의 의미를 가진 Castella의 올바른 외래어 표기법은 '카스텔라'이다.

02

정답 ④

〈보기〉의 '치다'는 '손이나 손에 든 물건으로 세게 부딪게 하다'라는 의미로 사용되었다. 이와 동일한 의미로 사용된 것은 ④의 '치다'이다.

오답 분석

① 팔이나 다리를 힘 있게 저어서 움직이다.
② 손이나 물건 따위를 부딪쳐 소리 나게 하다.
③ 카드나 화투 따위의 패를 고루 섞다. 또는 카드나 화투를 즐기다.
⑤ 가축이나 가금 따위를 기르다.

03

정답 ④

〈보기〉의 문장은 '기업의 비용최소화 모형'의 내용이며, 근로시간 단축에 따른 고용주의 행동 변화를 설명하고 있으므로 (라)에 들어가는 것이 가장 자연스럽다.

04

정답 ③

㉢의 경우 해당 문단의 중심 내용뿐만 아니라 글의 전체적인 내용과도 어울리지 않는 불필요한 문장이므로 순서를 바꾸는 것이 아니라 아예 삭제하는 것이 적절하다.

오답 분석

① '금지하다'는 '법이나 규칙이나 명령 따위로 어떤 행위를 하지 못하도록 하다'라는 의미로, 단어 안에 이미 '하지 못하게 하다'라는 의미가 있다. 따라서 불필요한 의미의 중복이 발생하며 ㉠은 '쓰지 못하게 했다고'와 같이 고치는 것이 적절하다.
② '구체화하다'는 '구체적인 것으로 만들다'라는 의미이다. 그런데 앞에서 '서운함'이나 '당황스러움' 등의 세부적인 감정을 '짜증남'이라는 모호한 감정으로 바꿔 표현한다고 하였으므로 의미상 적절하지 않다. 따라서 ㉡은 '치부함으로써'와 같이 수정하는 것이 자연스럽다.
④ 앞서 '정신적 질환을 겪는 이들이 늘어나고 있다'고 설명하였으나, 2019년의 통계 자료 하나만으로는 환자의 수가 늘어났는지 줄어들었는지 정확히 알 수가 없어 주장의 근거로 사용하기에는 적절하지 않다. 따라서 ㉣의 앞에 비교 대상이 되는 다른 연도의 통계 자료(예 2015년의 우울증 진료 환자 수)를 추가하는 것이 적절하다.
⑤ 해당 문장의 주어는 '감정을 정확히 알고 마주하는 것'이므로 주술 관계가 자연스럽지 않으며, '그렇기 때문에'라는 연결 어구와도 의미상 호응하지 않는다. 따라서 ㉤은 '반드시 필요한 일이다.'로 고치는 것이 적절하다.

05

정답 ③

제시된 문서는 특정 사항의 변경을 안내하며, 그와 함께 세부 내용을 설명하고 있다. 따라서 '변경'에 대한 안내문으로 볼 수 있으며, 변경내용은 연금보험료를 사업장별로 지원하는 기준임을 확인할 수 있다. 따라서 연금보험료 지원기준 변경 안내문이 가장 적절한 제목이며, 하단 부분 제시된 사항은 변경된 기준에 부합하는 사업장과 근로자 여부를 판단할 수 있는 설명 자료이다.

오답 분석

⑤ 소득수준이 140만 원 미만에서 190만 원 미만으로 변경된 점을 통해 지원기준이 축소가 아니라 확대되었다는 것을 알 수 있다.

06

정답 ④

제22조에 따라 두 수당 모두 해당 사유가 발생한 다음 달부터 지급되나, 각각 '배우자가 주재국에 도착한 날'과 '해외주재원이 주재국으로 출발한 날'로 사유 발생 시점이 다를 수 있으므로 수당의 지급 시점 또한 달라질 수 있다.

오답 분석

① 제16조에 따르면 업무상의 사유나 본사의 필요에 의한 경우에만 임기가 조정된다고 명시되어 있다.
② 제17조에 따르면 경비정산내역은 매 분기 초에 보고하는 것이므로 매달이 아닌, 1년에 4회 보고하게 된다.
③ 제19조에서 '예산의 범위 내에서'라고 명시하고 있는 점으로 보아 조사활동비와 같은 일부 수당의 경우 기준은 정해져 있어도 금액 자체가 정해져 있다고 판단할 수는 없다.
⑤ 제23조 제2항에 따르면 주재국 법령에 의한 현지의 보험료는 주재원 본인 부담이므로 본사에서 선급하지 않는다.

07

정답 ④

배우자수당은 배우자의 현지 도착일에 따라 지급 시점이 달라지지만 자녀수당은 자녀의 출발과 관계없이 해당 주재원이 주재국으로 출발한 날을 기준으로 하고 있으므로 자녀수당을 일찍 지급받기 위해 배우자와 자녀가 일찍 출발할 필요는 없다.

오답 분석

① 연구 활동비는 별도 예산에서 지급된다.
② 사업 활동 보고서는 익월 15일까지 제출되어야 한다.
③ 배우자가 현지에 도착한 날이 속한 달의 다음 달부터 지급된다.
⑤ 현지 법령에 의해 강제되어 있는 보험이므로 보험료는 해당 주재원의 부담이다.

08 정답 ④

첫 번째 문단에서는 양자역학에 대해 간단히 설명한 후, 물리학 이론인 양자역학이 예술 분야에도 큰 영향을 미쳤음을 설명하였다. 그리고 두 번째 문단에서 예술이 과학에 영향을 미친 사례와 반대로 과학의 발전이 예술에 영향을 미친 사례를 제시하였다. 즉 제시된 글은 과학과 예술이 서로 밀접하게 영향을 주고받는 분야임을 설명하고 있으며, 이러한 중심 내용을 가장 잘 나타낼 수 있는 제목은 '과학과 예술, 그 불가분의 관계'이다.

오답 분석

① 첫 번째 문단의 중심 내용에 해당하나, 두 번째 문단의 내용은 포괄하지 못하는 제목이다.
② 두 번째 문단에서 과학과 예술의 차이에 대해 이야기하기는 하였으나, 글의 전체적인 내용과는 무관한 제목이다.
③ 두 번째 문단의 일부 내용만을 지엽적으로 드러내는 제목이며, 글의 전체 내용을 포괄하지는 못한다.
⑤ 과학과 예술의 관계를 드러내고는 있으나 그 범위를 '현대 물리학'으로 한정하고 있어 글의 제목으로는 적절하지 않다.

09 정답 ③

㉠ 수영과 수중 경기는 부력으로 인해 신체 지지의 부담을 줄일 수 있으므로 쉽게 적응할 수 있어 척수장애인에게 권장되는 스포츠이다.
㉡ 상지에 절단이 있는 절단장애인은 축구나 육상 종목 등 다리만을 이용하는 경기에 참여할 수 있다.
㉢ 소아마비장애인은 수상스키, 요트, 행글라이딩과 같은 레저 스포츠 종목도 약간의 수정된 경기 규칙과 신체적 장애를 보완해주는 보조 기구만 준비된다면 충분히 안전하게 즐길 수 있다.

10 정답 ④

2.1)에서 회사의 3대 중점과제로 선정된 과제 제출자에게는 해외 혁신 관련 교육연수 참여 기회를 제공하지만 공공기관 워크숍 시 기재부로부터 발표자료로 선정된 과제 제출자에게는 사장상을 포상한다고 하였다.

오답 분석

① 1.1)에서 '열린혁신' 지표를 폐지하고 '경영혁신' 지표로 대체하였음을 언급한다.
② 1.1)의 표를 통해 제출 과제 총 건수 등 계량지표의 배점은 80점임을 알 수 있다.
③ 1.1)의 표를 통해 비계량지표에 사회적 가치가 포함됨을 알 수 있고 1.2)의 표 '구성 및 운영' 중 '신설' 항목을 통해 총 3가지 지표가 신설 · 변경되었음을 알 수 있다.
⑤ 2.1)에서 혁신 우수 부서 포상금 지급 검토 및 매월 혁신 우수 부서 선정 추진을 언급하고 있다.

11 정답 ⑤

1.2)의 표에 의하면 고도화-책임경영 감점 항목에서 성폭력이 발생 · 은폐되었거나 화학물질관리법을 위반했을 경우의 감점은 기존보다 엄격해진 것이 아니라 신설된 사항이다.

오답 분석

① 1.2)의 표에 의하면 신설-일자리 창출 노력 항목에 대하여 '일자리 창출' 지표가 신설되었으며 평가항목은 일자리창출 아이디어 공모, 홍보 실적 등이다.
② 1.2)의 표에 의하면 신설-투명경영 및 사회적 책무 항목에 대하여 '사회적 기본책무 위반 조치'를 반영하여 지표가 신설되었고 평가 항목 중 감점 사항이 있음을 알 수 있다.
③ 1.2)의 표에 의하면 고도화-사회적 가치 정부정책 이행 항목에 대하여 '정부 권장 정책 이행'이 '사회적 가치 정부정책 이행'으로 지표명이 변경되었으며 사회적 기업 제품 구매가 지표에 추가되었음을 알 수 있다.
④ 1.2)의 표에 의하면 고도화-삶의 질 제고 항목에 대하여 지표명이 변경된 사실과 연차휴가 사용 및 근로시간 단축이 평가 항목으로 조정되었음을 알 수 있다.

12 정답 ②

동일본 대지진으로 경영난에 처하고 적자가 계속됐으나 구조조정 등을 단행하며 이후 흑자 전환에 성공한 르네사스의 상황에는 새옹지마(塞翁之馬), 고진감래(苦盡甘來), 읍참마속(泣斬馬謖)과 같은 사자성어가 어울린다. 수주대토(守株待兎)는 중국 송(宋)나라의 한 농부가 토끼가 나무 그루에 부딪쳐 죽은 것을 잡은 후, 농사는 팽개치고 나무 그루만 지키고 토끼가 나타나기를 기다렸다는 고사에서 유래한, 한 가지 일에만 얽매여 발전을 모르는 어리석은 사람을 비유한 말이다.

오답 분석

① 7년가량 적자의 늪에서 헤어나오지 못했던 소니가 20년 만에 최대 실적을 달성했다는 ⓐ의 내용에는 사자성어 '권토중래(捲土重來 : 한 번 패하였다가 세력을 회복하여 다시 쳐들어옴)'가 어울린다.
③ 향후에도 르네사스의 성장은 계속될 전망이라는 내용의 ⓒ에는 사자성어 '붕정만리(鵬程萬里 : 전도가 양양한 장래를 비유한 말)'가 어울린다.
④ 도시바가 제품 차별화보다 고가 전략을 고수하다 재정

난을 겪게 되면서 뒤늦게 사업들을 정리했다는 내용 ⓓ에는 사자성어 '망양보뢰(亡羊補牢 : 양을 잃고 우리를 고친다는 뜻으로 '소 잃고 외양간 고친다'와 비슷한 말)'가 어울린다.

⑤ 엘피다가 경영난을 겪으며 미국 마이크론에, 산요도 2011년 중국 하이얼에 인수되었는데, 이들이 하나같이 당시의 시장 장악력이 영원할 것으로 믿었음에도 결국 몰락하였다는 내용인 ⓔ에는 사자성어 '권불십년(權不十年 : 권세는 십 년을 가지 못한다는 뜻에서, 아무리 권세가 높다 해도 오래가지 못한다는 말)'이 어울린다.

13 정답 ⑤

5문단에서 엘피다는 미국 마이크론에, 산요는 중국 하이얼에 인수됐다고 나와 있다.

오답 분석

① 제시문은 소니, 르네사스 등 성장세인 기업과 도시바, 샤프 등 하락세인 기업의 상황을 함께 조망한다.
② 제시된 글에서는 캐논에 대해 언급하고 있지 않다.
③ 도시바가 인수한 기업은 미국 원전회사 웨스팅하우스로, 사업 실패와 회계 부정으로 치명타를 입었다.
④ 샤프가 아니라 도시바가 가전 사업을 메이디 그룹에, TV 사업을 하이센스 그룹에 매각했다.

14 정답 ④

3문단에서 금융통화위원회는 50% 이하의 지급준비율을 결정할 수 있다고 설명하고 있으므로 1천억 원인 경우의 최대 지급준비금은 500억 원이 된다.

오답 분석

① 지급준비금은 금융기관의 총 자산이 아닌 '채무'의 일정 비율에 대하여 예치하는 것이다.
② 금융기관의 수익성이 아닌 유동성을 조절할 수 있는 수단이라고 언급하였다.
③ 제시된 글에서는 1965년 이후 지급준비정책이 통화 조절 수단으로서 중요성이 부각되었으나, 1996년 이후 역할이 축소되며 유용성이 크게 낮아졌다고 언급하고 있다.
⑤ 현저한 통화팽창기에도 채무 전액이 아닌 채무 증가액 전액을 지급준비금으로 보유토록 결정할 수 있다.

15 정답 ③

자동차가 등장했을 때 기존의 소음, 질병 문제를 해결해주리라는 기대를 받았다고 언급했을 뿐, 제시문에서 변화 당시의 거부감에 대한 내용은 찾기 어렵다.

오답 분석

① 주요 교통수단이 증기선이던 시절 쇠퇴일로를 걸었던 도로가 자동차의 등장으로 이용률이 높아졌다는 내용을 통해 이와 같이 반응할 수 있다.
② 제시문에서 뉴욕에서 보스턴까지 이동하는 데 걸리는 속력이 1790년대 초반부와 중후반부에 차이가 있었음을 설명하고 있다.
④ 자동차 등장 당시 말이 야기하는 소음, 질병 등의 문제를 자동차가 해결할 거라고 기대받았다는 일화에서 환경 문제 등의 해결방법에 대한 교훈을 얻을 수 있다.
⑤ 제시문을 통해 1790년대에 태어난 어린이들이 50대가 되어 노인 세대로 접어들었을 때 포장도로의 등장으로 여행 속력이 약 2배 빨라졌음을 알 수 있다.

16 정답 ②

제시문에는 '혼인의 남녀동권을 헌법적 혼인 질서의 기초로 선언함으로써 우리 사회 전래의 가부장적인 봉건적 혼인 질서를 더 이상 용인하지 않겠다'라는 내용과 '개인의 존엄과 양성의 평등에 반하는 것이어서는 안 된다는 한계가 도출되므로, 전래의 어떤 가족 제도가 헌법 제36조 제1항이 요구하는 개인의 존엄과 양성평등에 반한다면 헌법 제9조를 근거로 그 헌법적 정당성을 주장할 수는 없다'라는 표현을 통해 호주제가 인권 침해의 소지가 있고, 양성평등에 위배된다는 사실을 나타낸 것으로 판단할 수 있다.

17 정답 ①

지문 후반부에서는 퇴행성 관절염의 치료 방법에 대하여 체중 유지와 '체중을 덜 싣는 운동'을 강조하며 수영이나 자전거 등의 선별적인 운동이 필요하다고 설명한다. 따라서 단순히 '다양한 운동'이라고 설명하는 것은 올바른 치료 방법이 될 수 없다.

18 정답 ④

〈보기〉에 제시된 문장은 각 온라인 네트워크가 유대감을 통한 지속성을 가져야 한다는 필요성을 강조하는 결론에 해당한다. 또한 도입 부분에서 제시한 민주주의의 발전을 위한 선행 조건임을 역설하며, '이러한 의미에서~'로 시작되는 점으로 보아, 논점을 모두 언급하고 난 마지막에 결어로 쓰였다고 보는 것이 타당하다. ㉣ 뒤에 오는 단락은 독특한 방법으로 형성되는 온라인 공간의 유대감에 대한 내용으로 앞글과 다른 맥락을 구성한다.

19 정답 ③

인류는 태양의 위치로 시간을 파악하며 정오를 기준점으로 삼았다(㉡). 그러나 기차가 발명되며(㉢) 지역 간 이동시간이 단축되어 공유 시간에 혼선이 생기자 영국은 그리니치 표준시를 기준 삼았고 미국도 이를 따랐다(㉣). 샌퍼드 플레밍이 경도를 기준으로 하는 시간을 제안하자 이를 통해 1884년 국제 자오선 회의가 열렸고(㉠) 그리니치 자오선이 본초 자오선으로 채택되었다. 우리나라에서는 대한제국 시대에 고종이 이를 받아들여 적용했다(㉥). 이후 1972년 원자시계가 도입되어 그리니치 표준시(GMT)가 협정세계시(UTC)로 대체되었다(㉤).

20

정답 ④

발바닥에 난 사마귀와 티눈을 감별하는 것은 어렵다고 언급되어 있으나, 자연 치유의 빈도가 높은 종류는 손발바닥 사마귀가 아닌 편평 사마귀이다.

오답 분석

① 글 후반부의 '관리를 위한 팁'에서 강조한 것은 사마귀 바이러스와의 접촉을 피하는 것이다.
② 통증을 우려하는 경우 연고(5-FU) 치료가 적절한 방법이라고 소개되어 있다.
③ 음부 사마귀의 경우 성관계 2~3개월 후에 병변이 나타난다고 언급되어 있다.
⑤ 지문에서 '사마귀는 바이러스에 의해 피부 여러 곳으로 옮겨가지만 티눈은 그렇지 않습니다.'라고 언급하였다.

21

정답 ⑤

성인성 질환의 일종으로 전염력이 높고 특히 여성의 경우 음부 사마귀가 자궁경부암 발생과 관련이 있다고 언급되어 있기는 하나, 사마귀로 인한 발암률, 상당한 인과관계, 통계 자료 등에 대한 설명은 제시되어 있지 않다. 따라서 사마귀와 암의 상관관계는 보고서의 중심 내용으로 포함시키기에 부적절하다.

22

정답 ②

스마트그리드 활용 시스템이 효율적으로 운영되기 위해서는 에너지저장장치(ESS)가 필수적이다. 따라서 스마트그리드를 중심으로 한 분산형 신재생 에너지 시스템이 추구해야 할 것은 잉여 에너지를 발생시키지 않는 것이 아닌, 잉여 에너지 저장 기술의 발전과 보급이다.

오답 분석

① 중앙집중식으로 이루어진 에너지 공급 상황에서 거주자는 에너지 생산을 고려할 필요가 없었으나, 분산형 전원 형태의 신재생 에너지 공급 상황에서는 거주자 스스로 생산과 소비를 통제하여 에너지 절감을 할 수 있어야 한다.
③ 기존의 제한된 서비스를 넘어서는 다양한 에너지 서비스가 탄생할 수 있도록 하는 플랫폼 기술은 스마트그리드를 기반으로 한 마이크로그리드 시스템 구축에 필요한 요소라고 판단할 수 있다.
④ 과거의 경험으로 축적된 에너지 사용에 대한 데이터를 분석하여 필요한 상황에 적절한 맞춤형 에너지를 서비스하는 기능은 효과적인 관리 솔루션이 될 수 있다.
⑤ 소비자 스스로 에너지 수급을 관리할 수 있는, 스마트 시대에 요구되는 적합한 특성이다.

23

정답 ②

우선 글의 주제인 '메타버스'의 정의를 설명하고 있는 (나)가 가장 앞에 위치해야 한다. 그리고 메타버스가 처음 등장한 배경을 설명하는 (라)가 그 뒤에 이어지는 것이 적절한데, 이는 (라)의 '이는'이 지칭하는 대상이 메타버스임을 고려하면 더욱 명확히 알 수 있다. 그 뒤 메타버스가 널리 알려지게 된 배경을 설명하는 (가)가 이어져야 하는데, 마찬가지로 '그리고'라는 접속어를 통해 이를 더 쉽게 추론할 수 있다. 그리고 오늘날 메타버스가 전 세계적으로 큰 주목을 받게 된 배경을 설명하는 (다)가 마지막에 위치하는 것이 가장 자연스럽다.

Tip

(다)의 경우 내용상으로는 글의 처음에 위치하는 것도 자연스럽다. 그러나 '더욱 정밀한 구현'이라는 문구를 통해 VR의 구현 수준과 관련된 비교 대상(세컨드 라이프)이 존재한다는 점을 확인할 수 있으며, 마찬가지로 '더 큰 주목'이라는 문구에서 이전에도 메타버스가 주목받았던 사실이 있었다는 점 등을 확인할 수 있다. 따라서 첫 번째 순서로 오기에는 적절하지 않음을 알 수 있다.

24

정답 ⑤

제시문은 전반부와 후반부로 구분하여, 전반부에서는 여성의 고용실 태와 정책 대안을, 후반부에서는 청년의 고용문제와 관련한 사안을 다루고 있다. 따라서 여성과 청년 등 고용 분야에 있어 가장 큰 문제가 되고 있는 두 계층에 대한 고용률 제고 방향 및 그를 위한 정부 정책을 주제로 다루고 있다.

오답 분석

② 제시문은 OECD 회원국과의 고용률 단순 비교를 위한 글이 아니며, 그러한 비교는 고용률 제고와 정책 방향에 대한 언급을 위한 자료로 활용된 것이다.

25

정답 ③

제시된 글에서는 청년층의 고용률이 낮은 원인을 분석할 뿐, 청년들을 중소기업으로 유인할 수 있는 구체적인 유인책은 제시되어 있지 않다.

오답 분석

② 일 · 가정 양립 문화 확산을 위한 정책, 직장어린이집 설치 유인을 위한 지원 정책 등이 제시되어 있다.
④ 청년층의 범위를 15~24세와 15~29세로 구분하여 OECD 회원국 평균과 비교한 수치를 제시하였다.

26
정답 ④

고전 자체가 교육 내용에서 큰 비중을 차지하지 못하고 있을 뿐 아니라 서구 문물을 단기간에 요령 있게 소화할 수 있는 요점 정리식 교육과 평가 방식이 주를 이루었으며 초 · 중 · 고등학교 교육 현장 어디에서도 고전 교육을 찾아보기 힘들다고 언급되어 있으므로 '고전 위주의 교육'이라는 설명은 옳지 않다.

27
정답 ③

고전 교육의 실상과 문제점을 논거로 제시하고 있으며 고전의 가치와 선진국 고전 교육의 장점도 언급하고 있으므로 본론 및 결론에서는 우리 고전 교육의 필요성을 강조하며 아울러 고전 교육 부재에 따른 대책 및 대안이 중점적으로 기술될 것으로 보는 것이 타당하다.

28
정답 ③

제한경쟁입찰의 경우 입찰 대상 공사와 동일한 규모 이상의 완료 건수를 기준으로 하며 공사 금액으로는 제한하지 못한다고 규정되어 있으므로 대규모 공사 실적이 혜택을 받을 수 있는 사항으로 적용되지는 않는다.

오답 분석

① 일반경쟁입찰의 경우에는 입찰 대상자의 수를 규정하고 있지 않다.
② 관련 법령에 따른 면허, 등록, 신고의 자격과 조건을 갖추는 것은 일반경쟁입찰에도 해당되는 사항이므로 제한경쟁입찰에만 해당되는 조건이라고 할 수 없다.
④ '기술능력'은 입찰 대상자가 10인 이상인 제한경쟁입찰의 경우에만 제한 요소로 적용할 수 있다고 규정하고 있다.
⑤ 지명경쟁입찰은 입찰 대상자가 10인 미만인 경우 시행하게 되나, 5인 이상의 입찰 대상자를 지명하여야 한다고 규정되어 있으므로 반드시 7인의 기술 보유자를 모두 지명할 필요는 없다.

29
정답 ②

제4조 제5항 및 제5조 제5항에 따르면 전출입세대는 이사신고서를 작성하여 보안대원에게 제출하는 것이 준수 사항이며, 이를 관제실에 전달하여 보관토록 하는 것은 보안대원의 준수 사항이다.

오답 분석

① 제4조 제3항에 따르면 차량용 RF카드는 관리주체가 입주민에게 교부하는 것이며, 교부 시에 서명을 받도록 규정하고 있으므로 관리주체가 준수 사항을 소홀히 한 것에 해당한다.
③ 제5조 제4항에서 관리주체의 안내에도 불구하고 발생한 중간관리비 전달상의 문제는 전입세대 또는 세대 소유주의 책임이라고 규정하고 있다.
④ 제4조 제4항에서 관리주체는 전입세대에게 입주자 생활 안내 책자를 무상으로 얻을 수 있는 방법을 고지해야 한다고 규정하고 있다.
⑤ 제5조 제1항에 따르면 전출세대는 전출 일주일 전 전출을 고지하여 관리주체가 중간관리비 정산을 위한 시간을 확보하게 해야 한다.

30
정답 ③

시간은 24시각제에 따라 '16:00'과 같이 아라비아 숫자로 표기하며 쌍점 전후로 띄어쓰기를 하지 않는다.

오답 분석

① 공모 안내문에는 문의처와 연락 전화번호 등을 포함하는 것이 일반적 형식이다.
② '2024.1.15.(월)'이 올바른 표기이다. 연월일은 아라비아 숫자로 표기하며 모든 숫자 뒤에 마침표를 찍어야 한다.
④ 기술료를 경감하는 주체가 제안 기업일 수 없으므로 비문이다. '제안 기업에는'으로 수정하는 것이 적절하다.

MEMO

MEMO

MEMO

MEMO

MEMO

고졸채용 NCS 의사소통능력

초 판 발 행　2023년 03월 10일
개정1판1쇄　2024년 05월 30일

편　　저　NCS 공기업연구소
발 행 인　정용수
발 행 처　(주)예문아카이브
주　　소　서울시 마포구 동교로 18길 10 2층
T E L　02) 2038-7597
F A X　031) 955-0660

등 록 번 호　제2016-000240호

정　　가　15,000원

홈페이지 http://www.yeamoonedu.com

I S B N　979-11-6386-304-5　[13320]

NCS
고졸채용
의사소통능력